LÉON CLÉRY

Souvenirs du Palais

PARIS

ALPHONSE LEMERRE, ÉDITEUR

23-31, PASSAGE CHOISEUL, 23-31

Souvenirs du Palais

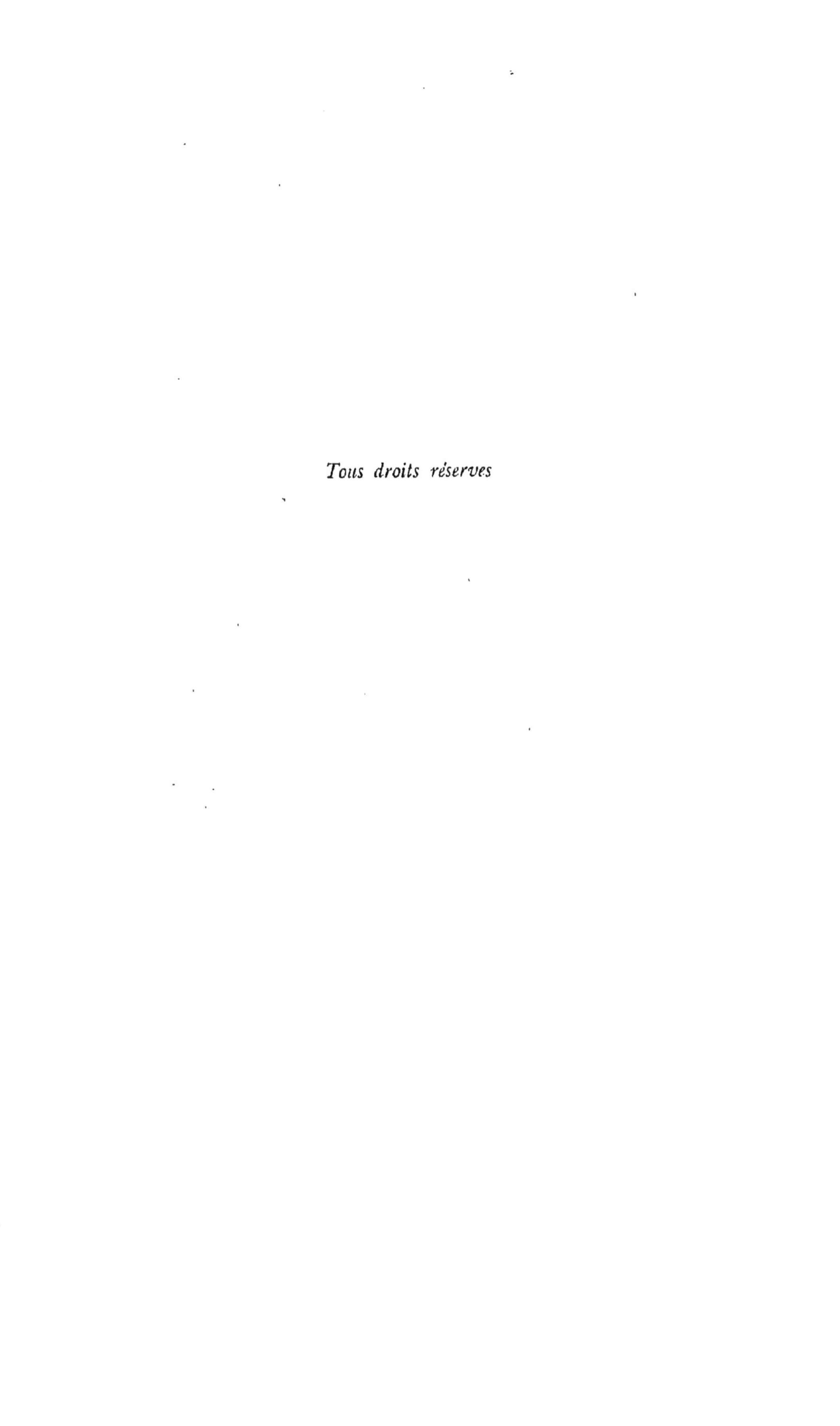

Avant-Propos

———

QUEL est donc ce singulier besoin qui paraît s'emparer des hommes à un certain âge, de jeter un regard en arrière et de revivre leur vie par le souvenir? Est-ce vanité, est-ce besoin de se survivre? Ni l'un ni l'autre, la plupart du temps, mais bien plutôt une sorte de difficulté de quitter la vie elle-même. C'est que le passé c'est la jeunesse, c'est la période active de la lutte, les espérances fiévreusement caressées, le succès qu'on croit atteindre et les jouissances que donne la foule qui sait un peu votre nom... du moins à ce que les complaisances de la presse amie vous font croire..., et l'on est, vis-à-vis de cette jeunesse qui vous laisse, comme il semble qu'ait été Beethoven dans certaines de ses symphonies où l'on sent que le maître ne veut pas rompre avec la mélodie qui le charme et dont il prolonge l'agonie en d'harmonieuses caresses!

Et l'on s'écrie : « Comment, c'est déjà fini ! Mais mes débuts sont d'hier. Mes maîtres, mes amis, je serrais encore tout à l'heure leurs mains fières et caressantes ! » Et la réalité vous répond : « Non, vieillard, tes débuts sont bien loin. Tes maîtres sont morts..., tes amis aussi, pour la plupart, et ceux qui restent ont, comme toi, la tête chenue et la démarche chancelante ! Et si tu veux revoir toutes ces choses, regarde-les dans ta mémoire avant que la trahison dernière n'ait fait la nuit noire en toi et autour de toi. »

Alors on se prend à rêver : on revoit l'arrivée au Palais, les incertitudes de la première démarche, les anciens qui vous éblouissent de leur talent, de leur gloire, du retentissement de leur parole et de leur nom, et ces cimes escarpées qui s'appellent « la première affaire, — puis la clientèle, le premier honoraire, le premier compte rendu dans les journaux du procès à sensation. » L'on se rappelle combien tout cela vous paraissait éloigné et inabordable, combien les ambitions étaient modestes et comme après chacun de ces résultats acquis le cœur battait dans la poitrine et le sang vous montait aux joues ! Puis, peu à peu, les choses les plus invraisemblables semblaient se réaliser. Une bonne fée vous prenait par la main et vous conduisait dans le sentier en vous disant tout bas : « Allons, encore un effort. » Et l'on faisait cet effort, qui semblait un peu dur parfois parce qu'il s'augmentait des autres, et l'on arrivait. Oh ! pas bien haut ! mais toujours un peu plus haut que le point de départ... Et voilà qu'arrivé sur son petit monticule, quand il y a tant d'obstacles encore à gravir, on vous dit : « C'est fini ! Et maintenant place aux autres ! »

Eh bien ! soit..., place aux autres !... Mais revoyons un peu le passé, et si ces souvenirs ne leur servent pas, « aux autres, » ils pourront peut-être les distraire.

Il faut que je dise tout d'abord comment fut déterminée « ma vocation, » ou, pour parler plus modestement, par quelles circonstances je fus jeté au barreau.

J'étais encore au collège Henri IV, lorsqu'un jour, mon père, désigné par le sort pour faire partie du jury criminel, me mena avec lui à la Cour d'Assises.

Ce spectacle m'était nouveau. Un vieil avocat, qu'on appelait Duez aîné, plaidait pour une jeune servante accusée de vol domestique. L'habileté, qui me parut merveilleuse, avec laquelle il faisait disparaître une accusation qui me semblait bien fondée, me jeta dans une sorte de stupeur. Une autre fois, je vis à la barre M⁰ Bethmont, sans me douter que la destinée me réunirait un jour à lui. Il y avait là quelques prévenus, et il devait défendre l'un d'eux, vis-à-vis duquel l'accusation fut abandonnée. Il était très beau, et je fus ému de l'indifférence avec laquelle il lisait un journal pendant la première partie des débats. Puis je vis plus tard Nogent Saint-Laurens et Lachaud, que mon beau-frère, qui les connaissait, avait quelquefois conduits chez mon père. Je les entendis..., et mon sort fut fixé !

Nogent Saint-Laurens était grand, bien fait, d'une physionomie agréable, avec de beaux yeux de méridional et une voix superbe, dont il tirait les effets les plus émouvants. Il était alors dans tout l'éclat de son succès. Il avait plaidé de grandes affaires aux Assises, notamment le procès Donon Cadot à côté de Chaix d'Est-Ange. Sa taille et ses façons lui donnaient assez grand air, il prenait volontiers l'attitude d'un mortel fatigué par la gloire et écrasé par sa propre notoriété !

Il m'éblouissait. Lachaud, tout pétillant de jeunesse, d'esprit, de bonne humeur, et parvenu déjà à l'apogée de sa réputation, m'enthousiasmait ; et lorsque après une audience je pouvais humblement serrer la main complaisante de ces « incomparables, » je déclare qu'auprès de moi Titus aurait considéré toutes ses journées comme perdues !

Quelques années après, en 1853, j'entrai au Palais.

Je n'y avais aucune relation. Mon premier soin fut d'aller me placer sous la protection de mes deux grands hommes : Nogent Saint-Laurens d'abord. Je lui rappelai les jours passés. Il les avait oubliés et il me déclara qu'il venait justement de prendre des engagements avec un jeune stagiaire que lui recommandait M. l'avocat général Meynard de Franc. Ah ! l'ingrat !... Il avait cependant respiré souvent l'encens de la louange dont mon absolue sincérité aurait dû tripler pour lui le parfum !

Je me retournai vers Lachaud. Je le trouvai dans son cabinet de la rue des Beaux-Arts. Il me reçut avec une froideur polie, mais dont la température réelle aurait humilié le pôle nord. Il daigna se souvenir... et combien vaguement!... qu'il m'avait connu collégien..., mais son cabinet était au complet... Rien à faire!... Et il me reconduisit doucement en m'engageant à *travailler*. — Travailler!... Mais c'était précisément ce que je venais lui demander..., et je ne suis pas bien sûr qu'il ne m'ait pas vanté quelque peu les douceurs du commerce de bois, en m'engageant à marcher glorieusement sur les traces de mon père! C'était fini..., et bien fini... J'étais seul, et c'était tout seul qu'il me fallait aborder l'antre de Thémis, comme on disait au siècle dernier!

Ah! jeunes gens! Horace a parlé du triple airain dont le premier navigateur a dû ceindre son cœur. Mais qu'est-ce que la mer auprès du Palais!

La mer, on ne s'y noie qu'une fois; le Palais, on s'y noie tous les jours. Le Palais! sans un avoué à l'horizon!... le Palais! l'étendue vaste et désolée sans une relation, sans l'apparence d'une ombre de clientèle en vue... Il y a des phares pourtant : les avoués, les notaires, les huissiers, les syndics..., toutes sortes de gens ministériels..., et pas un pour me tendre la main, pour m'encourager d'un sourire. Oh! le sourire d'un huissier, vous savez, dieux justes, si je l'aurais payé de mon salut à venir!

J'errais mélancolique et solitaire dans le vaste édifice *quærens quem devoret*, comme le loup de l'Écriture, et si j'avais encore les dents blanches, je les avais terriblement longues! J'entrais dans les salles d'audience, j'entendais les avocats plaider et je me disais : « Mais il y a donc des affaires! Il y a donc des gens qui en ont! Mais tout cela représente une somme incalculable de dossiers, une mer de dossiers! Et pas un seul! Je sais bien que quand je serai célèbre, j'en aurai, des affaires... Mais comment veut-on que je devienne jamais célèbre, si l'on ne me confie pas un seul dossier. » Et je me rappelais avec horreur le dilemme de cet homme qui disait : « Je me baignerai quand je saurai nager, » et à qui l'on répondait : « Mais vous ne saurez jamais nager, si vous ne vous mettez pas à l'eau... »

Cependant il faut croire que saint Yves, le bon patron, veillait sur moi.

Un jour que je promenais ma robe inutile à travers le Palais, j'entrai à la Cour d'Assises. On y jugeait une affaire d'avortement. Une jeune fille, nommée Florence, était assise entre deux affreux gredins, mâle et femelle, marchands de vin de leur état, qui, par une abominable complicité, l'avaient conduite à ce crime. On ne pouvait rien voir de plus charmant que cette enfant : sa figure avait la grâce exquise des vierges d'André del Sarto. Elle était défendue par un tout jeune avocat, Me Racle, qui depuis a quitté le barreau. C'était un de nos meilleurs et plus aimables camarades, presque aussi joli comme avocat que sa cliente comme accusée.

L'audience était présidée par M. Z..., le plus dédaigneux magistrat, et c'est vraiment trop peu dire, qui se pût voir. Il avait une tête très fine et le regard sans bienveillance, abrité derrière une paire de lunettes dont il augmentait la portée au moyen d'un monocle, avec la ganse duquel il jouait sans cesse de la main droite. Quand il avait une chose désagréable à vous dire, c'est-à-dire à peu près toutes les fois qu'il vous parlait, il ajustait le monocle sur le verre de ses lunettes..., et les jeunes avocats n'avaient qu'à se bien tenir!

Il n'était alors bruit dans le Palais que d'une affaire de *bande*. Quarante-sept accusés ! c'est-à-dire quarante-sept avocats! Ah! les bandes..., encore une institution disparue !

Celle-là s'appelait *la Grande Bande*. Pendant la suspension de l'audience, Racle est mandé dans la Chambre du Conseil. Puis il revient et s'avançant vers le banc de la défense où j'étais, modestement assis, il demande :

— Qui est-ce qui veut un dossier dans la Grande Bande?

— Moi, répondis-je aussitôt, tout ahuri de ce mot si vite dit, qui décidait de ma destinée.

— C'est bien. — Votre nom ?

— Léon Cléry.

Il repart pour la Chambre du Conseil. Je me disais :

— Bah ! après tout, qu'est-ce que je risque? on va me donner

un des moindres, un petit criminel de rien du tout. Pas de responsabilité. Je ferai de mon mieux. Personne ne me remarquera,
mais au moins j'aurai entendu ma propre voix en Cour
d'Assises!

Racle revient.

— Voilà, me dit-il. Vous défendez le chef. Ils sont deux :
Eugène et Jules Gautherat. C'est L. de M... qui défend Eugène,
mais celui-là n'a rien à risquer. Il est déjà condamné aux travaux forcés à perpétuité. C'est notre confrère Hubard qui
devait plaider pour Jules Gautherat, mais Hubard est arrêté
sous l'accusation de complicité dans le complot de l'Hippo-
drome et de l'Opéra-Comique, et vous le remplacerez.

Dieux immortels! le plafond de la salle s'écroulant sur ma
tête ne m'aurait pas plus étonné que ce petit discours.

Songez donc, moi, ténor infime, tenir la tête de cette bande!
quarante-sept accusés! quarante-sept avocats! Cent dix témoins!
un assesseur supplémentaire! un substitut supplémentaire! deux
jurés supplémentaires! un océan de chefs d'accusations, une
procédure à faire craquer un in-folio! Le banc des accusés
doublé par une charpente provisoire et des gendarmes placés
parmi les prévenus en nombre à peu près égal.

C'est là qu'allaient s'accomplir mes débuts! Que c'est donc
amusant de se souvenir! A trente-cinq ans de distance, j'en ai
encore la chair de poule!

Je rentrai chez moi comme dans un rêve. Les maisons tournaient, les rues tournaient... Si je n'ai pas été écrasé vingt fois,
c'est que saint Yves, qui avait son idée, ne l'a pas voulu!

Je me mis au travail. Et quel travail! Huit jours à peine me
séparaient de l'audience.

Il fallait interroger cet énorme dossier, et le fouiller dans ses
profondeurs, voir mon client. Savoir par quel malentendu avec
la justice il était déjà condamné à dix ans de travaux forcés, le
pauvre jeune homme! M'intéresser à lui... Que dis-je, m'intéresser..., me passionner! faire sortir de cette cause ingrate des
aperçus nouveaux, ingénieux, marier l'éloquence du cœur à
l'éclat du style..., savoir précisément où les jurés mettaient

leurs larmes pour les en faire jaillir !... car je me promettais tout cela... et bien d'autres choses encore !

Ces huit jours, je les passai dans la fièvre. Je ne mangeais plus, je ne dormais pas !... Je faisais une si prodigieuse consommation de café que je m'étonne encore que le cours de cette denrée n'en ait point été influencé sur les marchés de l'Europe !

Enfin l'heure solennelle arriva. Après huit longs jours de débats, la parole fut donnée au défenseur d'Eug. Gautherat, le premier accusé.

Ce jeune homme était consciencieux comme la conscience même, avec un peu de solennité qui ne messied pas à la jeunesse. Il avait déjà des lunettes comme le président..., mais l'œil meilleur et pas de monocle !

La parole donc lui fut donnée, non pas, comme l'a dit une méchante langue, pour dissimuler sa pensée, mais au contraire pour la faire connaître avec une candeur quelque peu empesée et que son inexpérience rendait plus touchante encore !...

J'ai dit que son client était le chef de la bande. Il n'avait pas moins de quatre-vingt-seize chefs d'accusation à son actif. On peut dire qu'il avait été de toutes les fêtes !

Son avocat avait entrepris, j'ai dit qu'il était consciencieux, la discussion de ces quatre-vingt-seize chefs d'accusation..., un par un..., ce qui nous promettait au bas mot huit heures de plaidoirie.

Vers le quatrième, le Président prit son monocle qui tournait au bout de son doigt depuis la discussion du premier et, le fixant sur son œil droit, il dit de sa voix pointue :

— Avocat, — il dédaignait de connaître nos noms, vous l'allez bien voir ! — Avocat, est-ce que vous avez la prétention de nous faire subir la discussion de ces quatre-vingt-seize chefs d'accusation relevés à la charge de votre client?

— Mais, monsieur le Président, c'est ainsi que j'ai compris le devoir que je viens remplir et la liberté de la défense.....

— Oh ! la liberté de la défense ! très bien... Mais il y a aussi la liberté de ceux qui n'ont pas besoin d'être défendus, et je dois vous faire remarquer que votre client étant déjà condamné aux travaux forcés à perpétuité, sa situation ne saurait être ni aggravée ni améliorée par le débat actuel !

Mon camarade bredouilla une phrase assez compliquée sur la liberté de la défense, qui lui tenait décidément au cœur, et il s'assit.

C'était mon tour.

Si je vous disais que je n'avais point écrit ma plaidoirie, vous ne me croiriez pas. Si je vous disais que je ne l'avais pas apprise par cœur, vous ne me croiriez pas davantage. Mais je la savais à un point inimaginable ! La robe de Nessus était moins attachée à Hercule que cette plaidoirie n'était attachée à mon cerveau. Elle vivait dans tout mon être, j'en étais infecté comme d'un virus malin, et si l'on m'avait fait une incision en quelque endroit du corps, j'imagine qu'elle se serait échappée toute vive par cette ouverture !

Je la débitai d'une voix claire, très nette, et avec une rapidité folle. Je n'oubliai ni un point, ni une virgule, mais tout cela était tellement *volubile* qu'il me semblait qu'on ne pouvait rien placer entre deux mots !

Et cependant le Président y plaça trois interruptions les plus malveillantes et les plus ironiques du monde.

J'eus le bonheur d'y répondre sans trop de maladresse et avec quelque présence d'esprit.

A la première de ces interruptions, et après ma réponse, il se tourna vers son assesseur et lui dit à voix basse, mais de façon à ce qu'on pût l'entendre, et en me désignant :

— Comment s'appelle-t-il ?

L'assesseur lui dit mon nom. Ce qui ne l'empêcha pas de renouveler ce jeu de scène à chacune des deux autres interruptions.

Quand je vous dis qu'il était aimable !

L'affaire finit le lendemain très tard dans la nuit. La vieille salle d'audience de la Cour d'Assises, mal éclairée, avait, à la nuit, une physionomie sinistre. Lorsque le chef du jury eut donné lecture de son long verdict, il y eut comme un vent de colère qui passa sur tous ces misérables qui se voyaient con-

damnés. Les hommes, les femmes, car il y avait des femmes
parmi eux, se levèrent terribles, déchaînés, hurlant des malédictions contre la Cour, le Jury, la Société...; ce fut une tem-
pête ! Puis je vois encore un gardien de prison, grand, sec, la
mine dure et les yeux clairs ; il se mit près de la petite·porte
basse qui faisait communiquer la salle d'audience au préau, et
d'un geste superbe il étendit le bras et montra cette porte à
tous ces révoltés.

Il était si bien l'image de la force, de la résolution, du courage et de l'autorité, que tous se calmèrent comme par enchan-
tement et passèrent domptés, mais non résignés, sous ce bras
qui semblait leur montrer derrière cette porte l'expiation
imposée par la loi qui commençait pour eux !

La glace était rompue entre le Palais et moi. Une circonstance favorable acheva de la fondre. J'avais formé une conférence de jeunes camarades, parmi lesquels se trouvait Gustave
Rouland, dont le père, avocat général à la Cour de Cassation,
venait d'être nommé procureur général à la Cour de Paris. Nous
eûmes l'idée, comme il était alors de mode, de mettre cette
conférence sous le patronage de M. Rouland en lui offrant la
présidence honoraire.

Les choses ainsi convenues, je vois arriver un matin Gustave
qui, un peu embarrassé, me déclare que son père préférerait la
présidence *effective* à la présidence honoraire et me demande de
lui céder la place en acceptant le titre de vice-président.

Et à partir de ce jour, *tous* les vendredis soir, vous avez bien
lu ! *tous* les vendredis soir, à huit heures moins cinq minutes,
le *Procureur général à la Cour de Paris* faisait son entrée dans la
salle d'audience du Tribunal où, mal éclairés par six bougies,
nous nous exercions à l'éloquence ! Et l'expression n'est pas
trop forte, car nous nous y exercions consciencieusement et à
tour de bras ! Je ne suis pas aussi sûr, par exemple, que nous
y soyons arrivés.

Après chacune des questions traitées, le Président prenait la
parole et nous faisait entendre la pure langue du droit dans sa
forme la plus nette et la plus élevée à la fois. J'avais le grand

honneur de siéger auprès de lui. Il m'avait pris en gré et me recommanda chaudement aux présidents d'Assises, qui ne manquèrent pas de m'envoyer leurs affaires les plus intéressantes.

Cependant la fortune, qui ne me devait rien, me gardait une fière revanche de mes échecs successifs dans mes tentatives auprès de Lachaud et de Nogent Saint-Laurens. J'avais fait une première année de stage lorsque Berryer accomplissait la seconde année de son bâtonnat. On disait « M⁶ P... » et l'on avait bien raison, car il faut être poli avec tout le monde, mais on disait « Berryer » tout court. J'avais eu la bonne fortune d'être nommé secrétaire de la conférence des avocats et j'allais, en cette qualité, me trouver rapproché du bâtonnier nouveau : M⁶ Bethmont. J'en ai parlé ailleurs, mais qu'on me pardonne d'y revenir comme à celui vers lequel, après tant d'années écoulées, se tournent encore mon esprit et mon cœur, chez qui j'ai trouvé, sans les suivre assez, les meilleures leçons d'éloquence, les plus hauts exemples de dignité dans la souffrance et de tendresse pour tous.

En ce temps-là nous étions encore des respectueux, et la présence du bâtonnier me remplissait d'une déférence un peu craintive. Aussi que devins-je lorsqu'un jour je fus abordé dans la salle des Pas-Perdus par Paul Bethmont, son fils, un de nos plus joyeux camarades d'alors, qui faisait son stage avec nous. C'était l'esprit, l'entrain, la gaieté mêmes. Si on ne lui a jamais dit qu'il était très joli garçon, c'est apparemment qu'il n'aurait pas souffert cette familiarité !

Il montait à cheval dans la perfection, il jouait au billard comme un maître, tirait bien, nageait à merveille et n'achevait un éclat de rire que pour en commencer un autre. Je crois qu'il n'aurait jamais achevé celui qu'il eût commencé, si alors on lui avait annoncé qu'il deviendrait un jour Premier Président de la Cour des Comptes !

Mais alors il ne s'en agissait guère ! Il m'aborde donc et me dit crûment : « Veux-tu être le secrétaire de mon père ? » — Il m'eût demandé aussi bien : « Veux-tu repeindre les fresques du plafond de la Cour d'Assises?... » qu'il ne m'eût pas plus étonné. Et comme je me confondais, il insista : « Oui, mon père se fatigue. Il n'a personne auprès de lui. Voilà plusieurs fois qu'il repousse mes instances : enfin ce matin il s'est décidé et m'a répondu : « Il n'y en a qu'un que je prendrais volontiers, « c'est Cléry. » Cela te va-t-il? Entre nous, je ne crois pas que ce soit ta science approfondie du code de procédure civile, ni l'austérité de tes façons, qui l'aient guidé dans ce choix, mais plutôt une certaine gaieté d'allures et une sorte de franchise gamine qui l'ont déridé quelquefois, car il est facilement triste et le récent mariage de mon frère l'a fait encore un peu plus seul. »

Si j'acceptai, vous n'en doutez pas..., et avec quelle reconnaissance. Dès lors j'avais trouvé un maître doux comme un père et un père éclairé comme un maître, et pendant quatre ans j'ai pu jouir à toutes les heures de cet esprit si fin et si délicat et de cette raison si haute. En l'entendant plaider, j'ai su quel rare clavier pouvait parcourir et faire vibrer la parole humaine, en l'écoutant causer j'ai goûté les joies les plus pures que puisse donner à un homme le commerce d'un autre homme, et telles ont été les impressions de cette vie commune que chaque circonstance s'en est conservée à travers le temps avec une fraîcheur et une intensité si vives que je n'ai pour rajeunir un instant qu'à fermer les yeux et à me reporter à cet heureux temps... Il me semble que je n'ai pas vieilli !

J'abrège. Après un stage passé au criminel, ma clientèle civile se forma peu à peu et... j'eus des affaires !

De relations, par exemple, toujours pas ou presque pas, si bien que je n'ai jamais su que rarement avec quelque certitude d'où me venaient les clients qui entraient dans mon cabinet.

C'est là un des charmes et un des tourments de cette profession.

Un charme... parce qu'il y a toujours une émotion assez douce et assez caressante à entendre cette phrase : « Monsieur, j'ai entendu parler de vous et..., » mais un tourment dans l'incertitude même de ce hasard qui peut se lasser. Parlez-moi d'une bonne étude d'avoué bien sûre, bien fidèle, que l'on surveille avec jalousie ; où depuis le premier clerc jusqu'à l'invalide qui sert de saute-ruisseau tout le monde a le mot d'ordre : « Ici on envoie les affaires à M⁰ un tel ! » Il faut bien quelques soins en revanche pour entretenir cette fidélité. Mais je vous demande, qu'est-ce que : faire les conclusions et un peu les courses, rédiger la procédure et mener les enfants à Guignol, auprès de la sécurité profonde qu'assure le commerce de cette relation !

Ah ! les pauvres-gens qui n'ont trouvé dans leur berceau ni un avoué, ni un notaire, ni un syndic, savent seuls ce que la vie judiciaire peut contenir de lamentables inconnues.

Tenez, en 1856, M. Bethmont était bâtonnier, et pendant les vacances il me disait avec une mélancolie très douce et un peu résignée : « Je ne sais pas si j'aurai des affaires à la rentrée ! » Et comme je me récriais, il ajouta :

— Je vous parle sérieusement. Qui voulez-vous qui m'en envoie ? Je ne connais personne. *Je n'ai pas de relations !*

C'est vrai. Il n'avait de relations qu'avec le public, mais si l'on savait ce que la décision du public pèse peu dans une affaire pourtant qui l'intéresse si fort : le choix d'un avocat.

Le client en mal de procès a tout d'abord, selon son rang, sa fortune, et la nature même de la contestation qu'il a à faire ou à subir, un huissier, un avoué ou même un notaire.

Chacun de ces organes sociaux a sa clientèle d'avocats empressés à lui plaire.

Le client se présente chez ce *rouage ministériel* et le dialogue suivant ne tarde point à s'engager :

— Avez-vous un avocat ?

— Non, mais j'ai pensé à M⁰ X...

(Celui-ci n'est pas de la maison.)

— M⁰ X... ? Diable ! vous n'y allez pas de main morte, vous ? M⁰ X... ? — Ah çà ! vous êtes donc bien riche ?

Le client fait un bond sur sa chaise.

— Comment ?

— Mais sans doute. M⁰ X... est un des premiers avocats du Palais. Il plaide admirablement. Il a l'oreille des juges...

— Eh bien?

— Eh bien! en raison de tout cela, il est fort cher.

— Ah! mais c'est que je n'ai pas l'intention de me ruiner, moi. Voici un diable de procès qui va déjà me coûter assez d'argent. Et puis en supposant que je le gagne : qu'est-ce que ça va me rapporter? Au fond de ce tracas il n'y a guère que des affaires d'amour-propre.

— Moi, c'est mon avis. Avec M⁰ X... vous en avez au bas mot pour un billet de trois mille francs. Voulez-vous m'écouter? Prenez M⁰ Y..., un brave garçon que je connais, qui a autant de talent que l'autre, mais qui n'est pas encore aussi connu, ce qui fait qu'il a plus de temps à donner à l'examen de ses affaires, et avec cinquante louis vous en serez quitte!

— Parfait, répond le client.

Quant au pauvre M⁰ X... ainsi évincé et qui n'en a rien su, il aurait très bien plaidé l'affaire pour cinq cents francs!

Autre formule.

— Non, je n'ai pas d'avocat. Mais on m'a parlé de M⁰ X...

— M⁰ X...? parfait. Beaucoup de talent : très connu, très estimé des juges. Mais si vous voulez mon sentiment, ce n'est pas l'homme de votre affaire. Très brillant, M⁰ X... Oh! mais là, très brillant! seulement votre procès, à vous, n'a pas besoin d'un homme brillant. Il vous faut un avocat solide, un bûcheur, un de ces avocats d'affaires pas brillants, mais qui vous empoignent un argument et qui ne le lâchent pas. Tenez, prenez donc plutôt M⁰ Z... Ah! celui-là, je vous en réponds. Pas brillant, par exemple! Mais un débrouilleur de procédure... et malin!...

Autre formule.

— C'est vrai, il me faut un avocat. Tiens, mais je me suis trouvé dernièrement à dîner avec M⁰ X..., il ferait bien mon affaire.

— M⁰ X... Ah! qu'il a de l'esprit! En voilà un qui a de l'es-prit!... Ah! quand il s'y met! Dernièrement, je l'ai entendu dans une affaire de séparation de corps... Non, ce que c'était drôle ! Seulement, vous savez, méfiez-vous : c'est un artiste, et, dame, il est comme les artistes, quand il est en train, ça va bien ; mais s'il a quelque autre chose en tête ce jour-là, un tableau à acheter ou un livre nouveau qui l'intéresse..., va te promener..., votre procès ne l'intéresse plus ! Et comme il est fort riche, il peut se passer ses turlutaines !

Et le client court encore ! il ira chez Me Y..., chez Me Z..., mais Me X... ne le verra jamais !

Puisque j'ai parlé de ma première affaire criminelle, je peux bien raconter ma première affaire civile, ou à peu près la première.

Le domicile de mes parents étant trop éloigné du Palais, j'avais pris deux petites pièces dans la rue Constantine, aujourd'hui rue de Lutèce. — Sur le même palier que moi demeurait un jeune stagiaire, qui vient un matin me rendre visite et me confie qu'étant en quelque délicatesse avec le Conseil de l'Ordre, il préfère s'abstenir de plaider pendant un temps.

Je n'ai jamais bien démêlé si c'était le Conseil qui l'en avait prié, ou si c'était lui qui, pour faire pièce au Conseil, avait pris de lui-même cette résolution. J'inclinerais plutôt vers la première hypothèse !

Quoi qu'il en soit, il avait une affaire *en province* et il me priait de le remplacer.

On ne saura jamais le prestige qu'exerçait alors ces deux mots sur de toutes jeunes cervelles d'avocat, « en province. » Il s'agissait d'aller à Amiens, et les honoraires étaient fixés à soixante-quinze francs, tout compris.

Il m'expliqua l'affaire assez mal, je la compris plus mal encore et je m'embarquai tout glorieux, mais fort intimidé, pour le département de la Somme.

Il fallait plaider devant la Cour. C'était la première fois que pareille fortune m'arrivait..., du moins au civil.

J'avais préparé un bel exorde, tout plein de modestie. J'y expliquais comment il avait plu à la Fortune de me désigner pour cette affaire, et comment, par un de ses plus bizarres caprices, elle était allée chercher un inconnu, quand le barreau d'Amiens offrait précisément tant d'avocats illustres et bien plus dignes de ses faveurs !

Enfin quelque chose comme l'entrée en scène de Raoul au premier acte des *Huguenots* :

« Parmi ce que la Cour offre de plus brillant

« Quel honneur (bis) d'être admis..... »

Sur quoi le Président, vieillard bourru, m'interrompt d'un ton maussade par ces mots : « Vous n'avez pas besoin de vous excuser d'être ici. Vous y êtes, plaidez votre affaire... »

Je courbai la tête sous cette première humiliation, et je la plaidai, mon affaire... Je la plaidai..., et je dus la plaider bien mal, car je ne la comprenais pas très bien, et j'avais pour adversaire Mᵉ Dauphin lui-même, le futur sénateur, le futur procureur général à la Cour de Paris, le futur premier président de cette même Cour d'Amiens, le futur ministre des finances, mon futur adversaire aussi dans d'autres affaires, et même de très grandes affaires, qu'alors je comprenais un peu mieux que la première.

Mais ce jour-là il fut interrompu au bout de quelques phrases, je fus jugé, exécuté sur le siège d'un coup de toques de la Cour, en quelques mots bredouillés par son Président, et je me retrouvai dans la rue sans savoir comment, ahuri, étourdi, stupéfié ! Tout cela s'était passé comme dans un rêve très court, et j'avais le sentiment fort net d'une humiliation profonde, d'une défaite cruelle, irréparable, d'une de ces déroutes qui emportent à jamais l'espoir de la revanche ! Je vis écroulé d'un seul coup l'édifice lointain construit par mes espérances, et sur ce pavé d'Amiens, sous un ciel gris et bas du Nord, tout me sembla ironique et insultant.

Des canards même, je me les rappelle encore, des canards barbotaient dans des fossés, entretenus là et promis à de prochains pâtés. Ces canards, plongeant la tête au fond de leurs mares, semblaient insulter à ma misère en me montrant cette partie d'eux-mêmes que dans les dindons on appelle « le bonnet d'évêque, » et mon esprit frappé se refusait à admettre une simple coïncidence, voulant à toute force y voir une intention malicieuse!

Tout cela est bien loin, tout cela est bien fini, et il n'y a guère d'enseignement à en tirer; mais tout cela ne dit pas encore pourquoi je me suis décidé à faire imprimer ce volume.

J'ai tardé tant que j'ai pu pour en arriver là, et la vérité est que je ne le sais pas, et que, par conséquent, je ne peux pas le dire.

Est-ce que je m'abuse sur le mérite de ces plaidoiries? En honneur, non. Et, l'on peut m'en croire, mon seul mérite étant d'être un honnête homme et de ne dire jamais que ce que je pense..., il m'en a coûté assez cher!

Est-ce que je crois qu'on va les lire? — Non. Je sais mieux que personne que l'avocat ne se survit pas à lui-même, et que sa parole, éteinte sur ses lèvres, ne saurait renaître pour un public nouveau.

J'ajoute que je ne songe pas à m'en étonner ni à m'en affliger. Les raisons qu'on en peut donner sont excellentes. La plaidoirie par le son de la voix, par le geste, est un art un peu plastique. Si vous en retranchez ces divers éléments, vous la privez de sa séduction souvent la plus grande, et par quoi elle a une action directe et puissante sur le public.

Ce n'est pas tout. La vie renouvelle très vite toutes choses en nous et autour de nous. Ce qu'on appelle l'actualité a des cheveux blancs en quelques heures. Essayez de vous intéresser à un crime ou à un scandale qui, il y a vingt ans, ont passionné le pays tout entier. A part quelques curieux, qui donc s'est donné la peine de relire, en détail, le procès de Mme Lafarge, qui, à son heure, a brouillé des familles et presque mis les armes à la main à des partis opposés?

Enfin, la langue même du barreau change, sinon à chaque génération, au moins en un certain nombre d'années, si bien que cette langue, particulièrement faite pour être parlée et parlée à son heure, ne supporte guère l'épreuve de la lecture.

— Alors pourquoi avez-vous fait imprimer ce volume?

— Pour le lire! Je serai peut-être le seul. Mais j'y retrouverai les sensations diverses que m'a causées chacune de ces plaidoiries. La vie repassera une dernière fois devant mes yeux, avec ses émotions et ses drames, dont j'ai connu les acteurs. Je ne sais pas pour la plupart quelles ont été leurs destinées, mais j'aime à me figurer heureux ceux à qui j'ai souhaité le bonheur et qui m'en ont semblé dignes, et j'aime aussi à me rendre ce témoignage : que j'ai traversé la vie judiciaire sans un mauvais sentiment. Je n'ai jamais gardé rancune à personne ni des légères blessures que j'ai reçues..., ni de celles que j'ai pu faire : ce qui n'est pas si commun que l'on croit. J'ai cherché la vérité avec passion, et si je ne l'ai pas toujours trouvée, la faute en est plus à elle qu'à moi, ce qui fait que je peux, en terminant ces quelques pages, mettre au-devant de celles qui vont suivre le mot de Montaigne, en l'accommodant à « l'espèce, » comme on dit au Palais, et écrire : « Les plaidoiries qu'on va lire, si on les lit, sont des plaidoiries de bonne foi! »

LÉON CLÉRY.

Souvenirs du Palais

LA TOUR DE NESLE

ORSQU'IL fut question d'élever une statue à Alexandre Dumas, un comité se forma pour recueillir les souscriptions et régler l'érection du monument.

Il avait été décidé que sur le piédestal on inscrirait les noms des œuvres d'Alexandre Dumas. Au moment d'y graver le titre de *la Tour de Nesle*, une difficulté que personne n'avait prévue, se présenta.

Les héritiers de Frédéric Gaillardet élevèrent la prétention que ce titre ne figurât pas parmi les œuvres d'Alexandre Dumas. Cette prétention donna lieu à un procès, qui vint devant la première Chambre du Tribunal civil de la Seine (août 1887).

PLAIDOIRIE

Messieurs,

DIEU m'est témoin que je n'ai rien fait pour provoquer le procès actuel; mais j'atteste son éternelle justice, que je suis charmé qu'il ait été fait!

J'y vais trouver l'occasion de dissiper enfin une erreur dans laquelle ont vécu tous nos contemporains et mon client lui-même, sur un point de notre histoire judiciaire et littéraire des plus bruyants et cependant des moins connus.

Je serais trop heureux si je pouvais borner là mon effort, et si je ne me trouvais en présence que du procès qui apparaît ici.

Mais la vérité est qu'il y en a deux..., et qu'il y en a toujours eu deux.

L'un, qu'on n'ose pas faire ouvertement et qui consiste à faire juger que F. Gaillardet est l'unique auteur de *la Tour de Nesle*, — l'autre, qui n'a par lui-même aucun intérêt, dans lequel on n'a aucun espoir et qui ne sert que d'occasion pour accréditer la chimère qui a hanté une vie tout entière!

Il y a là une étude psychologique des plus intéressantes et dans le développement de laquelle nous allons constater le besoin de réveiller l'attention, périodiquement, sous l'empire d'une sorte de *delirium*, qui pendant sa vie a agité Gaillardet et dont il semble qu'il ait communiqué le contagieux virus à sa femme et à ses enfants!

Quelle est donc la forme extérieure de l'instance actuelle ?

L'admiration de ses contemporains a élevé une statue à Alexandre Dumas.

On a gravé sur le socle de cette statue les titres de ses œuvres les plus célèbres, et, parmi ces œuvres, *la Tour de Nesle...*

Les héritiers Gaillardet veulent qu'on l'efface. Pourquoi ? Est-ce pour soutenir cette thèse de droit :

Il n'est pas permis d'inscrire sur le socle d'une statue le titre d'une œuvre commune...?

C'est là une question de propriété littéraire neuve, intéressante, mais générale, sur laquelle les héritiers Gaillardet demanderaient à la jurisprudence de se prononcer ?

Est-ce, au contraire, un débat d'un intérêt plus restreint qu'ils entendent soulever, et voudraient-ils soutenir que *la Tour de Nesle* doit être effacée du socle de la statue parce qu'Alexandre Dumas *n'en serait pas* ou *n'aurait pas le droit de s'en dire l'auteur ?*

A ces deux points de vue, il faut déclarer que nos adversaires sont mal fondés.

Voyons d'abord la question de droit générale. — En admettant qu'Alexandre Dumas soit, en collaboration avec Gaillardet, l'auteur de *la Tour de Nesle*, est-il permis à ses admirateurs, à ses amis, à son fils, de faire figurer cette œuvre sur le socle de sa statue ?

Pourquoi non ? L'usage, les principes généraux du droit privé et du droit public, la jurisprudence enfin, le leur permettent.

L'usage ? Il est universel. M. A. Dumas fils a pris la peine de faire constater par huissier que sur le monument de Th. Barrière, on a gravé les titres de ses comédies sans mentionner les noms des collaborateurs.

— *Les Filles de Marbre.* — Sans Lambert Thiboust.

— *Les Faux Bonshommes.* — Sans Ernest Capendu.

— *La Vie de Bohème.* — Sans Henri Murger.

Et Molière, qui a fait *Psyché* avec La Fontaine! Et lorsqu'on élèvera une statue à Émile Augier, on inscrira sur le piédestal : *Le Gendre de M. Poirier*, sans, pour cela, diminuer la gloire de J. Sandeau.

D'ailleurs, cet usage est conforme aux principes du droit. L'article 1859, § 2, porte :

« Chaque associé peut se servir des choses appartenant à la société, pourvu qu'il les emploie à leur destination. fixée par l'usage et qu'il ne s'en serve pas contre l'intérêt de la société. »

J'espère qu'on me pardonnera de parler le langage austère du Code civil en une matière aussi essentiellement dramatique et littéraire que celle qui nous occupe.

Ainsi l'usage dont parle la loi est constant.

L'inscription sur la statue de l'un ne porte à l'autre aucun préjudice :

Chacun en a sa part et tous l'ont tout entier!

Lorsqu'on élèvera une statue à M. Gaillardet, ses amis auront le loisir de faire figurer *la Tour de Nesle* dans ses œuvres. Je donne rendez-vous à mon contradicteur au pied du monument pour le jour de l'inauguration.

Seulement nous serons peut-être un peu vieux.

La jurisprudence a eu l'occasion de faire l'application de ces principes dans un cas qui offre, avec le nôtre, une grande analogie.

Elle permet à l'auteur d'une œuvre écrite en collaboration de faire figurer cette œuvre dans ses œuvres complètes. Ainsi l'a jugé le Tribunal de la Seine, le 8 janvier 1875, par une décision confirmée par arrêt de la Cour.

Ainsi, du reste, l'ont toujours fait Émile Augier, Scribe, Labiche, etc. Ainsi l'a fait A. Dumas lui-même pour *la Tour de Nesle*, qui se trouve au quatrième volume de ses œuvres complètes, Paris, Charpentier, 1834.

Si la question a reçu cette solution dans un cas où il s'agissait de fixer les droits pécuniaires des auteurs, à plus forte raison doit-elle être tranchée de même dans le cas qui nous occupe.

Le régime féodal avait imaginé la distinction du *domaine éminent* qui restait au suzerain et du *domaine utile* qui appartenait au propriétaire.

Il semble que la propriété littéraire puisse recevoir la même distinction.

Le *domaine éminent* qui reste au public; le *domaine utile* qui appartient à l'auteur, à ses héritiers pendant un certain nombre d'années, et qui fait retour au domaine éminent.

Les droits d'auteur font partie du domaine utile : leur partage donne lieu aux difficultés journalières que les tribunaux sont appelés à trancher.

Il me semble que la question qui nous occupe fait plutôt partie du domaine éminent.

Et maintenant constatons, avant d'aller plus loin, que ce n'est que par une sorte de fiction qu'A. Dumas fils est défendeur au procès actuel : il plaide au nom d'autrui; il plaide au nom du public, au nom de la postérité. La gloire d'Alexandre Dumas nous appartient à tous, et tous, nous avons le droit et le devoir de ne pas la laisser diminuer.

Ce serait lui porter atteinte que de rayer *la Tour de Nesle* de la liste de ses œuvres. J'ajoute que le jugement ne trouverait pas de sanction. Il n'y aurait pas, je ne dis point un érudit ou un lettré, mais un simple passant qui, en présence de cette omission, ne s'écriât : « Tiens! on a oublié *la Tour de Nesle!* »

Voilà donc ce qu'il faudrait répondre aux héritiers Gaillardet, s'ils voulaient soutenir cette thèse, indiquée dans leurs conclusions en ces termes :

> Attendu que si l'on fait abstraction desdites conventions et décisions judiciaires et si l'on considère Dumas et Gaillardet comme des collaborateurs ordinaires, la demande des concluants trouve encore une base dans les principes de la collaboration qui s'opposent à ce que l'un des auteurs d'une œuvre collective soit présenté au public comme en étant l'unique auteur...

Cette insinuation est ici d'une profonde injustice. Jamais A. Dumas ne s'est présenté au public comme le *seul* auteur de *la Tour de Nesle*, et nous allons voir, au contraire, dans le développement de ce récit, que tous les efforts de Gaillardet, et quelquefois les moins loyaux, n'ont tendu qu'à le faire considérer, lui Gaillardet, comme ayant *seul* produit le drame, auquel il a tenté d'empêcher son collaborateur d'attacher son nom.

Je reconnais qu'à l'audience c'est sur un autre terrain que le défenseur des héritiers Gaillardet a porté son effort, mais ses conclusions n'en subsistent pas moins; le Tribunal est tenu de juger la question de droit qui lui est soumise.

J'avais le devoir de l'examiner, bien que l'adversaire eût déserté la lutte sur ce point.

Que plaide-t-il donc?

Qu'Alexandre Dumas n'est pas, à propos de *la Tour de Nesle*, dans une situation ordinaire; qu'il n'a pas le droit de se dire co-auteur de la pièce; qu'il existe une convention, et que, comme chacun sait, les conventions font la loi des parties; que, bien plus, il y a des jugements et arrêts qui consacrent la prétention de ses clients, et que nulle preuve n'est admise contre la présomption qui résulte de la chose jugée; que ces conventions et ces décisions judiciaires interdisent absolument à Alexandre Dumas de se dire auteur ou co-auteur de *la Tour de Nesle*.

Voilà, bien nettement déterminé, le champ de discussion parcouru par les prétentions de l'adversaire.

Voyons, maintenant, dans une histoire rapide et nécessaire, les faits qui se sont succédé et qui ont autorisé, dans le public, cette extraordinaire et fausse légende, que la justice aurait interdit à Dumas le droit de revendiquer une part quelconque de la paternité du drame de 1832.

Le 27 mars 1832, un jeune homme lisait à Harel, directeur de la Porte-Saint-Martin, devant Jules Janin et Mlle Georges, un drame de sa composition intitulé: *la Tour de Nesle*.

Il est reçu à correction. Jules Janin est chargé d'en revoir le style, d'en améliorer les situations, en un mot, de le remanier de façon à donner satisfaction au directeur du théâtre, qui le jouera.

Janin se met à l'œuvre. Dès le 29 mars, un acte est fait. A cette date se place la signature entre Gaillardet et Harel du traité qui les lie l'un à l'autre pour la livraison et la représentation de la pièce.

Le 8 avril, Gaillardet a la douleur de perdre son père. Le 10 avril, il part pour Tonnerre. Vers le 20 avril, Harel vient trouver A. Dumas, et c'est aux Mémoires mêmes de ce dernier que nous allons emprunter le récit de l'entrevue :

Tous les jours on me remettait la carte d'Harel : seulement, à lui comme aux autres, on répondait que je ne recevais pas.

Lorsque je rouvris ma porte, la première chose que j'aperçus par l'entre-bâillement, ce fut sa souriante et spirituelle figure.

— Et le choléra, lui demandai-je, y croyez-vous ?

— Il est parti !

— Vous en êtes sûr ?

— Il ne faisait pas ses frais... Ah ! mon ami, le bon moment pour lancer un drame !

— Vous croyez ?

— Il va y avoir une réaction en faveur des théâtres ; d'ailleurs, vous avez vu ce que j'ai fait mettre dans les journaux ?

— Oui, à l'endroit des salles de spectacle, où aucun cas de choléra n'a jamais été constaté... Mon cher Harel, vous êtes l'homme le plus spirituel du xixe siècle !

— Eh ! non !

— Pourquoi cela ?

— Vous le voyez bien, puisque je ne puis pas vous déterminer à me faire une pièce.

— En conscience, suis-je en état ?

— Vous ?...

Il haussa les épaules.

— J'ai une fièvre de tous les diables.

— Elle vous tiendra lieu d'inspiration.

— Mais, enfin, voyons, qu'est-ce que c'est que votre pièce ?

— Eh bien, je vais vous dire la vérité.

— Vrai ?

— Parole d'honneur.

— Harel! Harel! Harel!

— Que vous êtes bête!

— Vous voyez bien que je ne vous le fais pas dire.

— Mais si, vous me le faites dire; et c'est ce qui prouve votre esprit, puisque vous me rendez stupide.

— Voyons, trêve de marivaudage! Nous disons?...

— Nous disons qu'un jeune homme de Tonnerre, nommé Frédéric Gaillardet, m'a apporté un manuscrit où il y a une idée; mais il n'a jamais fait de théâtre : ce n'est point écrit, dramatiquement parlant. Je n'en ai pas moins traité avec lui; j'avais mon projet.

— Voyons votre projet.

— Depuis longtemps, Janin a envie de faire du théâtre.

— Bon!

— J'ai dit : « Voilà l'occasion toute trouvée! » Je lui ai porté le manuscrit de mon jeune auteur.

— Après?

— Il l'a lu.

— Eh bien?

— Il a reconnu comme moi qu'il y avait un drame.

— Et ce drame?...

— Il l'a cherché pendant six semaines, et ne l'a point trouvé.

— Alors, il n'a rien ajouté au manuscrit primitif?

— Si fait, il l'a récrit.

— Ensuite?

— C'est mieux écrit, mais ce n'est pas plus jouable.

— De sorte que voilà déjà deux auteurs?

— Ne vous inquiétez pas de Janin.

— Pourquoi cela?

— Parce que, ce matin, manuscrit à lui, manuscrit à M. Gaillardet, il a tout pris à brassée, et a tout jeté sur le canapé de Georges en me disant : « Allez au diable, vous et votre drame! »

— Alors, vous êtes venu à moi; merci!

— Qu'est-ce que cela vous fait, mon ami? Lisez cela.

— Mais je vous dis que je suis très faible, que je ne puis pas même lire.

— Je vous enverrai Verteuil; il vous lira la pièce : il lit très bien.

— Et je n'aurai pas de désagrément avec votre jeune homme?

— Un mouton, mon cher!

— Je comprends, et vous voulez le tondre?

— Il n'y a pas moyen de parler sérieusement avec vous.

— Envoyez-moi Verteuil.

— Quand?

— Quand vous voudrez.

— Dans une heure, il sera ici.

— Eh bien, vous vous en allez?

— Je n'ai garde de rester.

— Pourquoi cela?

— Vous n'auriez qu'à vous dédire.

— Oh! je ne m'engage à rien.

— C'est inutile, puisque vous vous êtes engagé.

— A quoi?

— A me livrer la pièce faite dans quinze jours.

— Harel!

— Soignez le rôle de Georges.

— Harel!

— Adieu.

Harel était parti.

Ah! l'animal! murmurai-je en retombant sur mon oreiller, il me donnera une rechute.

Une heure après, comme l'avait dit Harel, Verteuil était à la maison.

Il croyait me trouver levé et convalescent; il me trouva au lit, brûlé de fièvre, et maigri de vingt-cinq livres.

Je lui fis peur.

— Oh! me dit-il, vous n'allez pas travailler dans cet état?

— Que diable voulez-vous, mon cher! puisque Harel l'exige!

— Non, je remporte le manuscrit, et je dis à Mlle Georges que c'est impossible à moins de vous tuer.

— Y a-t-il quelque chose dans ce manuscrit?

— Sans doute, il y a quelque chose; mais...

— Mais quoi?

— Dame! vous verrez... Je n'ose pas dire.

— Alors, laissez-moi cela; je le lirai.

— Quand?

— A mon loisir. Est-ce bien écrit, au moins?

— C'est recopié par moi?

— Bon!

— Je ne vous ai apporté que la copie du manuscrit de Janin, pour que vous perdiez le moins de temps possible.

— Y a-t-il une grande différence entre les deux manuscrits?

— Comment l'entendez-vous?

— Au fond.

— C'est la même chose, à part une ou deux tirades ajoutées par Janin.

— Et dans la forme?

— Dame! il y a le style, vous savez, c'est pimpant, brillant, cassant.

— Je verrai cela.

— Quand voulez-vous que je revienne?

— Revenez demain.

— A quelle heure?

— Vers midi.

— A demain midi; reposez-vous d'ici là.

— Je tâcherai... Adieu.

— Adieu.

Il me donna la main.

— Prenez garde! vous avez une fièvre de cheval.

— C'est bien là-dessus que je compte. Mille tendresses à Georges; qu'elle soit tranquille, s'il y a un rôle pour elle, il faudra bien qu'il vienne ou qu'il dise pourquoi.

— Vous n'avez pas autre chose à lui faire dire?

— Que je l'aime de tout mon cœur, c'est tout.

Et Verteuil sortit, me laissant seul avec la fièvre et la copie du manuscrit de Janin.

Encore une fois, je le répète, — et ces quelques lignes, c'est à M. Frédéric Gaillardet que je les adresse, — Dieu me garde, après vingt et un ans écoulés, d'avoir l'apparence d'une intention hostile pour un homme qui m'a fait l'honneur de risquer sa vie contre la mienne et d'échanger avec moi un coup de pistolet; mais je dois, selon ma franchise accoutumée, raconter les choses comme elles se sont passées, bien certain que, s'il le fallait, aujourd'hui encore, les souvenirs de Bocage, de Georges, de Janin, de Verteuil seraient d'accord avec les miens.

Cette déclaration faite, je reprends mon récit.

Resté seul, je commençai la lecture du manuscrit.

La pièce débutait par le second tableau, c'est-à-dire par le monologue d'Orsini. — Au reste, à peu de choses près, ce second tableau, alors le premier, resta ce qu'il était.

Il n'y avait, comme me l'avait dit Verteuil, et comme je le reconnus plus tard moi-même, entre le manuscrit de M. Gaillardet et celui de

Janin, d'autre différence que le style. Janin, on le sait, sous ce rapport, est un maître devant lequel les petits s'inclinent, et que les grands saluent.

Cependant, une tirade entière, la plus brillante peut-être de tout le drame, appartenait à Janin : c'était celle des « grandes dames. »

Le premier défaut qui me frappa dans l'ouvrage, moi homme de théâtre, c'est que, la pièce commençant au second tableau, aucun des personnages n'était connu, aucun des caractères ne se trouvait exposé ; de sorte que, tout en lisant ce tableau, c'est-à-dire celui de la tour, le tableau de la taverne commença de m'apparaître comme dans un nuage.

Je ne m'y arrêtai point : ce n'était pas le moment. Je commençai le second ; mais je proteste que je n'allai pas plus loin que la huitième ou dixième page. Le drame déviait complètement de la route qu'à mon avis il devait suivre.

Ce qui ressortit pour moi comme l'essence du drame, ce fut la lutte entre Buridan et Marguerite de Bourgogne, entre un aventurier et une reine, l'un armé de toutes les ressources de son génie, l'autre de toutes les puissances de son rang.

Il allait sans dire que le génie devait naturellement triompher de la puissance.

Ensuite, j'avais depuis longtemps en tête une idée qui me semblait des plus dramatiques ; je voulais arriver à mettre cette situation sous les yeux du public :

Un homme arrêté, condamné, couché, sans ressources et sans espérance, au fond d'un cachot ; un homme qui sera perdu si son ennemi a le courage de ne pas venir jouir de son abaissement, et de le faire empoisonner, étrangler ou poignarder dans son coin, cet homme sera sauvé si cet ennemi cède au désir de venir l'insulter une dernière fois ; car, avec la parole, seule arme qui lui reste, il l'épouvantera à ce point que son ennemi déliera peu à peu les chaînes de ses bras et le carcan de son cou, lui ouvrira la porte qu'avec tant de soin il avait fait fermer sur lui, et l'emmènera en triomphe, lui qui, s'il sortait jamais de ce sépulcre anticipé, semblait n'en devoir sortir que pour monter sur l'échafaud.

La lutte entre Marguerite de Bourgogne et Buridan me donnait cette situation. Je ne la laissai point échapper, comme on le comprend bien. C'est ce qu'on appela depuis la « scène de la prison. »

Cela trouvé, je ne m'inquiétai plus du reste. J'écrivis à Harel que j'étais tout à lui pour *la Tour de Nesle* et le priai de venir me trouver afin de régler les conditions auxquelles ce nouveau drame serait fait.

Il faut que j'explique au public ce que j'entendais par régler les conditions.

Je désirais, puisque Janin se retirait loyalement, — plus que loyalement, généreusement, — de la collaboration, je désirais que M. Gaillardet, qui avait un instant abandonné sa moitié à Janin, rentrât dans sa moitié.

Voici quels étaient à cette époque, à moins de traité particulier, les droits d'auteur au théâtre de la Porte-Saint-Martin, auquel le drame de M. Gaillardet était destiné : quarante-huit francs de droits d'auteur, et vingt-quatre francs de billets par soirée.

Vingt-quatre francs de droits et douze francs de billets avaient, en conséquence, été concédés à Janin.

Janin, nous l'avons dit, rendait sa part; je désirais que cette part fît retour à M. Gaillardet, et que mon droit, à moi, fût établi en dehors, et comme si j'étais complètement étranger à l'ouvrage.

Je mettais aussi, comme condition « sine quà non, » de ne pas me nommer.

Il avait été convenu, dans le traité avec Janin, que Janin se nommerait.

Harel ne fit aucune difficulté de m'accorder ce traité à part; c'était celui de *Christine* : dix pour cent sur la recette, et trente-six ou quarante francs de billets, je crois.

Il n'y avait rien à dire, puisque le droit était proportionnel; — faisait-on de l'argent, j'en gagnais; n'en faisait-on pas, je ne pesais sur la recette que dans de légères proportions.

Or, remarquez bien que, à cette époque de choléra, les grandes recettes étaient de deux ou trois cents francs. L'Odéon joua une fois pour un spectateur qui refusa de reprendre son argent, exigea que l'on jouât pour lui, et siffla. Mais, en sifflant, le malheureux avait donné une arme contre lui : le directeur fit venir un commissaire de police, qui, sous prétexte que le siffleur troublait la représentation, le mit à la porte.

Harel, dis-je, ne fit aucune difficulté pour le traité à part; mais il n'en fut pas de même pour l'incognito que je désirais garder : ce fut une véritable lutte que je dus soutenir, et dans laquelle il déploya le luxe éblouissant de son esprit, l'arsenal foudroyant de ses paradoxes.

Je résistai; Harel se retira vaincu.

Il était décidé et signé que j'avais mon traité à part, que je ne me nommerais pas, et que Gaillardet, nommé seul le soir de la première représentation et sur l'affiche, toucherait seul la totalité des droits accordés au théâtre de la Porte-Saint-Martin, à l'époque où M. Gaillardet avait signé son traité; seulement, je me réservais de mettre le drame à mon nom dans mes œuvres complètes.

A partir de ce moment, Verteuil ne me quitta plus. Tous les matins, il venait, et, tant dicté qu'écrit de ma main, tous les soirs il emportait un tableau.

Après le tableau de la prison, Harel accourut. C'était un chef-d'œuvre qui devait faire pâlir le succès de *Henri III*. Je ris.

Je devais absolument me nommer; il était impossible que je ne me nommasse pas.

Je me fâchai. Harel s'en alla désespéré.

Les directeurs avaient alors une singulière idée dont ils sont bien revenus depuis : c'est qu'ils faisaient plus d'argent, à mérite égal, avec un nom connu qu'avec un nom inconnu. Je crois qu'ils se trompaient. Plus le nom est connu, plus il soulève de sentiments envieux de la part de la critique; plus il est inconnu, plus la critique l'entoure de bienveillance. La critique, qui ne fait pas d'enfants, ne choie et ne caresse que les orphelins qu'elle peut adopter; mais elle se détourne, irritée et grondeuse, de ceux qui se présentent portés sur les épaules d'un père vigoureux.

Voilà des détails précis. Cependant la situation ne laissait pas que d'être délicate. A. Dumas devenait le collaborateur de Gaillardet malgré lui et Gaillardet furieux protestait auprès d'Harel.

C'est alors qu'Alexandre Dumas a écrit la lettre du 19 mai qu'on vous a lue et dans laquelle il disait :

Vous serez nommé seul.

Et, en effet, Dumas, pendant une certaine période de sa vie, ne voulait jamais être nommé avec un collaborateur.

La lettre ajoutait: « Vous toucherez seul les droits d'auteur. »

La première représentation eut lieu le 29 mai 1832. Le succès fut immense et l'écho en retentit encore!

Jamais péripéties plus émouvantes, coups de théâtre plus inattendus ne s'étaient déroulés devant le spectateur surpris.

Jamais auteur n'avait mieux satisfait les aspirations de son public. Si l'art suprême consiste à se plier à la poétique de son temps, *la Tour de Nesle* est un chef-d'œuvre.

Le drame se déroule en plein moyen-âge, cette époque que les poètes et les romanciers ont mise récemment à la mode : Roger de Beauvoir vient de publier *l'Escolier de Cluny*.

L'Escolier de Cluny, c'est Buridan qui a réussi à s'échapper de la Tour de Nesle.

Le public sait assez d'histoire pour s'intéresser à la pièce : il en sait assez peu pour n'être pas choqué des invraisemblances.

La toile se lève. Un cabaret. Une rixe, au premier tableau, avec une exposition lumineuse de ce drame si compliqué. Puis l'orgie à la Tour, le coup d'épingle à travers le masque, la mort de Philippe d'Aulnay écrivant avec son sang le nom de son assassin, l'évasion de Buridan. Puis Buridan à la Cour. La scène de la Taverne ; les tablettes sanglantes reprises à Gaultier. Buridan arrêté au moment où il croit être tout puissant.

Puis la scène de la prison. Buridan délivré de ses chaînes par la reine elle-même quand elle apprend qu'elle est en face de son premier amant et de son premier complice.

Enfin le dénouement, à la Tour de Nesle, par la mort de Gaultier et l'arrestation des coupables. Tout cela se déroulant dans une langue vivante, colorée, ardente, essentiellement faite pour ce drame tourmenté.

Comment s'étonner du succès.

Le soir, le nom de Gaillardet fut seul acclamé.

Le lendemain, l'affiche portait :

La Tour de Nesle, par MM *** et Gaillardet. Là encore laissons la parole aux Mémoires. Mais quand on ouvre ces étourdissants Mémoires, il faudrait tout citer. Ce n'est malheureusement pas possible, et le Tribunal même ne le permettrait pas. Qu'il sache seulement que je prends la citation au moment où A. Dumas est en train de causer avec Mlle Georges.

On frappa à la porte.

— Bon ! continua-t-elle, voilà Harel qui vient nous ennuyer.

Voyons, entre ; que veux-tu ?

— J'apporte des nouvelles de M. Gaillardet.

— Une seconde assignation ?

— Non, la copie d'une lettre qui sera demain dans tous les journaux.

— Ah ! laisse-nous tranquilles ! dit Georges.

— Attends donc que je te la lise.

— Mon cher Harel, vous nous dérangez beaucoup, je vous en préviens.

— Je ne trouve pas ! dit-il.

En effet, j'étais resté à genoux devant Georges.

— Écoutez.

Et il lut :

30 Mai.

Monsieur le rédacteur,

Nommé seul hier comme auteur de *la Tour de Nesle,* mon nom se trouve aujourd'hui précédé sur l'affiche de deux M. et de ***. C'est une erreur ou une méchanceté dont je ne veux être ni la victime ni la dupe. Dans tous les cas, veuillez annoncer, je vous prie, que dans mon traité comme sur le théâtre, et comme, je l'espère, sur l'affiche de demain, je suis et serai le seul auteur de *la Tour de Nesle.*

F. GAILLARDET.

— Là ! dis-je à Harel, c'est bien fait.

Harel déplia une seconde lettre.

— Voici ma réponse, dit-il.

— Mon cher, la seule réponse que vous ayez à faire, c'est de changer les étoiles de place.

— Cela n'entre pas dans mon système planétaire... Écoutez.

Et il lut :

1er juin.

Monsieur le rédacteur,

Voici ma réponse à l'étrange lettre de M. Gaillardet, qui se prétend seul auteur de *la Tour de Nesle.*

La pièce, tout entière pour le style, et dans les dix-neuf vingtièmes au moins pour la composition, appartient au célèbre collaborateur qui, pour des raisons particulières, n'a pas voulu se nommer après un immense succès.

Du travail primitif de M. Gaillardet, il ne reste rien ou presque rien. Voilà ce que j'affirme, et ce que prouvera, au besoin, la comparaison du manuscrit représenté avec le manuscrit de M. Gaillardet.

Agréez, etc.

HAREL.

Le 2 juin, les journaux contenaient cette réplique de M. Gaillardet.

Monsieur le rédacteur,

Pour toute réponse à M. Harel, ayez la bonté d'insérer la lettre ci-jointe que m'écrivit le « célèbre collaborateur » dont vous parle M. Harel, lettre que je reçus à Tonnerre, où je venais d'apprendre que j'avais un collaborateur.

F. GAILLARDET.

Suivait ma lettre.

J'avoue que l'insertion de cette lettre m'étonna : elle était au moins maladroite, puisqu'elle faisait à M. Gaillardet un adversaire d'un homme qui voulait rester neutre.

Il ne m'était plus possible de me taire; les journaux, toujours assez malveillants pour moi, commençaient à m'attaquer, et j'avais eu, la veille, avec M. Viennot du *Corsaire,* dans les bureaux même du journal, une querelle qui faillit finir par un duel.

Au reste, je sentais vaguement qu'il y avait, au bout de tout cela, un coup d'épée ou de pistolet à donner ou à recevoir.

Et, après tous les déboires que m'avait valus l'ouvrage, j'aimais autant que ce fût avec M. Gaillardet qu'avec un autre.

Ajoutez à cela que, depuis mon attaque de choléra, j'étais d'une faiblesse extrême, que je ne mangeais plus, et que j'étais pris, tous les soirs, d'une fièvre qui me rendait d'exécrable humeur.

Je pris donc la plume, et, sous l'impression désagréable que je venais d'éprouver à la reproduction de ma lettre, je répondis :

A M. le Rédacteur en chef du journal le...

Permettez-moi d'abord de vous remercier, monsieur, de l'insertion de la lettre que j'avais écrite à M. Gaillardet, reproduite dans votre numéro d'hier.

Elle sera une preuve, vis-à-vis du public, de la délicatesse que j'avais désiré mettre dans mes relations avec ce jeune homme ; mais cette délicatesse, ce me semble, a été bien mal appréciée ; au reste, les deux seules conversations que j'ai eues avec lui m'ont prouvé qu'il ne pouvait pas la comprendre *.

Mais comment M. Gaillardet n'a-t-il pas senti, au moins, que l'insertion de cette lettre nécessiterait de ma part une réponse, que cette réponse ne pourrait que lui être désavantageuse, et que, cherchant le ridicule avec une lanterne, il ne pouvait manquer d'être plus heureux que Diogène ? — Eh bien, cette réponse qu'il me force à lui faire, la voici :.

Je n'ai pas lu le manuscrit de M. Gaillardet ; ce manuscrit, sorti un instant des mains de M. Harel, y est rentré presque aussitôt ; car, en consentant à faire un ouvrage sur un titre et une situation connus, j'ai craint d'être influencé par un travail antérieur au mien, et de perdre ainsi la verve qui m'était nécessaire pour achever cette œuvre.

Maintenant, puisque M. Gaillardet trouve que le public n'est pas encore assez au courant de cette pauvre affaire, qu'il convoque l'arbitrage de trois hommes de lettres, « à son choix ; » qu'il arrive devant eux avec son manuscrit, et moi avec le mien ; ils jugeront alors de quel côté est la délicatesse, et de quel côté est l'ingratitude.

Pour être fidèle jusqu'au bout aux conditions que je me suis bénévolement imposées, dans la lettre que j'ai écrite à M. Gaillardet, permettez-moi, monsieur le rédacteur, de ne pas plus me nommer ici que je ne l'ai fait sur l'affiche :

L'AUTEUR

DU MANUSCRIT DE *la Tour de Nesle.*

Le 9 juin, Gaillardet présente une requête au Président du Tribunal, qui permet d'assigner pour le 20 juin.

Il y avait un homme que ce procès rendait le plus heureux du monde. C'était Harel, qui voyait dans un scandale un regain de succès !

Mais les deux auteurs ne devaient pas envisager les choses sous le même point de vue. Tous deux avaient à y perdre :

---

* Je suis obligé, pour ne pas altérer la fidélité des textes, de reproduire les lettres dans leur intégralité. Seulement, aujourd'hui, je désapprouve tout ce que les miennes peuvent contenir de blessant. — A. D.

A. Dumas, qui ne pouvait conserver l'attitude généreuse qu'il avait prise dans sa lettre du 19 mai, puisqu'il consentait à toucher des droits d'auteur ; Gaillardet, qui savait bien que la pièce était presque toute entière de Dumas.

Aussi les deux auteurs transigèrent-ils. Voilà l'acte qui porte cette transaction à la date du 11 juin 1832 et que plus tard M. Gaillardet n'hésitera pas à présenter comme une renonciation de Dumas à se dire jamais l'auteur de l'œuvre commune :

DIRECTION DU THÉATRE
de la Porte-Saint-Martin.

Entre Messieurs

Alex. Dumas, homme de lettres, demeurant à Paris rue Saint-Lazare, n° 40, et M. Frédéric Gaillardet, homme de lettres, demeurant quai des Orfèvres, n° 10,

A été convenu ce qui suit :

La propriété par indivis de l'ouvrage représenté à la Porte-Saint-Martin sous le titre de *la Tour de Nesle* appartient à MM. Gaillardet et Dumas.

M. Dumas, ayant avec M. Harel des arrangements particuliers, renonce en faveur de M. Gaillardet à la moitié des droits d'auteur afférents à la dite pièce. En conséquence, M. Gaillardet touchera par chaque représentation et tant que la pièce sera représentée la somme totale de quarante-huit francs et recevra pour dix-huit francs de billets par représentation, à partir de ce jour, sans que cette somme soit jamais diminuée.

Le manuscrit de *la Tour de Nesle,* tel qu'il a été représenté, sera vendu à prix débattu avec un libraire pour le prix de la dite vente être partagé également entre MM. Dumas et Gaillardet.

Le titre imprimé de la pièce sera donné comme il suit : par MM. Frédéric Gaillardet et ***.

Fait double et de bonne foi entre les soussignés.

Paris, le 11 juin 1883.

GAILLARDET FRÉDÉRIC.

Approuvé l'écriture ci-dessus.

ALEXANDRE DUMAS.

Essayons donc de dissiper l'illusion de M. Gaillardet par une rapide analyse.

Voici les points que règle cet accord:

1º La propriété par indivis de l'ouvrage appartiendra à MM. Gaillardet et A. Dumas ;

2º Les droits d'auteur seront partagés selon la proportion indiquée.

Il ne faudrait pas croire, cependant, ce qu'une lecture superficielle pourrait donner à penser, que M. Gaillardet touchera seul les droits d'auteur.

Il touchera une somme fixe de 48 francs par représentation : c'est l'ancien tarif.

Mais A. Dumas touchera les 10 % que le nouveau traité avec la société des auteurs fait payer aux directeurs de théâtres.

3º Enfin, soit sur l'affiche, soit sur le livre, M. Gaillardet *sera nommé le premier.*

Y a-il quelque chose de plus dans le contrat? Oui, dit l'adversaire: Gaillardet sera nommé seul, car son collaborateur sera représenté par ***.

C'est une erreur... et une erreur que l'habileté de sa persévérance a fini par accréditer dans l'esprit de ceux que Gaillardet a abusés.

Qui donc a voulu remplacer le nom de A. Dumas par ce signe? — C'est Dumas lui-même. C'est Dumas qui a entendu garder l'anonyme. C'est Dumas qui s'est réservé ce droit. Mais Gaillardet, lui, n'a pas acquis le droit de lui imposer ce masque.

Le bon sens l'indique! Gaillardet reconnaît formellement à Dumas un droit de co-propriété.

Il reconnaît, en laissant ajouter à son nom les ***, qu'il a un collaborateur. Il plaît à ce collaborateur de ne pas se nommer aujourd'hui ; pourquoi demain ne le pourrait-il point? L'acte ne dit pas : « M. A. Dumas ne pourra jamais ajouter son nom à celui de Gaillardet. » — Il dit: « Gaillardet sera nommé le premier. Quant à son collaborateur, il aura la *faculté* de remplacer son nom par un signe. »

Et c'est ainsi que les jugements et arrêts qui ont suivi cette convention l'ont toujours interprétée.

Continuons l'histoire.

Malgré la transaction du 11 juin 1832, Harel s'obstine à faire figurer sur les affiches les *** avant le nom de Gaillardet. Il trouvait son compte, je l'ai déjà dit, au bruit d'un procès. Le Tribunal de Commerce est saisi et, le 20 juin 1832, il condamne Harel à faire passer le nom de Gaillardet avant les ***.

En 1834, Dumas publie ses œuvres complètes. Il y fait figurer la *Tour de Nesle*. Gaillardet laisse faire.

Deux ans après, à l'occasion d'un article publié par Gaillardet dans le *Musée des familles* sur *la Tour de Nesle*, le monument, A. Dumas prend la plume. Il raconte comment il a fait la pièce, et rappelant l'article de son adversaire dans le *Musée dès familles*, il disait :

Il n'y avait dans tout cela rien de bien offensant pour moi; mais j'avais été tellement irrité à propos de toute cette histoire, que je m'étais bien promis, à la première occasion qui se présenterait d'être désagréable à M. Gaillardet, de ne pas la laisser échapper.

L'occasion se présentait, je la saisis.

J'écrivis *ab irato* la lettre suivante, et j'eus tort. Je ne puis pas faire mieux que de l'avouer, j'espère.

Monsieur le directeur,

En feuilletant l'un de vos derniers numéros, je tombe sur un article dans lequel M. Gaillardet raconte comment il a fait son drame de *la Tour de Nesle*. Je n'aurais jamais cru que de pareils détails fussent d'un intérêt bien vif pour le public; mais, puisque M. Gaillardet en pense autrement, je me range à son avis, et je vais vous raconter à mon tour comment j'ai fait le mien.

Je dois avouer d'abord que sa naissance, ou plutôt son incarnation, son idée première, s'infiltra dans mon esprit d'une manière moins subite, moins inspirée, et, par conséquent, moins poétique, qu'elle ne le fit dans le sien. Elle ne me vint point frapper sur le pont des Arts, vers le soir d'un beau jour d'été, à cette heure où les rayons du soleil occidental empourprent l'horizon de la grande cité; elle ne me vint point, enfin, en regardant le palais mazaréen qu'on appelle vulgairement l'Institut. Voilà pourquoi ma *Tour de Nesle,* à moi, est si peu académique.

Non ; mais vous vous rappelez peut-être cette époque désastreuse où le choléra, bondissant de Saint-Pétersbourg à Londres, et de Londres à Paris, vint tomber à l'Hôtel-Dieu, étendant comme un drapeau noir ses deux ailes sur la ville maudite. Le riche, dans son égoïsme, espéra d'abord que le souffle empesté du démon resterait enfermé dans l'hôtellerie mortuaire du pauvre ; que le fléau aristocrate ne décimerait que l'habitant de la loge ou de la mansarde, et qu'il y regarderait à deux fois avant d'aller frapper, en traînant son linceul, à la porte des hôtels de l'opulente Chaussée ou du noble Faubourg. — Il le crut, l'insensé ! il fit fermer les volets rembourrés de sa fenêtre, afin que les bruits n'arrivassent point jusqu'à lui ; il ordonna à ses valets d'allumer de nouvelles bougies, d'apporter d'autres bouteilles, d'entonner d'autres chants. — Puis, à la fin de l'orgie, il entendit heurter à la porte. — C'était l'ange asiatique qui venait, comme le Commandeur après le festin de don Juan, le prendre par les cheveux et lui dire : « Repens-toi et meurs ! »

Oh ! alors ce fut bien véritablement une désolation universelle, n'est-ce pas ? et il fut curieux de voir comment le premier cri de mort, parti d'une riche maison, alla retentir du faubourg Saint-Honoré au Luxembourg, et du Luxembourg à la Nouvelle-Athènes ; comment, soudain, tout ce qui se trouvait encadré dans ce triangle élégant s'anima d'une terreur croissante, et, ne songeant plus qu'à fuir, ferma sur soi les portières de ses voitures blasonnées à Crécy, à Marengo ou à la Bourse. Plus d'une de ces voitures heurta, avant d'atteindre le bout de la rue, quelque char tendu de noir qui se rendait au cimetière, et plus d'un fuyard rencontra la mort, douanier incorruptible, qui lui défendit d'aller plus loin que la barrière, le reconnaissant comme sa chose, et l'ayant marqué d'avance pour le tombeau.

Puis, au bruit de ces calèches, de ces berlines, de ces chaises de poste se croisant en tous sens et brûlant le pavé, succéda une rumeur sourde et continue. Une longue file de chariots de toute espèce, qu'une simple draperie noire convertissait en corbillards, — car les équipages de la mort manquèrent bientôt aux convives qu'elle invitait, — suivit incessamment, et pas à pas, une triple voie au bout de laquelle l'attendait béante la gueule de quelque cimetière. Puis, par un autre, les chariots revenaient vides et impatients de se remplir.

Toute chose disparaît devant la peur incessante de la mort : la

Bourse. fut muette; les promenades devinrent solitaires; les salles de spectacle, désertes; le théâtre de la Porte-Saint-Martin, ce roi des recettes, fit neuf mille francs, pendant tout le mois d'avril.

Un des éclats de la bombe qui venait d'éclater sur Paris m'avait atteint. J'étais encore étendu sur mon lit, fiévreux mais convalescent, lorsque M. Harel vint s'asseoir à mon chevet. La maladie de son théâtre suivait une marche inverse de la mienne.

M. Harel est un des gladiateurs, sinon les plus forts, du moins les plus adroits que je connaisse; homme de sang-froid par calcul, d'esprit par nature, d'éloquence par nécessité. Depuis cinq ans, je crois que la fortune et lui se sont pris à bras-le-corps, et qu'ils luttent ensemble dans cette lice appelée le parterre; certes, il a touché plus d'une fois là terre; mais plus d'une fois aussi il a terrassé son adversaire, et chaque fois que la chose est arrivée, la déesse ne s'est relevée que les poches vides. — Pourtant, cette fois, il l'avouait lui-même, il avait le poignard sur la gorge !

Avec un homme comme M. Harel, les relations peuvent changer du mal au bien et du bien au mal, et cela, dix fois en un jour; mais dans l'un ou l'autre cas, il vous fait toujours plaisir à voir parce qu'il est toujours amusant à entendre : donnez-lui pour valets de chambre Mascarille et Figaro, et, s'il ne les joue pas tous deux par-dessous la jambe, je veux être un Georges Dandin.

Ce fut donc avec le plaisir habituel que me cause sa rencontre, quelle que soit, je l'ai déjà dit, la position où je me trouve vis-à-vis de lui, que je vis arriver M. Harel. Cette fois, d'ailleurs, je crois que nous étions au mieux, et sa visite était une véritable bonne fortune pour un convalescent. Il me raconta le plus spirituellement du monde toutes ses tribulations de théâtre, qui rendraient fou un homme ordinaire, et finit par me dire que si ma tête était pour le moment aussi vide que sa salle, il était un homme perdu.

Un auteur a rarement la tête tout à fait à sec, et il a toujours, dans l'un des tiroirs de ce meuble merveilleux qu'on appelle le cerveau, deux ou trois idées qui attendent le terme d'incubation nécessaire à chacune d'elles pour sortir viables. Malheureusement, ou heureusement peut-être, aucune de ces idées n'était pour le moment prête à éclore chez moi, et il fallait encore à chacune d'elles plusieurs mois de gestation pour que leur venue au monde ne fût pas traitée de fausse couche. M. Harel me donna huit jours.

Il y a deux manières de travailler les œuvres littéraires en général, et surtout lés œuvres dramatiques en particulier : l'une consciencieuse, l'autre pécuniaire ; la première artistique, la deuxième bourgeoise. Dans la première hypothèse, on travaille en ne songeant qu'à soi ; dans la seconde, en ne songeant qu'au public, et le grand malheur de notre métier, c'est que c'est bien souvent l'ouvrage pécuniaire qui l'emporte sur l'œuvre consciencieuse, et la manutention bourgeoise sur la combinaison artistique. Cela tient à ce que, lorsqu'on travaille pour soi, on sacrifie toutes les exigences du public aux exigences personnelles, tandis que, lorsqu'on travaille pour les autres, on sacrifie toutes les exigences personnelles aux exigences du public ; — ce qui n'empêche pas, quel que soit leur sort, qu'on n'ait ses ouvrages d'indifférence et ses ouvrages de prédilection. Maintenant, il est inutile de dire que ce ne sont pas les ouvrages de prédilection qui se font en une semaine.

Je tenais donc à ne sacrifier aucune des idées que j'avais en ce moment dans la tête ; ce que voyant, M. Harel m'offrit incontinent une de celles qu'il avait dans les cartons de son théâtre.

— Pardieu ! me dit-il, il y a, dans l'un des trois ou quatre cents drames reçus à la Porte-Saint-Martin, un sujet qui irait admirablement à votre manière de faire, et dans lequel Mlle Georges pourrait avoir un beau rôle.

— Lequel ?

— Une Marguerite de Bourgogne.

— Je ne puis le prendre : j'ai refusé, l'autre jour, de le traiter à quelqu'un qui me l'offrait*.

— Et pourquoi cela ?

— Parce qu'un de mes amis, qui, je crois, a beaucoup plus d'esprit que nous, ce qui n'est pas peu dire, en fait un drame.

— Qui donc ?

— Roger de Beauvoir.

— Vous vous trompez ! c'est un roman intitulé : *l'Escolier de Cluny.*

— Oh ! alors, plus d'inconvénient ! Cela me sourit d'autant plus, que je faisais une pleine eau dans le XIVe siècle, au moment où le choléra est venu me donner une passade, et que, par conséquent, je sais mon Louis le Hutin sur le bout du doigt.

* Effectivement, Fourcade, un de mes bons camarades, fils du consul général de ce nom, était venu, quelques jours auparavant, me faire cette offre. On ne s'étonnera pas, je le pense, que, dans une lettre comme celle-ci, je nomme tout le monde ; car un nom écrit en toutes lettres m'épargne les attestations et les certificats.

— Ainsi, c'est entendu, je vous envoie le manuscrit demain.

— Mais l'auteur! la chose lui conviendra-t-elle?

— La pièce est à moi; elle m'appartient par un bel et bon traité : j'ai le droit de la faire refaire à mon gré, par qui bon me semblera. Et, ma foi! je pense que l'auteur aimera autant que ce soit vous qu'un autre qui la retouchiez... D'ailleurs, je vais tout vous dire et franchement.

— Je vous préviens que, d'après cette déclaration, je me tiens sur mes gardes.

— Parfaitement... Vous savez que Janin a pour moi quelque amitié?

— Oui.

— Eh bien, je l'ai prié de refaire cette pièce, qui est injouable telle qu'elle est, et que je n'ai reçue que lorsqu'il a eu consenti à la remanier...

— Alors, vous n'avez pas besoin de moi.

— Au contraire, car c'est Janin lui-même qui m'a dit de venir vous trouver... Il a sué sang et eau dessus ; il en a fait un morceau de style merveilleux*; mais, enfin, il a compris le premier qu'il n'y avait pas une pièce dans ce qu'il a fait. Ce matin, il est entré dans ma chambre avec une brassée de papiers qu'il m'a jetée au nez, en me disant qu'il n'y avait que vous qui puissiez arranger cela, que je le ferais mourir de chagrin, qu'il avait le choléra, et qu'il allait s'appliquer vingt sangsues.

— Eh bien, envoyez-moi demain toutes ces paperasses.

— Et vous vous y mettez tout de suite.

— Je tâcherai ; mais à une condition.

— Dites.

— C'est que je ne paraîtrai pas aux répétitions, et que mon nom ne figurera pas sur l'affiche ; puisque je fais la chose pour vous, et non pour moi. Ainsi, votre parole d'honneur.

— Ma parole d'honneur!

J'ai déjà dit qu'au moment où M. Harel vint me trouver, j'avais la fièvre, situation d'esprit, chacun le sait, très favorable à la confection des œuvres d'imagination. Aussi, dans la journée même, mon caractère de Marguerite de Bourgogne fut arrêté, mon rôle de Buridan tracé, et une partie de l'intrigue combinée.

* J'ai entre les mains le manuscrit de Janin, qui est peut-être, en effet, l'œuvre où il a le plus déployé la riche et flamboyante souplesse de sa plume. Et cela est si vrai, que, lorsque mon drame a été fini, je me suis servi de son travail comme d'une poudre d'or avec laquelle j'ai sablé le mien. — A. D.

Le lendemain, M. Harel arriva avec son manuscrit.

— Voici la chose, me dit-il.

— Ma foi! elle arrive trop tard.

— Comment cela?

— Votre drame est fait.

— Bah!

— Envoyez-moi ce soir votre secrétaire; il aura le premier tableau.

— Ah! mon cher ami! vous êtes...

— Un instant! occupons-nous des affaires d'intérêt, maintenant.

— Mais vous savez qu'entre nous...

— Aussi n'est-ce pas des miennes que je veux parler; c'est de celles de votre jeune homme... Vous lui avez fait signer un traité, m'avez-vous dit?

— Oui.

— Sur quelles bases?

— Mais d'après le marché de la Porte-Saint-Martin : deux louis par représentation, un louis pour lui, un louis pour Janin, et douze francs de billets **.

— Janin, renonçant à la collaboration, renonce à son droit?

— Cela ne fait pas de doute; il a été le premier à me le dire.

— Alors, il faut que votre jeune homme jouisse de la retraite de Janin, et qu'il touche le traité entier.

— Point!

— Pourquoi!

— Parce qu'avec vos droits, à vous, qui sont en dehors des règles ordinaires, cela me fera une somme ruineuse par soirée. D'ailleurs, il ne compte que sur un louis, il s'attend à avoir un collaborateur : il touchera son louis, il aura son collaborateur; seulement, celui-ci, au lieu de s'appeler Janin, s'appellera Dumas, et, au lieu de se nommer, il ne se nommera point.

— Oui; mais je veux, cependant, que ce jeune homme soit content de moi.

— Il y a un moyen; qu'il prélève son second louis sur vos droits, à vous.

— Soit; mais, alors, vous porterez, de votre côté, la somme de billets à vingt francs; cela lui fera un compte rond.

— Je le veux bien.

* Ce traité est encore entre les mains de M. Harel. — A. D.

— C'est chose convenue?

— Parfaitement.

— Rédigeons.

Je pris une plume et du papier, et le traité fut fait et signé.

— Y a-t-il, du reste, quelque chose à prendre dans ce que vous m'apportez-là? continuai-je en montrant le manuscrit gisant sur mon lit.

— Mais oui, dans le premier acte... Bien entendu que ce manuscrit est celui de Janin; je ne vous ai pas apporté l'autre, qui est illisible.

— Je verrai cela après avoir écrit le mien.

— Et j'en aurai quelque chose ce soir?

— Le premier tableau, oui.

— C'est bon; à dix heures, Verteuil sera chez vous*.

Je passai la journée à écraser le bec d'une plume sur du papier. Le soir, Verteuil entra à l'heure convenue; j'étais mort de fatigue, mais le tableau était fait; c'était celui de la taverne.

— A quelle heure faut-il que je revienne? me dit Verteuil.

— Demain, à quatre heures.

— Et j'aurai le second tableau?

— Vous l'aurez.

— Merveilleux!

— Seulement laissez-moi tranquille.

— Je m'en vais.

Verteuil partit.

Je me souvins alors de ce que m'avait dit M. Harel, et des beautés de style qui existaient, selon lui, dans le commencement de l'ouvrage. La première chose qui me frappa en jetant les yeux sur les noms des personnages, c'est que le héros principal s'appelait : *Anatole,* nom qui me parut singulièrement moderne pour un drame du xive siècle; je n'en continuai pas moins ma lecture.

Il y avait une indication de scène dont je profitai, et, comme je l'ai dit, des choses admirables de style. Je n'en pris, cependant, que la tirade des *grandes dames.* Ainsi, c'est à Janin, et non à moi, que les marquises du faubourg Saint-Germain doivent jeter la pierre. — Quant aux deuxième, troisième, quatrième et cinquième actes, ils s'écartaient tellement des habitudes du théâtre, qu'il était impossible d'en rien tirer; néanmoins, la magie du style me les fit lire jusqu'au bout, mais, la lecture achevée, je posai là le manuscrit et ne le rouvris plus.

---

* Verteuil est le secrétaire de M. Harel. — A. D.

Le lendemain, Verteuil fut exact, et moi je fus ponctuel. Il emporta son second tableau.

Lorsque les trois premiers actes furent finis, on les lut aux acteurs sans attendre les deux derniers. Selon nos conventions, mon nom ne fut pas prononcé, je ne parus point à la lecture et M. Harel remplaça l'auteur présumé, qui était toujours absent de Paris.

Au bout de huit jours, M. Harel eut son drame complètement terminé.

J'écrivis alors au jeune homme pour le prévenir que sa première représentation allait avoir lieu.

Le jeune homme ne me fit pas l'honneur de me répondre; il prit la voiture, arriva à Paris, et trouva chez lui ses billets de répétitions.

Il courut à la Porte-Saint-Martin, entra comme on commençait le deuxième acte, l'écouta assez tranquillement, ainsi que le troisième; mais, enfin, perdant patience après la scène de la prison, il monta sur le théâtre et demanda si on allait bientôt commencer la répétition de sa pièce, ou bien si on l'avait fait venir purement et simplement pour entendre le drame d'un autre.

Les acteurs se mirent à rire. La ressemblance dans les noms lui revint tout à coup à l'esprit, et il vit clairement qu'il avait dit une légèreté.

— Comment, lui dit Bocage, ne connaissez-vous pas votre enfant, ou vous l'aurait-on changé en nourrice?

Le jeune homme ne savait que répondre.

— Seriez-vous mécontent de la scène de la prison? continua Bocage.

— Non pas, dit le jeune homme, qui commençait à reprendre son aplomb; au contraire, elle me paraît même à effet.

— Eh bien, vous verrez votre cinquième acte, reprit Bocage; c'est celui-là qui vous fera plaisir!

Le jeune homme vit son cinquième acte, et déclara qu'il était effectivement de son goût. Seulement, il parut fort regretter qu'on eût changé le nom d'Anatole en celui de Gaultier d'Aulnay.

Le jeune homme suivit avec le plus grand soin les répétitions de *son drame,* faisant à tort et à travers des objections qu'on n'écoutait pas, et des corrections qu'on se gardait bien de suivre.

Le jour de la représentation arriva. Si bien que j'eusse gardé le secret pour mon compte, les indiscrétions intéressées du directeur, les plaisanteries des acteurs, les plaintes même échappées à *l'auteur,* m'avaient dénoncé au public comme le vrai coupable; une certaine manière de faire dans la construction de la pièce, des parties de style

empreintes d'un cachet individuel, venaient à chaque instant me charger de plus en plus ; enfin il n'y avait pas une seule personne dans la
salle qui ne s'attendît à entendre sortir mon nom de la bouche de Bocage, lorsqu'il vint annoncer, selon l'habitude, que la pièce qu'on avait
eu l'honneur de représenter était de monsieur... Il nomma le jeune
homme.

Je venais d'accomplir le dernier engagement que je m'étais imposé ;
et, certes, celui-là était le plus difficile. Entendre toute une salle trépi-
gner, applaudir de ses trois mille mains, demander avec la frénésie du
succès votre nom d'auteur, c'est-à-dire votre personne, votre vie, votre
gloire, et livrer, à la place du sien, un nom inconnu à l'auréole de
la publicité ; et tout cela, lorsqu'on peut faire autrement, lorsque aucune promesse ne vous lie, lorsque aucun engagement n'a été pris, c'est,
croyez-moi bien, c'est la philosophie de la délicatesse poussée au plus
haut degré*.

La représentation finie, j'aperçus, en descendant avec le public, notre
jeune homme. Il recevait modestement les compliments de tous ses
amis et se rengorgeait au centre d'un groupe. Janin descendait en
même temps que moi. Nous échangeâmes un de ces regards qu'aucune
parole ne pourrait traduire ; puis nous revînmes bras dessus, bras des-
sous, riant, tout le long du boulevard, du jeune homme, du public, et
surtout de nous-mêmes.

Le lendemain, M. Harel, qui prétendait que l'absence de mon nom
sur l'affiche lui était préjudiciable, s'ingéra d'un de ces moyens qui
n'appartiennent qu'à lui, pour dire tacitement au public ce qu'il lui
était impossible de dire tout haut, et rédigea son affiche en ces termes :

LA TOUR DE NESLE

DRAME EN CINQ ACTES, EN PROSE

DE MM. *** ET GAILLARDET

* Cela m'était déjà arrivé pour « Richard ; » mais, cette fois, ce fut, non pas
à la voix de mon amour-propre qu'il me fallut résister, mais aux instances de
mon collaborateur. Dix fois, pendant la représentation, Dinaux et M. Harel
vinrent dans ma loge me supplier, avec des instances croissantes, et au fur et à
mesure que le drame s'établissait, de le prendre sous mon nom. Ils n'ont pas
oublié la fermeté de mon refus, je le crois ; mais je n'oublierai jamais non plus
l'amicale délicatesse de leurs prières. — A. D.

Il avait agi, comme on le voit, en raison inverse des règles de l'algèbre, qui veulent qu'on procède du connu à l'inconnu, et non de l'inconnu au connu. Il était impossible de faire preuve, je crois, d'une ignorance plus savante et d'une bêtise plus spirituelle.

Ce que voyant, le jeune homme écrivit la lettre suivante au rédacteur du *Corsaire*...

On connaît cette lettre, ainsi que la réponse d'Harel : je les ai citées plus haut.

Cette réponse n'empêcha point le jeune homme, qui était avocat, de faire un procès à M. Harel, mais un singulier procès, vous allez voir.

A faire disparaître les étoiles de l'affiche, il n'y fallait pas songer : il s'agissait donc seulement de changer les étoiles de place. Requête fut présentée, en conséquence, par le jeune homme au Tribunal de Commerce, pour qu'il eût à rétablir les choses dans la position algébrique ; cette requête réclamait un jugement qui autorisât le jeune homme à faire les jambes de devant du chameau de la caravane.

Jusque-là, tout allait bien, et le jeune homme n'avait pas encore complètement oublié le petit service que je venais de lui rendre, et la manière dont je le lui avais rendu ; témoin la lettre suivante qu'il m'avait écrite en entamant son procès :

« Mon cher maître, je vous renouvelle mes remerciements pour votre bonne et loyale conduite dans mon affaire d'hier ; mais, puisque Harel est intraitable, je ne lui lâcherai pas prise d'une semelle, et je vais l'attaquer. En effet, si l'honneur de son administration est en péril, comme il dit, ma parole, à moi, est compromise ; et je me suis trop avancé avec le public et avec mes amis pour demeurer coi.

« Que cette affaire ne vous chagrine pas, mon cher maître, et surtout qu'elle ne vous empêche pas de partir quand bon vous semblera ; seulement, dans ce cas, je réclamerais de votre bonté une petite déclaration*, afin d'accuser Harel, et de vaincre son obstination, par la perspective d'une condamnation certaine.

« Mille pardons pour tout le casse-tête que vous donnent toutes ces tracasseries pauvres et misérables. Mille amitiés et remerciements. -

« 4 juin 1832. »

____

* Cette déclaration avait pour but de faire connaître que je donnais ma démission des jambes de devant, et que je n'avais jamais sollicité cette place.

A. D.

Grâce à ma déclaration, le jugement intervint, et les malheureuses étoiles furent condamnées à faire les jambes de derrière.

Pendant ce temps, il était venu au jeune homme une singulière idée : c'était de vendre le manuscrit sans ma participation. En conséquence, il alla trouver Duvernoy, lui dit qu'il était l'auteur de *la Tour de Nesle*, et qu'il venait pour traiter avec lui.

Duvernoy, qui savait comment les choses s'étaient passées, accourut chez moi, et me prévint de la démarche de mon « collaborateur. » Nous réglâmes, séance tenante, les conditions du marché. La vente fut arrêtée à quatorze cents francs, dont sept cents devaient être remis au jeune homme.

Cette somme, sans doute, ne parut pas au jeune homme proportionnée au mérite de « son drame; » car il menaça Duvernoy et moi d'un second procès, si nous en arrêtions les bases sur ces conditions. Au bout de quinze jours, il signa cette vente pour une somme totale de cinq cents francs. Le jeune homme aurait mieux fait, vous le voyez, de continuer à me charger de ses affaires d'intérêt. — Il est inutile de dire qu'un seul nom parut sur la brochure comme un seul nom avait paru sur l'affiche.

Vous croyez peut-être que, moyennant ce dernier partage, mon jeune homme me tint quitte?

Au moment où je m'occupais de la publication de mes œuvres complètes, je reçus une lettre de lui. Savez-vous ce qu'il me disait dans cette lettre? Il me disait qu'il venait d'apprendre avec le plus grand étonnement que j'avais la prétention de mettre « son drame » parmi les miens. La chose, comme on le voit, dégénérait en bouffonnerie.

Je répondis au jeune homme que, s'il continuait à me rompre la tête avec ses balivernes, j'imprimerais son manuscrit dans la préface du mien.

Cette notification fut pour le pauvre diable un véritable coup de foudre. Il ignorait que M. Harel, après la signature de mon traité d'*Angèle*, m'avait, à titre de prime, fait cadeau de cet autographe.

Le lendemain, je reçus, par huissier, une invitation de remettre mon manuscrit aux mains de son auteur, parce que, disait-il, il venait de traiter de sa « vente. » La chose paraîtra peut-être bizarre d'abord; mais on finira par la comprendre, en réfléchissant que, à l'exception d'une scène, le drame était entièrement inédit; le libraire pouvait donc n'être pas dans son bon sens, mais l'auteur était dans son bon droit.

M. Philippe Dupin, à qui je remis les deux manuscrits, et qui les a encore entre les mains, fit répondre à notre adversaire que nous étions prêts à faire la remise dudit autographe, mais que nous ne la ferions qu'en échange d'une copie collationnée sous les yeux de trois auteurs dramatiques, et certifiée conforme par eux.

Le jeune homme réfléchit quinze jours, puis retira sa demande.

C'était le troisième procès qu'il entamait contre moi, pour lui avoir fait gagner douze mille francs.

Depuis ce temps, je n'ai plus entendu parler du jeune homme, et je ne sais, à l'heure qu'il est, s'il est mort ou vivant.

Voilà comment je fis ma *Tour de Nesle*.

Quant à celle de M. Gaillardet, j'ignore si c'est, comme il le dit, son meilleur drame, je ne la connais encore que par la lecture, et j'attendrai qu'il la fasse jouer pour juger si elle vaut mieux que *Georges* et *Struensée*.

Agréez, etc.

A. DUMAS.

La citation est longue, mais je n'ai pu résister au plaisir de mettre sous les yeux du Tribunal cette page si vivante, si chaude, si spirituelle. Et puis il me pardonnera facilement de remplacer ma parole par celle d'A. Dumas.

C'est une bonne fortune que je n'aurai malheureusement pas l'occasion de lui donner dans les autres affaires où il veut bien m'entendre.

Quelques semaines après, réplique de Gaillardet. La polémique se termina par un duel que la sagesse des témoins sut empêcher d'être sanglant.

En 1838 et 1839, *la Tour de Nesle* fut encore l'occasion de procès relatifs soit à la rédaction des affiches, soit au partage des droits d'auteur.

Ceci dit, quel est le procès actuel?

On s'en ferait une idée très inexacte si l'on s'en tenait à la plaidoirie de mon adversaire. Ce n'est pas une critique que je lui adresse. C'est une habileté que je dois déjouer.

Voici son thème :

Je n'examine pas la question de savoir si Dumas est pour quelque chose dans *la Tour de Nesle* : je veux croire qu'il y est pour beaucoup. Mais il y a une convention. Cette convention lui interdit de se nommer: Je m'en tiens là. N'examinons pas la question délicate de savoir si A. Dumas a travaillé peu ou prou à ce drame. Il en serait le seul auteur que sa situation n'en serait pas modifiée! Le contrat est là qui le lie.

Voilà le langage de l'avocat.

Mais l'assignation trahit des ambitions plus vastes.

On expose :

Que ce drame de *la Tour de Nesle* est l'œuvre de M. Gaillardet.

Est-il donc de lui seul ?

Que ses héritiers se sont justement émus d'une « usurpation posthume » qui enlève à leur père et mari pour la reporter sur A. Dumas la « gloire littéraire » qui s'attache à la création de ce drame célèbre.

C'est donc bien réellement une question de gloire littéraire qu'on entend porter devant le Tribunal.

Qu'il est sans grand intérêt de rechercher si A. Dumas a été, lors de la mise en scène du drame, le collaborateur de F. Gaillardet.

C'est, on le voit, dans toute son ingénuité, l'abus de la lettre chevaleresque d'A. Dumas; et à qui donc espère-t-on faire croire que dans la collaboration d'une œuvre quelconque le génie de Dumas se fût réduit aux proportions d'un *metteur en scène?*

Enfin l'exploit d'assignation reproduit textuellement la lettre de Dumas, qu'il fait suivre de ces mots :

Après le succès éclatant obtenu par la pièce, A. Dumas chercha à revendiquer une part plus étendue sinon dans la paternité de l'œuvre, du moins dans les bénéfices qu'elle procurait.

C'est bien là l'indication d'une thèse chère à Gaillardet et qu'autrefois il avait soutenue.

On voudrait faire croire que Dumas n'a joué dans toute l'affaire que le rôle de protecteur, qu'il a contraint Gaillardet à l'accepter pour collaborateur, qu'il s'est borné à lui ouvrir les portes du théâtre, qu'il a pu lui donner quelques conseils — *pour la mise en scène,* — et que, pour ce service, il a exigé une rémunération hors de toute proportion avec son travail.

Est-il possible de laisser subsister de pareilles allégations, et cette erreur soigneusement entretenue par le zèle des intéressés ne s'est-elle pas trop accréditée déjà dans le public?

Si, par impossible, les héritiers Gaillardet gagnaient leur procès, n'auraient-ils pas le droit de dire que vous avez jugé que Gaillardet est le seul auteur de la pièce et n'auriez-vous pas le regret d'avoir ajouté une décision nouvelle aux décisions anciennes dont ils ont su tirer un si habile et si perfide avantage?

Il faut donc vider ici cette querelle.

Dumas a-t-il dit la vérité dans sa lettre au *Musée des Familles?*

La meilleure preuve de la collaboration d'A. Dumas consisterait dans la production des manuscrits, — celui de Gaillardet, — celui de J. Janin, — celui d'A. Dumas.

Mais ils ont disparu. Ils doivent se trouver dans le cabinet d'un amateur qui les aura payés au poids de l'or. Hier un exemplaire imprimé s'est vendu 135 francs.

Mais nous pouvons en parler par ouï dire, et il est intéressant de rapprocher des Mémoires de Dumas, que je lisais tout à l'heure, le passage d'une lettre qu'il écrivait à J. Janin en réponse à l'article du célèbre critique sur *les Demoiselles de Saint-Cyr.* Elle porte la date du 23 juillet 1843.

LETTRE DE A. DUMAS A J. JANIN

...... Vous rappelez-vous, cher monsieur Janin, l'histoire de cet amateur à qui Bériot demandait : — « Jouez-vous du violon, monsieur? » et qui lui répondit : — « Je ne sais pas, je n'ai jamais essayé. »

Eh bien! Harel vous adressa la même demande à propos du drame qu'il désirait; je ne sais pas si vous eûtes la naïveté de lui faire la même réponse, mais ce que je sais, c'est que vous vous mîtes à ce drame; ce que je sais, c'est que vous y travaillâtes deux mois; ce que

je sais, c'est que vous écrivîtes trois cents pages; ce que je sais, c'est
que le pauvre directeur eut la patience de les lire et qu'au bout de ces
deux mois perdus, et qu'après ces trois cents pages écrites, je vis
arriver un matin chez moi notre ami commun, tenant à la main sa
lanterne plus allumée et plus brillante que jamais.

N'est-ce pas, cher monsieur Janin, l'aveu soit fait entre nous deux,
n'est-ce pas que ce n'est pas chose facile que de faire un drame?

Eh bien! ce drame que vous n'avez pu faire, je le fis, moi; il eut
même, si je compte juste, quelque chose comme quatre cent quatre-
vingts représentations.

Il est vrai que dans ce drame, au compte de MM. Hugo et Rosier,
qui ont collationné les deux manuscrits, il est resté deux cent trente
mots de vous. Aussi je ne doute pas, cher monsieur Janin, que ce ne
soit à ces deux cent trente mots qu'il ait dû son long et fructueux
succès...

Le doute n'est pas permis. Le manuscrit de Gaillardet n'avait
avec la pièce jouée que peu de points communs. Aussi, pour
justifier ses prétentions, Gaillardet a-t-il été obligé d'inventer un
deuxième manuscrit.

Prouvons qu'il a été victime de son imagination.

En 1832, il présente d'abord cette première version. Le jour
même où il a lu sa pièce, sur les observations d'Harel, dans le
cabinet d'Harel, il a refait son drame ! Et il l'expose dans la plaidoirie de M⁰ Auger, son avocat, devant le Tribunal de Commerce.

Je donne l'extrait qui suit, d'après la *Gazette des Tribunaux*
du 29 juin 1832 :

M⁰ Auger : La transposition qui fait l'objet de notre plainte, tend à
faire considérer M. Frédéric Gaillardet comme un auteur secondaire,
lorsqu'il a été l'auteur principal ou plutôt « l'auteur unique » de la
pièce nouvelle. On veut dérober au mérite naissant les premières
palmes qu'il a cueillies, lui ravir les prémices toujours si douces de la
gloire littéraire.

... M. Harel désira seulement quelques « changements légers. »
M. Gaillardet s'en occupa aussitôt et « exécuta une partie des remanie-
ments dans le cabinet même de M. Harel. »

Déjà la pièce était à l'étude et l'on travaillait avec ardeur à la mise
en scène. Sur ces entrefaites, M. Gaillardet apprit la mort de son père.

Il fut obligé de retourner à Tonnerre, au sein de sa famille. Avant son départ, il exigea de M. Harel la promesse positive que personne ne mettrait la main à l'œuvre dont il était le créateur. Le directeur de la Porte-Saint-Martin donna sa parole qu'aucun changement ne serait fait, et que même la représentation n'aurait pas lieu en l'absence de M. Gaillardet. « Celui-ci assura qu'il achèverait à la campagne les changements qu'on lui avait indiqués et il partit dans la sécurité la plus ·complète. »

Cependant, au bout de quelques semaines, il fut informé, par voie indirecte, que M. Alexandre Dumas corrigeait *la Tour de Nesle*...

M⁰ Vatel : *La Tour de Nesle,* refondue en entier par M. J. Janin, fut remise dix jours après le départ de l'auteur primitif.

La prétention de M. Gaillardet ne serait admissible qu'autant qu'il dénierait la collaboration de M. Alexandre Dumas ou l'importance de cette collaboration. Une semblable dénégation est impossible, en présence du certificat dont je suis porteur et qui émane de Mlle Georges Weimer, de MM. Lockroy, Bocage, Piccini, et tous les autres artistes ou employés de la Porte-Saint-Martin, lesquels attestent que M. A. Dumas a toujours été considéré comme l'auteur principal de *la Tour de Nesle.*

Que trouvons-nous encore dans une lettre de M. Gaillardet (*Gazette des Tribunaux* du 1ᵉʳ juillet 1832) dont voici le texte :

Il est inexact que ce soit M. Janin qui ait offert à M. Dumas une collaboration dans ma pièce, car M. Janin, qui n'avait accepté lui-même cette collaboration qu'avec moi seul, s'en était retiré au bout de quelques jours avec toute la loyauté d'un galant homme, et j'étais demeuré, du consentement de M. Harel, seul et unique auteur de ma pièce, « dont j'avais même refait trois actes pleins, suivant les désirs de M. Harel en sa présence et chez lui-même... »

F. GAILLARDET.

Trois actes refaits en présence d'Harel ! Quelle fécondité... et quelle invraisemblance !

Aussi, en 1834, M. Gaillardet nous donne une deuxième version dans le *Musée des Familles :*

... Afin d'éclairer le public sur les mystères vrais de l'enfantement de *la Tour de Nesle* et de l'initier, pour ainsi dire, aux phases et au développement du travail par lequel fut engendré ce drame monstre par son succès et par les querelles qu'il souleva, je vais dire et établir ici succinctement ce qu'était, « en gros » et dans ses rapports avec le drame représenté, le drame que je lus à M. Harel et qui me revint à l'époque dont je parle. Il sera facile à tous de me « comprendre » d'abord (qui n'a vu *la Tour de Nesle ?*) et de me « vérifier » ensuite, M. Dumas ayant entre les mains le manuscrit primitif et le montrant à qui le désire. Aussi peut-on être assuré que je dirai « moins » que « plus. » Je cite de mémoire, et mon adversaire tient le livre.

(Ici M. Gaillardet donne le résumé de son premier manuscrit et continue :)

Le lecteur a déjà saisi par quel point se touchent les deux drames. Ces points, dans le peu que j'ai cité et cité fidèlement, on pense (car si j'étais homme à m'affubler audacieusement d'un mensonge, « moi, » mon adversaire aurait en main de quoi me démasquer), ces points ne sont-ils pas « déjà » les bases fondamentales du drame joué? N'en sont-ce pas les os et la moelle, les matériaux et la charpente?... Oui, j'ose le dire, n'eussé-je fait que cela dans la pièce, j'aurais fait plus de la moitié du drame, par conséquent, dix fois, vingt fois plus que M. Dumas ne m'accorde puisqu'il ne m'accorde « rien. » « Rien, » il a osé l'écrire et l'imprimer en toutes lettres! Mais d'après ce que nous savons de lui, de quoi devons-nous et pouvons-nous nous étonner?

. . . .

Du rapprochement de deux objections que me fit M. Harel jaillit pour moi soudain une lumière immense.

Que Buridan soit père en effet au moyen d'une intrigue préexistante et qu'il soit arrêté par Marguerite qui voudra s'en défaire : puis au moment de son plus grand péril, qu'il se fasse reconnaître..., et voilà l'occasion d'une scène magnifique, capitale!

La scène de la prison était trouvée.

« Deux jours après » le jour où Janin avait renoncé au drame comme l'athlète épuisé à la tâche trop ardue, je portai au directeur de la Porte-Saint-Martin, M. Harel, un scenario qui était à peu de chose près celui de *la Tour de Nesle* actuelle.

Il spécifie.

C'est lui qui est l'auteur de la scène de la prison. Il a porté son manuscrit le 8 avril. Le 9, son père meurt et il ramène le cercueil à Tonnerre. Le 6 était donc le dernier jour qu'il pût indiquer. Il y a contradiction entre l'article d'une part et la lettre et la plaidoirie d'autre part, et si peu charitable que puisse être ce plaisir, je n'en connais pas de plus vif que celui qu'on trouve à battre un adversaire avec ses propres armes. J'ajoute qu'il y a une impossibilité à admettre cette seconde version de Gaillardet, c'est que J. Janin aurait connu cette seconde version : il aurait travaillé sur ce manuscrit, et l'essai de J. Janin n'est que le rhabillage du premier manuscrit.

Enfin son affirmation ne laisse aucun doute sur ce point.

La voici :

— Alexandre Dumas a dit, dans le *Musée des Familles,* la vérité et rien que la vérité à propos de *la Tour de Nesle.* Il est bien vrai qu'il l'a composée sans avoir lu le manuscrit de M. Gaillardet et fort peu le mien, heureusement pour le drame, qui y a beaucoup gagné. Puisque mon nom a été prononcé dans cette affaire et puisque mon témoignage est invoqué, je ne puis que regretter que M. Gaillardet se soit exposé à cette très véridique réplique. Il n'y a rien de plus vrai que les autres détails pécuniaires dont je crois me souvenir parfaitement : il est impossible d'avoir à la fois plus de loyauté que M. Dumas n'en a eu dans cette affaire et en même temps de mieux faire quelque chose d'une idée qui n'était qu'une idée.

Et je signe :

J. JANIN.

Aussi, pour qu'on pût ajouter foi à ses déclarations, M. Gaillardet a-t-il eu recours à des témoignages. Ses amis sont venus affirmer que Gaillardet leur avait lu la pièce, et que la pièce lue était la même que la pièce représentée.

Ce sont des secrétaires de mairie et de sous-préfecture.

A. Dumas en a d'autres. Ce sont : *Henri III et sa Cour,* — *Charles VII chez ses grands vassaux,* — *Christine,* — *Richard d'Arlington,* — *Antony...,* et cet éblouissant théâtre dont il faudrait citer chaque œuvre, car chacune de ces œuvres marque une date glorieuse dans l'histoire du Théâtre en France !

Voilà donc un point définitivement réglé par les contradictions et les erreurs volontaires de Gaillardet.

Cependant la prétention des adversaires, qui ne s'abandonne point, entend trouver sa démonstration dans les conventions et l'autorité de la chose jugée.

— Les conventions ?

Je trouve d'abord la lettre du 19 mai, écrite par A. Dumas. J'ai expliqué sous l'empire de quelle préoccupation elle avait été écrite. A. Dumas féru de l'idée de garder l'anonyme et voulant se montrer généreux envers un jeune confrère.

Mais à supposer que cette lettre pût lier A. Dumas et l'obliger à garder l'anonyme, elle n'oblige pas la postérité. Les critiques littéraires, les historiens, les bibliographes et le public, tout frémissant d'enthousiasme lors de cette inoubliable représentation, ont percé le masque à jour dès la première soirée. C'est un fait acquis.

Et d'ailleurs ce n'est pas cette lettre écrite pour calmer les susceptibilités d'un auteur dont l'œuvre avait été refaite sans et malgré lui, ce n'est pas cette lettre qui a réglé les rapports respectifs de Gaillardet et d'A. Dumas, c'est la transaction du 11 juin 1852, où on lit :

« La propriété par indivis... appartient à MM. Gaillardet et Dumas. »

Donc Dumas est reconnu par son collaborateur. Est-ce à titre de protecteur qu'il revendique une partie du droit d'auteur ? Est-ce pour avoir ouvert les portes du théâtre qu'il se fait payer son rôle d'intermédiaire ? Voilà ce qu'autrefois Gaillardet a voulu insinuer.

Vaines allégations. Lorsque la transaction est signée le 11 juin, la pièce est jouée depuis le 29 mai. M. Gaillardet n'avait donc besoin ni de protecteur, ni d'intermédiaire.

Je rappelle que c'est Dumas qui a exigé que son nom soit remplacé par ***. Dans la lettre du 19 mai, il le dit expressément.

Dumas a le droit de garder l'anonyme : Gaillardet n'a pas le droit de le lui imposer.

Et comment cette convention a-t-elle été interprétée ?
En 1834, A. Dumas fait figurer *la Tour de Nesle* dans ses œuvres
complètes : Gaillardet n'a pas cru pouvoir l'en empêcher.

Enfin le contrat, comme l'a fait remarquer l'adversaire lui-
même, est spécial au mode de publication du drame. Les parties
n'ont prévu ni l'une ni l'autre l'événement de l'érection d'une
statue.

Comment, dès lors, invoquer cet acte, dans lequel il est dit :
« *La propriété de l'ouvrage appartient à MM. Dumas et Gaillardet,* »
dans un cas où pour établir notre droit nous n'avons qu'à
prouver notre co-propriété ?

Le deuxième argument consiste à dire : il y a chose jugée.

Examinons et mettons un peu d'ordre dans les divers procès
suscités par M. Gaillardet.

Le lendemain de la première représentation, Harel affiche :
Par MM. *** et F. Gaillardet.

Le 9 juin 1832, requête par M. Gaillardet à M. le Président
du Tribunal civil pour assigner MM. A. Dumas et Harel.

Instance terminée par la transaction du 11 juin.

La pièce sera imprimée sous ce titre : Par MM. Gaillardet
et ***.

Harel continuant d'afficher par MM. *** et Gaillardet, celui-ci
intente un procès au Tribunal de Commerce.

Jugement du 26 juin 1832 qui :

Ordonne que l'affiche portera le nom de Gaillardet avant le nom de
son collaborateur ou le signe qui le représente... sous peine de cinquante francs par contravention.

En 1834, sommation de Gaillardet à Dumas de lui restituer
son manuscrit. Dumas l'avait menacé de l'imprimer dans la préface de ses œuvres complètes qu'il publiait alors. Réponse par
Dumas, sur les conseils de Ph. Dupin, qu'il est prêt à faire cette
restitution en échange d'une copie dûment collationnée.

Gaillardet retire sa demande.

En 1838, reprise de *la Tour de Nesle*. Harel affiche : « par
MM. A. Dumas et F. Gaillardet.

Procès par Gaillardet pour avoir fait passer le nom de son collaborateur avant le sien, contrairement au jugement de 1832. Jugement du 22 septembre 1838, qui condamne Harel à payer 700 francs.

Ce n'est pas tout. Harel, qui payait 48 francs par représentations, plus 28 francs de billets, c'étaient les termes du traité du 11 juin, ne veut plus payer que 15 francs.

Procès par Mme Gaillardet mère, cessionnaire des droits de son fils.

Jugement du 7 mars 1839 qui condamne Harel à payer, sauf compte à faire avec A. Dumas et pour établir le compte, ordonne la mise en cause de ce dernier.

Dumas est mis en cause. Jugement du 8 août 1839 :

Qui ordonne que pour l'avenir et conformément à la transaction arrêtée au délibéré entre Harel et Dumas, la convention entre Gaillardet et Dumas continuera à recevoir son exécution, et qu'à cet effet Harel délivrera à Gaillardet à chaque représentation le nombre de billets convenu et lui payera 48 francs, savoir 15 francs pour son compte et 33 francs pour celui de Dumas, lesquels 33 francs il prélèvera sur les 5 % dont il doit faire compte à Dumas sur le produit de la recette, et en cas d'insuffisance Dumas devra parfaire la somme !

Est-ce tout ? Je le pense. Cependant, dans une notice imprimée dont je vais parler, il est encore fait mention d'un rapport d'arbitre à la date du 21 septembre 1841. Il ne nous a rien été communiqué relativement à cette dernière instance.

Où peut-on trouver dans tout cela une décision impliquant le refus de considérer A. Dumas comme co-auteur de *la Tour de Nesle ?*

Tout au contraire. Le jugement du 26 juin 1832 règle *l'ordre dans lequel seront nommés ou désignés* les collaborateurs.

Donc il y a collaboration et reconnaissance pour les deux auteurs du droit de se nommer ou de se désigner, sauf réglement de l'ordre dans la désignation sur l'affiche.

Le jugement du 22 septembre 1838 applique les pénalités encourues pour avoir enfreint cet ordre, donc il admet que Dumas peut être nommé.

Les autres décisions ne règlent que le partage des droits d'auteur.

Chose curieuse : on a voulu voir dans ces jugements ce qui n'y était pas !

C'est ainsi que Quérard a pu écrire dans *les Supercheries littéraires dévoilées*, t. I., col 1064 :

Le premier procès fut intenté par M. F. Gaillardet, qui fit mettre son nom en tête des étoiles que Harel avait mises d'abord pour indiquer le principal auteur. Le premier charpentier eut ce fortuné hasard, que des boutiquiers titrés, ayant pesé son droit à la balance du poivre et du gruyère, le reconnurent l'auteur de l'œuvre dont le sujet même ne lui appartenait pas.

M. A. Dumas fils a partagé cette erreur et écrit la lettre qu'on vous a lue à la dernière audience, ce qui prouve seulement que M. A. Dumas fils, qui a tant lu, n'a pas lu les jugements rendus dans ces différentes instances !

D'où vient donc cette erreur ?

De M. Gaillardet lui-même. Dans une profession de foi adressée à ses électeurs en 1848, M. Gaillardet expose non seulement ses principes mais encore sa vie.

Il raconte comment il a abandonné la carrière littéraire pour le commerce, comment il a fait faillite, comment il a repris le journalisme en Amérique, comment il a payé ses dettes de commerçant avec le produit de sa plume — et fait rapporter la faillite.

Il a été amené naturellement à parler de *la Tour de Nesle*, et à la fin de sa brochure il a imprimé ce qu'il appelle les pièces *justificatives...*

J'ai dû y joindre les pièces *rectificatives...* Le tableau suivant est instructif. — On y verra que la vérité ne se *rapporte pas* comme une faillite.

PIÈCE JUSTIFICATIVE

1° Jugement du Tribunal de Commerce du 26 juin 1832 qui ordonne que l'affiche indiquant les représentations de *la Tour de Nesle* portera le nom de F. Gaillardet *seul*, suivi d'astérisques, sous peine, pour tout directeur, de 50 francs d'amende par chaque infraction.

TEXTE RECTIFICATIF

Le Tribunal ordonne qu'à partir de demain inclusivement l'affiche portera le nom de Gaillardet *avant celui de son collaborateur ou le signe qui le représente.*

PIÈCE JUSTIFICATIVE

2° Jugement du Tribunal de Commerce du 22 septembre 1838 qui condamne le sieur Harel à payer à F. Gaillardet la somme de 750 francs *pour avoir mis le nom d'Alexandre Dumas sur l'affiche*, contrairement au jugement ci-dessus.

TEXTE RECTIFICATIF

Attendu qu'il est articulé et non contesté que sur les affiches des 16, 22, 23, 24, 25, 27, 28, 29, 31 juillet 1838, etc., les noms du demandeur ont été mis *après celui d'Alexandre Dumas, son collaborateur,* contrairement au jugement sus-énoncé.

PIÈCE JUSTIFICATIVE

3° Jugement du Tribunal de Commerce du 7 mars 1839 rendu et lu en présence de M. Dumas, chez le président Michel, qui *condamne MM. Alexandre Dumas et Harel solidairement* à payer à F. Gaillardet ses droits d'auteur, et porte : « si, en tout cas, il advient que Harel soit redevable envers M. Dumas d'une somme plus forte que 66 francs stipulée en faveur de Gaillardet, cette redevance doit toujours être attribuée à celui-ci, seul auteur de la pièce. »

TEXTE RECTIFICATIF

Dumas n'était pas partie dans cette instance.

Il n'a pas été condamné.

« Réserve toutefois à la dite dame ès-noms contre Dumas en cas d'insuffisance, tous les droits et actions résultant de la convention particu-

lière entre Dumas et Gaillardet fils, et pour établir le compte renvoie les
parties devant le même arbitre. »

PIÈCE JUSTIFICATIVE

4° Jugement du Tribunal de Commerce du 8 août 1839 confirmant le précédent jugement, par les mêmes considérations et d'après un nouveau rapport.

TEXTE RECTIFICATIF

On ne trouve plus dans ce jugement les termes cités plus haut.

PIÈCE JUSTIFICATIVE

5° Déclaration de l'arbitre du 21 septembre 1841 :
Les divers renseignements que j'ai recueillis dans l'instruction de ce procès m'ont convaincu que M. Gaillardet est le seul auteur de ce drame.

TEXTE RECTIFICATIF

Ce rapport manque au dossier.

Je veux croire que Mme Gaillardet, en poursuivant la campagne entreprise par son mari, était sincère.

Elle a cru à la profession de foi d'un candidat ! Enfin, les conventions et les jugements auraient la portée que leur donne Mme Gaillardet, il faudrait encore les laisser de côté, car M. Gaillardet a renoncé à tous les droits qu'ils *auraient pu* lui donner.

Il y a renoncé par une lettre de 1831 où il persiste dans son étrange erreur sur l'intention des jugements dont il parle, mais où il dit :

Mon cher Fournier,

Un jugement rendu par les tribunaux en 1832 a ordonné que *la Tour de Nesle* serait imprimée et affichée sous mon nom seul ; et c'est ainsi qu'elle l'a été, en effet, jusqu'en 1851, époque de son interdiction.

Aujourd'hui que vous allez la reprendre, je vous permets et vous prie même de joindre à mon nom celui d'Alexandre Dumas, mon col-

laborateur, auquel je tiens à prouver que j'ai oublié nos vieilles querelles, pour me souvenir uniquement de nos bons rapports d'hier, et de
la grande part que son incomparable talent eut dans le succès de *la
Tour de Nesle*.

Bien à vous,

F. GAILLARDET.

Cette lettre est-elle authentique? Je ne la représente pas,
mais voici : 1º un catalogue de Charavay l'offrant en vente;
2º une lettre de l'amateur qui l'a acquise; 3º une copie de sa
main.

Gaillardet renonçait encore à ses prétendus droits exclusifs
quand il avait avec M. Sardou la conversation que celui-ci
rapporte dans une lettre dont le texte, que voici, est précieux
à retenir.

Monsieur Léon Cléry, 11, rue de la Tour-des-Dames, Paris.

Nice, 15 janvier 1885.

Mon cher ami,

Voici les souvenirs auxquels tu fais appel.

J'ai rencontré Gaillardet à Nice, il y a quatre ans (je dis quatre ans,
tu vérifieras; c'est l'année qui a précédé sa mort), chez un ami commun,
et nous avons bavardé seuls, à l'écart, toute une soirée. Naturellement
il fut question de *la Tour de Nesle*. Gaillardet, qui depuis longtemps
avait abdiqué toutes prétentions théâtrales, parlait sans amertume des
rêves dramatiques de sa jeunesse et me fit le récit très détaillé et très
gai de ses premières entrevues avec Dumas, de leur collaboration, de
leur discorde et de leur duel. Toutes choses que Dumas nous a contées
dans ses Mémoires. « Mais enfin, lui dis-je, à présent que tout cela est
bien loin, avez-vous gardé quelque rancune à Dumas de la part de lion
qu'il s'était faite et que le public lui a faite aussi dans votre succès
commun? — Moi, répondit Gaillardet, assurément non. Je ne me donnerai pas le ridicule, avec vous surtout, de prétendre que, de Dumas
et moi, l'auteur dramatique, c'était moi, et que *la Tour de Nesle* est mon
œuvre plus que la sienne. En ce temps-là j'étais jeune, ambitieux, assez
aveuglé sur mon propre mérite, de plus, mal conseillé, et j'étais trop
disposé, comme tout débutant, à m'illusionner sur mon talent d'écolier

et à contester celui du maître. Mais depuis, quand je me suis efforcé
à voler de mes propres ailes, il m'a bien fallu reconnaître que je
n'étais qu'un auteur dramatique d'occasion, et que, sans Dumas, *la
Tour de Nesle* n'eût été qu'un assez piètre mélodrame, dont le titre
même n'aurait pas survécu. Ai-je besoin d'ailleurs de vous faire cet
aveu? Dumas a fait des *Tour de Nesle* sans moi. Je n'en ai pas fait sans
lui. Cela dit tout. — Voilà, dis-je, une confession qui vous honore.
Ainsi conclusion!... — Conclusion! reprit Gaillardet, dont je cite textuellement les paroles, Dumas avait raison! »

Je suis heureux d'apporter à l'appui de ta cause cette déclaration
in extremis, — car Gaillardet est mort à peu de temps de là. C'est une
sorte de testament littéraire qui formule bien sa dernière pensée. Plus
tu feras valoir les titres de Dumas, plus tu auras Gaillardet lui-même
avec toi. Et, chose curieuse, dans cette mauvaise querelle qui vous est
faite, c'est toi qui défends la volonté du défunt contre ses héritiers qui
la trahissent par les prétentions excessives qu'ils affichent en son nom.
Comment n'ont-ils pas compris d'ailleurs que la décision du tribunal
fût-elle conforme à leur désir, le grand Dumas n'a rien à y perdre, et
que pour tout le monde il sera toujours, et quoi qu'on fasse, l'auteur de
la Tour de Nesle. Tandis que l'on contestera d'autant plus à Gaillardet
sa part de l'œuvre commune que cette part-là sera exagérée et moins
proportionnée à son mérite? Qu'il était plus spirituel, Gaillardet, dans
son entretien avec moi, de se faire cette part si petite, si modeste, que
j'étais tenté de la lui faire plus grande, et que cette modestie même,
en m'inspirant plus d'estime pour l'homme, me donnait une plus haute
idée de l'écrivain.

Poignée de main.

V. SARDOU.

J'estime que cette lettre clôt le débat. En résumé, c'est bien
une question de gloire littéraire que vous avez à juger, mais
combien mieux inspirés eussent été les héritiers de Gaillardet
si, en vous la soumettant, ils ne l'avaient de nouveau soumise
au jugement du public. Quoi qu'il en soit, la vérité y aura
trouvé ce définitif avantage que nous en aurons pour jamais fini
avec cette légende que Dumas n'aurait pu se dire auteur de *la
Tour de Nesle* sans se mettre en contradiction avec des décisions
judiciaires qui lui enlevaient ce droit.

Voici le texte du jugement qui a terminé ce débat :

Le Tribunal,

Attendu que les consorts Gaillardet demandent qu'Alexandre Dumas fils soit tenu de faire disparaître la mention du drame, *la Tour de Nesle*, figurant parmi les œuvres dont le titre est gravé sur le piédestal de la statue élevée à A. Dumas père, à Paris, place Malesherbes.

Qu'ils allèguent d'une part que cette mention constitue la violation de la convention du 11 juin 1832, intervenue entre Frédéric Gaillardet et A. Dumas père, et des diverses décisions judiciaires qui ont suivi, et, d'autre part, qu'en admettant que ce dernier doive être considéré comme un collaborateur, l'inscription, dans les conditions où elle est faite, serait contraire aux principes de la collaboration, en ce que A. Dumas serait présenté comme le seul auteur de l'œuvre.

— Sur la fin de non recevoir opposée par le défendeur, et prise de ce que, n'étant pas le seul représentant de la succession de son père, succession qu'il n'a acceptée que sous bénéfice d'inventaire, les cohéritiers ses légataires universels auraient dû être mis en cause.

Attendu que dans la mesure où il représente la succession du de cujus, Alexandre Dumas fils a qualité pour répondre à l'action ;

Sur la fin de non recevoir prise de ce que la statue serait un monument public, et qu'il n'appartiendrait qu'à l'autorité de consentir ou de refuser une modification dans l'état de l'inscription ;

Attendu que, en présence de ce qui est décidé ci-après, il est sans intérêt de statuer sur ce moyen ;

Au fond :

Attendu qu'il est établi, par les documents de la cause, que si le drame de *la Tour de Nesle* a été composé originairement par Gaillardet seul, l'œuvre, sous la forme définitive où elle a été représentée au théâtre de la Porte-Saint-Martin en 1832, pour la première fois, a été de la part d'Alexandre Dumas père l'objet d'une collaboration importante ;

Que la collaboration est attestée par la convention même du 11 juin, dans laquelle il est stipulé que la propriété par indivis de l'ouvrage appartient à MM. Gaillardet et Dumas, et que le prix de la vente du manuscrit en librairie sera partagé également entre eux ; qu'elle est consacrée par les décisions judiciaires invoquées, notamment par les jugements du Tribunal de Commerce de la Seine du 26 juin 1832 et 28 septembre 1838, qui réglementent la manière dont le collaborateur sera désigné sur les affiches ; qu'enfin elle a été formellement reconnue

par.Gaillardet, qui dans une lettre du 25 avril 1861, s'adressant à Marc
Fournier, sur le point de reprendre la pièce au théâtre de la Porte·
Saint-Martin, le prie de joindre à son nom celui d'Alexandre Dumas,
son collaborateur.

Attendu que la, collaboration de ce dernier étant ainsi constante, le
nom de l'œuvre au succès de laquelle il avait contribué pouvait légi-
timement figurer sur un monument destiné à rendre hommage à sa
mémoire;

Que cette inscription ne saurait constituer une atteinte aux droits
des consorts Gaillardet; .

Qu'en effet elle n'implique point la négation de la part qu'a eue leur
auteur dans la composition de la pièce;

Que l'inscription ne saurait être une violation soit de la convention
du 11 juin 1832, soit des décisions judiciaires invoquées par les demandeurs; qu'en effet ces documents, dans la mesure où ils étaient oppo-
sables à Dumas père et quelle que soit l'interprétation qu'ils compor-
tent quant au mode dont ce dernier exerce ses droits de collaborateur,
n'ont eu pour objet que l'exploitation de l'œuvre par le théâtre ou par
la librairie; qu'ils sont dès lors sans application dans le cas particulier.

Qu'ainsi, sous aucun rapport, les griefs allégués par les demandeurs
ne doivent être admis;

Par ces motifs.

Sans s'arrêter à la première fin de non recevoir présentée par
A. Dumas fils, et sans qu'il y ait lieu de statuer sur la seconde;

Déclare les consorts Gaillardet mal fondés en leur demande, fins et
conclusions, les en déboute;

Ordonne l'enregistrement de la convention du 11 juin 1832 et de la
lettre sus-énoncée du 25 avril 1861.

Condamne les consorts Gaillardet aux dépens.

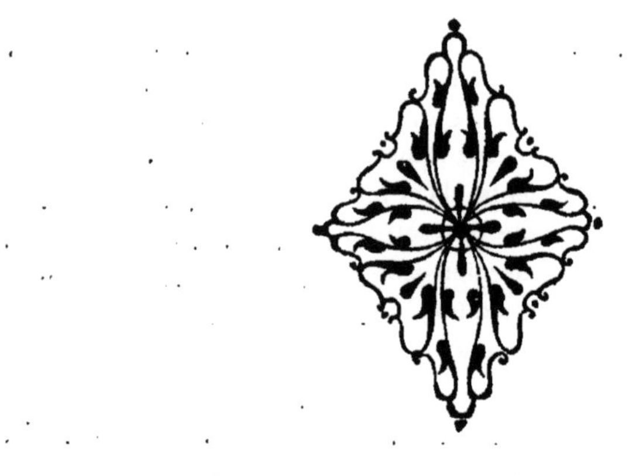

VICTORIEN SARDOU

CONTRE MARIO UCHARD

ICTORIEN Sardou venait de donner son *Odette* au Vaudeville. Et le succès avait été très grand.

Un homme ne s'en montra point aussi satisfait que l'avait été le public. Cet homme était M. Mario Uchard.

Il avait fait jouer jadis, avec un bonheur mérité, une pièce intitulée la *Fiammina*.

La Fiammina était une comédienne, épouse et mère qui, après avoir oublié du même coup ces deux titres, pendant près de quinze années, dans la compagnie d'un lord aussi fastueux que voyageur, se souvenait subitement de son fils, à la veille d'un duel possible entre ce jeune homme et le lord, et réclamait son enfant, avec toutes les ardeurs d'un amour maternel accru par une si longue indifférence.

M. Uchard vit donc dans *Odette*, à la représentation de laquelle il assista, grâce à un billet donné par M. Sardou, une si fâcheuse rencontre de son propre sujet, qu'il en fut extrêmement ému. Il dissimula dès l'abord ; déjeuna au café de l'Opéra avec M. Sardou, lui écrivit des lettres amicales ; parla de l'arbitrage de la commission des auteurs dramatiques ; l'esquiva, après l'avoir proposé, et finit par assigner son adversaire en « plagiat, » après avoir fait courir avant l'audience dans le public une petite brochure destinée à appuyer ses raisons.

L'affaire s'engagea dans ces conditions, mettant en jeu cette question : « Quelles ressemblances constituent le « plagiat » dans une œuvre littéraire. »

PLAIDOIRIE

POUR M. VICTORIEN SARDOU

I le débat actuel s'agitait entre les deux avocats chargés de vous l'exposer, il serait facile de le réduire à une formule des plus simples.

Mais par les faits qui ont précédé l'audience, il a échappé à notre direction. M. Mario Uchard a répandu à profusion une brochure bruyante, où, se mettant en scène avec une complaisance marquée, il a présenté son adversaire sous les couleurs où il lui plaisait de le faire apparaître.

De ce fait il est résulté que la contestation s'est trouvée portée devant une autre juridiction, celle de l'opinion publique, avant de l'être devant la vôtre. Les inexactitudes les plus flagrantes, les insinuations les plus malveillantes, les accusations les plus calomnieuses ont été répandues par l'adversaire. Il importe d'en faire justice.

Pour répondre à M. Mario Uchard, M. Sardou a eu recours au même procédé, à la brochure.

Mais, plus respectueux de votre justice, il n'a pas voulu saisir le public de sa défense avant qu'elle ne vous eût été présentée.

Je n'ai pas besoin d'annoncer que je ferai de nombreux emprunts à cette brochure, si bien qu'on peut dire, sans risquer de se tromper, que vous trouverez dans la brochure bien des choses qui ne seront pas dans ma plaidoirie, mais que vous ne trouverez pas dans ma plaidoirie un argument qui ne soit dans la brochure.

Et tout d'abord, voyons la mise en scène de ce procès. Pour des auteurs dramatiques, c'est le point important.

Vous avez entendu le récit des faits d'après M. Uchard.

Ce n'est point là vérités d'Évangile; en tout cas, ce ne serait que l'Évangile selon saint Uchard.

Sardou va nous dire ce qu'il en faut penser.

Le lendemain de la première représentation d'*Odette,* j'achevais de déjeuner au café de l'Opéra. Mario Uchard vient à moi, me félicite du succès de la veille et m'exprime le regret de n'y avoir pas assisté : je lui donne un coupon de deux places pour le soir même; il me remercie, nous nous serrons la main, et il sort.

Le surlendemain, même lieu, mêmes personnages. — Il arrive, débute par des compliments sur la pièce; je l'invite à faire mettre son couvert à ma table, il s'installe et nous causons livres, théâtre. Il m'explique son procédé de travail qui m'étonne un peu, me parle de ses romans passés et futurs, d'une suite qu'il projette à l'*Oncle Barbassou,* et dont je ne vois pas bien la nécessité..., enfin de la *Fiammina!*... Il m'assure que l'on s'est mépris en y voyant une sorte d'autobiographie; car la pièce est en contradiction avec les faits auxquels on fait allusion. Elle lui a, dit-il, été suggérée par telles aventures qu'il me raconte, et dont il fut témoin chez telles personnes, qu'il me nomme. Tout en déjeunant, je l'écoute : il dit ce qu'il veut, j'en prends ce qu'il me plaît, et la conversation va son train; mais du présent débat, de mes emprunts à la *Fiammina,* rien!... — Il n'a pas l'air d'y songer, et j'y songe encore moins. — Nous parlons de *la Buveuse de perles;* je lui avoue que je n'en ai lu que deux ou trois feuilletons. « Je vous l'enverrai, » me dit Uchard; puis il ajoute : « Il y a certainement une pièce là-dedans... vous devriez la faire avec moi... »

Ici, j'eus un grand tort, je le confesse. Mais on n'est pas toujours maître de soi. Le coup m'arrivait droit en pleine poitrine et très inattendu... Un mot m'échappa, ou plutôt un cri : — Oh! non!... C'était malhonnête évidemment. Uchard méritait, — à ce moment-là, — plus d'égards; mais, je le répète, ce fut spontané, instinctif..., l'instinct de la conservation.

— Pourquoi? me dit Uchard.

Ici je me rattrapai, je fus poli, et l'entretien continua, sans que l'incident parût laisser trace.

Au même instant, deux personnes vinrent s'asseoir à la table voisine : Melchissédec et Sellier de l'Opéra. — Je ne les nomme que parce qu'Uchard l'a fait avant moi. Melchissédec est le gendre de Michaëlis, le premier à qui j'ai confié la défense de mes intérêts en Amérique. Naturellement, d'une table à l'autre il fut question de lui, de ses affaires, des nôtres, des adaptateurs anglais, etc. — On me demanda si *Odette* était vendue en Angleterre, je répondis affirmativement; mais des conditions et du prix de la vente, pas un mot. Tout ce que Uchard raconte à ce propos est de l'imagination pure : le romancier nuit à l'historien. Je ne fais confidence à personne de mes traités dramatiques, ce n'est pas pour les révéler en plein café, et surtout à Mario Uchard ! — Fantaisie aussi, le traité que je venais de passer avec Mayer. Il y avait beau jour qu'il était signé. Fantaisie encore, cette somme de cinquante mille francs que je venais de toucher à l'instant même et que je portais sur moi ! Il ne fut question ni de cinquante, ni de vingt-cinq, ni de cent mille francs; mais des traités étrangers, des précautions à prendre pour la garantie de nos droits, contre les traducteurs à l'affût, et j'eus à ce propos la bonté de donner à Mario Uchard des conseils qu'il raille agréablement. — Il a raison : ils étaient au moins inutiles. — On ne le traduit pas.

Ce qui est vrai, c'est qu'ayant fini de déjeuner, et voulant régler mon compte, je tirai mon portefeuille où se trouvaient, non pas cinquante mille francs, avec lesquels je ne me promène pas dans la rue, mais quelques billets de banque, dont un que je voulais changer.

— « A ce moment, s'écrie Uchard, je devins rêveur... » Il ne m'a pas échappé, en effet, qu'au moment même où les billets faisaient leur apparition au soleil, Uchard, assez loquace jusque-là, tomba subitement dans une méditation profonde, dont la signification m'allait être bientôt révélée.

Le soir même, je recevais *la Buveuse de Perles,* avec cet *ex-dono* : A mon ami Sardou. J'ouvre le livre au hasard, et je tombe sur cette phrase : « Fille d'un lord vingt fois millionnaire, elle avait fait son entrée dans le monde toute nue... »

Naturellement ! Ce jour-là « je ne lus pas plus avant. »

Je prenais l'envoi du livre pour une galanterie : c'était bel et bien une sommation !

Ainsi, le point de départ si important, la scène maîtresse, la proposition de collaboration, Mario Uchard la passe sous silence. Puis la correspondance s'engage. De la part de M. Uchard, elle est cauteleuse, douceâtre, commençant par de grandes affectations de camaraderie et d'admiration, pour arriver à se resserrer peu à peu jusqu'à la menace, jusqu'à l'injure, jusqu'à l'assignation.

Puis, ici même, à l'audience, pendant deux heures, on accuse Sardou de plagiat; on le traite de contrefacteur, de voleur; on établit pour lui des rapprochements blessants; on le compare à Bilboquet; on fait des incursions dans sa vie privée, on lui reproche ses châteaux, ses succès; et quand on a fait tout cela, on se croit quitte envers lui en déclarant qu'on lui demande bien humblement pardon.

Et si je n'avais pas, comme on sait, l'habitude de ne jamais faire de personnalités, je pourrais à mon tour dire pis que pendre de M. Mario Uchard, sauf à me tourner ensuite de son côté en le priant d'excuser la liberté grande. Mais moi qui aime aussi et qui crois comprendre le rôle de l'avocat, j'estime qu'il s'accommode mieux de moins d'aigreur et de moins d'humilité! Revenons à la correspondance.

Ce qu'il faut retenir des réponses de Sardou, c'est que, du premier coup, lui, Sardou, s'était placé sur le terrain de la commission des auteurs dramatiques. Je tiens à ne pas laisser à M. Uchard l'avantage, en se dérobant, de faire croire que nous avons déserté ce terrain.

Au reste, Mario Uchard se présentait de façon avantageuse; il n'agissait, disait-il, qu'au nom des intérêts les plus élevés de l'art, il devenait tout à coup le grand-prêtre de la propriété littéraire, il rejetait bien loin toute préoccupation d'intérêt personnel: il n'était poussé que par un souci de sa conscience, il voulait faire fixer un point douteux, intéressant tous les gens de lettres; il priait Sardou de l'y aider, et c'est la main dans la main qu'ils allaient se présenter à la commission des auteurs dramatiques, pour demander à leurs pairs de définir les limites du domaine littéraire.

Voici la lettre de M. Uchard :

Mon cher ami,

Au moment où m'est arrivée votre lettre, je vous écrivais pour vous rectifier sur ce mot de *plagiat*, que vous interprétez comme *un vrai bête (sic)*, attendu qu'il ne saurait avoir aucun sens entre nous, et qu'il ne pourrait s'appliquer qu'au cas où je ferais aujourd'hui la *Fiammina*, comme une œuvre nouvelle. Je disais, ce qui est clair comme le jour, qu'après votre *Odette*, il me serait absolument impossible de faire représenter la même pièce, contenant les mêmes données, les mêmes péripéties très marquantes, les mêmes effets particuliers d'une situation si poignante, rendus surtout avec l'autorité que vous avez conquise, *sans que l'on m'accusât, moi, de plagiat.*

Quelque contention qui puisse s'élever entre nous, bien ou mal fondée qu'elle soit, nous avons assez de valeur tous les deux pour ne point sortir du langage de bonne camaraderie, non plus, je le pense, que de l'estime que nous avons l'un pour l'autre. Nous discutons une *question d'art* qui prend précisément toute son importance de nos personnalités ; c'est suffisamment dire que, dans sa forme, le différend ne peut que rester digne de nous deux. Rengainez donc *votre bêtise* que je vous laisse pour compte.

Il ne s'agit pas du tout de plagiat, mon cher ami, *mais encore une fois d'un fait de rencontre* très caractéristique, qu'il importe de faire régler à fond, pour déterminer nettement le droit commun... Croyez-le bien, je me mets au-dessus des envieux et des chicanes. Et vous allez bien le voir. Si, pour fixer un point de fait que très sincèrement je considère comme nous intéressant tous deux, je me crois forcé d'engager cette campagne, tenez pour certain que j'entends la mener en vous donnant une poignée de main. Voilà de la courtoisie, ou je ne m'y connais pas.

Quant à *Raymon,* je prends ce que vous me dites pour dit. Ce qui n'empêche pas que je vais aussi vider mon sac là-dessus, *sans reproche, puisque vous ne le connaissez point.* J'avais fait ce roman pour en tirer une pièce. Elle marchait déjà bon train, lorsque, crac..., parurent vos *Vieux Garçons.* — Imaginez le nez que je fis. L'année suivante, j'élucubrais pour Delannoy une *Comtesse Diane* avec amour. *Mon clou,* c'était le garçon, épris de sa marraine. Découvert par le mari, pour sauver la femme, *il se déclarait fou !...* J'avais deux actes de prêts, quand m'accablèrent vos *Bons Villageois.* Votre *clou,* c'était le garçon qui, surpris, *se dénonce comme voleur.* Il va sans dire, mon cher ami, que je n'arguë absolument rien de cette autre rencontre. Ma pièce était encore flambée, voilà tout. Je m'en consolai. Mais avouez que la malechance me poursuivait.

Maintenant que je vous ai tout dit bien franchement, mon cher Sardou, je vais vous donner un gage qui mettra, j'espère, les choses entre nous au point vrai de cette camaraderie qui reste au fond de nos deux lettres. Cette affaire de votre *Odette* est *bête, bête, bête!*... à l'état de *plainte de moi contre vous.* Pour vous prouver mon intention de la traiter en ami, voici ce que je vous propose. Je suis enrhumé comme un loup et consigné chez moi : venez me voir, et nous nous entendrons tout tranquillement pour présenter la chose de concert à la commission, comme un point litigieux survenu entre nous et que nous désirons faire élucider par nos pairs, et cela d'un commun accord.

Cette situation est à coup sûr originale.

Pas si originale! car, quelques heures auparavant, Sardou la lui proposait.

J'étais fort surpris, reprend mon client. Le porteur attendait ma réponse. Je l'improvisai séance tenante. Elle fut courte, mais précise.

Uchard demandait : « La pièce est-elle de vous, est-elle de moi? Je m'y embrouille. » Je répondis :

Mon cher ami,

La question est fort simple. La *Fiammina* est de vous et *Odette* est de moi. Je ne reconnais pas, entre les deux pièces, d'autre ressemblance que celle qui résulte forcément de la même situation, qui appartient à tout le monde et qui est du domaine commun : *La séparation du mari et de la femme.*

Je n'ai même pas songé à relire la *Fiammina* en faisant *Odette.* Je ne dois rien à la *Fiammina;* je ne lui ai fait aucun emprunt. Vous êtes chez vous; je suis chez moi. Je ne me suis pas plus inspiré de la *Fiammina* pour ma nouvelle pièce, que je ne m'étais inspiré de votre *Raymon* pour les *Vieux Garçons,* car, à cette époque-là, je ne le connaissais pas.

J'ajoute, pour le confrère : que s'il se croit en mesure de faire valoir les étonnantes prétentions formulées dans sa lettre, *il ne tient qu'à lui de porter le débat devant la commission des auteurs dramatiques.*

Mais je m'adresse encore une fois à l'ami et je ne le lui conseille pas; car, vrai, mon cher Uchard, votre réclamation est insensée.

Sur ce, poignée de main, quoi qu'il arrive.

Vict. Sardou.

Et maintenant que M. Uchard a fait blanc de la commission des auteurs dramatiques, il faut voir comment il va l'esquiver. Sardou l'avait engagé à se presser.

Uchard répond qu'il n'est pas nécessaire que Sardou préside lui-même le tribunal qui va le juger; que lui, Sardou, peut partir et qu'il lui suffira d'envoyer les pièces justificatives.

Or, en cela, M. Uchard commettait sciemment deux erreurs :

1º Il savait bien qu'un membre de la commission ne siège pas lorsqu'il est en cause;

2º Il n'ignorait pas que le débat est toujours contradictoire et que les adversaires, sans pouvoir recourir à des défenseurs, sont tenus de s'expliquer personnellement; mais M. Uchard ne voulait pas de la commission, d'abord parce que devant la commission l'accommodement était à peu près certain; que, dans tous les cas, la commission prononcerait sans bruit, sans scandale, et cela ne pouvait convenir à M. Mario Uchard, qui pense que tout est bon pour se faire de la réclame, et qui pourrait nous dire le nom de cet auteur qui écrivait à un journaliste : « Éreintez-moi, si vous voulez; mais parlez de moi. »

M. Uchard ne voulait pas de la commission encore, parce qu'il trouvait bon de tenir en suspicion cette commission, composée des auteurs dramatiques les plus éminents et les plus honnêtes, Augier, Pailleron, Labiche, etc.

Et voici, à cette occasion, ce que Scholl écrivait :

M. Uchard propose de porter le procès devant la commission des auteurs dramatiques. Sauf meilleur avis, il me semble qu'il y a là, de sa part, une grosse maladresse. M. Sardou est, depuis près de vingt ans, membre et vice-président de la commission. Il y jouit de toute l'influence à laquelle peut avoir droit un auteur dramatique qui a donné à ses confrères l'exemple du succès et leur a montré le chemin de la fortune. En dehors du théâtre même, Sardou est un homme important; le président de la commission appelée à le juger, M. Auguste Maquet, est candidat à l'Académie française; il compte évidemment sur la voix de l'auteur d'*Odette*. Trois ou quatre membres de la commission sont dans le même cas : M. Coppée et M. de Bornier, par exemple: Voilà des juges qui pourraient être récusés pour cause de suspicion légitime.

A la place de M. Mario Uchard, je porterais simplement le différend devant le Tribunal de la Seine, qui est à la fois compétent et désintéressé.

Pour parvenir à écarter la juridiction de la commission, il est instructif de voir maintenant comment procédera M. Uchard. Le 12 décembre, il apporte au siège de la commission la lettre par laquelle il la saisit du litige : par hasard, il se rencontre avec M. Maquet, le président de la commission, qui prend immédiatement connaissance de la lettre suivante :

Mon cher président,

J'ai l'honneur de vous prier de vouloir bien saisir la commission d'un différend survenu entre notre confrère et ami Sardou et moi, à propos de sa nouvelle pièce *Odette,* en ce moment représentée au Vaudeville, et dont le fond offre les plus grandes analogies avec ma *Fiammina.*

Bien qu'il n'y ait là, à coup sûr, qu'un hasard de rencontre sur le même sujet, et que ses deux premiers actes n'aient aucune ressemblance avec les miens, il serait impossible pourtant de n'être pas frappé de l'identité de situation qui apparaît tout à coup entre nos deux œuvres, dès qu'il aborde l'action de son drame. Parties du même point sur la même idée de séparation, nos deux pièces aboutissent absolument au même nœud, au même fond de débat, aux mêmes péripéties, aux mêmes scènes, au même dénouement.

Sans songer le moins du monde à accuser mon ami Sardou de cette ressemblance signalée dès le premier soir par le public et par la presse, je crois, néanmoins, mon cher président, qu'il est pour tous d'une importance extrême de régler cette question trop hautement discutée à cette heure pour qu'il soit possible de passer outre, sans que la commission se prononce sur un fait dont la très grande autorité de Sardou ferait peut-être un précédent terrible aussi bien en France qu'à l'étranger.

Je crois enfin que si ses objections étaient admises, nul de nous n'aurait plus de garantie pour ses œuvres.

Il importe de définir et de fixer une jurisprudence qui fasse loi sur ces cas de rencontre dans une même situation et dans une même idée, de façon à délimiter la propriété de chacun. Il importe enfin d'établir des bases certaines sur ce point :

Où commence et où s'arrête le droit de reconvention d'un auteur sur un sujet déjà traité par lui.

J'ai l'honneur de vous déposer, en même temps que cette lettre, un exemplaire de ma *Fiammina*, en vous priant de vouloir bien inviter Sardou à vous déposer aussi son manuscrit, afin qu'il me soit possible de prouver les rapprochements sur lesquels je me fonde.

Veuillez agréez, etc.

MARIO UCHARD.

Paris, 12 décembre 1881.

— Voilà qui va bien, dit Maquet après avoir lu : — Sardou m'a dit que non seulement il acceptait, mais qu'il sollicitait l'arbitrage de la commission. Vendredi, elle avisera et vous assignera sans doute pour le vendredi suivant.

— Demain matin, dit négligemment Uchard, vous lirez dans le *Figaro* un article de moi sur cette affaire.

— Ah ! ceci est différent, répliqua Maquet, la commission n'admettra pas une discussion dans les journaux au moment même où elle est saisie de l'affaire. Si vous voulez qu'elle tranche le différend à l'amiable, il ne faut pas qu'il soit envenimé par un débat public, et vous devez, suivant la règle, accepter la décision du comité, sans recours ni polémique d'aucune sorte.

— C'est, dit Uchard, que l'article est déjà composé.

— Peu importe : courez au *Figaro* et retirez-le ; c'est indispensable.

— J'y vole, dit Uchard !

Le soir même, Maquet recevait la lettre suivante :

Lundi soir.

Monsieur le président,

J'arrive au *Figaro* trop tard ; mon article composé ne peut plus être remplacé. Donc, impossible de suivre votre bon conseil. *Je n'ai traité là du reste qu'une très importante question litteraire*, en remettant les choses au point de mes bonnes relations avec Sardou, *et pour redresser surtout le mot de procès en contrefaçon méchamment prononce déjà*. Je veux espérer qu'il n'y aura rien dans cette rectification qui puisse empêcher l'intervention de notre conseil de famille.

Regrets, et bien à vous.

M. UCHARD.

Le lendemain, l'article paraissait dans *le Figaro,* précédé d'un avant-propos de quelques lignes qu'il faut lire :

Mon cher Magnard,

Une discussion, toute de camaraderie, entre Sardou et moi, soulevée à propos d'*Odette,* et déjà rapportée par des journaux, prend des tournures si absurdes qu'il me faut la réduire bien vite aux véritables conditions d'estime et de confraternité dont nous ne saurions pas nous séparer. *On parle de procès de contrefaçon. Un tas d'inimitiés envieuses (que je lui jalouse),* et que gêne son trop incontestable talent, *m'envoient des dénonciations stupides sur de prétendus plagiats,* en des lettres aussi saugrenues qu'anonymes. Pour ces amateurs de scandales, enfin, il m'appartient de poser le débat dans les termes dont il ne peut sortir, de Sardou à moi, c'est-à-dire avec toute la franche sympathie que je ressens pour lui, pour son esprit d'un titre si rare parmi nous, et qui vaut qu'on l'admire même en s'en plaignant. Il s'agit enfin d'une question littéraire des plus hautes à décider, et après le jugement de laquelle, quel que soit le vaincu dans cette lutte, nous nous donnerons une bonne poignée de main.

Le *Figaro* est une tribune ouverte à toute idée de grand essor : voulez-vous m'y accueillir?... Oui! merci, et

Bien à vous.

MARIO UCHARD.

L'article est trop long pour être lu : le tribunal le trouvera dans mon dossier ; il est, comme le dit Sardou, aussi mielleux dans la forme que venimeux et agressif dans le fond.

A tout cela, Sardou fait une réponse très nette, assez tranchante pour en finir avec ces hypocrisies et ces faux semblants de camaraderie.

Sur quoi, Uchard, enchanté, lève les bras au ciel, s'indigne, décline l'arbitrage de la commission et plaide.

Et voilà comment, tout en ayant l'air de brûler pour les beaux yeux de la commission, Uchard trouve moyen d'esquiver ses faveurs.

Donc, récapitulons, et ici je laisse la parole à Sardou :

Donc! récapitulons :

— Voici un camarade qui parle de faire juger notre différend, à l'amiable, par un tribunal de famille, et qui, *au même instant,* saisit brutalement le public de la question et rend volontairement cet accord amical impossible.

Voici un galant homme, — à ce qu'il dit, — qui se permet de publier une correspondance que rien ne l'autorise à mettre au jour, et qui se place volontairement dans l'alternative :

Ou de publier ses lettres sans mes réponses, ce qui n'est pas d'une correction parfaite...

Ou de publier mes réponses, sans mon aveu; ce qui ne vaut pas mieux...

Ou de n'en publier que des fragments; ce qui est encore pis!

Voici un confrère qui proteste à plusieurs reprises contre l'intention qu'on lui prête de faire de ce débat une question personnelle entre nous...

Et qui en fait une question personnelle entre nous!...

Qui reconnaît dans toutes ses lettres et dans le préambule de son article au *Figaro* qu'il n'y a, entre *Odette* et la *Fiammina,* qu'un hasard de rencontre sur le même sujet, dont il est loin de m'accuser!...

Et qui m'en accuse!...

Qui s'écrie avec indignation : « On ose parler *méchamment* d'un procès en *contrefaçon...* »

Et qui me fait *méchamment* un *procès en contrefaçon!*...

Qui proteste contre les *inimitiés envieuses* qui m'entourent!...

Et qui s'associe à ces *inimitiés envieuses!*...

Enfin, qui me traite de *bête* pour avoir supposé qu'il pût m'accuser de plagiat!...

Et qui m'assigne au Tribunal civil, pour *plagiat!*...

Je m'abstiens de conclure.

Après cet exposé indispensable, arrivons au procès.

M. Mario Uchard veut savoir ce que c'est que la propriété littéraire?

Je vais essayer de le lui dire.

Et d'abord existe-t-elle?

Les uns disent : Oui.

Les autres, comme Théodore de Banville, disent : Non.

Je suis de ceux qui disent : Oui, la propriété littéraire existe, et je la définis avec Sardou :

« La propriété littéraire consiste dans la forme particulière que l'artiste ou l'écrivain ont su donner à une idée générale. »

Ainsi Moïse appartient à tout le monde; mais Michel-Ange seul peut en faire un chef-d'œuvre; ainsi le personnage d'Hamlet est du domaine public, mais il faut Schakespeare pour en tirer un type impérissable.

En un mot, l'humanité avec ses éternelles passions, l'amour, la haine, l'avarice, la jalousie, est à tout le monde; et sous la variété de la forme on retrouve toujours le même fond.

Hamlet, c'est Oreste. Orosmane, c'est Othello. Grandet, c'est Harpagon.

J'ait dit: la forme, et, en effet, c'est au moyen de la forme que chaque artiste puisant dans le patrimoine commun arrive à constituer son domaine particulier. C'est par son génie propre, par sa manière de voir les choses, d'en tirer les conséquences, de faire agir les personnages, de combiner les événements, que chaque auteur se constitue une propriété bien à lui, qu'il peut défendre contre l'invasion d'autrui.

Mais d'idées nouvelles, à proprement parler, il n'y en a pas.

Ainsi, la séparation des époux appartient à tous; mais à Uchard seul appartient la forme particulière dans laquelle il la fait entrer, et pour reprendre la définition empruntée à son avocat, il devra établir que dans les deux pièces d'*Odette* et de la *Fiammina*, la séparation se produit de la même manière et par les mêmes causes, qu'elle entraîne les mêmes conséquences, que les mêmes personnages y expriment les mêmes sentiments, provoqués par les mêmes situations.

Examinons:

Tout d'abord, il faut mettre en lumière un procédé cher à Uchard, que j'appellerai le jeu des *Argumenta*. Ce procédé consiste à présenter l'*argumentum* des deux pièces et à montrer leur similitude.

Pour établir la parfaite concordance d'*Odette* et de la *Fiammina*, Uchard s'est avisé d'un moyen très ingénieux. Il a dressé le petit tableau synoptique que l'on vous a lu tout à l'heure.

Acceptons ce tableau tel qu'il est, c'est-à-dire avec de volontaires et grossières inexactitudes, qu'il me serait trop facile de relever, et qui supposent dans une pièce ou dans l'autre ce qui n'y est pas; la chose est de médiocre importance.

Il est clair qu'à première vue et pour le lecteur qui juge sur l'apparence, ce petit tableau semble donner raison à mon adversaire.

Mais signaler dans deux pièces tout ce qui les rapproche, par l'idée générale, en omettant avec soin tout ce qui les sépare dans l'exécution et sans tenir compte de la différence des points de départ, des caractères, des situations, des milieux, du sentiment et du langage; en un mot de tout ce qui est la forme particulière à l'œuvre; c'est raisonner comme un homme qui, mettant côte à côte deux squelettes, vous dirait : « Voyez comme ils se ressemblent. »

Certes !... mais rendez à chacun ses muscles, ses nerfs, ses mouvements propres, sa bouche, son nez particuliers, et vous aurez deux hommes bien différents.

Un exemple fera mieux sentir au Tribunal le peu de valeur d'un tel rapprochement.

Supposons, dit Sardou, — que l'on me pardonne un tel blasphème ! — supposons que Uchard est Molière, et que je suis, moi, Beaumarchais !... Il a fait jouer *l'École des Femmes*; je fais jouer le *Barbier de Séville*. Il m'accuse de plagiat et il le prouve par le petit tableau suivant :

ARGUMENTUM

De *l'École des Femmes* ou du *Barbier de Séville (ad libitum)*.

Arnolphe (Bartholo) est le vieux tuteur d'une jeune fille Agnès (Rosine) et il est amoureux de sa pupille, qui ne peut pas le souffrir et qui lui préfère un jeune galant Horace (Almaviva). C'est en vain qu'Arnolphe (Bartholo) fait bonne garde et cherche à supprimer tous les rapports entre Agnès (Rosine) et Horace (Almaviva). La pupille est plus fine que son argus et, en dépit de toutes les ruses d'Arnolphe (Bartholo), elle trouve le moyen de correspondre avec Horace (Almaviva) et même de le recevoir dans la maison de son tuteur, à l'insu de celui-ci. Enfin Arnolphe (Bartholo) se décide à brusquer les choses par son mariage avec Agnès (Rosine); celle-ci en donne avis à son amant et, au moment même où le tuteur croit triompher, Agnès (Rosine) se fait enlever par Horace (Almaviva) et l'épouse à la barbe d'Arnolphe (Bartholo), qui est forcé de consentir à cette union.

Et voilà le *Barbier de Séville* bien convaincu d'être exactement la même pièce que *l'École des Femmes*.

N'est-ce pas la démonstration éclatante que tout est dans la forme?

Car Molière et Beaumarchais ont puisé à la même source : *La Précaution inutile* de Scarron, qui avait emprunté sa fable aux *Facétieuses nuits* de Straparole, qui la tenait du recueil de Giovanni : *Le Pecorone*.

Ainsi de la même idée peuvent naître deux pièces absolument différentes, et même trois, car Sedaine en a fait la *Gageure imprévue*, et même quatre, car, avant Molière, Dorimon en avait tiré *l'École des cocus*.

Et maintenant, pressons le débat.

Uchard veut que Sardou se soit inspiré de la *Fiammina*? Il ne l'a même pas relue ; c'était inutile, et je vais le prouver.

Qu'a-t-il voulu mettre en relief?

1º La déchéance d'une femme du monde, devenue une femme galante ;

2º Le déshonneur infligé par cette femme au nom de son mari, au nom qu'elle a gardé.

Odette? C'est une vraie comtesse, qui devient comtesse de carrefour par le scandale de sa première faute.

La Fiammina? Ce n'est pas une femme galante ; c'est une grande artiste. A mesure que l'autre tombe, celle-ci monte et voit croître sa fortune.

Odette? Elle est jetée à la porte de sa maison, la nuit ; elle est violemment séparée de son enfant, qu'elle ne reverra plus.

La Fiammina? Ce n'est pas une épouse coupable ; elle n'a pas été chassée ; elle abandonne volontairement son mari et son enfant, pour courir le monde et les théâtres.

Enfin, la Fiammina, mariée secrètement, porte un nom de guerre. On la croit mariée à lord Dudley, son amant.

Donc elle ne déshonore pas le nom de son mari ; donc ce nom déshonoré ne fait pas obstacle au mariage de son fils ; donc le mari n'a pas de démarches à faire pour le lui faire quitter. Donc la Fiammina n'a pas de conditions à mettre à son consentement. Donc nous trouvons au début deux pièces, qui se tournent le dos, ce qui n'est pas le moyen le plus court de faire qu'elles se rencontrent.

Tout pour le nom! C'est le mobile de l'action dans *Odette*, et l'on n'a pour s'en convaincre qu'à lire la scène ıv du second acte.

Au contraire, dans la *Fiammina*, tout l'intérêt de la pièce, et j'espère que M. Uchard ne me démentira pas, vient du duel de l'amant et du fils, que le spectateur attend et redoute.

Aussi, comme conséquence, tout va différer, les lieux, les situations, les péripéties, le dénoûment.

Et particulièrement, quant au milieu, on s'étonne que M. Uchard y attache si peu d'importance, ou plutôt on est tenté de se l'expliquer quand on connaît les insuccès de sa carrière dramatique. Il n'a vu dans le développement d'*Odette*, le tripot, Nice, qu'une occasion de mise en scène, comme pourraient l'être une revue de pompiers, une exposition de jolies femmes. Il n'a pas compris que précisément, dans ce drame vivant et poignant, le milieu même où s'agite Odette est la logique de la pièce et sa moralité.

Aussi les points de départ des séparations, les milieux traversés n'étant pas les mêmes, il est tout naturel que les points d'arrivée des deux héroïnes soient très différents. Nous retrouvons l'une, Odette, dans la misère; l'autre, la Fiammina, dans la prospérité. L'une vit dans un tripot, avec des filles, des aventuriers, l'autre dans une maison luxueuse, fréquentée par le meilleur monde. Odette a pour amant un escroc qui la vole et qui la bat; Fiammina a pour protecteur un gentleman accompli, qui la vénère et l'enrichit.

Quant à la péripétie, voulez-vous comparer? Je laisse la parole à Sardou.

Passons à la péripétie.

Avec le nom du mari à reconquérir, le principal élément d'action de ma pièce, c'est l'ignorance où est la jeune fille de l'existence de sa mère : ignorance qu'il faut lui laisser à tout prix.

Le nom du mari, c'est la raison de la pièce.

L'ignorance de l'enfant en est le sentiment.

Examinons les deux pièces à ce point de vue.

Dans *Odette*, Bérengère est persuadée que sa mère est morte, et de cette mère on lui fait un portrait moral qui résume toutes les vertus domestiques. En sorte que là où la mère vivante serait pour l'enfant un déplorable exemple, la mère défunte est l'idéal sur qui elle cherche à se modeler. On conçoit que le père entretienne avec soin une telle croyance, et qu'il s'épouvante quand la vérité est sur le point de se faire jour. On comprend la lutte violente, brutale, qui éclate entre sa femme et lui, quand elle demande impérieusement à voir sa fille et menace, en cas de refus, de lui écrire : « Je suis ta mère! » Contraint par cette menace, le père consent à l'entrevue demandée, mais c'est en défiant la mère d'oser dire à sa fille qui elle est; défi qu'elle accepte. L'entrevue a lieu : présentée à sa fille comme une étrangère qui a connu sa mère défunte, Odette est bien résolue à se faire connaître; elle compte pour cela sur la ressemblance que l'enfant ne manquera pas de constater entre les portraits de la mère et les traits de celle qui lui parle...; mais elle est déçue dans ce premier espoir. L'enfant lui raconte sa prétendue mort, telle qu'on la lui a apprise. Odette s'efforce en vain de pousser l'entretien sur la voie des aveux. Bérengère lui parle de sa mère avec une telle vénération, fait un tel éloge de ses vertus, de son dévouement, de son amour conjugal, qu'Odette, éperdue, renonce à la détromper, part désespérée et va mourir de la façon dont son enfant croit qu'elle est morte.

Et voilà toute ma pièce d'un bout à l'autre!

Trouvons-nous dans la *Fiammina* quoi que ce soit qui ressemble à tout ce qui précède?

Absolument rien?

Dès le premier acte, le mari de la Fiammina apprend à son fils que sa mère est vivante, et qu'elle est la maîtresse de lord Dudley. Il ne lui révèle l'existence de sa mère que pour lui apprendre en même temps à la mépriser. Nous voilà déjà séparés par un abîme. Continuons. Le fils et la mère se trouvent en présence, elle, sachant qu'il est son fils; lui, sachant qu'elle est sa mère; ils se saluent, se parlent froidement et passent! Le fils provoque l'amant de sa mère. L'amant résiste, puis finit par céder. On va se battre. La mère, effrayée, se décide à venir trouver son mari pour qu'il s'oppose à cette rencontre. Bien entendu, il y consent. Le fils arrive sur ces entrefaites, commence par traiter sa mère fort durement, puis finit par se jeter dans ses bras. La mère, attendrie, déclare qu'elle renonce au théâtre et qu'elle va choisir une retraite, où l'auteur dit formellement que son fils ira la voir; satisfaite, elle s'en va tranquillement, et voilà toute la *Fiammina!*

Ah! que M. Weiss a donc raison de dire que : « la différence des deux actions n'est pas mince! »

Mais Uchard n'est pas au bout de ses réclamations.

Il a en propre, nous dit-il, la position irrégulière des parents empêchant le mariage des enfants. A lui? Non, c'est à Émile Augier: *Madame Caverlet.*

C'est à L. Serret, Odéon, 1851. Les *Familles*, cinq actes en vers. Personnages: M. de Cerny, sa femme Hélène, séparés; Valentine, leur fille; Dubreuil, manufacturier; Gustave, son fils. Dubreuil refuse de consentir au mariage de Gustave et de Valentine à cause de la situation irrégulière des époux; mais tout s'arrange par la réconciliation de M. de Cerny et de la femme. Est-ce tout?

Non. Uchard réclame encore. Quoi? le sacrifice de la mère au dénouement. Entend-il que les deux sacrifices ont lieu dans la même forme? Allons donc. Sa Fiammina renonce au théâtre, elle va chercher une villa près de Florence où elle recevra son fils, certainement, peut-être son amant, pas son mari, à coup sûr; il est trop ennuyeux; tandis qu'Odette se tue.

En résumé:

Dans *Odette :*
Une femme du monde que son mari surprend en flagrant délit d'adultère, sépare de sa fille et jette, la nuit, à la porte de sa maison.

Dans la *Fiammina,* rien de tel!

Dans *Odette :* Procès, scandale, séparation judiciaire. L'enfant confié au père, et la mère cherchant à l'enlever par surprise.

Dans la *Fiammina,* rien de tel!

Dans *Odette :* Cette femme du monde courant les aventures, passant d'un amant à l'autre, et portant le nom de son mari qu'elle déshonore.

Dans la *Fiammina,* rien de tel!

Dans *Odette :* Cette femme tombée au plus bas, tenant à Nice un tripot, ruinée, discréditée et ayant pour amant un escroc.

Dans la *Fiammina,* rien de tel!

Dans *Odette* : Cet amant surpris volant au jeu ; exaspérée, lui jetant les cartes au visage, et le jetant lui-même à la porte.

Dans la *Fiammina*, rien de tel !

Dans *Odette* : Le mari qui survient à ce moment-là, et qui propose à la femme de payer ses dettes et de la tirer de ce bourbier, à la condition qu'elle cessera de porter son nom.

Dans la *Fiammina*, rien de tel !

Dans *Odette* : La femme qui n'accepte le marché que si on lui laisse voir son enfant à qui on dit qu'elle était morte.

Dans la *Fiammina*, rien de tel !

Dans *Odette* : Le mari qui refuse d'abord, puis cède à la menace, mais en défiant la mère de se faire connaître à son enfant.

Dans la *Fiammina*, rien de tel !

Dans *Odette* : L'entrevue de la mère et de la fille. La mère, prête à se révéler, arrêtée par un mot ingénu qui l'écrase, partant désespérée, et se tuant !...

Et dans la *Fiammina*..., tout le contraire !

Et voilà comment *Odette* est la même pièce que la *Fiammina* !

Où sont donc les ressemblances? Je passe sur l'exposition, sur la scène des confidences ; il est vraiment trop puéril de chercher là le plagiat, surtout quand les personnages n'exposent pas les mêmes choses et ne confient pas les mêmes faits.

Uchard, pour triompher, se rabat sur ce qu'il appelle la scène capitale, celle des époux ! mais, au lieu de les mettre en regard, tranquillement, honnêtement, il les raconte, il les commente, il les explique, et sa prétention finale est d'avoir inventé la mère qui réclame ses enfants. Mais, depuis plus de trente ans, que hurle-t-on tous les soirs dans les théâtres de drame, entre onze heures et minuit? A quoi Mme Marie Laurent, et, avant elle, Mme Dorval, ont-elles fatigué leur voix? A crier: « Rendez-moi mon enfant. » Et dans la vie réelle, dans les procès de tous les jours, n'entendez-vous pas ces réclamations: « Je veux voir mon enfant? »

Rappelez-vous l'affaire de la duchesse de Chaulnes.

Mais si vous voulez avoir la conviction profonde que jamais prétention ne fut moins fondée, écoutez les deux scènes:

Voici d'abord *Odette*, acte IIIe, scène v.

LE COMTE, ODETTE

ODETTE, *sans voir le comte.*

Ah! se débattre et se noyer dans cette boue!... Mais qui donc m'en sortira?...

LE COMTE, *se montrant.*

Moi..., si vous voulez.

ODETTE, *saisie à sa vue.*

Vous?... (*Silence d'une seconde. — Le comte descend jusqu'à elle.*)

LE COMTE.

Je venais en toute hâte, résolu à vous parler même ici.:. Ce scandale trop facile à prévoir me presse encore plus. J'étoufferai l'affaire si vous m'y aidez..., non pas demain..., ce soir, tout de suite!

ODETTE.

Comment?

LE COMTE.

En trois mots, vous êtes ruinée, perdue de dettes, décriée partout, et ceci vous achève. Je paie vos dettes, je double votre pension et je vous fais une vie paisible, tranquille, avouable. Mais à une condition formelle...

ODETTE.

Qui est?...

LE COMTE.

Vous partez demain à la première heure. Non pour Paris, où vous vous obligez, au contraire, à ne jamais paraître, mais pour Naples, Rome..., où il vous plaira, hors de France; de plus, dès ce moment vous cessez de porter mon nom; vous prenez le vôtre ou le premier venu, peu m'importe; pourvu que vous ne soyez plus la comtesse de Clermont.

ODETTE.

Ah!... ceci est une condition?...

LE COMTE.

Absolue...

ODETTE.

Alors, vous avez raison, l'entretien sera bref. — Je refuse.

LE COMTE.

Vous refusez?

ODETTE.

Oh! tout net! Paris, la France!... *(Elle complète sa pensée du geste.)* Mais quant au nom que je porte et qui est bien à moi, j'y tiens beaucoup et je ne le quitterai certainement pas pour un nom de fantaisie, qui ne ferait de moi qu'une aventurière!...

LE COMTE.

Que vous êtes, en somme!...

ODETTE.

Vous vous trompez... Il y a demain bal à Villefranche sur le *Trenton* américain. Voici mon invitation, au nom de la comtesse de Clermont-Latour. Si je m'appelais Madame de n'importe qui, je ne l'aurais pas. La nuance est considérable et vaut mieux que l'argent que vous m'offrez...

LE COMTE.

Si c'est une question de chiffre...

ODETTE.

Ce n'est pas une question de chiffre. Je n'ai pas dit *plus;* j'ai dit *mieux!* Du monde auquel j'appartiens..., de ce que j'étais..., de tout ce que j'ai perdu, c'est la seule chose qui me reste. Elle n'est pas à vendre : je la garde.

LE COMTE.

Précieux avantage, n'est-ce pas, pour une femme perdue d'honneur?

ODETTE.

Oh! tout ce qu'il vous plaira... Mais toujours comtesse de Clermont.

LE COMTE.

Allons donc! Vous n'êtes plus la comtesse de Clermont, vous n'êtes plus que « la Clermont, » chez qui l'on joue et chez qui l'on vole!

ODETTE.

Qu'est-ce que cela vous fait?...

LE COMTE.

Que mon nom serve d'enseigne à ce tripot?...

ODETTE.

. Scrupule tardif, vous en conviendrez. Voilà quinze ans que je le porte, ce nom.

LE COMTE.

Que vous le traînez...

ODETTE, *s'asseyant.*

Raison de plus! Depuis le temps, vous avez dû en prendre votre parti. Quel souci vous vient subitement de lui rendre tout son lustre?

LE COMTE.

Je viens de vous le dire !

ODETTE.

. Allons, il y a autre chose, avouez-le..., avouez donc!

LE COMTE.

Eh bien, oui, il y a autre chose. Je n'aurais pas voulu qu'il fût question de cela entre nous; mais vous m'y forcez. Disons tout. *(Il prend une chaise et s'assied.)* Ceci, du moins, vous le comprendrez, j'espère. — Bérengère est en âge d'être mariée. Un homme l'aime, qu'elle aime aussi. Mais il y a un obstacle. — Vous! — La famille ne vous accepte pas. Elle exige que vous viviez à l'étranger, sous un nom autre que le mien. Son consentement est à ce prix. — Dites : *oui,* Bérengère se marie. Dites : *non,* elle ne se marie pas. — Il ne s'agit donc pas de moi. Il s'agit de ma fille..., de la vôtre...

ODETTE, *tranquillement.*

J'ai donc une fille? *(Le comte la regarde sans répondre.)* Dame! vous le dites? Qu'est-ce que j'en sais, moi! Où est-elle? Je ne la connais pas! *(Le comte hausse les épaules sans répondre.)* Enfin, j'ai une fille, admettons-le. Et elle va se marier, soit! — Deux questions seulement. Le jour où elle se mariera, est-ce moi qui la conduirai à l'autel? *(Silence.)* Non. — Et quand elle sera mariée..., me sera-t-il permis de faire au moins sa connaissance? *(Silence.)* Non plus...Eh bien, alors, ce mariage dont je ne suis ni avant ni après, qu'est-ce qu'il me fait, à moi?

LE COMTE.

Ah! vous en êtes là... Mauvaise mère aussi?

ODETTE.

Je ne suis pas une mauvaise mère. Je ne suis pas une mère : et c'est vous qui m'avez défendu de l'être.

LE COMTE.

Moi?

ODETTE.

Et qui donc m'a, la nuit, dérobé cette enfant, et se l'est fait plus tard adjuger par le tribunal?

LE COMTE.

Fallait-il aussi la confier aux soins de votre amant?... Vous ai-je défendu de la voir?

ODETTE, *se récriant*.

Ah! chez une autre!... Deux fois par semaine, en visite!... Et pour la confier aux soins d'une bonne, n'est-ce pas, et lui apprendre à me mépriser, à me haïr.

LE COMTE.

Non. — Elle vous croit morte !

ODETTE.

Ah! — Eh bien, si je suis morte pour elle, elle est morte pour moi. Voilà tout.

LE COMTE, *debout*.

Ainsi, vous n'avez même pas la vertu du repentir, pas même celle-là. Je vous apporte le seul moyen de racheter un peu le mal que vous avez fait et de mériter quelque pardon... Il s'agit d'une concession, si frivole qu'elle en mérite à peine le nom. Et c'est votre vanité féroce qui me répond. Vous ne pourriez plus écrire sur votre carte : « Comtesse de Clermont-Latour. » Ah! jugez donc!... Quel abandon que celui-là!... Quel sacrifice!... Quel dévouement maternel!

ODETTE.

Des mots!... Vous n'allez pas me parler de la voix du sang..., n'est-ce pas? Un enfant n'est pas seulement à nous parce qu'il est né de nos entrailles; mais parce que nous avons vécu toutes les heures de sa vie, veillé ses jours et ses nuits, tremblé ses fièvres, pleuré ses pleurs et ri de toutes ses joies! C'est la maternité, celle-là, la vraie, la bonne!

(Elle se lève.) Et vous me l'avez volée! — Me la rendez-vous? — Alors causons. J'accepte tous les devoirs, si j'ai tous les droits. Enfin je suis mère tout à fait ou pas du tout. Vous plaît-il que ce soit tout à fait?... Non!... Alors, pas du tout!... — Nous avons tout dit: bonsoir!

LE COMTE, *debout.*

Ah! comme j'aurais dû vous tuer!

ODETTE.

L'épouse, peut-être!... La mère... Vous n'en aviez pas le droit. Vous l'avez fait pourtant; et c'est une infamie! — C'est mon tour. Je me venge!

LE COMTE.

Sur ta fille! Et tu perdras toute sa vie, misérable femme, comme tu as perdu toute la mienne.

ODETTE.

Ah! si vous insultez!... *(Elle s'assied à gauche, lui tournant le dos.)*

LE COMTE.

Non! j'ai tort! je m'emporte... Je ne suis pas ici pour cela! J'ai tort... Voyons : Écoutez-moi, tâchons d'être calmes, de nous oublier vous et moi. Car enfin il ne s'agit ni de vous ni de moi. Il s'agit d'elle, d'elle seule. Eh bien, parlons d'elle, voulez-vous?... Parlons d'elle seule, je vous en prie... *(Tout en parlant il s'est assis près d'elle, rapprochant sa chaise.)*

ODETTE, *se retournant vers lui à demi.*

L'aimes-tu assez?... Et doit-elle assez t'adorer, voleur d'enfant?...

LE COMTE.

Eh bien, j'ai abusé de mon droit, j'ai été cruel, égoïste, implacable, c'est possible!... Mais elle est innocente de tout cela! Elle n'a rien à y voir! Et c'est elle qui payerait pour moi? Mais, voyons, c'est odieux!— Pensez-y donc! — que la première douleur de sa vie lui vienne de qui?... De sa mère!

ODETTE.

Grâce à qui?... A son père!

LE COMTE.

Mais, au nom du ciel! ne parlons donc ni de vous, ni de moi!... Ni

du passé qui n'est plus, ni de vos fautes, ni des miennes! — Parlons
d'elle!... Un cri du cœur enfin, quelque chose d'humain, un peu de
ce que la brute elle-même a pour son petit!... Elle est ta fille, ta fille,
ta fille!... Tu ne peux pourtant pas désavouer cela, l'effacer, l'arracher
de ta vie et faire que cette enfant ne soit née un jour de mon amour
et du tien? C'est ta chair enfin que je défends contre toi. Haïssons-
nous, insultons-nous, déchirons-nous, si tu veux, mais grâce pour
l'enfant!

ODETTE.

Mais, malheureux, plus tu pries pour elle, plus tu plaides contre toi!
Mais vois donc ce que tu fais; mais c'est stupide! Tu ne remues dans
mon cœur la cendre mal éteinte des tendresses maternelles d'autrefois,
et tu ne me parles d'aimer cette enfant, que pour l'arracher encore de
mes bras! — Tu me vois désolée, écœurée, ayant usé de tout, et trouvant tout menteur, décevant, amer et faux! Un seul espoir me reste :
la maternité que j'ignore!... Tu en étales devant moi toutes les ardeurs!
Et tu ne veux pas que j'en sois jalouse, et que je te crie : mais si c'est
le salut, je m'y cramponne!... Et puisque c'est bon à ce point-là..., j'en
veux ma part! *(En parlant elle s'est levée et a passé à droite.)*

LE COMTE.

Votre part? *(Il se lève.)*

ODETTE.

Oui, je la veux! Tu m'as fait tes conditions, voici les miennes!... Je
pars... où tu voudras! — Mais, avant de partir, je veux la voir!

LE COMTE.

Bérengère!

ODETTE.

Ma fille!

LE COMTE.

Et lui dire qui vous êtes?

ODETTE.

Non!

LE COMTE.

Alors qui serez-vous pour elle?

ODETTE.

Une amie de vous..., de sa mère; peu importe!... Pourvu que je la voie!

LE COMTE.

Et vous espérez de cet entretien?...

ODETTE.

J'espère la voir!... Voilà tout! — Cela **vous** étonne, qu'après quinze ans je veuille connaître la couleur de ses yeux et le son de sa voix?

LE COMTE.

Non!... mais une telle entrevue?...

ODETTE.

Vous refusez?...

LE COMTE.

Allons, c'est impossible.

ODETTE. ..

Parce que?...

LE COMTE.

Parce que!...

ODETTE.

C'est monstrueux, vous savez, ce que vous faites là! Il n'y a pas de morale au monde qui vous autorise à m'interdire la vue de mon enfant.

LE COMTE.

Il y a celle pourtant qui me défend de perdre, en une telle épreuve, quinze ans d'efforts pour lui cacher vos hontes.

ODETTE.

Enfin, est-ce oui, ou non?...

LE COMTE.

Non! *(Il remonte pour aller prendre son chapeau.)*

ODETTE.

Alors, c'est différent. — Je ne demande plus!... J'exige! — Je vous somme de me laisser voir ma fille, entendez-vous. Et prenez bien garde d'y consentir, et tout de suite : ou je vous y force.

LE COMTE.

Comment?

ODETTE.

Je lui écris, et je signe : « Ta mère! »

LE COMTE, *reposant son chapeau sur la table.*

Vous ferez cela?

ODETTE.

Ah! si je le ferai!... Eh bien, essayez!... Vous verrez si je le ferai!

LE COMTE, *descendant vers elle.*

Malheureuse!...

ODETTE.

Ah! vous avez fait appel à la mère, monsieur. Eh bien, la voilà, la mère! Ce n'est pas ma faute si elle vous gêne!

LE COMTE.

Mais si vous faisiez cela!... je vous...

ODETTE.

Oh? ce serait fait tout de même!

LE COMTE, *résolu et calme.*

Oui... Et puisque vous m'y forcez!... J'ai contre vous mieux et plus sûr : — J'accepte! (*Il remonte et reprend son chapeau pour sortir.*)

ODETTE.

Enfin!

LE COMTE.

Vous verrez Bérangère demain, moi présent! — Philippe vous fera savoir l'heure et le lieu!...

ODETTE.

Bien!

LE COMTE. *Il redescend tout près d'elle.*

Mais ce que vous espérez de cette entrevue, je le sais; je vais vous le dire! — Vous pensez : « Que je sois seulement en présence de cette enfant, je trouverai bien le moyen de l'appeler : « ma fille! » Éperdue, elle tombera dans mes bras. On pleurera. L'émotion noiera les aveux, et les larmes laveront le reste! D'un seul coup, j'aurai reconquis ma fille, et, qui sait, peut-être, avec elle, mon mari et mon rang dans le monde!... Avouez que c'est là votre espoir!... Avouez-le!

ODETTE.

Serait-il si coupable?

LE COMTE, *froidement.*

Non! — mais il est fou!

ODETTE, *les yeux dans ses yeux.*

Vous me défendez d'essayer?...

LE COMTE, *de même.*

Je ne vous le défends pas! — Je vous en défie!

ODETTE, *de même.*

Eh bien, nous verrons!

LE COMTE.

Eh bien, nous verrons!

ODETTE.

A demain alors?

LE COMTE.

A demain!...

Voici maintenant la *Fiammina*, acte IV^c, scène vi :

SYLVAIN, DANIEL, FIAMMINA

SYLVAIN.

La Fiammina!

FIAMMINA, *tout éperdue.*

Monsieur, où est votre fils? veillez sur lui, il va se battre.

DANIEL.

Comment, madame, vous savez...

FIAMMINA.

Il y a deux jours, au Théâtre-Italien, il a adressé une provocation...

DANIEL.

Il y a deux jours? Et c'est le danger que vous redoutez?

FIAMMINA.

Oui, je viens de l'apprendre et j'accours.

SYLVAIN, *bas à Daniel.*

Elle ne sait rien.

DANIEL.

Ah! grâce au ciel, ce danger n'est plus à craindre, madame.

FIAMMINA.

Il ne se battra pas, vous en êtes sûr?

DANIEL.

Oui, cette affaire est terminée.

SYLVAIN.

Mais...

DANIEL, *l'interrompant à demi-voix.*

Tais-toi! rejoins Henri; il n'aura peut-être pas rencontré lord Dudley. Dis-lui mes angoisses, dis-lui que je l'attends, va, va.

SYLVAIN.

Oui, comptez sur moi. *(Il sort.)*

SCÈNE VII

DANIEL, FIAMMINA

FIAMMINA.

Monsieur, vous redoutez un malheur... Vous avez parlé bas, là, tous deux. Par grâce, dites-moi tout. Songez que c'est mon fils, et s'il faut ma vie pour le sauver...

DANIEL.

Rassurez-vous, madame; ma protection lui suffira comme par le passé, je l'espère.

FIAMMINA.

Ah oui! j'oubliais... J'ai perdu le droit de mêler ma vie à la vôtre, même pour protéger notre enfant.

DANIEL.

Vous interprétez mal mes paroles, madame; mais n'ai-je pas le droit de m'étonner que vous veniez ainsi?...

FIAMMINA.

Pardonnez-moi, monsieur! la crainte d'un malheur m'a seule ramenée près de vous. Mais laissez-moi vous dire que je vous bénis pour ce que vous avez fait de notre enfant : laissez-moi vous dire que vous êtes bien vengé du mal que je vous ai fait.

DANIEL.

Ne rappelons pas le passé, madame.

FIAMMINA.

Oh! je ne veux pas me justifier, je ne le pourrais pas. J'ai fait votre malheur; mais vous, ne m'avez-vous pas repoussée, quand je voulais revenir?

DANIEL.

Madame!...

FIAMMINA.

Je ne vous accuse pas; mais j'ai bien souffert, allez! Je n'avais pas vingt ans, et pendant quatre années je me suis débattue seule, exposée par la vie de théâtre aux séductions, aux calomnies, aux insultes, et vint le jour où il me fallut un appui; je fus perdue pour vous, et vous eussiez pu me sauver!

DANIEL.

Madame, quand une femme a quitté son mari, qu'elle a vécu loin de lui, son honneur n'est plus sauf. Tout bonheur est détruit dans l'avenir. Le doute a tué toute affection, toute confiance, je ne pouvais plus pardonner; il était trop tard.

FIAMMINA.

L'épouse ne peut vous reprocher votre sévérité, je le sais, mais la mère..., la mère avait au moins le droit de voir son enfant.

DANIEL.

Écoutez-moi, madame. Le jour où vous avez voulu vous séparer de moi, j'y ai consenti, à condition que je garderais mon fils. Cette condition, vous l'avez acceptée. Vous aviez le droit de le voir, oui; mais quand je vous revis, n'aviez-vous pas perdu ce droit?

FIAMMINA.

Monsieur...

DANIEL.

Vous aviez choisi un autre appui, une autre famille à laquelle vous ne pouviez mêler mon fils. Il ne devait pas connaître cette position, par respect pour vous-même.

FIAMMINA.

Ah! vous m'accablez sous le poids d'une implacable raison; mais les battements de mon cœur protestent. Oui, j'ai été folle, j'ai été mauvaise mère, j'avais oublié mon enfant; mais depuis que je l'ai vu, je sens que je ne puis plus vivre sans son pardon.

DANIEL.

Madame...

FIAMMINA.

Quels que soient mes torts envers vous, vous n'avez pas le droit de me séparer de lui. Je veux voir mon fils, je le veux!

DANIEL, *passant à droite.*

Je ne vous empêche pas de le voir, madame. Adressez-vous à lui, il est libre de ses affections.

FIAMMINA, *amèrement.*

Oui, mais n'a-t-il pas appris à me maudire?

DANIEL.

Non, madame; j'ai voulu qu'il gardât pur le souvenir de sa mère. Il la croyait morte, puisqu'il ne l'avait jamais vue. Je l'ai laissé dans cette erreur, n'osant lui dire qu'il en était abandonné.

FIAMMINA.

Il ignore encore...

DANIEL.

Depuis deux jours il sait tout, et vous pouvez réclamer de lui la tendresse qu'il vous doit.

FIAMMINA.

Depuis deux jours il sait que je suis sa mère?

DANIEL.

Oui, madame.

FIAMMINA, *douloureusement.*

Alors, je suis perdue, il me repousse. Ainsi, hier, il savait..., et tout à l'heure encore quand je l'interrogeais...

DANIEL, *avec anxiété.*

Vous l'avez vu aujourd'hui? où?

FIAMMINA.

Chez moi.

DANIEL, *de même.*

Chez vous! A-t-il vu lord Dudley?

FIAMMINA.

Oui; mais d'où vient votre émotion?...

DANIEL.

Avez-vous assisté à leur entretien?

FIAMMINA.

Non.

DANIEL.

Oh! mon Dieu, mon Dieu!

FIAMMINA.

Vous m'effrayez; que craignez-vous?... Quel était donc le motif de cette entrevue?

DANIEL.

Ah! souhaitez de ne jamais le connaître, madame!

FIAMMINA, *épouvantée.*

Ah! je n'ose plus vous interroger, j'ai peur de ce que j'entrevois, Daniel, ne me laissez pas devenir folle, répondez: mon fils veut se battre?...

DANIEL.

Avec lord Dudley, madame.

FIAMMINA.

Oh! ne me dites pas cela; c'est impossible!

DANIEL.

Pourquoi vous étonner? N'avez-vous pas dû prévoir, en quittant votre famille, qu'un jour viendrait où votre fils regarderait dans votre vie?

FIAMMINA.

Mais cette pensée est horrible!

DANIEL.

Vous avez brisé les liens qui vous gênaient pour vivre à votre fantaisie. Mais à quoi servirait la vertu, si le mépris des devoirs ne traînait après soi le trouble et le malheur?

FIAMMINA.

Monsieur!...

DANIEL.

Quelle serait donc la récompense des mères qui se dévouent, si celles qui abandonnent leurs enfants recueillaient au retour l'estime et l'amour?

FIAMMINA.

Monsieur, ayez pitié de moi!... ces reproches me tuent.

DANIEL.

Encore une fois, je ne vous reproche rien, madame; en reprenant votre liberté, vous deveniez maîtresse de votre vie.. Vous voulez voir votre fils..., eh bien, voyez-le, puisque, dites-vous, c'est votre droit..., et ne tremblez pas pour ses jours, je suis là!

FIAMMINA.

Vous battre?... Ni vous ni lui! Je vous rendrai votre enfant. *(Apercevant Henri.)* Ah! lui!...

Et maintenant que reste-t-il? un mot: « maman. »

Tout ce bruit, tout ce tapage pour un mot! c'est bien gros, pour une simple rencontre imposée par la situation.

Je pourrais faire valoir, dit Sardou, qu'il y a une nuance marquée dans les intentions, que le « ma mère » de Henri est attendri, et le « maman » de Bérengère, plutôt railleur. Je pourrais ajouter que ce mot « maman » considéré comme expression de reconnaissance pour une excessive tendresse, est si naturel, que récemment encore, dans le

très joli roman de Ludovic Halévy, l'*Abbé Constantin,* nous voyons
Bettina s'endormir près de sa sœur aînée, qui lui a tenu lieu de mère,
en lui disant : « merci, maman! » Je pourrais même invoquer cette
rencontre comme un argument en ma faveur. Elle vient à l'appui de ce
que j'avançais tout à l'heure. C'est que je me suis si peu préoccupé de
la *Fiammina* que je ne l'ai pas relue : car cette ressemblance m'eût
sauté aux yeux; et l'on peut être assuré que j'aurais bien vite biffé
« maman, » le mot ne méritant pas d'être maintenu, au risque de provoquer des réclamations si tapageuses!... ·

Je pourrais dire encore bien d'autres choses!... Mais à quoi bon?

« En somme, dit M. Frédéric David, on ne trouve dans la pièce de
M. Sardou qu'un mot, un seul, qui soit tout à fait pareil et pour ainsi
dire commun aux deux auteurs : « Oui, maman, — Viens, ma mère. »
Voilà le grief, voilà le crime!... Faut-il tant s'escrimer pour un mot? »

Oui, de bonne foi, est-ce bien la peine?

Quoi, pour un seul mot dans toute une pièce, réclamer toute la
pièce?... C'est bien gros, et où en viendrons-nous, grand Dieu, si
un tel système est admis, et si nous nous mettons à nous disputer,
les uns les autres, les mots de situations, les traits d'esprit, etc.?...
Mais ce sera une mêlée épouvantable! Où allons-nous?... Je sais tel
mot de Dumas fils qui est de Cicéron, et tel de Labiche qui est de
Molière. Ils ne l'ont pas trouvé. Ils l'ont retrouvé, voilà tout; comme
Colomb a retrouvé l'Amérique, après beaucoup d'autres; ce qui ne
diminue pas son mérite!

Mais des mots tout neufs, des mots qui n'aient jamais servi!... Nous
sommes tous perdus!...

Voyons, Uchard, vous-même, avez-vous la conscience bien nette sur
ce point? Êtes-vous bien sûr de n'avoir jamais donné, comme de vous,
un trait d'esprit qui ne fût une réminiscence, un emprunt inconscient
fait par vous à l'un de vos confrères?

Vous en êtes sûr?... Oui?...

Eh bien, ouvrons la *Buveuse de perles,* p. 229 : Catherine, qui est une
drôlesse, propose à Antoinette, qui est une honnête femme, l'achat
d'une robe d'occasion; et Antoinette répond : « Merci, j'aime à me
sentir chez moi, dans mes vêtements. »

Ouvrons maintenant les *Lionnes pauvres,* p. 10 : Séraphine, qui est
une drôlesse, propose à Thérèse, qui est une honnête femme, l'achat
d'une robe d'occasion; et Thérèse répond : « Oh! non; j'aime à me
sentir chez moi, dans mes habits... »

Habits pour *vêtements,* voilà toute la différence. Le même fait et la même phrase !...

Vous voyez donc bien, Uchard, par votre exemple, que le génie le plus créateur n'est pas à l'abri de ces sortes d'aventures et qu'il faut un peu d'indulgence pour les moins favorisés que vous. Vous êtes si riche ! Faites l'aumône. Et surtout n'empruntez pas aux pauvres diables tels que moi ; car, enfin, vous m'empruntez à moi aussi, cher confrère !...

Dans cette même *Buveuse de perles,* qui n'est pas non plus bien neuve, et où le ménage Bouvard rappelle désavantageusement *Monsieur et Madame Cardinal,* quand Mme Bouvard s'écrie, p. 100 : « Si tu vas te le faire donner ? Je me le demande ! »

C'est de moi, ça. *Nos bons Villageois !...* C'est bien connu !

Alors, nous voilà quittes. Passez-moi « Maman ! » je vous passe « Je me le demande. »

Mais donnant, donnant. Si vous réclamez votre mot, je réclame le mien.

Et que de rencontres pareilles je pourrais encore signaler dans vos œuvres !...

Mais pour cela, il faudrait les relire !... J'y renonce !...

Ainsi, ni le point de départ, ni les milieux, ni les péripéties, ni le dénouement ne se ressemblent dans les deux drames ?

Que revendique donc M. Uchard ? L'idée.

Après tout, l'idée, une idée de pièce !... C'est le clou, c'est la trouvaille !... C'est l'oiseau rare !... Et lorsque cette idée s'est condensée dans une action pathétique ou bouffonne, au moyen de scènes, d'où jaillit tout à coup un de ces effets puissants et certains qu'on appelle « le clou, » il y a là certes main d'ouvrier. C'est par exemple, dans *Tartufe,* la scène de Tartufe et d'Elmire, avec le mari caché sous la table. Ce piège tendu, c'est la trouvaille, le clou ! Prendre cette seule scène, c'est prendre toute la pièce !...

Alors, dit La Pommeraye, le *Tartufe* n'est pas de Molière !... Car lisez *les Rieurs du brave Richard,* de La Fontaine, antérieurs de deux ans au *Tartufe...* Tout y est, la femme, le mari, le séducteur, le piège tendu, la cachette et même la toux !

Et si prendre cette seule scène c'est prendre la pièce, on arrive à cette conclusion abracadabrante que le *Tartufe* est de La Fontaine !

Et puis, dans son trouble, Uchard oublie le plus important... C'est de nous dire en quoi consiste sa trouvaille à lui, son oiseau rare, son clou!... Ce fameux clou auquel j'ai, dit-il, accroché mon succès, après lui, et qui constitue toute sa pièce, au point que quand on prend ce clou-là, on prend tout!

Est-ce « la mère coupable? »

Oh! non, n'est-ce pas, depuis Clytemnestre, et après Beaumarchais!...

Est-ce « le fils qui veut tuer l'amant de sa mère? »

Non, n'est-ce pas, depuis Oreste et après Hamlet! D'ailleurs, je n'ai rien de tel.

Est-ce enfin « la mère qui, ayant quitté le domicile conjugal, retrouve par hasard son mari et son enfant, et, touchée de *la grâce,* s'humilie devant son mari et réclame son enfant? »

Oui, dit Uchard, c'est cela! Voilà l'idée de ma pièce, ma trouvaille et mon clou!

Alors, dit l'ombre de Kotzebue, pardon, mais c'est à moi. *Misanthropie et Repentir,* 1787!... Personnages : Meinau, Eulalie, sa femme; séparés par la faute d'Eulalie, qui a fui le domicile conjugal, comme la *Fiammina;* abandonnant mari et enfants, comme la *Fiammina;* pour aller vivre à l'étranger avec son amant, comme la *Fiammina;* sous un nom d'emprunt, comme la *Fiammina;* et qui retrouve son mari par hasard, et, repentante, lui crie : « Je veux mes enfants! » comme la *Fiammina;* et à qui on rend ses enfants, toujours comme à la *Fiammina!*

— Mais, balbutie Uchard, la situation est-elle?...

— La même, cher confrère, exactement!... Toutes vos trouvailles, tous vos clous et tous vos oiseaux!

Et si, prendre un seul « clou, » c'est prendre toute la pièce, jugez tout ce que vous avez pris à Kotzebue!... »

J'en aurais fini avec cette dernière citation, si je n'avais à cœur de désarmer complètement M. Uchard. Tantôt il croit aux rencontres fortuites d'idées; tantôt il n'y croit pas. Prenons-le dans cette dernière disposition. Je veux lui montrer ce que peuvent être ces rencontres en vous parlant de Giacometti, sur lequel mon adversaire a passé très légèrement.

Il n'y avait pas cinq jours, dit Sardou, que Uchard m'avait écrit sa première lettre, quand je reçus un journal italien — le *Capitaine Fra-cusse*, qui me prenait violemment à partie dans un article intitulé :

SARDOU PLAGIARIO

Je crus d'abord qu'il s'agissait de la *Fiammina* : mais point du tout. — Le journal italien déclarait qu'*Odette* n'était pas autre chose que l'adaptation d'une pièce en cinq actes de Giacometti : la *Colpa vendica la Colpa*. — *Odette* n'était plus de Uchard ; elle était de Giacometti !

Je vous ai promis, dit le *Capitaine Fracasse*, de vous prouver qu'il y avait une analogie trop grande entre *Odette* et la *Colpa vendica la colpa*, pour que Sardou n'ait pas eu une connaissance parfaite de l'œuvre de Giacometti. Résumons brièvement les deux pièces.

Il résume en effet et compare : — L'héroïne de Giacometti, Sara, s'est enfuie du domicile conjugal, pour courir le monde en compagnie d'un joueur effréné. Le mari élève sa fille dans l'idée que sa mère est morte.

Le hasard, après plusieurs années, remet en présence le mari et la femme, comme dans *Odette*. — Scène des deux époux, reproches, etc., comme dans *Odette*. Et enfin scène de la mère et de la fille, absolument comme dans *Odette*.

Ici, dit le journaliste italien, le plagiat saute aux yeux. Ce n'est pas seulement la situation qui est identique. C'est le même dialogue, « ce sont les mêmes phrases ! »

Et il a parfaitement raison. Nous ne sommes plus ici en face de ces prétendues ressemblances signalées par Uchard et que le seul examen des textes réduit à néant, ce sont réellement les mêmes sentiments exprimés, et dans le même langage. Qu'on en juge par ce fragment :

Bérengère (à Odette) : Papa m'a dit, madame, que vous étiez une amie de maman.

Odette : Dès l'enfance.

Bérengère : Que je vous envie ! Vous l'avez connue mariée aussi ?

Odette : Mariée, oui.

Bérengère : Est-ce que vous étiez là, lorsqu'elle est morte ?

Odette : Non, mon enfant.

Bérengère : Vous savez comment nous l'avons perdue ?

Odette : Je le sais mal... J'ai beaucoup voyagé... J'étais si loin.

Bérengère : C'est dans une promenade sur mer, à Deauville. Elle était seule, avec un batelier, dans un canot. Elle s'est penchée, sans doute

pour rattraper son voile, qu'on a vu flotter sur l'eau. Elle a disparu et
on ne l'a pas retrouvée.

Odette : En sorte, ma pauvre enfant, que vous n'avez pas la triste
joie de savoir où elle repose?

Bérengère : Hélas! non!... A ma prière, papa lui a fait faire à Brétigny... Vous connaissez Brétigny, madame?

Odette : Un peu, oui.

Bérengère : Dans le fond du parc, là où sont les grands platanes,
papa lui a fait élever un tombeau... Ce n'est qu'un souvenir, mais j'y
ai prié tant de fois que je me figure qu'elle est là. J'y porte mes couronnes, mes fleurs...

Et voici maintenant le passage de Giacometti :

Nelly : Je ne vous connais pas, pourtant votre voix... Je ne sais pas,
mais je dirais qu'elle m'en rappelle une autre..., une autre si douce,
si harmonieuse, qu'elle m'est restée comme l'écho d'une harpe loin-
taine... Je crois que cette voix était celle de ma mère.

Sara : De votre mère?... (Baissant sa voilette, à part.) Si elle me recon-
naissait!

Nelly : Pourquoi baissez-vous votre voilette? J'aime à vous regarder!

Sara : Je crains l'air qui vient de cette fenêtre... Donc, vous n'avez
plus de mère?

Nelly : Hélas! non!... Si je l'avais, je serais bien heureuse!... Ma
mère est morte. J'avais alors quatre ans. Elle est morte noyée. Quelquefois, je crois me souvenir... Il me semble... Mais non!... J'ai un
autre chagrin. Mon pauvre père a fait bâtir, au bord du fleuve, une
petite église où il y a un tombeau... Mais les restes de la défunte n'y
sont pas... Le fleuve me les a emportés!... Je vais toujours dans cette
petite église... Je vais prier et porter mes couronnes de roses...

Si jamais accusation de plagiat a paru justifiée, c'est bien celle-là.

Le journal italien, — qui ignorait encore à cette date (30 novembre)
l'accusation formulée contre moi par Uchard (le 29), — m'apportait,
sans le savoir, de quoi ruiner par la base toute l'accusation de mon
excellent confrère.

Il me suffisait, en effet, de déclarer qu'*Odette* n'était qu'une adaptation de Giacometti; toutes les ressemblances signalées entre la *Colpa* et
Odette, et surtout l'étonnante similitude de la scène capitale, similitude
qui n'existe aucunement entre *Odette* et *Fiammina*, n'auraient laissé
aucun doute sur la sincérité de mon aveu.

J'établissais de plus que la pièce de Giacometti, dont la première représentation est de 1854, était par conséquent antérieure de trois ans à celle de Mario Uchard; et j'en tirais facilement cette conclusion : que si *Odette* et la *Fiammina* offraient quelques points de contact, c'est que Uchard avait puisé sa pièce à la même source que moi.

Il ne restait même pas à Uchard la ressource de prétendre que, tout en copiant Giacometti, je lui avais fait à lui-même de nombreux emprunts, — attendu qu'il n'y a pas une des situations réclamées par Uchard comme lui appartenant, qui ne se trouve dans la *Colpa*. Donc, les prenant à Giacometti, je n'avais plus à les emprunter à Uchard. Ce larcin eût fait double emploi.

J'ajoute que cet aveu ne m'eût pas coûté, loin de là; j'aurais été ravi, au contraire, de répondre à mon Italien :

« Voyons, mon bon ami, soyons justes ! Pendant vingt ans, vous m'avez, en Italie, traduit toutes mes pièces contre mon gré, et les avez jouées sans qu'il m'en revînt aucun profit. Je trouve par hasard chez vous une pièce à ma convenance, je la transforme, je la fais jouer, et vous criez au plagiat ! Vous êtes de plaisantes gens ! Je me rattrape sur vous comme je puis. C'est de bonne guerre ! Et vous me devez encore du retour ! »

Et l'Italien n'avait rien à répliquer.

Seulement, pour parler de la sorte, il aurait fallu mentir effrontément.

Car la vérité, c'est qu'avant l'article du *Fracasso*, j'ignorais jusqu'à l'existence de Giacometti, et que je n'avais jamais lu un mot, un traître mot de la *Colpa vendica la colpa !*

Les ressemblances signalées étaient tout bonnement l'effet de ces rencontres, dont il y a tant d'exemples, et que Uchard n'admet pas, mais qu'il sera bien forcé d'admettre tout à l'heure.

Car enfin le voilà mis en cause, Uchard !

S'il persiste à maintenir qu'*Odette* est la même pièce que la *Fiammina;* comme il est constaté d'autre part que la *Colpa vendica la colpa* est la même pièce qu'*Odette...*, la *Fiammina* est donc la même pièce que la *Colpa !*

C'est mathématique !

Cela est même si évident que lors de l'apparition de la *Fiammina*, c'est la *Gazette de Ferrare* qui me l'apprend, Giacometti, accusé d'avoir copié la *Fiammina*, fut obligé de prouver que sa pièce était antérieure de trois ans à celle de Uchard.

Quel gâchis, hein ?

Tâchons d'y voir clair :

Moi, je m'efface. Cela ne me regarde plus. C'est une affaire à présent entre Giacometti et Uchard, puisqu'ils m'ont précédé tous les deux. Qu'ils se débrouillent.

Mais la situation d'Uchard me paraît mauvaise : comment va-t-il sortir de là ?

Essayera-t-il d'établir que sa pièce n'a aucun rapport avec celle de Giacometti ?

On va le battre avec ses propres armes et lui démontrer que c'est la même pièce, et cela par des arguments que je défie de contester...

Les siens !...

Comment, en effet, Uchard prétend-il démontrer qu'*Odette* est la même pièce que la *Fiammina ?*

Par ce qu'il appelle l'*Argumentum*. Écoutons-le :

ARGUMENTUM

L'idée de pièce dans la *Fiammina,* c'est la situation de deux époux séparés, qui se retrouvent au bout de quinze ans, ayant entre eux un fils qui croit que sa mère est morte.	L'idée de pièce dans *Odette,* c'est la situation de deux époux séparés, qui se retrouvent au bout de quinze ans, ayant entre eux une fille qui croit que sa mère est morte.

Parfait ! — Appliquons l'*Argumentum* à la *Colpa* et à la *Fiammina.*

ARGUMENTUM

L'idée de la pièce dans la *Colpa vendica la colpa,* c'est la situation de deux époux séparés, qui se retrouvent au bout de treize ans, ayant entre eux une fille qui croit que sa mère est morte.	L'idée de la pièce dans la *Fiammina,* c'est la situation de deux époux séparés, qui se retrouvent au bout de quinze ans, ayant entre eux un fils qui croit que sa mère est morte.

Donc la *Fiammina* est la même pièce que la *Colpa,* puisque c'est l'*Argumentum* qui le dit.

Ceci posé, continuons à appliquer à Uchard sa propre méthode.

Comment prétend-il établir que la scène des deux époux est identiquement la même dans *Odette* et dans la *Fiammina,* et qu'il n'y a pas « dans l'une un mot qui ne soit dans l'autre ? »

Par le tableau suivant :

<table>
<tr><td>

FIAMMINA

Daniel : Non ! J'ai voulu qu'il gardât pur le souvenir de sa mère. Il la croyait morte, puisqu'il ne l'avait jamais vue.

Fiammina : Quels que soient mes torts envers vous, je veux voir mon fils, je le veux !

</td><td>

ODETTE

Le comte : Non, elle vous croit morte.

Odette : Je ne demande plus, j'exige ; je vous somme de me laisser voir ma fille !

</td></tr>
</table>

Appliquons maintenant ce procédé Uchard à la *Fiammina* et à la *Colpa.*

Et voici ce que nous trouvons, avec les mêmes phrases de la *Fiammina :*

<table>
<tr><td>

LA COLPA VENDICA LA COLPA

Édouard : Je ne puis plus pardonner. Le monde ne me pardonnerait pas à moi-même. (P. 74.)

Sara : Vous avez raison ; quand l'épouse est tombée, elle ne peut plus se relever. Au moins donnez-moi ma fille, un jour, une heure. *(It.)*

Édouard : Vous demandez l'impossible. Pour dire à Nelly que vous êtes sa mère, il faut lui dire aussi comment vous avez vécu jusqu'ici. (P. 75.)

Sara : Et la malheureuse sait que sa mère ?... (P. 51.)

Édouard : Vous ne savez donc pas ce que j'ai souffert, pour que Nelly continuât à vénérer votre mémoire. Je lui ai laissé croire que vous étiez morte et j'ai prié avec elle sur votre tombeau. (P. 75.)

Sara : Je vous demande une grâce... Accordez-moi ma fille !... Mourir ! mais voir ma fille. (P. 54, 75.)

</td><td>

FIAMMINA

Daniel : Je ne pouvais plus pardonner. Il était trop tard. (P. 106.)

Fiammina : L'épouse ne peut vous reprocher votre sévérité ; mais la mère a tout au moins le droit de voir son enfant. *(It.)*

Daniel : Quand je vous revis, vous aviez perdu ce droit. Vous aviez d'autres liens que mon fils ne devait pas connaître, par respect pour vous-même. (P. 147.)

Fiammina : Oui ! Mais n'a-t-il pas appris à me maudire ? (P. 107.)

Daniel : Non ! J'ai voulu qu'il gardât pur le souvenir de sa mère. Il la croyait morte, puisqu'il ne l'avait jamais revue.

Fiammina : Quels que soient mes torts envers vous, je veux voir mon fils, je le veux ! (P. 107.)

</td></tr>
</table>

Après un rapprochement si éloquent, je ne puis mieux faire que de céder la parole à Uchard.

C'est lui, écoutez-le bien, qui va plaider et conclure contre lui-même :

« Ainsi, s'écrie Uchard (p. 65 et suiv.), les citations textuelles réduisent à néant toutes ces allégations qui essayent d'invoquer les hasards d'une rencontre d'inspiration sur un même sujet!

« C'est le même *argumentum,* le même nœud de pièce : la scène du mari et de la femme se retrouvant après quinze ans!

« C'est la même thèse, le même débat, la même mère rejetant la faute sur son mari... et l'accusant de l'avoir séparée de son enfant!... Le même fond, les mêmes sentiments, les mêmes passions, les mêmes intérêts qui sont en jeu et qui vont aboutir à la même conclusion!

« Tels sont les faits *prouves, patents, indéniables.* »

Eh bien! alors, c'est fini, la cause est entendue : Uchard avoue! Uchard est un plagiaire! Et tout ce qu'il réclame comme à lui est bien à Giacometti!

J'entends Uchard protester que tout ceci est spécieux, illusoire.

Voyons, confrère, il faudrait pourtant raisonner un peu :

Ou ces arguments que nous venons d'entendre et qui sont tous de vous, — je n'en ai pas changé une syllabe, — ou ces arguments, dis-je, sont concluants... ou ils ne le sont pas.

S'ils sont concluants, vous êtes aussi plagiaire que moi!

S'ils ne le sont pas, je ne suis pas plus plagiaire que vous!

Car, enfin, les mêmes raisons, les mêmes preuves ne peuvent pas être excellentes quand vous me les appliquez, et détestables quand je vous les applique.

Bref, vous voilà dans cette alternative :

Ou vous vous défendez d'avoir pillé Giacometti, et vous expliquez ces ressemblances de votre pièce à la sienne par ces rencontres de hasard que vous déclariez tout à l'heure impossibles. Et, dans ce cas, vous êtes forcé de convenir que tout ce que vous avez dit sur *Odette* n'a aucune valeur...

Ou bien vous maintenez la force de votre argumentation, l'évidence de vos preuves. Et alors elles se retournent contre vous, elles vous condamnent : vous avez pillé Giacometti!

En un mot, vous ne pouvez pas vous justifier sans me justifier aussi!

Ni m'accuser sans vous accuser vous-même!

Voilà le dilemme, mon bienveillant confrère. Faites votre choix; mais cela m'est égal, et sortez-en si vous pouvez!

Mais je crois bien que vous n'avez qu'une issue :

C'est d'avouer que ce que vous avez dit sur *Odette* n'a pas plus de sens que ce que vous venez de débiter à propos de Giacometti.

Et que votre libelle contre moi est divagation toute pure!...

Ce qu'il fallait démontrer.

J'ai pensé, messieurs, que l'occasion était bonne de faire justice une fois pour toutes des reproches injustes trop souvent adressés à Sardou, trop souvent par des sentiments inavouables, aujourd'hui encore mal fondés, mal déduits et non justifiés.

Devant ce tribunal, j'ai la conviction de gagner mon procès; quant au public, je n'en saurais rien dire, je ne suis pas sûr qu'à certains jours, on ne reprendra pas contre Sardou cette accusation de plagiat qu'on a si légèrement dressée contre lui; je ne suis pas sûr qu'on ne fera pas semblant d'oublier et la démonstration que je viens de présenter et la décision des juges. Le public est un être essentiellement ondoyant et divers dont nul ne peut se targuer de maîtriser les plus étranges fantaisies. Que voulez-vous, mon cher Sardou, il faut traverser philosophiquement les mauvais passages de la vie, et, après avoir conquis tant de suffrages, prendre allègrement son parti de quelques attaques dont, après tout, la blessure n'est pas bien redoutable!

GABRIEL DE CHÉNIER

CONTRE CHARPENTIER

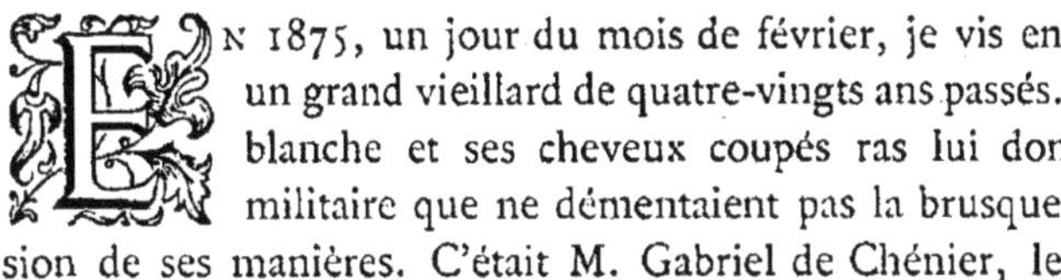

E N 1875, un jour du mois de février, je vis entrer chez moi un grand vieillard de quatre-vingts ans passés. Sa moustache blanche et ses cheveux coupés ras lui donnaient un air militaire que ne démentaient pas la brusquerie et la décision de ses manières. C'était M. Gabriel de Chénier, le propre neveu d'André Chénier.

Il était droit et ferme et lisait sans lunettes une écriture assez compliquée — qui était la sienne.

Il m'expliqua son procès avec une certaine véhémence. De toutes les vertus chrétiennes, si j'ose m'exprimer ainsi, celle qu'il pratiquait le plus communément était l'indignation. Il s'indignait contre ses adversaires, ce qui est assez naturel. Mais il s'indignait aussi contre les éditeurs précédents et les commentateurs d'André Chénier. Il avait surtout deux antipathies insurmontables : l'honorable M. Becq de Fouquières et H. de Latouche, l'auteur de *la Vallée aux Loups*.

Pour celui-là, il le vouait sans réticences aux Dieux infernaux et n'hésitait pas à l'accuser des pires forfaits, chaque fois que le hasard de la conversation ramenait son nom sur ses lèvres. Au demeurant, le meilleur homme du monde, le plus honnête, le plus sincère et dont l'irréprochable vie s'était passée tout entière dans le culte d' « André, » comme il disait familièrement.

Tout jeune, ainsi qu'on le verra, il avait été employé à recopier des manuscrits du poète qu'on s'était décidé à livrer à l'impression, et son existence entière en avait reçu comme sa teinte définitive. Ce dont il accusait formellement l'auteur de *la Vallée aux Loups,* n'était rien moins qu'un vol de manuscrits! Sur ce point il était intraitable. Et par un amer retour des choses d'ici-bas, voilà qu'on l'accusait lui-même de détenir injustement ces fameux manuscrits auxquels il avait consacré sa vie.

Le reproche était cruel autant qu'immérité, et il n'en fallait pas tant pour jeter hors de lui un homme qui ne s'était pas appliqué, comme je l'ai dit, à faire de la patience son étude de prédilection. C'est ce qui explique, sans les justifier peut-être tout à fait, quelques vivacités nécessaires que m'a tout de suite pardonnées mon ami M. Charpentier.

En possession régulière de ces fameux manuscrits, il les avait étudiés avec passion; il avait retourné les tiroirs, tout pris, tout exhumé, et, dans son culte exclusif pour la mémoire qui lui était chère, il avait entrepris de tout livrer au public. C'était, certes, l'édition la plus extraordinairement complète qui se pût voir. Était-ce la meilleure? Il est permis d'en douter : mais il n'aurait pas fallu le lui dire..... et je m'en gardai bien.

Quoi qu'il en soit, elle fut imprimée par les soins de l'admirable éditeur qui veut bien présenter ce volume au public, et devint l'occasion d'un procès très long, très compliqué, où furent mises en lumière toutes les thèses connues et inédites sur la propriété littéraire. En première instance, notre adversaire commun, M. Charpentier, fut défendu par Me Nogent Saint-Laurens, et devant la Cour, par Me Oscar de Vallée. Indépendamment des questions de droit qui furent agitées à la barre, ce procès révéla des incidents assez curieux pour qu'il ne soit peut-être pas inutile de le faire connaître par ces deux plaidoiries.

PLAIDOIRIE*

Messieurs,

I M. Charpentier n'avait cherché ici qu'une satisfaction juridique, il se fût contenté d'assigner M. Lemerre. Si même il avait pu penser sérieusement que la présence de M. G. de Chénier au débat était utile à la constatation de son droit, il se fût contenté d'assigner M. G. de Chénier.

Mais je suis autorisé à croire qu'il se proposait un tout autre but. Il voulait un de ces scandales de librairie qui ne se constatent bien que par un procès retentissant. Il lui fallait de quoi alimenter la curiosité publique et réchauffer le zèle des amateurs de livres, et l'assignation pure et simple ne lui suffisait plus. Il a dû se résigner à outrager et à diffamer gravement M. G. de Chénier.

Mais, pour habile que fût ce plan, il péchait par l'exécution. Le défenseur à qui l'on confiait cette tâche est le plus galant homme du monde, et Mᵉ Nogent Saint-Laurens est le moins fait

* Nous avons dû supprimer de ces plaidoiries la discussion des points de droit très complète et nécessairement trop étendue. Nous ne publions ici ni un corps de doctrine, ni un recueil d'arrêts. Nous nous proposons seulement de rappeler au public quelques dates et quelques faits qui ont sollicité son attention au moment où le hasard des procès les a amenés devant la Justice.

(Note de l'Éditeur.)

que je connaisse pour s'associer à ces calculs et à ces combinaisons peu avouables.

Quoi qu'il en soit, l'intention subsiste, et il est bon d'en finir avec ces accusations ridicules et choquantes reproduites dans la procédure des adversaires.

Avant d'entrer plus avant dans le débat, il faut signaler la situation particulière de M. G. de Chénier.

Il est le seul héritier de ce grand nom. Il est le propre neveu d'André Chénier, et quand il plaide, ce n'est pas pour lui. Appelé dans ce procès, il représente le domaine public. Ce qu'il défend, c'est le droit de tous. Et cela, en face de M. Charpentier, dont le père achetait, il y a quarante ans, moyennant quatre cent quatre-vingts francs, le droit à la reproduction des œuvres de Marie-Joseph et d'André Chénier. Et c'est lorsqu'il a pu faire de ces œuvres autant d'éditions qu'il a plu à sa fantaisie et à son intérêt, que son fils aujourd'hui ne se tient pour satisfait qu'autant qu'il aura étendu jusqu'en 1903, sur ce patrimoine littéraire, la main peu clémente de son monopole!

Examinons donc les faits. Et tout d'abord j'ai hâte de répondre à cette accusation dirigée contre mon client d'avoir détenu les manuscrits de son oncle par un coupable abus de possession.

Pour cela, je dois faire un peu d'histoire. Mais rassurez-vous, messieurs, je ne vous ferai pas d'histoire poétique, je ne ferai pas non plus de haute esthétique, comme celles que vous avez entendues à la dernière audience des lèvres éloquentes de Me Rousse.

Je laisserai de côté les maigreurs emphatiques de Voltaire, le sceptre démodé d'Assuérus et le turban de Bajazet. Je ne troublerai même pas l'eau poétique du Jourdain dans les fioles légendaires de M. de Chateaubriand. Aussi bien, je n'ai pas le coup d'aile nécessaire pour m'élever à ces sommets. Et j'ai quelque peine à le regretter quand je vois que, parvenu à ces hauteurs, le vertige vous gagne et que la Muse vous enivre à ce point de vous exposer à confondre amis et ennemis et de réserver toutes ses tendresses à ses adversaires, tandis qu'on prodigue à ses auxiliaires ses plus fines et ses plus compromettantes ironies !

Voyons donc ce qui s'est passé.

Jusqu'à sa mort, André n'eut d'autre domicile à Paris que celui de son père.

A sa mort, ses meubles, ses livres, ses manuscrits restèrent en la possession du vieillard, qui ne lui survécut que dix mois ! Les manuscrits, alors, passèrent aux mains de Constantin, l'aîné des frères, qui les garda jusqu'en l'an V. Constantin partit à cette époque pour remplir les fonctions de consul de France à Elbing. Sa mère garda jusqu'à son retour, qui eut lieu en 1810, les précieux feuillets.

A la mort de Marie-Joseph, en 1811, ils furent remis à M. Daunou, membre de l'Institut et ami particulier de ce dernier.

En 1818, les libraires Foulon et Baudouin publièrent, en trois volumes in-8°, *le Théâtre* de Marie-Joseph. Puis, mis en goût par le succès, ils vinrent, en 1819, demander à Louis-Sauveur et Constantin Chénier l'autorisation de publier les œuvres d'André. Comme on vous l'a dit avec raison, de grands doutes s'élevèrent sur l'opportunité de cette publication. Cependant les deux frères y consentirent.

C'est alors que M. de Latouche fit son apparition. Il avait été proposé pour veiller à l'édition par les libraires qui voulaient imprimer le recueil.

Mais on tenait dans la famille aux manuscrits comme à une relique sacrée. Il fut décidé que M. de Latouche choisirait les pièces à imprimer et que Gabriel de Chénier, alors tout jeune, les copierait pour les livrer à l'imprimeur.

Cette décision mécontenta fort M. de Latouche. Il regarda les manuscrits avec une mauvaise humeur mal dissimulée et déclara qu'ils étaient dans le plus grand désordre. En vain essaya-t-on de lui démontrer qu'il se trompait ; que le classement avait été opéré par le poète lui-même, qui avait marqué en grec les pièces qui devaient figurer parmi les Bucoliques ou les Élégies, en écrivant en tête Βουκ ou Ἐλ.

Vains discours! M. de Latouche ne voulut voir là que les caractères incertains d'un homme qui essaye sa plume!

Hélas! il devenait évident que M. de Latouche ne savait pas le grec, et que si Armande eût dû l'embrasser, ce n'eût pas été pour l'amour de cette langue!

Cependant, l'édition se prépare. Puis, un jour, M. de Latouche se présente, en l'absence de M. G. de Chénier, chez son père, et il obtient les manuscrits autographes eux-mêmes pour une dernière collation.

Mais il tarde à les rendre. Malgré la colère et les menaces de M. Louis-Sauveur, la restitution ne se fait que lentement et peu à peu, sans qu'elle ait jamais été complète. Il prétendait qu'une partie de ces manuscrits s'était égarée à l'imprimerie, malgré les libraires qui affirmaient qu'ils n'y avaient jamais été.

C'est que M. de Latouche avait adopté André Chénier d'une adoption étroite et jalouse..., si bien que peu à peu il avait dit et que peut-être il avait cru qu'il l'avait inventé!

Et cela pour le plus grand plaisir de Béranger, qui l'a cru aussi et qui l'a répété...; — mais à la grande indignation de Sainte-Beuve, qui s'en explique vertement vis-à-vis de M. G. de Chénier dans deux lettres que voici, et vis-à-vis du public dans un article sur Chênedollé au cours de son Étude intitulé: *Chateaubriand et son groupe littéraire.*

Voici ces pièces; d'abord les deux lettres ainsi conçues:

Monsieur,

Laisserez-vous s'autoriser de tels doutes? et pour de telles publications? C'est à vous qu'il appartient de mettre le public dans les termes de la vérité.

Agréez l'expression de mes sentiments de considération et de dévouement.

SAINTE-BEUVE.

Ce 10 février 1855.

C'est à nous, monsieur, à vous remercier de rétablir et de maintenir devant le public ce point si essentiel et si contesté déjà de notre histoire littéraire. Les hommes les plus distingués ont leur faible. Béranger, qui a dit :

J'ai sur l'Hymette éveillé les abeilles,

était un peu piqué de voir qu'André Chénier les avait éveillées auparavant.

Agréez, monsieur, l'expression de mes sentiments de respect et de considération, et de dévouement.

SAINTE-BEUVE.

Ce 14 février 1855.

— Note extraite de l'ouvrage de Sainte-Beuve intitulé : *Chateaubriand et ses amis littéraires sous le Consulat et sous l'Empire.*

Cet ouvrage est imprimé à la suite du cours professé par Sainte-Beuve, à Liège, en 1848-1849.

C'est à la fin du tome II, publié par les frères Garnier en 1861, page 303.

Voici cette note qui se trouve à l'article Chênedollé :

Ce témoignage de Chênedollé sur les manuscrits d'André Chénier couperait court une dernière fois, s'il en était besoin, à cette singulière et opiniâtre assertion de Béranger que je regrette de voir reproduite au tome III, page 291, de sa *Correspondance,* et de laquelle il résulterait que M. de Latouche aurait été l'*inventeur* d'André Chénier et qu'il aurait eu l'humilité de se dérober (lui, le plus prétentieux et le plus coquet des esprits!) pour laisser tout l'honneur à un mort : — « En parlant de vous (avec Chateaubriand) comme tous deux en pouvons parler, je lui ai dit, — écrit Béranger à M. de Latouche, — ce que j'ai répété cent fois, que vous étiez l'inventeur d'André Chénier, après lui pourtant, qui en a sa petite part. Il combattait mon opinion et me disait avoir vu les manuscrits entre les mains de Mme de Beaumont. « Je le crois, dis-je, mais avouez qu'ils étaient peu nombreux et fort « incomplets. » Il fut obligé d'en convenir. Et je lui rappelai *la Vallée aux Loups,* volume où l'on trouve tant de morceaux, frères consanguins, de la plupart de ceux qui ont fait la réputation d'André. Et Sainte-Beuve n'a-t-il pas lui-même, dans une *Revue des Deux-Mondes,* laissé percer les doutes que je lui avais communiqués? » — (Lettre du 12 novembre 1843.)

En ce qui me concerne, je le nie; je n'ai laissé percer aucun doute de ce genre, et l'on peut s'en convaincre en parcourant l'article indiqué. Béranger n'a jamais mieux trahi que dans cette circonstance le côté faible de son goût poétique, en tant que critique; on ne peut comprendre qu'il ait pu confondre le style obscur, contourné, louche, de cet imitateur d'André Chénier, Latouche, avec la large, hardie et gracieuse manière du jeune maître. C'est que Béranger n'avait ni la connaissance ni tout à fait le goût de la belle antiquité prise à ses sources :

> *Tel s'est fait par ses vers distinguer dans la ville,*
> *Qui jamais de Lucain n'a distingué Virgile.*

Je sais bien que plus tard M. de Latouche s'est expliqué de tout cela, et à sa plus grande gloire, dans un roman intitulé : *la Vallée aux Loups*, mais il n'a jamais convaincu ni Sainte-Beuve, ni M. G. de Chénier, qui avait vu les choses de trop près !

Continuons. En 1829, M. de Latouche sollicite M. G. de Chénier pour obtenir de faire une nouvelle édition. Celui-ci élude; mais en 1833 les libraires Renduel et Charpentier se joignent à de Latouche. M. G. de Chénier se rend à leur désir et leur ouvre la collection des manuscrits.

Puis, en 1841, Charpentier veut faire une nouvelle édition. Il envoie Sainte-Beuve auprès de M. G. de Chénier. Sainte-Beuve, lui, savait le grec et ne crut pas un instant qu'André Chénier essayait sa plume précisément dans la langue d'Homère. Mais il n'était pas chargé de faire l'édition..., et il ne la fit pas.

Jusque-là M. G. de Chénier était resté paisible possesseur des manuscrits, et personne n'avait songé à lui en contester la légitime propriété.

C'est qu'en vérité personne n'aurait pu le faire. En matière de cession de propriété littéraire, ce qu'on acquiert, c'est le droit de reproduire l'œuvre, et jamais le manuscrit autographe lui-même, qui n'a de valeur que pour l'auteur ou pour les siens.

Et ici l'on voit bien que, moins que partout ailleurs, on n'a entendu faire un pareil contrat, puisque dans tous les traités qui se sont succédé les membres de la famille, qui ont vendu tout ou partie de leurs droits à la propriété des œuvres soit d'André, soit de Marie-Joseph, ont formellement stipulé qu'ils n'entendaient ni vendre ni céder aucun manuscrit.

Mais si cette vérité pouvait encore être contestée, il y aurait à entendre un témoin dont M. Charpentier ne saurait, sans impiété, récuser le témoignage, car il s'agit de son père.

Voici, en effet, ce que, postérieurement à son contrat de 1838, M. Charpentier écrivait à M. G. de Chénier :

Paris, 7 juin 1842.

A M. G. de Chénier.

Mon cher monsieur,

J'ai l'honneur de vous offrir quatre exemplaires des Poésies de Malherbe annotées par votre illustre oncle André Chénier. Vous retrouverez dans ce commentaire tout le parfait jugement, toute la saine raison que vous lui connaissez. C'est de la belle et bonne critique, de la littérature comme on n'en fait plus.

Vous vous rappelez que j'ai presque pris l'engagement, dans une note placée en tête des Poésies d'André Chénier, de donner une édition de ses œuvres en prose. Le bibliophile Jacob, ce grand homme, m'a prévenu en voyant cette annonce. Dans son édition, il prétend qu'il a reçu de vous communication des papiers et manuscrits d'André Chénier, ce qui suppose que son édition est aussi bonne et aussi complète que possible, et que je dois renoncer au projet de la mienne.

Soyez assez bon pour me dire franchement ce qu'il en est sur ce point, afin que je puisse arrêter mes idées à ce sujet.

Veuillez aussi agréer mes compliments pour votre promotion à la Légion d'honneur; le nom illustre de Chénier se maintient toujours haut.

Votre bien dévoué serviteur,

CHARPENTIER.

Or, M. Charpentier était très jaloux de ses droits et il n'y a aucun doute qu'il eût rigoureusement revendiqué la propriété des manuscrits du poète, s'il les avait crus illégitimement détenus par M. G. de Chénier.

Et maintenant, messieurs, ce point éclairci, et laissant de côté les démonstrations faites à la dernière audience avec tant d'éloquence et tant d'habileté, je restreins mes efforts à établir ces deux propositions.

I. Le droit de M. Latour de Saint-Ygest sur lequel on se fonde ne peut servir de base à la prétention de M. Charpentier.

II. En se plaçant hors des prescriptions du décret de germinal an XIII, M. Charpentier a vu périr le droit qu'il avait acquis en 1838.

La conséquence nécessaire, c'est qu'aujourd'hui Charpentier ne peut plus rentrer dans ce droit, et qu'il ne saurait ressaisir à son profit exclusif ce qui depuis si longtemps est entré dans le domaine de tous.

Enfin, messieurs, après ces diverses publications, demandons-nous donc ce qui a été fait avant l'édition de M. G. de Chénier, et ce qu'il a voulu faire lui-même?

Avant lui, toutes les éditions ont paru incomplètes et mutilées.

En voulez-vous la preuve?

Écoutez ce passage d'une critique littéraire publiée lorsque a paru le premier volume de l'édition actuelle. L'auteur nous dit, mieux que je ne pourrais le faire, ce qu'il faut penser des tendresses de M. de Latouche pour son poète favori, et des libertés qu'il prenait avec lui.

Au vers 66, nous avons lu :

Dieux ! ces bras et ces fleurs, ces cheveux, ces pieds nus.

Or, le texte porte :

Dieux ! ces bras et ces flancs !

Le mot *flancs* n'a pas plu à M. de Latouche, dont le goût était facile à blesser, comme on sait; encore est-il que le mot est dans le texte, et surtout qu'il est antique. Il faut lire André Chénier à travers le latin et le grec, comme on lit Bossuet à travers Tertullien et Lactance. Or, Agamemnon, dans Euripide, dit ὦ στέρνα en parlant des grâces d'Iphi-

génie, et les Latins ne manquent jamais d'écrire *corpus* en parlant d'une
amante. André a donc écrit naturellement dans l'ordre d'idées qu'il
exprimait, et en glissant le mot, comme eût fait Racine, au milieu de
mots qui le dissimulent et l'entraînent.

Au vers 70, M. Becq de Foucquières avait rétabli le mot *dansante* que
M. de Latouche avait remplacé, toujours pour la rime, par le mot
charmante. M. Gabriel rétablit maintenant le mot *vierge* (*virgo* des Latins),
à la place du mot *nymphe,* et au lieu de l'expression banale *nymphe char-*
mante, nous lisons le vers antique et vrai :

> *Que je la voie encor, cette Vierge dansante !*

On pourrait, avec le même fruit, comparer le texte de la *Jeune Taren-*
tine et cent autres de la nouvelle édition à celui des éditions précé-
dentes. Mais nulle lecture ne fera mieux ressortir l'importance de ces
comparaisons, au triple point de vue de la langue, du génie d'André
Chénier et de la vérité littéraire, on pourrait dire historique, que la
lecture d'une pièce encore plus célèbre, car elle n'est plus, hélas! une
simple fiction du poète, mais la trop réelle expression des sentiments
de sa grande âme dans la plus terrible des situations : je veux parler
des vers composés à Saint-Lazare, de l'iambe qui commence par ces
vers :

> *Comme un dernier rayon, comme un dernier zéphire*
> *Animent la fin d'un beau jour,*
> *Au pied de l'échafaud j'essaye encor ma lyre.*

Qui n'a cru que la pièce s'arrêtait au quinzième vers ? qui ne se sou-
vient de la page éloquente de M. Villemain? Il avait lu, du haut de sa
chaire, de cette voix émue et vibrante qui résonne jusque dans son
style, il avait lu les quinze premiers vers. Arrivé à :.

> *Remplira de mon nom ces longs corridors sombres,*

il s'arrêtait, faisait une pause et ajoutait : « Il était huit heures du
matin; on appela André de Chénier, et la pièce n'a pas été achevée. »
Autant de mots, autant d'erreurs. Ce n'est pas le matin, c'est dans
l'après-midi qu'André a été conduit à la place de la barrière de Vin-
cennes : là pièce n'a pas été écrite, ce jour-là, à la Conciergerie d'où
il est sorti pour mourir; — mais les jours précédents, à la prison de
Saint-Lazare; enfin elle a été achevée, à telles enseignes qu'elle a 88 vers,
comme le prouve le *fac-simile* donné dans le premier volume de l'édi-

tion de M. Gabriel de Chénier. Ces effets de Sorbonne, cette mise en scène avaient été ménagés par M. de Latouche, qui avait jugé à propos de dramatiser les choses et de couper ainsi la pièce.

Il faudrait aussi noter les pièces écartées des manuscrits par la main de M. de Latouche.

Nous avons huit copiés sur lesquelles M. de Latouche a écrit *rejeté* en 1819, en 1833, en 1839.

Mais Charpentier lui-même a-t-il jamais voulu publier une édition des œuvres complètes d'André Chénier? Écoutez ce qu'il écrit à mon client :

Paris, le 28 février 1844.

Mon cher monsieur,

Je suis tout Chénier des pieds à la tête, vous le savez, mais en même temps je suis l'éditeur d'Alfred de Vigny, lequel est susceptible au plus haut degré et se fâcherait tout rouge si je publiais une brochure où il serait question de lui autrement que d'une façon très favorable.

Nos poètes d'aujourd'hui sont bien plus irascibles que leurs prédécesseurs; ce qu'ils font, c'est l'Arche sainte, et il n'y a pas à badiner avec eux sur ce chapitre.

Voilà les motifs qui m'obligent à ne pas accepter votre aimable proposition, et je le regrette infiniment.

J'imprime en ce moment une édition de Marie-Joseph comme celle d'André, avec une bonne notice et des notes sur lui, par Charles Labitte. Elle comprendra les œuvres choisies seulement, car les œuvres complètes nous feraient un trop gros bagage.

Nous y donnerons sur les doigts à ce misérable J.-J. Vous savez pourquoi. Avant, j'aurai le plaisir d'aller vous voir.

Votre tout dévoué serviteur,

CHARPENTIER.

Eh bien! oui, les uns par spéculation, les autres par ignorance ou par infatuation, ont coupé dans l'œuvre du poète; ils l'ont remaniée et mutilée à leur fantaisie. Ils ont écrit sur la plupart des pièces manuscrites le mot : « *rejeté!* »

Oui, M. de Latouche rejetait des pièces d'André Chénier ; et parmi celles-là, cette ode admirable, dont je vous demande la permission de vous citer le commencement :

Salut, ó belle nuit, étincelante et sombre,
Consacrée au repos. O silence de l'ombre,
Qui n'entends que la voix de mes vers, et les cris
De la rive aréneuse où se brise Téthys.
Muse, muse nocturne, apporte-moi ma lyre.
Comme un fier météore, en ton brûlant délire,
Lance-toi dans l'espace ; et pour franchir les airs,
Prends les ailes des vents, les ailes des éclairs,
Les bonds de la comète aux longs cheveux de flamme.
Mes vers impatients, élancés de mon âme,
Veulent parler aux dieux, et volent où reluit
L'enthousiasme errant, fils de la belle nuit.
Accours, grande nature, ó mère du génie ;
Accours, reine du monde, éternelle Uranie.
Soit que tes pas divins sur l'astre du Lion
Ou sur les triples feux du superbe Orion
Marchent, ou soit qu'au loin, fugitive emportée,
Tu suives les détours de la voie argentée,
Soleils amoncelés dans le céleste azur,
Où le peuple a cru voir les traces d'un lait pur,
Descends ; non, porte-moi sur ta route brûlante,
Que je m'élève au ciel comme une flamme ardente.
Déjà ce corps pesant se détache de moi.
Adieu, tombeau de chair, je ne suis plus à toi.
Terre, fuis sous mes pas. L'éther où le ciel nage
M'aspire. Je parcours l'océan sans rivage.
Plus de nuit. Je n'ai plus d'un globe opaque et dur
Entre le jour et moi l'impénétrable mur,
Plus de nuit, et mon œil et se perd et se mêle
Dans les torrents profonds de lumière éternelle.
Me voici sur les feux que le langage humain
Nomme Cassiopée et l'Ourse et le Dauphin.
Maintenant la Couronne autour de moi s'embrase.
Ici l'Aigle et le Cygne et la Lyre et Pégase.
Et voici que plus loin le Serpent tortueux
Noue autour de mes pas ses anneaux lumineux.
Féconde immensité, les esprits magnanimes
Aiment à se plonger dans tes vivants abîmes.
Abîmes de clartés, où, libre de ses fers,
L'homme siège au conseil qui créa l'univers.

Alors M. G. de Chénier est arrivé à son tour. Né en 1800, six ans après la mort de son oncle ; élevé au milieu des souvenirs tout palpitants encore qui emplissaient l'atmosphère de sa famille ; possesseur de ces manuscrits qu'il avait libéralement ouverts à tous, — il a pensé qu'il avait un pieux devoir à remplir.

Il a voulu donner à la postérité tout André Chénier, rien qu'André Chénier. Il a voulu nous livrer tous les échos de cette âme féconde. Qu'un souffle ignoré de cette Muse aille éveiller dans le cœur d'un poète de nos jours l'inspiration qui sommeille, il aura assez fait pour l'honneur de son nom et il aura bien mérité de son pays !

JUGEMENT DU 11 AOUT 1876

Le Tribunal,

Ouïs en leurs conclusions et plaidoiries Nogent Saint-Laurens, avocat, assisté de Collet, avoué de Charpentier et Cie ; Cléry, avocat, et Rousse, avocat, assistés de Vandewalle, avoué de Gabriel de Chénier et de Lemerre ; ensemble en ses conclusions M. Lefebvre de Viefville, substitut du procureur de la République ; après en avoir délibéré conformément à la loi, jugeant en premier ressort :

Attendu que la demande de Charpentier et Cie a pour objet, en premier lieu, de faire déclarer qu'ils ont le droit exclusif, en vertu des lois qui régissent la propriété littéraire, de publier les œuvres posthumes d'André Chénier ; qu'elle a pour objet, en second lieu, de faire reconnaître qu'aux termes de l'adjudication tranchée au profit de Charpentier père, leur auteur, le 17 octobre 1838, ils sont en droit d'exiger la remise des manuscrits des œuvres inédites ou des fragments d'André Chénier, qui se trouvent actuellement entre les mains de Gabriel de Chénier ;

Sur le premier point :

Attendu que le décret du 1er germinal an XIII attribue aux propriétaires, par succession ou à un autre titre, d'un ouvrage posthume, les mêmes droits qu'à l'auteur, et leur déclare applicables les lois sur la propriété exclusive des auteurs et sur sa durée ; qu'il a eu pour but,

ainsi qu'en témoigne son préambule, de provoquer la publication des
œuvres qui n'avaient pas vu le jour du vivant de leur auteur, et que les
héritiers ou ayants cause de celui-ci, incertains de leurs droits, hési-
taient à publier; qu'il assimile l'ouvrage inédit à l'ouvrage qui n'existe
pas, et le publicateur à l'auteur décédé; — qu'en un mot, il dispose
au profit du propriétaire d'ouvrages manuscrits, qui, par lui ou par
d'autres, en assure la publication, — de telle sorte que la publication
même est la raison d'être et la source du droit qu'il consacre;

Attendu que les dispositions du décret du 1er germinal an XIII sont
conçues en termes généraux; que les lois ultérieures sur la matière
n'y ont apporté aucune dérogation expresse; qu'elles reposent sur un
principe qui n'a reçu de ces mêmes lois aucune atteinte, et que le but
qu'elles poursuivaient n'a rien perdu de son intérêt et de son utilité;
que l'assimilation qu'elles établissent entre le droit du publicateur
d'ouvrages posthumes et celui de l'auteur décédé n'est aucunément
incompatible avec les accroissements successifs qui ont été apportés
ultérieurement au droit de l'auteur, de sa veuve et de ses héritiers;
que cette assimilation est demeurée, à travers les modifications que le
droit de l'auteur a subies, comme une règle fixe, dont l'étendue a seule
varié selon les progrès de la législation; que, dès lors, on ne saurait
admettre d'une manière absolue, comme l'ont soutenu les défendeurs,
que le décret du 1er germinal an XIII n'assure au publicateur d'une
œuvre posthume que les droits consacrés par la loi du 19 juillet 1793,
à quelque époque qu'ait lieu la publication, et sans que, notamment,
le publicateur, sa veuve et ses successeurs pussent jamais profiter des
avantages que leur ont conférés le décret du 5 février 1810 et les lois
du 8 avril 1854 et du 14 juillet 1866;

Attendu que, par suite, il y a lieu de rechercher de quelle façon s'est
constitué le droit des héritiers d'André Chénier sur les œuvres posthumes de leur auteur;

Attendu que, de 1819 à 1834, les héritiers lors survivants d'André
Chénier, Louis-Sauveur et Constantin-Xavier Chénier, ses frères, et
Latour de Saint-Ygest, son neveu, ont successivement cédé à des tiers,
chacun pour leur part et portion, le droit de publier les œuvres posthumes, édites et inédites, de leur auteur, lequel droit, avant d'advenir
à Charpentier père par l'adjudication du 17 octobre 1838, était échu
en totalité à l'éditeur Guillaume par la vente sur licitation intervenue
entre lui et Latour de Saint-Ygest, le 8 avril 1834; que, nonobstant les
cessions, les cédants doivent être considérés comme les véritables publi-

cateurs des œuvres posthumes, dans le sens du décret du 1ᵉʳ germinal an XIII, parce que, propriétaires originaires des manuscrits, les premiers, ils en avaient procuré ou en procuraient la publication; que conséquemment, et de leur chef, le droit à la propriété des œuvres ainsi publiées était régi par la loi du 19 juillet 1793, et devait se maintenir d'abord jusqu'à la mort du dernier survivant, puis pendant dix années à partir de cette époque; que le décret du 5 février 1810, applicable seulement à la veuve et aux enfants de l'auteur, ne peut recevoir aucune application dans la cause;

Attendu que, des trois héritiers collatéraux d'André Chénier, survivants en 1819, Louis-Sauveur est décédé en 1823, Constantin-Xavier en 1837, et Latour de Saint-Ygest en 1853; qu'ainsi le droit à la propriété des œuvres de leur auteur s'est éteint dix ans après cette dernière époque, c'est-à-dire en 1863; qu'on ne saurait prétendre, ainsi que l'ont fait les défendeurs, que Latour de Saint-Ygest n'avait aucun droit sur les œuvres d'André Chénier, par ce motif que, la comtesse Latour de Saint-Ygest, sa mère, étant décédée en 1797, le droit qu'elle pouvait revendiquer sur lesdites œuvres aurait péri avec elle suivant la loi du 19 juillet 1793; qu'en effet, en ce qui concerne les œuvres inédites, la comtesse Latour de Saint-Ygest n'avait aucun droit sur la succession d'André Chénier, son frère, mais seulement la co-propriété des manuscrits qu'elle a transmis à Latour de Saint-Ygest, son fils; que le décret du 1ᵉʳ germinal an XIII ayant ultérieurement attaché un droit nouveau à la publication desdits manuscrits, en faveur de ceux qui en étaient propriétaires, le droit ainsi créé a profité à Latour de Saint-Ygest en cette dernière qualité;

Attendu que de tout ce qui précède il résulte que le droit de Charpentier et Cⁱᵉ sur les œuvres posthumes d'André Chénier, en tant qu'il procède directement des personnes en faveur de qui il a été constitué, suivant les dispositions du décret du 1ᵉʳ germinal an XIII, s'est éteint en 1863, époque à laquelle le domaine public a été saisi; qu'il n'importe que, ce droit subsistant encore, la loi du 8 avril 1854 ait étendu la durée de la jouissance exclusive assurée par les lois antérieures à la veuve et aux enfants de l'auteur, puisque Latour de Saint-Ygest est décédé sans avoir été marié et sans laisser de postérité;

Attendu, sous un autre rapport, que Charpentier et Cⁱᵉ ne sauraient exciper davantage du droit propre que leur aurait conféré l'adjudication du 17 octobre 1838; qu'en effet, et par ladite adjudication, Charpentier père est devenu cessionnaire des droits qui en faisaient l'objet, c'est-à-dire de la *propriété littéraire des œuvres posthumes édites et inédites d'André Chénier;* qu'en règle générale, et sauf des stipulations précises, le droit de propriété littéraire cédé à un tiers est le droit tel que le constitue la législation en vigueur à l'époque où la cession a eu lieu; que l'éventualité d'une législation ultérieure, qui apporte à l'objet de la cession des extensions dont le principe et l'étendue sont également incertains, n'entre à aucun titre dans les prévisions supposées des parties, de manière à former, si la convention reste muette, un élément naturel de cette même convention; que la nature du droit des auteurs, lequel puise exclusivement sa source dans la législation positive, ne comporte pas par elle-même, comme la propriété ordinaire, des accroissements qui en deviennent, à proprement parler, l'accessoire, et qui, lorsqu'ils se produisent, sont censés y avoir été toujours rattachés;

Attendu qu'il n'y a lieu de distinguer, à ce point de vue, entre les cessions de droits sur des œuvres dont l'auteur est vivant, et les cessions de droits sur des œuvres posthumes; que la raison de décider est la même, et que, dans un cas comme dans l'autre, elle se tire également des principes généraux sur la portée et sur l'étendue des conventions;

Attendu, enfin, que les divers contrats intervenus entre les héritiers d'André Chénier et des tiers, de 1819 à 1834, sont entièrement muets à ce sujet; que le cahier des charges, sur lequel a été tranchée l'adjudication du 17 octobre 1838, ne contient non plus aucune clause particulière à cet égard; que dans les uns et les autres ne se rencontre aucune stipulation d'où l'on puisse induire que les cédants aient entendu transporter aux cessionnaires des droits plus amples que ceux qu'ils tenaient de la législation existante; que, dès lors, Charpentier père a acquis sous l'empire du droit commun, c'est-à-dire sous l'empire de la loi du 19 juillet 1793, ainsi qu'il a été dit plus haut;

Attendu qu'en cet état, il n'échet d'examiner si Charpentier avait été, dans tous les cas, déchu du droit spécial constitué au profit de ses cédants par le décret du 1er germinal an XIII, à raison de ce que, au mépris de la disposition finale du même décret, il n'aurait pas imprimé séparément les œuvres posthumes d'André Chénier, sans les joindre à une nouvelle édition des œuvres déjà publiées et devenues propriété publique;

Sur le second point:

Attendu qu'en réclamant la remise des manuscrits des œuvres inédites ou des fragments d'André Chénier, Charpentier et Cie réven-

diquent, non plus le droit que la législation spéciale sur la propriété
littéraire leur aurait conféré, mais un droit de propriété ordinaire,
résultant à leur profit de l'adjudication du 17 octobre 1838 ;

Attendu qu'aux termes du cahier des charges de cette adjudication,
l'objet de la vente est la propriété littéraire des œuvres posthumes
édites et inédites d'André Chénier ; que l'adjudicataire doit prendre la
propriété vendue dans l'état où elle se trouve, sans que le vendeur soit
tenu de lui remettre d'autres manuscrits que ceux qui ont déjà été
imprimés ; que, quant à tous autres qui ne l'auraient pas été, l'adjudicataire est mis et subrogé dans tous les droits du vendeur, à l'effet de
les retirer des mains de tous dépositaires et de les faire imprimer à ses
frais, risques et périls, et toujours sans aucune garantie de la part du
vendeur ; que des stipulations identiques se rencontrent dans le cahier
des charges, sur lequel est intervenue la licitation du 8 avril 1834,
entre Latour de Saint-Ygest et Guillaume, cessionnaire des droits de Louis-
Sauveur et de Constantin-Xavier Chénier ; que, dans le contrat antérieur
du 13 août 1819, par lequel Louis-Sauveur a transmis ses droits à la
dame Bouveret, qui les a transmis elle-même à Guillaume, l'objet cédé
est le tiers appartenant au vendeur dans la propriété des ouvrages laissés
par André Chénier, à chargé par le cessionnaire de se concerter avec
les cohéritiers dudit vendeur, copropriétaires des ouvrages, pour tirer
le parti le plus avantageux des manuscrits ; qu'enfin, le contrat du
27 juillet 1822, portant cession par Constantin-Xavier à Guillaume, a
pour objet les droits du cédant, en toute propriété et jouissance, sur
les œuvres posthumes d'André Chénier, tant imprimées que non imprimées, sans qu'il soit obligé de remettre aucuns manuscrits, pour l'obtention desquels le cessionnaire se pourvoira ainsi qu'il avisera ;

Attendu que, dès 1819, les manuscrits d'André Chénier étaient aux
mains de Louis-Sauveur, et, qu'ils paraissent avoir passé directement
dans celles de Gabriel de Chénier, son fils, où ils sont encore actuellement ; que si, dans la commune intention des parties, les stipulations
qui viennent d'être rapportées, notamment celles des contrats de 1834
et 1838, avaient eu en vue les manuscrits ainsi conservés par la famille,
des réclamations se seraient assurément produites de la part des cessionnaires, lors des éditions successives qui ont été données des œuvres
d'André Chénier, à des époques contemporaines ; que la pensée origi-
naire des cédants et des cessionnaires sur ce point paraît se trouver
principalement dans le contrat de 1819, qui prévoit une entente commune pour la publication ; et que ce contrat a d'autant plus d'impor-

tance dans la cause, qu'il a été passé avec Louis-Sauveur, qui était alors détenteur des manuscrits et qui les conserva, tout en cédant ses droits; que cette détention continuant par Louis-Sauveur et par son fils, rien n'établit que, de 1819 à 1822, puis en 1834 et en 1838, les détenteurs aient été interpellés de faire la remise des manuscrits qu'ils auraient indûment conservés; que, tout au contraire, des correspondances versées au procès, il résulte que de Latouche en 1829 et en 1832, Charpentier père en 1842, et l'un des derniers éditeurs d'André Chénier, Becq de Fouquières, en 1861, sollicitaient l'assentiment du détenteur des manuscrits pour la publication d'œuvres inédites dont les originaux étaient dans ses mains; que, dès lors, et autant qu'elle pourrait obliger ledit détenteur, la clause de l'adjudication du 17 octobre 1838, autorisant l'adjudicataire à retirer les manuscrits des mains de *tous dépositaires,* paraît s'être rapportée seulement aux manuscrits qui, par des causes diverses, et à diverses époques, étaient sortis de la possession de la famille pour aller dans celle de tierces personnes;

Par ces motifs :

Déclare Charpentier et Cie mal fondés dans leur demande;
Les en déboute, et les condamne aux dépens.

Ce jugement ayant été frappé d'appel, l'affaire revint devant la Cour, et Me Léon Cléry prononça cette nouvelle plaidoirie en réponse à celle de Me Oscar de Vallée, le nouvel avocat de M. Charpentier :

Messieurs,

Lorsque cette affaire est venue en première instance, le Tribunal y a consacré quatre longues audiences.

Il semblait que tout avait été étudié, analysé et plaidé. C'eût été une vanité de le croire, car lorsque le procès a dû se dérouler devant la Cour, nous avons entendu dire que personne n'y avait rien compris, et que tous nous avions passé à côté de la question!

Aux uns on reprochait d'avoir fait de la littérature, aux autres on reprochait d'avoir fait de l'éloquence, à tout le monde, enfin, on reprochait de n'avoir rien fait, et il nous était donné d'entrevoir que l'on allait mettre enfin les choses sous leur vrai jour et montrer un peu à la Cour comment se plaidaient ces sortes de questions !

Il en avait dû coûter à la discrétion de nos adversaires de nous traiter avec tant de réserve, car il leur appartenait de nous donner plus d'un genre de surprise.

Notre éminent contradicteur allait, en effet, nous faire voir jusqu'à quel degré de violence pouvait s'emporter la passion d'un plaideur.

Et lui, le galant homme par excellence, il allait s'attaquer à M. G. de Chénier, un vieillard de soixante-dix-huit ans, officier de la Légion d'honneur, attaché pendant plus de trente-cinq ans à l'administration supérieure de la guerre, vénéré de tous pour la loyauté et la rigidité de son caractère, et lui prodiguer les épithètes les plus désobligeantes et les appréciations les plus cruelles.

Il semble cependant que ce soit chose grave de s'attaquer ainsi à l'honneur d'un homme arrivé aux limites de la vie, et que, pour le faire, il faudrait se sentir autorisé autrement que par l'intérêt commercial d'un jeune homme aussi mal instruit de son droit que de ses devoirs !

C'est à moi, que les hasards de la vie mettent en présence de sa haute autorité, que revient la tâche de bien montrer à notre commun adversaire combien il s'est trompé et de lui donner le chagrin, qu'éprouvera, j'en suis sûr, son noble cœur, d'avoir diffamé l'homme le plus respectable que je connaisse.

Aussi bien, c'est à cela que se bornera ma tâche. Elle suffit à mon ambition.

En ce qui concerne M. G. de Chénier, qu'avec raison il appelait son principal adversaire, la thèse de M. Charpentier est simple. Elle peut se résumer en quelques mots :

A différentes époques, nous dit-on, les membres de la famille de Chénier ont aliéné non seulement leurs droits dans la propriété littéraire des œuvres de Marie-Joseph et d'André Chénier, mais encore leurs droits dans les manuscrits mêmes laissés par les deux poètes.

Cependant, et malgré ces ventes successives, les manuscrits ont été conservés par la famille, qui donnait ce scandale de retenir une propriété dont elle touchait le prix; si bien que le dernier de cette bande de malfaiteurs, M. G. de Chénier, a pu réunir dans ses mains malhonnêtes un trésor dont il a fait le plus coupable usage, en livrant au public une édition que seul M. Charpentier avait le droit de faire.

Quant à ceux, y compris M. Charpentier père, qui auraient successivement acheté ces trésors et auraient négligé de se les faire livrer, l'adversaire en fait sans remords des Gérontes faciles à tromper par eux-mêmes et par autrui. Si bien qu'il ne reste plus dans la cause qu'un honnête·homme et un esprit avisé : c'est.M. Charpentier jeune, son client. Il est vrai que cela lui suffit. Voilà sommairement et dans son ensemble la thèse plaidée. Comment l'a-t-on justifiée devant la Cour?

Tout d'abord on m'a prêté un langage que je n'avais pas tenu. On m'a fait exagérer l'amour et la vénération de la famille de Chénier pour les·manuscrits en question, afin de mettre en regard la prétendue indifférence qui ressortirait de ses actes.

Rien de tout cela n'est exact.

J'ai parlé des sentiments de la famille de Chénier dans des termes plus simples et je vais, tout à l'heure, essayer de prouver qu'elle est restée fidèle aux sentiments de piété qu'elle a eus pour tous ses souvenirs.

Puis l'adversaire, continuant son récit, a rappelé qu'on avait parlé de ces œuvres seulement à Chateaubriand et à Millevoye, et il s'est écrié :

Mais pourquoi donc n'avez-vous pas publié plus tôt? Ah! jusqu'en 1805, on le comprend encore. Vous pouviez être inquiet du sort que vous faisait le silence de la loi. Mais en 1805, après le décret de cet esprit si libéral qu'on appelait Napoléon Ier?

Je l'avoue, à ces mots, je n'ai pu m'empêcher de songer à l'étonnement qu'éprouveraient les mânes eux-mêmes de Napoléon Ier, si la voix de mon éloquent adversaire leur portait, au sein des Champs Élysées,·ce singulier éloge!

Libéral! Il n'a jamais prétendu l'être; mais laissons l'histoire venger la mémoire du despote outragé par ce singulier éloge. Voici, en effet, ce que dit un historien contemporain des habitudes *libérales* de Napoléon Ier :

Dans les lettres et la philosophie comme dans la religion, Bonaparte ne vit jamais qu'une dépendance et un instrument de l'Administration. C'est pourquoi il n'eut jamais qu'une littérature policière. En même temps que l'on prodiguait les encouragements à la presse vénale et aux écrivains mercenaires, on n'avait que des persécutions pour les glorieux esprits qui devaient rester le seul honneur de cette époque déshéritée. Benjamin Constant, Daunou et Chénier avaient été chassés du Tribunat et ne pouvaient pas plus écrire que parler (Lanfrey).

Et plus loin (t. II, p. 107 de l'*Histoire de Napoléon Ier*) :

La veille du jour où il devait prononcer son discours, B. Constant disait à son amie, Mme de Staël, dont le salon réunissait alors tout ce qui marquait par le talent, la beauté et l'illustration : « Voilà votre salon rempli de personnes qui vous plaisent; si je parle, demain il sera désert; pensez-y! » — « Suivez votre conviction, » lui répondit-elle noblement. Le lendemain, la prédiction se réalisait à la lettre; Mme de Staël raconte elle-même que tous ses invités s'excusèrent. Le Premier Consul gronda publiquement son frère aîné, Joseph, sur ce qu'il allait dans cette maison. Mais il ne se contenta pas de ce témoignage de mauvaise humeur. Le vainqueur de l'Italie ne rougit pas de s'en prendre à une femme du discours si modéré de l'homme qu'il n'osait pas encore proscrire. Il était d'ailleurs plus sûr de faire hésiter un cœur délicat en le frappant d'abord dans l'objet de ses affections. Fouché fit venir Mme de Staël pour lui dire que le Premier Consul la soupçonnait d'avoir excité Benjamin Constant. Elle lui répondit que son ami était un homme d'un esprit trop supérieur pour qu'on pût imputer ses opinions à une femme, que d'ailleurs son discours ne contenait pas une parole dont pût s'offenser le Premier Consul.

Fouché en convint, mais il n'en conclut pas moins *en conseillant* à Mme de Staël *d'aller à la campagne*, euphémisme hypocrite sous lequel cet homme de police devait déguiser désormais ses ordres d'exil. Tel fut le commencement de ces viles persécutions contre des femmes, qui atteignirent successivement Mmes de Staël, Récamier, d'Avaux, de Chevreuse, de Balbi, de Champcenetz, de Damas, et tant d'autres personnes remarquables par leur esprit, leur beauté ou leurs vertus. Le monde a vu bien des despotismes, mais il n'en a pas vu souvent d'assez ombrageux pour craindre jusqu'au pouvoir que peut exercer une femme. Il ne suffisait déjà plus à Bonaparte d'avoir anéanti la liberté dans les institutions, il la poursuivait jusqu'au sein de la vie privée, et la critique inoffensive d'une causerie de salon lui devenait aussi insupportable qu'aurait pu l'être la contradiction d'une grande assemblée libre.

Et qu'on me dise seulement à quelle époque de son règne on aurait pu publier ces vers d'André Chénier, échappés sans doute à l'attention de mon adversaire :

> *Où l'âme, remontant à sa grande origine,*
> *Sent qu'elle est une part de l'essence divine.*
> *Ils ne furent point vus, clients ambitieux,*
> *Assiéger dès l'aurore un seuil impérieux,*
> *Et des tristes fadeurs d'un hommage servile*
> *Fatiguer les dédains d'un satrape imbécile.*
> *Ils n'allèrent jamais chez un riche hébété*
> *Avilir des talents l'auguste dignité,*
> *Rendre une humble visite à sa table opulente,*
> *Flatter de ses Laïs la bêtise insolente,*
> *Caresser ses discours d'un œil approbateur,*
> *Et vendre à ses bons mots un sourire menteur.*
> *Même à la Cour des rois, peu soucieux du trône,*
> *Le vieillard de Téos de roses se couronne ;*
> *Toujours amant, toujours des grâces entouré,*
> *Et de vin, et de joie, et d'amour enivré,*
> *Porte après le banquet, voluptueux Socrate,*
> *Un front riant et libre aux jeux de Polycrate.*

Non, certes, on ne pouvait publier ces vers, car l'Europe entière eût appelé de son vrai nom le Polycrate du poète, et flagellé de ses cinglantes allusions ces courtisans qui s'en allaient promener leurs lâches adulations dans les antichambres de l'établissement impérial !

Mais il s'agit bien de cela aujourd'hui ! Et c'est bien contre le reproche de n'avoir pas publié plus tôt les œuvres d'André qu'il me faut défendre la famille de Chénier !

Non, non, ce n'est pas d'un manque de piété envers les morts

qu'on ose les accuser, c'est d'un manque de probité envers les
vivants! Et l'on croit rêver quand on pense qu'un instant de
réflexion pouvait arrêter sur des lèvres éloquentes ce torrent
d'invectives imméritées !

Oui, car vous l'avez bien compris déjà, il ne s'agit ici que
d'une mauvaise définition appliquée à un mot dont le sens et
surtout le sens étymologique est très net pour tout le monde.

Mais ce qui me trouble, c'est qu'il ait pu y avoir un doute
sur la façon d'entendre ce mot dans la pensée d'un éditeur, et
que M. Charpentier ait pu confondre un instant « manuscrit »
avec « autographe. »

A moins qu'il n'ait pas plus confondu que son père, le jour
où celui-là écrivait que M. G. de Chénier avait exigé de lui un
pot-de-vin, tandis que M. G. de Chénier avait simplement exigé
l'exécution d'un contrat dont un autre était le bénéficiaire.

S'il en était ainsi, il y aurait là une affection héréditaire dont
le traitement pourrait se trouver dans un arrêt énergique de la
Cour.

Quoi qu'il en soit, il fallait savoir s'il pouvait y avoir en
librairie un doute sur cette question, et nous l'avons demandé à
l'administration du Cercle de la Librairie. Voici la réponse:

> Le Conseil d'administration du Cercle de la Librairie, consulté par
> M. A. Lemerre sur la question suivante : Comment, en librairie, est
> généralement interprété le mot manuscrit : est-ce dans le sens de copie
> manuscrite, est-ce dans le sens d'autographe? déclare que, dans les
> habitudes de la librairie, le mot manuscrit est généralement interprété
> dans le sens de copie manuscrite, et non dans le sens d'autographe,
> sauf le cas de stipulations particulières.

Mais ce n'est pas seulement le commerce tout entier de la
librairie qui répond ainsi; c'est le bon sens, car, je le répète,
selon l'étymologie, « manuscrit » ne veut dire autre chose
qu'« écrit par la main, » *manu scriptum;* mais par n'importe
quelle main, et pas plus par celle de l'auteur que par celle d'un
autre.

Pourquoi? parce que l'esssentiel du contrat qui intervient
entre un poète et un éditeur, c'est que l'éditeur soit mis en

possession de l'œuvre du poète; parce qu'il doit la livrer à l'imprimerie et la faire passer du domaine étroit et inconnu du manuscrit dans le domaine si vaste, si diffus, si général de l'impression!

Aussitôt ce résultat obtenu et l'épreuve tirée, que lui importe le manuscrit? Il peut le faire disparaître et l'anéantir; l'œuvre du poète est définitivement acquise au monde et irrévocablement fixée dans le livre vivant et ailé, plus indestructible que le marbre et l'airain!

Et si c'est là le but qu'on se propose et le seul résultat qu'il s'agisse d'atteindre, qu'on me dise donc de quelle utilité pourrait être l'autographe?

Cela est si vrai, et l'éditeur fait habituellement si peu de cas du manuscrit, que, dans la pratique, il ne le conserve jamais. Au fur et à mesure de l'impression, les feuillets du manuscrit lui sont renvoyés avec la feuille imprimée, afin qu'il puisse collationner et corriger l'épreuve. Cela fait, il détache la feuille manuscrite qu'il conserve ou qu'il détruit, à son gré, et il renvoie à l'imprimeur la feuille tirée en épreuve. Et c'est la seule qui soit importante, et c'est la seule à laquelle l'éditeur attache un prix, et jamais il ne songe à réclamer le manuscrit, parce que par la substitution de la feuille imprimée à la feuille manuscrite, celle-ci est devenue indifférente et inutile.

Tout cela est si vrai encore, qu'il y a des auteurs, et au premier rang il faut placer le premier de tous, Victor Hugo, qui n'ont jamais livré un seul autographe, et dont on n'a vu que des manuscrits. Et je vous mets au défi de me citer un seul des éditeurs de Victor Hugo qui, trouvant le mot « manuscrit » dans son contrat, ait jamais imaginé de lui réclamer un autographe.

Mais si cela est incontestable d'une façon générale, vous allez voir que cela ne l'est pas moins dans l'espèce qui nous occupe.

Mon éminent contradicteur vous disait, à la dernière audience, qu'il me défiait sur le terrain des contrats, et il annonçait, avec quelque hauteur, que je me garderais bien de l'y suivre.

Il se trompait, et je ne vous dirai jamais assez mon impatience de répondre à son défi sur le terrain même qu'il a indiqué et avec le texte des contrats qu'il a invoqués, et de ceux qu'il a laissés dans l'ombre.

(Lecture et discussion des différents contrats.)

Ainsi, aucun des cessionnaires n'a même imaginé de prétendre qu'il avait traité des autographes.

Le contrat Bouveret du 13 août 1819 est bien instructif, car il contient *in fine* un passage omis par l'adversaire et qui tranche la question, puisque Mlle Bouveret, au lieu d'une propriété, n'a droit qu'à une jouissance. Mais il y a plus. C'est précisément cette même année qu'est donnée la première édition, celle de de Latouche, et postérieurement à ce contrat, puisque celui-ci est du 13 août 1819 et que l'édition n'est annoncée dans le *Journal de la Librairie* que le 29 octobre.

Or, comment procède-t-on ?

On ouvre à de Latouche la collection complète des autographes. Il y peut puiser à pleines mains. Il y peut tout prendre, tout imprimer.

Il se borne à y faire un choix, non seulement de pièces, mais encore de vers dans les pièces !

Et puis, ce choix fait, on ne lui remet pas les autographes, mais seulement des copies faites par M. Sauveur de Chénier ou son fils Gabriel, et c'est sur ces copies qu'il fait son second examen.

Je remets à la Cour des pièces originales qui ne laissent aucun doute sur ces deux points.

Il en faut conclure que personne alors n'avait la pensée d'élever une prétention quelconque sur ces manuscrits.

Mais il faut aller plus loin et trouver cette preuve irrécusable dans des documents directs.

(Lecture et discussion de la correspondance.)

Il suit de cette correspondance que la fable un peu enfantine de l'existence des autographes, apprise par M. Becq de Foucquières au cours de M. Guizot, se réfute toute seule.

En résumé et pour n'y plus revenir, ce qu'on a toujours vendu, c'est le droit d'imprimer et rien que ce droit.

On a toujours largement exécuté les différents contrats en donnant toutes les communications possibles à ceux qui les ont demandées, à de Latouche en 1819; en 1829, à Sainte-Beuve et à tous autres.

Seul, M. de Foucquières ne l'a pas obtenue, parce qu'il ne l'a demandée qu'en son nom et qu'il s'agissait pour M. G. de Chénier de lui livrer un travail auquel il avait consacré une grande partie de sa vie.

J'en aurais fini si je n'avais ici comme adversaire que M. Charpentier, mais mon éminent contradicteur a cru devoir entreprendre d'office la défense d'H. de Latouche. On ne résiste guère à faire ce que l'on fait si bien, et l'on comprend en l'entendant les charmes que lui offre la plaidoirie.

A l'en croire, M. de Latouche a été méconnu et calomnié par M. G. de Chénier. On a créé autour de son nom une légende fâcheuse et l'on a attendu qu'il fût mort pour la construire et la répandre! Et comme il faut que dans cette affaire tout le monde soit vertueux, intéressant, irréprochable, à l'exception de M. G. de Chénier, nous avons entendu mon adversaire prendre sous sa spéciale protection la mémoire de l'auteur de *la Vallée aux Loups*. Hélas! rarement un plus noble pavillon a couvert une plus douteuse marchandise, et j'aurais voulu voir ces glorieux efforts réservés pour un sujet plus digne d'eux.

Ce qu'était de Latouche! Voici un article de la *Revue politique et littéraire* qui vous l'apprendra mieux que moi, en vous disant comment celui que Sainte-Beuve appelait un écrivain aux allures obliques avait voulu exploiter en représentations la triste célébrité de Mme Manson, un des témoins de l'horrible procès Fualdès.

(Lecture de cet article.)

Quant aux manuscrits, voici la liste de ceux qu'il a gardés, égarés, ou détruits.

(Lecture de cette liste.)

Quant aux scrupules littéraires et à la citation que j'avais faite d'une pièce tronquée par M. de Latouche, mon honorable confrère a bien protesté, mais il a oublié la démonstration qu'il nous avait promise de mon erreur.

C'est qu'en effet la démonstration était impossible. La petite mise en scène imaginée par de Latouche fait plus d'honneur à son esprit qu'à son exactitude, et Mᵉ de Vallée n'a pas expliqué comment son héros nous avait tranquillement donné pour quinze vers une pièce qui, dans la réalité, en compte quatre-vingt-huit ; et, pour interrompue par l'arrivée de la charrette fatale, une pièce parfaitement achevée et écrite quelques jours avant celui du supplice.

Mais ce n'est pas tout, et il faut que je justifie jusqu'à l'époque même à laquelle a paru le récit de M. G. de Chénier.

Lorsque a été imprimé le conte de *la Vallée aux Loups*, c'est par pure charité que M. G. de Chénier n'a pas voulu protester. J'ajoute qu'il lui déplaisait de provoquer des discussions autour du nom d'André Chénier. Mais des polémiques s'étant ouvertes en dehors de lui sur des points essentiels, et la vérité n'y étant pas ménagée, Sainte-Beuve intervint et le blâma de son silence. C'est ainsi qu'il lui écrivait :

« Laisserez-vous s'autoriser de tels doutes et par de telles publications ? C'est à vous qu'il appartient de remettre le public dans la voie de la vérité, etc., etc. »

Et alors M. G. de Chénier s'est décidé à dire ce qu'il savait, au risque des ennemis qu'il pouvait se faire.

J'ai fini, messieurs, et c'est bien ici le lieu d'admirer la souveraine raillerie des choses humaines ! Je m'efforce de prouver que l'action de M. Charpentier n'est pas fondée, et s'il y a quelqu'un qui le sait mieux que moi, c'est M. Charpentier lui-même. Non, il ne croit pas à son procès ; non, il ne croit pas à son droit ; il ne croit à rien de ce qu'il a fait plaider, et lui-même va vous en fournir la preuve.

Il s'est mis à la recherche des héritiers de Latour de Saint-Ygest. Il a envoyé son avoué près de M. Bonnet de Malherbe, et il a contracté avec celui-ci une assurance contre la perte qu'il sait certaine du procès qu'il nous a intenté. En voici la preuve dans une lettre écrite par M. Bonnet de Malherbe lui-même à M. G. de Chénier.

(Lecture de la lettre.)

J'ai bien le droit, sur cette lettre, de dire et je dis que M. Charpentier a jugé par avance l'action qu'il nous a intentée. Il lui restera à se faire pardonner par son éminent défenseur de l'avoir induit en éloquence, à propos d'une thèse en laquelle il avait lui-même si peu de confiance !

Aussi bien, M. Charpentier n'est-il pas peut-être le véritable coupable. Dès la première heure de ce procès, il me semblait démêler, sous ses feintes colères, l'âcre parfum des rancunes littéraires et personnelles. Il se dégageait de tout cela comme une vague odeur de pédantisme échauffé !

Mes sens ne m'avaient pas trompé !

Sous le masque trop étroit de l'éditeur nous est apparu le profil de M. Becq de Foucquières, de M. Becq de Foucquières qui n'est pas partie au procès et qui a cependant trouvé moyen d'entrer dans la plaidoirie de mon adversaire.

Il est venu en effet nous déclarer que M. G. de Chénier avait pris une plante pour une autre dans son édition, et que c'est une faute que lui, Becq de Foucquières, n'aurait jamais commise ! Et puis encore que M. G. de Chénier ne savait pas le grec, tandis que lui, Becq de Foucquières, le savait à ravir !

Et il a prié mon éminent contradicteur d'adresser à la barre, à mon client, un défi sur le grec, en Chambre du Conseil ! Et ce qui est plus extraordinaire, celui-ci y a consenti.

Ainsi, messieurs, il ne dépend que de votre justice ! Vous pouvez convoquer en champ clos M. G. de Chénier et M. Becq de Foucquières.

Pour juges du camp on aura la Cour, à qui reviennent de droit toutes les compétences, et pour héraut d'armes, sans doute Me Oscar de Vallée, agitant la bannière des Jeux olym-

piques. Malheureusement la fantaisie de nos mœurs judiciaires
ne saurait aller jusque-là.

Mais il faut retenir que la proposition en a été faite, et nous
pouvons dire à son auteur :

— Rassurez-vous, Vadius, et dormez en paix. Vous savez le
grec et vous tout seul savez le grec ! Trissotin est mort, et vous
garderez désormais dans le temps et dans l'éternité la palme du
grec, qui ne vous sera plus contestée !

ARRÊT DU 29 MARS 1878

Après avoir entendu aux audiences des 8, 15 et 22 février, 1er et
15 mars présent mois, en leurs conclusions et plaidoiries respectives,
Oscar de Vallée, avocat, assisté de Piallat, avoué de Charpentier et
Cie ; — Rousse et Worms, avocats, assistés de J. Meunier, avoué de
Lemerre ; — Cléry, avocat, assisté de Fabignon, avoué de Gabriel de
Chénier ; Ensemble en ses conclusions. M. Choppin d'Arnouville, avocat
général, et après en avoir délibéré conformément à la loi. — La cause
continuée successivement à ce jour la prononciation de l'arrêt.

La Cour,

Statuant sur l'appel interjeté par Charpentier et Cie du jugement du
Tribunal civil de la Seine, du 11 août 1876 :

Considérant que devant la Cour, comme en première instance, la
demande de Charpentier présente à juger la double question de savoir :
1° en droit, si, comme cessionnaire des propriétaires des œuvres posthumes d'André Chénier, Charpentier a, de leur chef et en vertu des
lois existantes, le droit exclusif de publier lesdites œuvres posthumes ;
2° en fait, si les traités passés entre les héritiers d'André Chénier et
leurs cessionnaires autorisent Charpentier à exiger la remise des manuscrits des œuvres et fragments inédits qui se trouvent actuellement entre
les mains de Gabriel de Chénier ;

Sur la première question :

Considérant que sans rechercher le caractère et l'origine du droit des
auteurs sur les produits de leur intelligence, il importe de constater
que, jusqu'à la fin du siècle dernier, ce droit, abandonné à la volonté

du souverain, n'était reconnu ni réglementé par aucune disposition législative ;

Considérant que la loi du 19 janvier 1791, relative aux œuvres dramatiques, et la loi du 19 juillet 1793, s'étendant aux écrits et compositions de tout genre, ont les premières proclamé les droits des auteurs à jouir du fruit de leur travail, et leur ont concédé une jouissance privative fixée à la durée de leur vie et prolongée pendant dix ans après leur mort ;

Considérant que cette protection ne s'appliquait qu'aux écrits publiés du vivant de l'auteur et qu'elle ne couvrait pas les œuvres posthumes; que les lois en vigueur déclaraient propriété publique dix années après la mort de l'auteur ;

Considérant que le décret du 1ᵉʳ germinal an XIII a comblé cette lacune et provoqué les propriétaires de ces œuvres à les publier, en leur concédant le même droit de jouissance qu'à l'auteur lui-même, et en leur rendant applicables les lois de 1791 et 1793 qui seules réglaient la matière à cette époque ;

Considérant que les œuvres posthumes d'André Chénier ont été publiées pour la première fois en 1819, et qu'à la date de cette publication, les propriétaires de ces œuvres étaient Louis-Sauveur Chénier, Constantin-Xavier Chénier, ses deux frères survivants, et Latour de Saint-Ygest, son neveu, fils de la comtesse de Saint-Ygest, décédée en 1797 ;

Considérant que, par suite de divers traités de cession dont la portée sera ultérieurement précisée, cette propriété indivise a successivement passé aux mains de Louise Bouveret, de Laurent-Mathieu Guillaume et de Charpentier père, qui en a réuni toutes les parts par l'adjudication du 17 octobre 1838, tranchée à son profit ;

Considérant que ces différents actes ont transmis à Charpentier père le droit de jouir, à partir du jour de la publication, du privilège concédé par le décret du 1ᵉʳ germinal an XIII ;

Considérant que la première édition a été publiée en 1819, sous la direction littéraire de de Latouche ;

Que le droit du publicateur ou de son cessionnaire a commencé à cette époque, et qu'il s'agit de rechercher s'il existe encore, ou s'il a péri pour faire place à celui du domaine public ;

Considérant que les trois héritiers d'André Chénier, survivants en 1819, sont décédés, savoir : Louis-Sauveur, en 1823 — Constantin-Xavier, en 1837 — et Latour de Saint-Ygest, en 1853 ;

Considérant que les premiers juges ont décidé que le droit de Charpentier, cessionnaire des publicateurs, a cessé d'exister en 1863, dix ans après la mort de Latour de Saint-Ygest;

Considérant qu'ils ajoutent, il est vrai, que Latour de Saint-Ygest est décédé sans avoir été marié et sans avoir laissé de postérité, — d'où l'on pourrait conclure que le droit de Charpentier continuerait à exister si, comme le fait a été établi pour la première fois devant la Cour, Latour de Saint-Ygest avait laissé des enfants encore vivants;

Mais considérant que l'existence de la dame Bonnet de Malherbe et de Blanche-Augustine Latour de Saint-Ygest, non plus que celle de Gabriel de Chénier, fils de Louis-Sauveur, l'un des publicateurs originaires, et qui figurait comme défendeur en première instance, ne peuvent consolider un droit que le décret de germinal an XIII a limitativement concédé au publicateur ou à ses cessionnaires pour un laps de temps n'excédant pas dix années après sa mort;

Considérant, en effet, que le décret de germinal an XIII est resté isolé dans la législation relative à la propriété littéraire, et que le droit spécial et limité qu'il consacre n'a reçu aucun des accroissements que les lois de 1810, de 1854 et de 1866 ont successivement édictés dans d'autres vues et pour pourvoir à des intérêts différents;

Considérant que le décret impérial du 5 février 1810, portant règlement sur l'imprimerie et la librairie, contient dans son article 39 la disposition suivante : « Le droit de propriété est garanti *à l'auteur et à sa veuve* pendant leur vie, et *à leurs enfants* pendant vingt ans; »

Considérant qu'en présentant la loi du 25 avril 1854, le vice-président du Conseil d'État disait que l'objet *unique* de la loi était de proroger la jouissance du droit accordé par la loi *aux veuves et aux enfants*, et qu'il *n'innovait* en rien aux autres dispositions législatives, depuis longtemps interprétées par la jurisprudence;

Considérant enfin que la loi du 19 juillet 1866 a porté à cinquante ans, à partir du décès de l'auteur, le droit de *ses enfants* ou *autres successeurs*;

Considérant que ni l'esprit ni le texte de ces lois, qui ne font aucune allusion, même indirecte, au décret de germinal, n'autorisent à penser que le législateur ait voulu faire profiter le publicateur d'une œuvre posthume d'un accroissement de jouissance qu'elles n'accordent que dans un intérêt de famille et à raison des liens intimes qui unissent l'auteur à sa veuve et à ses enfants;

Considérant qu'on soutient cependant que le silence gardé par le

législateur moderne doit s'interpréter en ce sens que, connaissant la
loi de 1793 et le décret de germinal, il n'a pas eu à s'occuper du publicateur, dont le droit était suffisamment protégé par le décret qui l'assimile à l'auteur lui-même;

Considérant qu'il est plus juridique de décider que la loi ayant créé
un privilège dont elle a déterminé les limites, ces limites ne peuvent
être franchies que par une disposition légale qui ne laisse aucun doute
sur la volonté du législateur;

Considérant que non seulement il n'existe aucun texte de loi ayant
ce caractère et cette portée, mais qu'il est établi qu'en 1839, 1841 et
1861, trois tentatives ont été faites pour obtenir l'extension du droit
du publicateur d'œuvres posthumes, et que les trois projets de loi
présentés a ces différentes époques ont été repoussés par le pouvoir
législatif;

Considérant qu'il résulte de ce qui précède que les lois postérieures
n'ont apporté aucune modification au décret de germinal, et que c'est
avec raison que les premiers juges ont décidé que le droit de Charpentier s'est éteint en 1863, dix années après la mort de Latour de Saint-
Ygest, dernier survivant des cédants de 1819;

Considérant qu'en présence de la solution qui précède, il devient
inutile d'examiner si, en sa qualité de cessionnaire, Charpentier aurait
droit aux accroissements de jouissance reconnus par les lois postérieures, puisque à cet égard il ne peut avoir plus de droits que ses
cédants;

Et qu'il n'échet davantage de statuer sur la déchéance qui lui est
opposée, et qui se trouve actuellement sans objet;

Sur la deuxième question :

Considérant que Charpentier réclame la remise des manuscrits des
œuvres posthumes actuellement entre les mains de Gabriel de Chénier,
non plus à titre de propriété littéraire, mais comme lui appartenant
matériellement et en substance, par suite des actes de cession, licitation ou vente, qui l'ont investi de la totalité des droits des héritiers
d'André Chénier;

Considérant que les trois héritiers d'André Chénier, Louis-Sauveur,
Xavier-Constantin et Latour de Saint-Ygest, ont successivement aliéné
leurs droits, et qu'il est nécessaire de rechercher dans quels termes ces
aliénations ont été consenties;

Considérant que par un premier acte notarié du 12 août 1819,
Louis-Sauveur Chénier, stipulant avec Louise Bouveret, lui a vendu son

tiers dans les manuscrits de tous les ouvrages de Marie-Joseph Chénier, comme aussi son tiers dans les ouvrages laissés par André, son autre frère; qu'il est dit dans cet acte que Louis-Sauveur met et subroge le cessionnaire dans *ses droits de propriété desdits manuscrits,* et qu'en conséquence ledit cessionnaire se fera connaître à M. Daunou, membre de l'Institut, *dépositaire des manuscrits,* aux autres cohéritiers du cédant et à tous autres, pour se faire mettre en pleine et entière jouissance des objets vendus;

Considérant que le 27 juillet 1822, Constantin-Xavier a traité avec le libraire Guillaume et lui a vendu et abandonné en toute propriété et jouissance, pour ce qui lui était personnel, *les œuvres posthumes politiques et littéraires* de Marie-Joseph et d'André, sans qu'il soit tenu de lui remettre *aucun manuscrit,* pour l'obtention desquels Guillaume devrait se pourvoir ainsi qu'il aviserait;

Considérant que le 9 juin 1824, Gabriel de Chénier, fondé de pouvoir de son cousin, Latour de Saint-Ygest, a vendu au même libraire Guillaume *le droit d'imprimer* à deux mille cent exemplaires plusieurs pièces désignées dans un catalogue annexé au traité et faisant partie des œuvres posthumes de Marie-Joseph et d'André, avec cette stipulation que le tirage ne pourrait avoir lieu que jusqu'au 1er janvier 1826;

Considérant que le 12 mars 1833, le même Gabriel de Chénier, toujours comme mandataire de Latour de Saint-Ygest, et Guillaume, comme cessionnaire de Louise Bouveret et de Xavier-Constantin, vendent à Charpentier *le droit d'imprimer* les œuvres posthumes édites ou inédites d'André, à la condition qu'il n'en fera imprimer que cinq mille exemplaires dans un délai de rigueur de six ans;

Considérant que, depuis, Guillaume a acquis, par suite de licitation, les droits qui lui appartenaient indivisément avec Latour de Saint-Ygest, et que, le 17 octobre 1838, Charpentier s'en est rendu adjudicataire, moyennant le prix de 325 francs, outre les charges, sur la vente faite à la requête du curateur à la succession vacante de Guillaume;

Considérant qu'aux termes du cahier des charges dressé pour parvenir à cette vente, il est dit *que l'objet de la vente est la propriété littéraire* des œuvres posthumes édites ou inédites de Marie-Joseph et André Chénier;

Que l'adjudicataire prendra la chose vendue dans l'état où elle se trouve, et que la succession n'entend vendre et céder que les droits que Guillaume avait lui-même à la propriété littéraire;

Considérant qu'à ne consulter que l'esprit de tous ces traités, il est évident que les libraires Louise Bouveret, Guillaume et Charpentier père n'ont entendu acheter que ce que comportaient les besoins de leur spéculation commerciale, c'est-à-dire le droit d'édition et d'impression, et que c'est la seule chose que les héritiers Chénier aient voulu vendre;

Considérant que le texte même des traités des 27 juillet 1822, 9 juin 1824 et 12 mars 1833 justifie cette interprétation, qui est encore fortifiée par l'exécution constante que leur ont donnée les parties contractantes;

Considérant que la cession du 12 août 1819 est la seule dont les termes puissent prêter à une équivoque, en ce qu'il y est répété par deux fois que Louis-Sauveur vend à Louise Bouveret son tiers dans les *manuscrits,* et que le cessionnaire aura tous les droits du cédant dans la *propriété* des manuscrits;

Considérant que Charpentier lui-même reconnaît que ce mot *manuscrit* ne doit pas être pris comme synonyme *d'autographe,* et qu'on doit l'entendre dans le sens de *copie à la main* que lui ont donné les parties jusque dans ces derniers temps, et que lui donne le langage habituel de la librairie; mais il ajoute que l'acquéreur des œuvres d'un auteur décédé a droit au moins à des copies exactes, complètes et collationnées par lui;

Considérant que, réduit à ces proportions, le débat, se trouvant dégagé de toute question de propriété matérielle et mobilière, ne présente plus que celle de savoir si les héritiers Chénier ont loyalement et complètement accompli leurs obligations envers les cessionnaires originaires auxquels a succédé Charpentier, qui ne peut avoir d'autres et plus amples droits que ses cédants;

Considérant que de l'examen minutieux fait par la Cour des précieux autographes d'André Chénier, il résulte la preuve qu'en 1819, lors de la première édition publiée par Baudouin et Foulon, de Latouche, éditeur littéraire, a reçu communication de l'ensemble de l'œuvre du poète; que ces autographes portent la trace matérielle du travail de de Latouche, qui a indiqué, par un mot mis en marge de chaque pièce, celles qui, d'après le goût du public d'alors, lui paraissaient devoir être publiées et celles qui, au contraire, devaient être rejetées;

Considérant que, conformément à ses indications, des copies de la main de Sauveur ou de celle de Gabriel de Chénier lui ont été remises et ont servi à composer l'édition de 1819;

Considérant qu'après plusieurs autres éditions qui ne sont que la reproduction de celle-ci, Charpentier a lui-même, en 1840, donné une édition dite *nouvelle et complète* contenant soixante-sept pièces de plus que celle de 1819 et dont il devait la communication à Gabriel de Chénier;

Que la communication des manuscrits est encore attestée par une note insérée, le 20 avril 1869, dans le *Journal de la Librairie,* et dans laquelle Charpentier affirme avoir collationné lui-même sa version sur les manuscrits d'André;

Considérant qu'il est donc constant que les auteurs de l'appelant ont été livrés de la chose qui leur avait été vendue; qu'ils ont considéré l'exécution des contrats comme pleine et entière, et que la communication, qu'ils ont acceptée, sans réserve ni protestation, s'impose à Charpentier, leur ayant droit, et lui interdit toute réclamation ultérieure contre le représentant de la famille Chénier;

Considérant, au reste, que les fragments de prose et de poésie, dont Charpentier se plaint d'avoir été dépouillé et qu'il chiffre à un nombre considérable, ne forment pas un ensemble de compositions pouvant par elles-mêmes faire l'objet d'une édition séparée; qu'ils dépendent tous ou presque tous de pièces déjà publiées, et que leur intérêt, considérable pour le public lettré qui aime à s'initier à la manière dont le poète accomplissait son œuvre, est indifférent au plus grand nombre des lecteurs, qui ne recherchent que l'attrait d'un livre, sans se préoccuper du travail préparatoire qu'il a nécessité;

Considérant que Charpentier n'en pourrait même faire usage qu'en les rattachant aux pièces dont ils dépendent, et que ce cumul inévitable avec les pièces déjà éditées les ferait immédiatement tomber dans le domaine public, à qui l'édition de Gabriel de Chénier et Lemerre les a restitués;

Considérant donc que c'est avec raison que les premiers juges ont déclaré l'action de Charpentier mal fondée en fait comme en droit;

Par ces motifs,

Met l'appellation au néant;

En conséquence, ordonne que la sentence dont est appel sortira son plein et entier effet;

Et condamne Charpentier à l'amende et aux dépens.

M. GOT ET LA COMÉDIE FRANÇAISE

E procès intenté par M. Got à la *Comédie Française* avait pour but de mettre un terme à une situation fâcheuse et qui durait depuis fort longtemps déjà. Il y avait alors parmi les sociétaires un certain nombre d'artistes entre lesquels se répartissait presque exclusivement la charge du répertoire quel qu'il fût. Il en résultait pour eux de grandes fatigues, un effort continuel et une servitude absolue. En revanche, la récompense était médiocre. En effet, les bénéfices très importants réalisés alors par leurs soins, se répartissaient chaque année entre tous les sociétaires. Mais les sociétaires, et ce n'étaient pas surtout les hommes, étaient nommés par le ministre, obéissant soit à ses propres inspirations, si l'on ose s'exprimer ainsi, soit à celles des membres importants de la Cour, ce qui ne valait pas mieux : M. Got, en demandant la dissolution de la société du Théâtre-Français, espérait qu'elle se reconstituerait aussitôt sur des bases plus sérieuses, plus équitables et plus morales, indiquées pour lui au Tribunal et au public dans la plaidoirie qu'on va lire.

PLAIDOIRIE

Messieurs,

Si jamais un plaideur a souhaité avec ardeur le jour de l'audience, j'ai le droit de dire que mon client est celui-là. C'est qu'en effet pour lui l'audience est l'explication, et en quelque sorte la justification.

Depuis que ce procès est né, on lui a fait l'honneur de s'en préoccuper un peu et d'en parler beaucoup. Il était difficile d'en connaître les motifs avant qu'ils eussent été donnés ; mais s'il y a au monde un endroit où la connaissance des choses n'est pas tenue pour indispensable avant d'en parler ou de les expliquer, c'est notre bienheureux pays. Aussi les explications n'ont-elles pas manqué, toutes erronées, disons-le avec empressement, mais quelques-unes d'une telle nature qu'elles ne constituaient pas moins qu'une odieuse calomnie pour M. Got.

Et sous quelle forme pleine de bonhomie ne les voyait-on pas se produire !

Combien, pour ma part, n'ai-je pas rencontré de gens qui m'abordaient avec une intention bénigne et malicieuse tout à la fois en me disant :

— Voyons ! qu'est-ce qu'il veut, Got ? Il n'est pas assez payé, n'est-ce pas ? Et il donne sa démission pour les faire chanter un peu, aux Français.

J'ai l'honneur, messieurs, d'être un ami particulier de M. Got et c'est ce qui explique ma présence à cette barre où de bien plus dignes n'auraient pas hésité à le servir s'il les en eût priés.

En cette qualité, ces discours m'attristaient et m'exaspéraient. « Eh quoi! disais-je, voilà un homme que vous ne connaissez pas, sur le caractère duquel vous n'avez aucune notion, qui est bien la nature la plus honnête du monde, et, de fantaisie, vous n'hésitez pas à lui imputer un calcul détestable de spéculation sur son talent, qui dégraderait son caractère. — Laissez donc, reprenait-on familièrement, vous le prenez trop haut. Après tout, il a rendu assez de services, et si sa position n'est pas bonne, il a raison de chercher à la faire meilleure. »

Et ceux qui parlaient ainsi n'étaient ni plus mauvais ni plus corrompus que d'autres; et voilà, messieurs, avant d'arriver à votre prétoire, les chemins où il faut se salir, les ronces où il faut laisser des lambeaux de soi-même... Qu'il me soit donc permis de le dire bien vite et bien haut! Non, mon client ne demande pas d'argent à la Comédie Française, il n'a jamais su l'art de se mettre à prix, et son ambition est plus haute; je la dirai dans cette plaidoirie; mais qu'il soit bien entendu que si les mots appointements et pension y trouvent leur place, ce n'est que parce qu'ils y sont amenés par la force des choses et non pas à titre de conclusion et de but final.

Et maintenant, voici les faits qui précédèrent sa querelle actuelle avec le Théâtre-Français.

En 1843, après avoir reçu au Conservatoire les leçons de M. Provost, son bien regretté maître, il débuta à ce théâtre. Puis, ces débuts terminés, il alla jouer à Nantes. Son jeu original et fin, toutes les qualités en un mot qui devaient se développer plus tard et qu'il possédait en germe, avaient charmé les gens de Nantes. Ses succès allaient tous les jours en augmentant. On lui donnait des appointements importants pour cette époque et pour la province; on lui faisait, pour un engagement prochain, les promesses les plus brillantes, lorsqu'il reçut avis qu'il fallait revenir, pour entrer définitivement au Théâtre-Français en qualité de pensionnaire.

Le théâtre estimait haut l'honneur qu'il faisait aux artistes qu'il admettait sur sa scène! Il avait raison, et d'autant mieux que plus grand était l'honneur, plus mince était le profit. Il faut bien à toute chose sa compensation.

C'est ainsi qu'on engageait M. Got aux appointements de 1,800 francs par an.

Alors il écrivit à M. Provost pour lui demander s'il ne pouvait pas rester plus longtemps à Nantes. Il apprendrait ainsi quelques rôles de plus, et puis il n'était pas riche, et le directeur de Nantes l'estimait bien plus de 1,800 francs par an. Enfin la Bretagne était plus hospitalière et plus sobre que Paris.

Mais M. Provost lui parla la langue austère de la raison, et voici la lettre qu'il lui adressa :

> Mon cher Got,
>
> Je n'ai point fait part au Comité de la demande que vous faites d'une prorogation d'engagement à la Comédie Française, d'abord parce que je ne pense pas qu'il serait dans l'intention de l'accorder; mais, voulût-il y consentir, dans votre intérêt, je ne vous conseillerais pas encore d'insister. Vos débuts ont été satisfaisants; la Comédie, j'ai lieu de le croire, fonde sur vous quelque espérance, et bien que l'engagement ne soit pas très avantageux sous le rapport des appointements, je le crois très profitable à votre avenir.
>
> Les succès que vous obtenez à Nantes peuvent vous étourdir, mais, réfléchissez-y bien, le temps que vous passerez ailleurs qu'au Théâtre-Français ne ferait que reculer votre noviciat et, par conséquent, votre position future. Aussi, croyez-moi, repoussez des offres brillantes en apparence, profitez de l'avantage que vous avez d'entrer jeune au Théâtre-Français, et songez qu'en supposant même, ce qui n'est pas à craindre, que vous n'y restiez pas, l'année que vous y auriez passée serait pour vous un brevet de capacité qui vous mettrait toujours à même de retrouver en province un engagement au moins équivalent à celui qu'on vous offre en ce moment.
>
> Adieu, mon cher Got. Croyez au conseil de votre ancien professeur et ami.
>
> PROVOST.

M. Got comprit que là était la vérité, ou plutôt il le crut; et il revint à Paris, où, le 18 juillet 1844, il reparaissait sur la scène de la Comédie Française.

Alors commença pour lui un travail sans relâche et auquel depuis il n'a jamais failli. Au bout de peu de temps il tenait en double tout le répertoire, et en six ans il avait créé trente et un rôles, la valeur de soixante-dix-huit actes.

Simple pensionnaire, il n'avait pas alors à compter avec l'acte de société. Cet acte lui apparaissait dans un lointain lumineux. Quant à lui, il se contentait d'avoir beaucoup de zèle, beaucoup de talent, beaucoup d'amour pour son art et fort peu d'appointements, puisque en 1850, au bout de six ans, il ne gagnait encore que 4,000 francs. Alors le noviciat était rude et c'était bien juste ! La récompense aussi était glorieuse et digne d'envie. On arrivait au sociétariat rompu aux difficultés, aux fatigues, aux exigences de toutes sortes d'une profession laborieuse et pénible. L'habitude du travail en donnait le goût, le succès habitué au pensionnaire accompagnait le sociétaire ; le respect de son art aidait à conserver le respect de soi-même, et le foyer de la Comédie Française était l'asile des causeries délicates, des bonnes manières et des hautes traditions artistiques.

A Dieu ne plaise que je veuille prétendre que tout cela soit changé !... mais alors on le savait plus, on le disait davantage, et bien mal venu eût-on été à le contester... Aujourd'hui on conteste tout..., les dieux s'en vont et les croyances les suivent...

Quoi qu'il en soit, vers 1850, on parla de le nommer sociétaire. Alors il se préoccupa de cet acte de société. On le tira de l'arche et il y lut ceci, non sans que la langue française tout entière n'en frémît d'horreur :

27 germinal an XII.

Société,

Entre Messieurs et *Mesdames les Comédiens français.*

Il alla jusqu'à l'article 13, ainsi conçu :

Le sociétaire qui se retire après vingt ans de *service,* aura droit à une pension viagère de deux mille francs de la part du Gouvernement et à une pension égale de la part de la Société.

L'application de cet article était bien facile à faire à sa situation : il avait déjà six ans de service. Encore quatorze ans de travail et la société devenait sa débitrice. Mais ce n'était pas tout, il avait encore quelque chose à connaître, c'était le fameux décret de Moscou (15 novembre 1812). — Écoutez l'article 12 :

> Tout sociétaire qui sera reçu contractera l'engagement de jouer pendant vingt ans, et après vingt ans de services non interrompus il pourra prendre sa retraite, *à moins que le surintendant ne juge à propos de le retenir.*

Ne commentons pas ! voilà la loi. On ne murmura pas et la Comédie Française resta agenouillée devant le statut jusqu'au jour où il fut remplacé par un statut plus rigoureux encore, devant lequel elle s'est agenouillée de nouveau..., c'est sa vocation. Cependant l'article 12 continue en ces termes :

> *Les vingt ans dateront du jour des débuts,* lorsqu'ils auront été immédiatement suivis de l'admission à l'essai et ensuite dans la Société.

L'article 13 ajoute :

> Le sociétaire qui se retirera après vingt ans aura droit : 1° à une pension viagère de 2,000 francs sur les fonds affectés au Théâtre-Français par le décret de messidor an XIII et à une pension de pareille somme sur les fonds de la Société dont il est parlé à l'article 8.

Ainsi pas d'équivoque possible : le décret est d'accord avec le pacte social, et le sociétaire, averti, sait ce qu'il doit de sa vie à la Société et ce qu'en revanche la Société lui devra à l'expiration de son engagement.

Au mois de mai 1850, M. Got fut donc reçu et signa l'acte de germinal an XII. Mais au moment où il avait le plus de droit de compter sur une situation acquise, où ses efforts, son travail, sa persévérance allaient être récompensés, un trait de plume lui enlève toutes ses conquêtes. Le 31 avril 1860, paraissait un décret qui disait, article 12 :

La pension de retraite ne sera acquise, à l'avenir, qu'après vingt ans de service, à partir du jour de l'admission au titre de sociétaire. Elle est fixée et liquidée conformément au décret du 15 octobre 1812. Elle ne peut dans aucun cas, sauf les droits acquis, dépasser la quotité déterminée par l'article 13 dudit décret.

Il était le premier sociétaire admis après cette nouvelle et aimable législation ; ainsi les six années passées à la Comédie Française avec des appointements dérisoires, variant de 1,800 à 4,000 francs, étaient perdues pour M. Got. Il arrivait à propos pour essuyer le décret tout neuf.

Que faire cependant ? Refuser son service et partir ? La bienveillance de la presse, les sympathies du public, les caresses de l'administrateur et de ses camarades eux-mêmes, les encouragements de ses maîtres, fuir tout cela, c'était bien héroïque, et le plus ferme des membres du Comité, où cependant les stoïciens ne manquent pas, n'eût-il pas senti défaillir son cœur avant d'en donner le conseil ? Moins Spartiate que ceux que nous rencontrerons dans cette affaire, M. Got se contenta de protester énergiquement, et il fut persévérant, on le verra, dans ses protestations. Il écrivit à M. Arsène Houssaye pour lui faire observer qu'il allait entrer dans la Société dans des conditions défavorables et tout autres que celles qui étaient portées dans l'acte de société qu'on lui faisait signer.

M. Arsène Houssaye lui répondit en ces termes :

Mon cher Got,

Soyez sans inquiétude : tout s'arrangera.

Vous êtes de ceux que l'avenir se charge toujours de dédommager.

A vous,

A. HOUSSAYE.

Etait-ce une promesse formelle ? un engagement catégorique ? Oh ! non, et il aurait fallu connaître bien peu les us administratifs pour en faire le rêve ! Aussi M. Got ne le fit-il pas. Ce qu'il pouvait attendre tout au plus, c'était quelque chose comme l'enregistrement de sa protestation, la preuve qu'il l'avait faite, et il ne se berçait pas d'une illusion qui allât plus loin.

Les choses continuèrent ainsi jusqu'en 1855 ; mais, à cette époque, cette légère torpeur qui était au Théâtre-Français comme une tradition et un parfum classique s'était changée en une léthargie véritable !

Tous les soirs, dans une salle vide ou à peu près, une comédie plus ou moins gaie venait prendre ses lugubres ébats. On apprenait par les affiches que la chose devait avoir lieu le soir ; mais personne ne s'en inquiétait : Rachel était morte ! et la vraie comédie actuelle, celle que nous connaissons et que nous aimons, n'était pas encore née pour le Théâtre-Français.

Plus qu'aucun autre, Got souffrait de cet état de choses. Son besoin d'activité, laissé sans aliment, se tournait en fièvre et en désespoir. Il comprit cependant qu'il devait y avoir une cause à cette maladie, et que, la cause trouvée, il y avait sans aucun doute un remède. Eh quoi ! au milieu de tant de talents littéraires et de tant de talents artistiques, le Premier Théâtre-Français se mourait, il allait mourir !

On avait des auteurs qui s'appelaient Émile Augier, Jules Sandeau, Ponsard, Alexandre Dumas fils, Barrière, Léon Laya, Labiche et tant d'autres, et, pour interpréter leurs œuvres, des artistes comme Samson, Provost, Régnier, Delaunay, Mmes Plessy et Favart, et tant d'autres aussi que je ne puis nommer, car il faudrait nommer tous les hôtes de cette illustre maison. Et, au milieu de toutes ces richesses, nouveau Tantale, le Théâtre-Français mourait d'inanition. Et lui, Got, tout plein de sève et de vie, qui n'était impatient que de travail, qui n'était ambitieux que de peines, voilà deux années qu'il n'avait appris une ligne d'un rôle nouveau !

C'est alors que lassé, découragé, se sentant mourir dans cette atmosphère lymphatique et épuisée, il envoya sa démission d'artiste.

Voici en quels termes il l'adressait à M. A. Houssaye :

Monsieur,

J'ai l'honneur de vous adresser ma démission de sociétaire et d'artiste de la Comédie Française, et vous prie de la communiquer officiellement au Comité et au ministre d'État. En échange de douze années de services sincères, je ne demande que ma liberté pure et simple.

Devant cette détermination, je dois à moi et à tous ceux qui voudront bien s'en inquiéter, de déclarer qu'il n'y a là ni dépit ambitieux, ni demande intéressée, ni tentative de réclame. En effet, quoique bien inférieure à ce que les engagements pris par l'ancienne administration me mettaient en droit d'attendre, ma position matérielle me suffit, et mes camarades d'ailleurs, et les auteurs et le public, et la presse, m'ont toujours traité avec une faveur d'autant plus gracieuse que jamais je ne l'ai mendiée, ce qui fait que je suis fier de leur en être reconnaissant.

Mais, d'autre part, je me sens pris au Théâtre-Français de découragement ou d'ennui : parce que j'ai la conviction que le mouvement et la vie s'en retirent heure par heure; parce que, jusqu'au travail journalier, tout y est en proie à une léthargie et à une stérilité déplorables, à ce point qu'à l'exception des *Jeunes Gens,* représentés seulement de guerre lasse, je n'ai point appris ni joué une ligne nouvelle, même dans l'ancien répertoire, depuis bientôt deux ans, et je dois à la vérité de le dire, je suis parmi les plus heureux. Que sera-ce donc, puisque l'avenir semble me promettre moins encore ?

Parce que la situation, d'ailleurs, est telle que les esprits les plus vaillants, pris de peur ou de mal de nerfs, s'en sauvent avec le succès et n'y remettent le pied que comme à leur corps défendant, trop heureux alors s'ils ne succombent aussi à cette contagion de froideur et de stérilité.

Je le quitte enfin, parce que voilà douze années de ma jeunesse passées presque inutilement pour tous, dans cette vie lente et marchandée ; qu'il est grand temps de m'y prendre dès aujourd'hui si je veux travailler et faire un peu comme je l'entends, et que j'éprouve vraiment le besoin de mettre ce que j'ai d'activité et ce que je puis avoir de valeur au service de l'art et des auteurs en qui je crois.

Je sais quels hasards je vais courir... Que voulez-vous ! Je suis le sous-officier occupé dans les bureaux qui rend ses galons pour avoir le droit de faire campagne.

Mais, encore une fois, je ne suis pas ingrat, je n'accuse personne.

Je n'en veux à personne et j'aimerai toujours, malgré tout, cette maison qui m'a élevé, parce qu'elle est honorée et honorable au fond pour les artistes, et bonne et sûre ; si je m'en retire, c'est pour me retremper aux sources vives. et me dérober aux effets inévitables de l'inaction.

Veuillez agréer, monsieur, et faire agréer à tous ceux que ceci regarde, l'assurance de mon respect et de ma considération.

1er janvier 1856.

EDMOND GOT.

Cette lettre était sage, ferme et respectueuse ; Got ne s'est, du reste, jamais écarté de ce ton, dans sa correspondance. Il reçut deux réponses : l'une faite au nom du Comité ; la voici :

Paris, le 21 décembre 1855.

Monsieur, le Comité a entendu la lecture de votre lettre avec un vif regret. La Comédie a trop à se louer de vous jusqu'ici pour ne pas vouloir vous garder longtemps encore.

Vous avez signé avec la Comédie un contrat qui vous lie à elle et qu'elle ne veut pas déchirer. Le Comité, avant d'entendre la lecture de votre lettre, avait, d'une seule voix, augmenté d'un douzième votre allocation annuelle. Ceci doit vous prouver l'estime qu'il fait de vous. Quant à moi, vous savez que mon plus grand désir est de mettre dans leur vraie lumière tous les talents de la Comédie.

Agréez, etc.

L'administrateur de la Comédie Française,

ARSÈNE HOUSSAYE.

L'autre lettre, plus affectueuse et intime, disait :

Mon cher Got,

Vous savez que l'avis officiel de cette lettre est tout administratif ; ce n'est pas ainsi que je vous parlerai quand je vous verrai. J'ai beaucoup de bonnes choses à vous dire.

A vous,

A. HOUSSAYE.

Cependant, ces caresses, si charmantes qu'elles fussent, ne changeant rien à la situation, ne pouvaient rien changer aux résolutions de M. Got. Aussi, en juillet 1856, il renouvelait sa démission entre les mains de M. Empis, qui avait remplacé M. Arsène Houssaye. Pas plus que son prédécesseur, M. Empis ne se montra disposé à laisser partir M. Got. Et comme le mal avait été signalé par celui-ci, M. Empis, qui était un homme intelligent et qui avait lui-même aperçu cette déplorable situation, lui demanda s'il pouvait aussi indiquer le remède. Le remède était facile. M. Got l'indiqua.

Ce qui éloigne la vie d'un théâtre, c'est l'absence d'œuvres nouvelles intéressantes et vivantes. Et ce qui fait l'absence de ces œuvres, ce sont les mauvaises conditions qu'on fait à leurs auteurs. Or, à cette époque, les droits d'auteurs étaient de 8 pour 100 sur la recette. Mais comme personne n'eût dépensé son talent et son temps à faire des pièces pour une si faible rémunération, on avait imaginé le système des primes. Lorsque M. Scribe, je suppose, lisait une pièce au Comité, on commençait par lui donner une prime de 1,000 francs par acte pour compenser ce que ses droits avaient d'insuffisant par la suite. Une fois la prime versée, on se devait à son sacrifice, et, *Contes de la reine de Navarre*, *Czarine* ou *Doigts de fée*, la pièce était jouée aux risques et périls du public, qui, le sachant bien, ne s'y prêtait guère. Voilà le mal.

Voici le remède : Supprimez les primes qui sont fixes et récompensent aussi bien les mauvaises pièces que les bonnes. Remplacez-les par des droits d'auteurs sérieux et élevés. Si la pièce tombe, le bénéfice est faible ou nul. Si la pièce au contraire réussit, la fortune suit le succès, et quoi de plus juste !

M. Empis écouta ce système. J'ai déjà dit qu'il était intelligent, et il n'y a que les gens intelligents qui savent écouter : mais quand ce sont des administrateurs qui savent écouter, cette intelligence est presque du génie !

M. Empis fit plus : il transmit à M. Fould, alors ministre d'État, sa conversation avec M. Got. M. Fould voulut voir ce dernier et lui demanda un rapport sur cette question, qu'il paraissait si bien connaître. M. Got le lui apporta ; et j'ai entre les mains le double de ce rapport et d'un projet de décret.

Quelque temps après, le système général passait dans un décret ; les auteurs récompensés selon leurs œuvres revenaient à notre première scène et ramenaient la vie, le succès et la fortune à cette Société reconnaissante pour tous, excepté pour celui à qui elle devait le principe de cette régénération.

Quant à M. Got, il va sans dire que, charmé de la phase nouvelle où il voyait entrer le théâtre, il ne songea plus à le quitter.

Le temps marchait, cependant, et chaque jour les inconvénients du décret de 1850 devenaient plus blessants. Il serait difficile, en effet, de trouver quelque chose de plus inutile et de plus cruel que l'article 12 de ce décret, et il faut bien dire que la faute n'en était pas au ministère seulement.

Mais vers 1832, *Messieurs et Mesdames les Comédiens français* s'administraient eux-mêmes et se contentaient encore d'un revenu modeste. C'est alors que, tout doucement et tout discrètement, ils préférèrent 5,000 francs de pension aux 4,000 francs que leur attribuaient et l'acte de société et le décret de Moscou, et qu'ils cédèrent à leurs préférences en se décrétant 5,000 francs.

Ainsi leur position est douce : vingt ans de service et leur retraite avec 5,000 francs. Aussi, lorsque le décret de 1850 s'apprêta, la pudeur n'hésita pas à leur revenir. Ils se punirent d'avoir augmenté leurs pensions en diminuant celles de leurs camarades, et, pénitents amendés, ils se donnèrent la discipline sur le dos des autres ! Aussi n'y allèrent-ils pas de main morte. D'abord, comme je l'ai dit, 4,000 francs de pension pour obéir aux actes qu'ils avaient violés en s'en adjugeant 5,000.

Puis, au bout de dix ans, revision des sociétaires (futurs, bien entendu) pour séparer l'ivraie du bon grain ; le bon grain, on l'a gardé ; l'ivraie, on la renvoie avec.... devinez... avec le tiers de la pension de 4,000 francs, c'est-à-dire 1,310 francs. Pourquoi ce chiffre ? Car enfin dix ans, c'est la moitié de vingt. Et puisque au bout de vingt ans ces messieurs s'en allaient avec 4,000 francs et 5,000 francs au minimum, devait-on donner 2,000 francs à ceux qu'on renvoyait au bout de dix ans ?

Pourquoi ne pas agir ainsi ? C'est qu'ils avaient franchement péché et qu'il leur fallait égaler à leurs fautes le châtiment qu'ils imposaient aux autres ! Mais ils faisaient plus encore, puisque l'on sait maintenant que le temps passé comme pensionnaire ne comptait plus pour la retraite! Enfin s'il y a au monde quelque chose de dérisoire, de révoltant et d'absurde, c'est que si, au bout de dix ans, on avait le droit de renvoyer un sociétaire, le sociétaire, lui, n'avait pas le droit de s'en aller au bout de ces dix ans!

Donc, au bout d'un temps, l'écœurement vint à quelques-uns; la rumeur en monta jusqu'aux bureaux, et, en 1859, on nomma une commission pour reviser ce cacochyme décret de 1850, si mal né qu'on s'étonnait qu'il eût pu vivre même une heure!

M. Got fut alors chargé de rédiger une lettre pour les membres de cette commission. J'ai là ce document qui n'est pas une des pièces les moins curieuses de ce dossier, car elle est signée de MM. Maubant et Delaunay, que nous retrouvons parmi les membres du Comité actuel. Ah! mécontents de 1859, par quel artifice vous a-t-on satisfaits? ou si l'on n'a rien fait pour vous, ne voyez-vous donc pas que vous tirez sur votre drapeau?

Le décret de 1850 fut donc rapporté en 1859, et l'on revint aux dispositions du décret de Moscou.

Mais on crut devoir interpréter ce décret pour l'avenir seulement. L'on ne voulut pas changer la situation de ceux qui étaient les plus intéressés à cette modification. Et il y a ceci de particulier, que la modification relative aux droits d'auteurs, poursuivie et obtenue par M. Got, était enfermée dans ce décret, qui ne trouvait pas le moyen de lui faire à lui-même la simple justice qu'il demandait.

Au mois de février 1869, on donnait le *Duc Job*. M. Delaunay avait sollicité une augmentation de traitement, et il avait eu raison. M. Delaunay est aussi un consciencieux artiste qui, depuis vingt ans, soutient, avec le talent et l'intrépidité qu'on lui connaît, le poids d'un répertoire fort lourd.

M. le ministre fit droit à cette réclamation, et en même temps il crut devoir songer à M. Got, qui ne songeait pas à lui-même.

Voici, à la date du 16 février 1860, les deux arrêtés ministériels pris par M. Fould:

Le ministre d'État arrête :

Article 1er. — Une somme annuelle de 2,400 francs payable par douzièmes, à partir du 1er janvier 1860, est accordée à M. Got, sociétaire de la Comédie Française, pour tout le temps de service qu'il fera en cette qualité au Théâtre-Français.

Article 2. — L'administrateur général de la Comédie Française est chargé de l'exécution du présent arrêté.

La deuxième décision de M. Fould était ainsi conçue :

Le ministre d'État arrête :

Article 1er. — L'engagement qui lie à la Comédie Française MM. Got et Delaunay, sociétaires, est maintenu dans tous ses effets jusqu'au jour de son expiration légale, c'est-à-dire jusqu'au 1er juillet 1870.

Article 2. — Les années de service de ces deux artistes, antérieures à leur admission au sociétariat, leur seront comptées lorsqu'ils feront valoir leurs droits à la retraite, mais seulement après l'accomplissement du terme de vingt années de service comme sociétaires.

Ceci, M. Got ne pouvait pas l'admettre, aussi dut-il protester encore, et voici dans quels termes :

Je lis au Tribunal la copie écrite sur l'acte ministériel lui-même de la lettre qu'il adressa à M. l'administrateur général.

A M. Thierry, administrateur général du Théâtre-Français.

Monsieur,

Je reçois à l'instant deux dépêches du ministère d'État, l'une m'annonçant que mon traitement actuel vient d'être augmenté de 2,400 francs ; l'autre, que mon acte de société est renouvelé pour dix années, c'est-à-dire jusqu'au mois de juillet 1870.

Or, je me trouve dans l'étrange position d'avoir à remercier sincèrement le ministre d'État pour la générosité spontanée de sa première décision et à protester de toutes mes forces contre ce que j'ose appeler l'illégalité de la seconde.

En effet, en 1844, lors de mes débuts au Théâtre-Français, j'ai dû croire, avec la même bonne foi que l'administrateur d'alors savait le faire valoir à mes yeux, que tout mon temps, et surtout celui de pensionnaire, me serait compté plus tard dans les vingt années réglementaires avant la retraite, si, par mon zèle et par mon travail, je parvenais à me faire admettre dans la Société. Je devins sociétaire en 1850 : mais le décret d'avril, postérieur à ma demande même, vint brutalement me retirer le bénéfice de mes services préalables.

Il eut donc à cette époque, pour moi et quelques autres de mes collègues, une action rétroactive et conséquemment illégale.

M. le ministre, frappé depuis longtemps déjà de cette anomalie, a révoqué récemment, même pour les sociétaires à venir, l'article qui retranchait de la pension effective les années de pensionnaire. Et, maintenant que le droit à l'argent m'est rendu, c'est le droit au temps qu'on me refuserait ?

Et pour arriver à ma retraite, au lieu d'avoir à faire vingt ans, comme tous ceux qui m'ont précédé et reçu parmi eux, j'aurais effectivement à faire vingt-six ans.

C'est contre cela que je m'élève et que je proteste !

Je ne veux ici récriminer ni contre les congés fixes accordés à la plupart de mes collègues au détriment de quelques travailleurs sérieux, ni contre la retraite de 5,000 francs dont après vingt ans sont assurés les sociétaires antérieurs à 1850, y compris Maillart, Leroux et Denain, les plus rapprochés de ma promotion, tandis que je n'en aurai que 4,000 francs.

Mais, je le dis, j'ai à cœur, quand j'ai fait six ans de service avant 1850, de rentrer au moins, pour le temps à faire, dans le droit commun de mes anciens, dussé-je même, s'il le fallait, renoncer tout d'un coup à l'avantage anticipé des 2,400 francs dont M. le ministre a cru devoir récompenser mon zèle sans que je l'en eusse sollicité !

Veuillez, je vous prie, monsieur l'administrateur, faire officiellement part au ministère de cette protestation dont je prends acte et date.

Ou, mieux encore, vous rendant à l'évidente équité de ma demande, et jugeant par mes services passés de la loyauté de mes services à venir, faites-vous mon avocat auprès de M. le ministre d'État, et obtenez de sa justice le rappel pur et simple de sa deuxième décision à mon égard. Le décret de Moscou a été ma première loi pendant six années, on y revient aujourd'hui ; que j'en aie donc au moins l'équitable bénéfice, et, travailleur consciencieux depuis 1844, qu'en 1864 je sois libre, c'est mon droit.

Recevez, etc.,

EDMOND GOT.

A cette lettre, voici ce que répondait M. l'administrateur général, à la date du 23 février :

Jeudi 23 février 1860.

Cher monsieur Got,

Je n'ai pas encore présenté votre lettre à M. le ministre, et voici pourquoi j'hésite à le faire : c'est que vous n'en pouvez recueillir aucun heureux résultat.

Vous me chargez de plaider votre cause auprès de M. Fould, mais vous savez ce que je pense de votre cause, et ne fussé-je ici qu'un avocat, on n'accepte pas volontiers les causes perdues d'avance.

Votre argumentation repose sur une erreur ou plutôt sur une confusion de temps et de mots.

Vous êtes entré au Théâtre-Français sous l'empire du décret de 1812, cela est vrai, mais vous êtes entré dans la Société du Théâtre-Français sous l'empire du décret de 1850. Ne confondons pas ces deux choses si distinctes, entrer dans le théâtre et entrer dans la Société.

Lorsque vous êtes entré dans le théâtre, vous pouviez croire, en effet, que s'il vous arrivait un jour de devenir sociétaire, vous le seriez aux conditions établies par le décret de Moscou; mais le décret de Moscou ne vous devait rien tant que vous étiez pensionnaire. Quand vous êtes entré dans la Société, toute illusion vous était impossible. Le décret qui réformait le théâtre était depuis l'année 1849 entre les mains du Conseil d'État. Vous en entendiez parler depuis un an. Il était promulgué au mois d'avril 1850, et le Comité qui a voté sur votre demande ne s'est réuni qu'au mois de mai.

Vous n'avez pas été nommé sociétaire conformément au décret de 1812, mais conformément au décret du 30 avril 1850, et le procès-verbal de la séance du Comité porte formellement que la délibération est la première application du décret de 1850. Si vous ne consentiez pas aux nouvelles conditions faites par le décret de 1850, pourquoi n'avez-vous pas retiré votre demande ? Ou si vous avez été surpris, ce qui n'est guère probable, par l'application des mesures nouvelles, pourquoi n'avez-vous pas protesté contre votre admission dans la Société au moment où vous en avez reçu la notification basée sur le décret de 1850.

Je ne sais pas si votre protestation eût été recevable alors; mais assurément elle ne l'est pas aujourd'hui. Vous ne pouvez pas réclamer le bénéfice du décret de Moscou, lorsque vous êtes entré dans la Société aux termes du décret de 1850.

Celui du 19 novembre 1859 rétablit, j'en conviens, une des dispositions du décret de Moscou, mais il ne la rétablit effectivement que pour les sociétaires reçus après le 19 novembre 1859, en laissant au ministre la faculté de l'appliquer aux sociétaires reçus postérieurement au mois d'avril 1850.

M. le ministre, usant de cette faculté qui est double; à savoir la faculté de compter les années du pensionnaire pour compléter la première période du sociétariat, et celle de le créditer de 200 francs de pension pour chaque année, — acquis et ajoutés à la retraite, — veut bien vous accorder 1,200 francs pour vos six années antérieures à votre sociétariat; M. le ministre agit à la fois dans le plein exercice de son droit et de sa liberté.

Il agit conformément au décret de 1859, au décret de 1850, contre lequel vous vous élevez, et au décret de 1812, que vous invoquez vous-même. Supposez que M. le ministre veuille bien vous reconnaître seize années de sociétariat, puisque c'est là le fond de votre demande, et vous reconnaître dans quatre ans vos vingt ans accomplis, qu'y gagnez-vous? Vous retombez dans les termes du décret de 1812.

Article 12. — Tout sociétaire qui sera reçu contractera l'engagement de jouer pendant vingt ans, et, après vingt ans de service non interrompus, il pourra prendre sa retraite, à moins que le surintendant ne juge à propos de le retenir.

Le décret de 1812 est contre vous. Vous l'invoquez afin d'être libre dans quatre ans, et c'est ceci qui vous lie. Laissez-vous donc lier de bonne grâce, lier à un art que vous aimez, lier à un théâtre au-dessus duquel il n'y en a pas d'autre, au succès, à ses joies et à la célébrité.

Voilà ce que je vous réponds, et si M. le ministre me fait l'honneur de me consulter, ce que je lui répondrai à lui-même. Voulez-vous maintenant que je lui communique votre lettre? Je le ferai, mais à regret, obligé de vous desservir comme administrateur, lorsque je serais heureux de vous servir

En ami.

ÉD. THIERRY.

Ainsi, d'après cette lettre, la situation est bien nette. Vous entrez au théâtre sous l'empire du décret de Moscou. Vous travaillez pendant six ans. . .

Pendant six ans, vous vivez dans cette pensée que vous gagnez votre retraite et votre pension.

Au bout de ce temps, il survient un décret qui vous prive de ce droit acquis et fait de toutes ces promesses un mensonge. Plus tard, le décret de 1859 rend le bénéfice du décret de Moscou, mais pas à vous, à vos successeurs.

Quand vous aurez fait vos vingt ans, vous trouverez le surintendant qui, l'article 12 en main, vous renverra à votre loge vous habiller pour les menus plaisirs du public qui vous aime.

J'ai dit que M. Got était persévérant. En voici la preuve : il attendit encore pendant quatre années. Entré au théâtre en 1844, il était libre, selon lui, au 1er janvier 1865.

Mais, à cette époque, il jouait *Maître Guérin*. Cette pièce était en plein succès. Se retirer à ce moment, c'était compromettre les intérêts de l'auteur dont il admire le talent comme nous tous et dont il aime la personne ; c'était compromettre aussi cette Société dont il voulait bien se retirer, mais sans nuire à ses intérêts. Il n'y songea donc pas.

Au mois de juin, la fin de ces représentations lui rendit sa liberté, et il adressa encore sa démission au Comité. Voici dans quels termes :

Paris, 24 juin 1865.

Mes chers camarades,

Conformément aux articles 12 et 13 du décret de Moscou, sous l'empire duquel j'ai débuté le 17 juillet 1844 ; conformément à l'article 3 du décret additionnel de 1859 actuellement en vigueur,

Je viens vous donner ma démission de sociétaire de la Comédie Française et vous demander la liquidation de tous les droits qui y sont annexés, pension, fonds sociaux et représentation de retraite.

C'est aujourd'hui le 24 juin 1865, et j'aurai l'honneur de vous renouveler cette démission à la fin de décembre ; donc, à mon compte, je serai libre le 1er juillet 1866, après vingt-deux ans de service non interrompus.

Ne voyez, je vous prie, mes chers camarades, ni coup de tête ni mauvaise pensée dans cette détermination. Au contraire, je sais ce que j'ai dû au théâtre, et je ne l'oublie pas, bien que je sois de ceux qu'un travail sans relâche a loyalement acquittés envers lui.

Mais comme, en définitive, ma requête se borne à la reconnaissance pure et simple de mon droit, j'aime à croire que vous lui ferez bon accueil et je vous prie de recevoir à l'avance l'expression formelle de mes meilleurs sentiments.

EDMOND GOT.

Ce fut M. Thierry qui se chargea de lui répondre. Voici sa lettre, à la date du 4 juillet 1865 :

Cher monsieur Got,

Le Comité, auquel j'ai communiqué votre lettre, a ressenti la même impression de surprise et de chagrin que m'avait fait éprouver sa lecture. Vos camarades et vos collègues se proposent de vous exprimer ce double sentiment dans une réponse que vous ne tarderez pas à recevoir, toute pleine de leur affection et de leur haute estime ; mais la réponse du Comité ne saurait avoir le caractère d'une délibération officielle, puisque la question que vous lui soumettez n'est pas de son ressort. Il y a, vous le savez bien, un arrêté du ministre d'État, en date du 16 février 1860, dont l'exécution est confiée à l'administrateur général et dont vous-même, depuis cinq ans, avez accepté les avantages pécuniaires. Cet arrêté fixe pour vous à l'année 1870 l'expiration de la seconde période du sociétariat.

Le devoir de l'administrateur est donc bien simple et bien nettement défini. Je le remplis en n'acceptant pas la démission que vous donnez pour l'année 1866, et en repoussant de nouveau les arguments que j'ai déjà combattus en 1860.

Vos camarades essaieront de vous faire revenir sur une détermination qui les afflige. Puissent-ils y réussir. C'est mon vœu le plus cher, et je le forme avec toute la chaleur de mon dévouement pour la dignité de la Comédie Française ; mais je regrette profondément qu'un semblable débat, avant de venir devant ses véritables juges, se trouve dès à présent porté devant une autre juridiction dont je ne reconnais pas ici le mandat, et que, malgré votre désir de ne pas agiter l'opinion, votre cause n'ait pu se soustraire à l'intervention indiscrète et toujours irritante de la publicité.

Agréez, etc.

ÉD. THIERRY.

Le lendemain 5 juillet 1865, M. Got lui répondait ceci :

A M. Édouard Thierry.

Paris, 5 juillet 1865.

Monsieur,

Volontaire ou fortuit, il y a tout au moins un malentendu en tout ceci. C'est au Comité que je me suis adressé, d'après votre aveu, pour donner ma démission ; c'est au Comité que vous l'avez transmise vous-même, comme président ; c'est donc au Comité ou à vous, mais en son nom, de décider et de répondre.

Vous dites que le Comité n'est point compétent en cette affaire. Est-ce lui qui l'a déclaré spontanément, se décapitant ainsi de sa propre main ? Ou est-ce vous, monsieur, qui, devant son hésitation, avez offert, comme pour tout concilier, de vous substituer à lui et d'associer ainsi en vous seul, contre moi et à mes dépens, le ministère et le théâtre ?

Voilà ce que je veux savoir, car, pour incompétent, le Comité ne l'est pas.

Pourquoi le serait-il ?

Il nommait les sociétaires en 1850, comme il les a nommés depuis 1812, et comme il les nomme encore aujourd'hui. Par la force ou le hasard des choses, ce Comité, inamovible à travers tous les changements d'administrateurs et d'administration, a donc, avant tous, le pouvoir et le devoir de lier et par conséquent de délier au Théâtre-Français. Or, je ne veux point douter pour ma part que de bons et anciens camarades refusent de gaieté de cœur à un loyal collègue de le faire participer aux avantages du décret de Moscou, dont ils jouissent presque tous, comme aussi aux avantages du décret de 1859, appliqué maintenant aux nouveaux sociétaires.

Quoi ! par cela seul qu'on a été admis de 1850 à 1859, quelques services qu'on ait pu rendre d'ailleurs, on serait en dehors de la loi, générale pour tous les autres, et c'est contre vous que les autres invoqueraient cette fausse loi qui n'a pu se tenir debout pendant neuf ans ? C'est insoutenable, et, je le maintiens plus que jamais de toutes les forces de ma conscience, je suis libre de droit après vingt ans de services ; que ma détermination, encore et forcément inexpliquée pour eux, chagrine les membres de la Société, et qu'ils aient l'intention amicale de m'en adresser dans peu, ainsi que vous me l'annoncez, une

lettre de condoléance, ce sera fort honorable pour moi sans doute et je
leur en serai reconnaissant. Mais quelque flatteuse que cette démarche
puisse être pour mon amour-propre, mon intérêt ne saurait s'en contenter, et, au nom de l'équité même, je me vois forcé de leur en demander une autre plus catégorique. Empêchez-les donc, je vous prie,
monsieur, de m'envoyer cette première lettre, s'il en est temps encore ;
car il me faut absolument d'eux une réponse positive à ma demande,
ou de vous, monsieur, en leur nom, comme président du Comité, mais
non pas en votre nom personnel comme administrateur général, ce que
je ne puis admettre. Pour parler, avant de finir, des arguments que vous
invoquez contre moi, ne les ai-je pas pour ainsi dire rétorqués d'avance,
en faisant là-dessus mes réserves formelles à M. Arsène Houssaye en 1850,
en insistant en 1856 auprès de M. Empis, et en les renouvelant à vous-
même en 1860 ?

Les preuves sont entre vos mains comme entre les miennes, et je les
ferai valoir au besoin, s'il faut que j'y sois contraint.

Vous terminez votre lettre en regrettant que, malgré mon désir de
ne pas agiter l'opinion, ma cause n'ait pas pu se soustraire à l'intervention indiscrète de la publicité, et je crois là encore vous entendre à
demi-mots. Vous savez mieux que personne ce qu'est le secret de la
Comédie. Je repousse donc formellement toute participation à cette
publicité ; mais puisque, malgré moi, le public enfin est pris pour
arbitre, je l'accepte de tout mon cœur, et j'ai tellement foi dans la
justice de ma cause que, tout au contraire de vous, je reconnais parfaitement son mandat.

Vous m'excuserez, n'est-ce pas, monsieur, de soutenir mon droit un
peu vivement, mais il s'agit là pour moi, et pour d'autres aussi peut-
être, d'intérêts de toute sorte, d'intérêts capitaux, et il me fâche, je le
confesse, de les voir traiter, quoique avec une apparente bonhomie,
d'une façon si expéditive.

Recevez, je vous prie, monsieur, l'assurance de mon respect.

EDMOND GOT.

**M. Got écrivit à M. Thierry la lettre suivante à la date du
11 juillet 1865 :**

Paris, 11 juillet 1865.

Mon cher directeur ;

C'est donc que, selon vous, votre lettre du 4 juillet était péremptoi-

rement le dernier mot de votre justice et de celle du théâtre à mon
égard; car la réponse que j'y ai faite le jour même semble avoir été
non avenue pour vous, et j'en suis encore à attendre un premier signe
de vie du **Comité**.

Et me voilà presque à la moitié de ce mois de congé !

Si c'est peut-être du temps qu'on gagne sur moi, pour moi, c'est à
coup sûr bien véritablement du temps perdu.

De grâce, monsieur, tandis que rien d'irréparable n'est fait encore,
apportez autant de bonne volonté à tout concilier que j'en apporte moi-
même de tout mon cœur. Quand j'aurai été contraint, par le silence
même du Comité, à en référer à un tribunal, et je ne reculerai pas,
qu'y aurons-nous gagné tous ? Des soucis avant et des souvenirs pénibles
après. Une fois aux mains des avocats et des avoués, une cause échappe
toujours un peu aux parties : tout peut devenir une arme imprévue et
blessante, et telle personnalité qu'on voulait ménager quand même, se
trouve tout à coup mise en jeu malgré vous et par la force des choses.
J'en adjure donc le Comité, et j'en appelle à vous, monsieur.

Je demande amiablement ma liberté et mon droit; que coûte-t-il de
me satisfaire tout d'abord ? Quitte à nous entendre ensuite, s'il y a
lieu, sur d'autres bases, car je vous l'ai dit et je vous le répète, je pré-
férerai toujours une position honorable et juste au Théâtre-Français, à
n'importe quelle combinaison ailleurs, si avantageuse et brillante qu'elle
puisse être pour moi.

C'est bien compris, n'est-ce pas ? Je ne suis ni un adversaire, ni un
brouillon, et je n'ai point de colère; j'ai toujours été dévoué passion-
nément à l'art, aux auteurs et au théâtre, je l'ai prouvé, et le plus lourd
grief qu'on ait jamais pu avoir contre moi, même aujourd'hui, c'est mon
âpre amour de la justice, amour plus désintéressé peut-être encore et
plus affectueux au fond pour la Société que vous ne pouvez le croire.

Bref, monsieur, je compte sur la bienveillance que vous m'avez souvent témoignée, et au besoin sur l'état que vous faites hautement de la
dignité du Théâtre-Français, pour obtenir enfin ce que j'attends vainement depuis quinze jours, une acceptation pure et simple de ma
démission, ou tout au moins une réponse formelle du Comité.

Recevez, je vous prie, l'assurance de mes sentiments respectueux.

EDMOND GOT.

Le 12 juillet suivant, il recevait la lettre officielle du Comité,
conçue en ces termes :

Monsieur et cher camarade,

Le Comité d'administration s'était réuni, hier, dans le but de relire et de signer la lettre collective que vous avait annoncée M. l'administrateur général. Nous y avions exprimé notre chagrin et notre étonnement au sujet de cette démission, à laquelle personne ne pouvait s'attendre, et qui a causé à tout le monde une émotion extrêmement pénible. Ce qu'une amitié sincère, ce que notre haute estime pour votre talent peut suggérer de paroles affectueuses, nous l'avions employé à combattre une résolution qui nous afflige, et à vous faire revenir, s'il se pouvait, sur une aussi malheureuse détermination; mais la nouvelle lettre qui nous a été communiquée, nous avertit que la nôtre serait inutile. Vous la rejetez d'avance. Elle restera donc entre nos mains; et, pour se restreindre aux limites dans lesquelles vous le renfermez, le Comité se borne, non sans regret, à vous adresser ce résumé de sa discussion.

Puisque notre acte de société et le décret de 1812 nous donnent le droit de refuser votre démission, votre démission est inacceptable. Vous ne renoncez pas à la scène. Dès lors, n'est-ce pas en quelque sorte vous faire injure, ne serait-ce pas en témoigner trop peu de cas que de renoncer aisément au concours de services tels que les vôtres?

Mais, d'ailleurs, nous ne sommes pas même en position d'accueillir ou de repousser votre demande; en nous la communiquant, M. l'administrateur a mis sous nos yeux un arrêté ministériel qui vous concerne, et par lequel Son Exc. le ministre, vous appliquant les dispositions du décret de 1850, vous faisait connaître, dès le mois de février 1860, que vos services étaient acquis au Théâtre-Français, au moins jusqu'au 1er avril 1870. Sans doute, vous pouvez solliciter du ministre une nouvelle application en votre faveur des bénéfices du décret de 1857, et le concours empressé de vos camarades ne vous ferait pas défaut, si vous jugiez utile à vos intérêts de le réclamer en cette circonstance; mais tant qu'elle subsiste, la loi est la loi, et nous devons nous incliner devant elle; nous avons donc raison de vous dire que nous n'avons pas même le droit de délibérer sur votre demande, puisqu'un acte de l'autorité nous l'interdit implicitement. Mais cette interdiction n'enchaîne pas, du moins, notre pensée. Il était de notre loyauté de vous le faire connaître, et de vous déclarer que, si nous avions aujourd'hui le droit de nous prononcer, nous nous refuserions, en vertu de l'article 12 de notre acte de société auquel vous avez adhéré, et de l'article 82 du titre 6 du décret du 12 octobre 1812, à vous laisser vous éloigner d'un théâtre où vous avez obtenu de si grands succès, et où tant de succès vous attendent encore.

Agréez, cher monsieur et camarade, l'assurance de notre amitié sincère et de notre dévouement.

Les membres du Comité d'administration,

S. LEROUX, RÉGNIER, DELAUNAY, BRESSANT, MAUBANT.

La démission de M. Got avait eu l'honneur de soulever un assez grand bruit. Les journaux, comme on a pu le voir, en avaient parlé. Les régions ministérielles s'en émurent, et, le 3 août 1865, M. Camille Doucet lui-même écrivait à M. Got ces quelques lignes pour lui donner rendez-vous.

Palais des Tuileries, 3 août 1865.

Mon cher monsieur Got,

Me voici de retour, et un peu débarrassé des affaires qui m'attendaient. J'espérais votre visite qu'on m'avait annoncée et qui me serait fort agréable.

Si, samedi, vous veniez dans mon quartier, vous me trouveriez au ministère de une heure à quatre. Si ce jour-là ne vous convient pas, je serai toute la semaine prochaine à votre disposition.

Votre bien dévoué,

CAMILLE DOUCET.

Le rendez-vous eut lieu, et il faut que le Tribunal sache ce qui s'y passa, car on y trouvera l'explication du procès, au moins en ce qui concerne les motifs qui l'ont inspiré à M. Got. Le Tribunal, je l'espère, n'a point oublié l'histoire de la démission de 1855, non plus que le sentiment honorable qui avait décidé mon client à la donner, non plus que les heureux résultats qui s'en suivirent.

Or, c'est une réforme à peu près semblable qu'aujourd'hui il sollicite pour les artistes après l'avoir obtenue pour les auteurs.

Si l'on jette les yeux sur l'organisation de fait du Théâtre-Français, on est frappé de ceci : que, sur vingt-trois sociétaires,

il y en a dix ou douze qui non seulement travaillent sérieusement, mais recherchent sérieusement le travail, et dont le concours est d'une utilité incontestable et incontestée pour le
théâtre et pour la Société. Et cependant la situation est la même
pour tous. Un appointement fixe, augmenté de la part sociale
distribuée à la fin de l'année; la part sociale est plus ou moins
forte, selon que les recettes sont plus ou moins considérables.
Mais ces recettes, à part le mérite des pièces, à qui les doit-on?
à ceux qui ont joué, souvent toute une saison, sans relâche et
sans trève, tandis que les autres, et j'en citerais! ne se déran-
geaient que pour venir de mauvaise humeur voir la première
représentation des nouvelles pièces et émarger.

Ainsi, pas d'émulation et pas de travail sérieux en présence
d'une égalité de situations dont rien ne vient troubler l'imper-
turbable équilibre.

Eh bien! M. Got avait été choqué de ce système, et, certes,
il en avait bien le droit.

Depuis son admission au titre de sociétaire, c'est-à-dire
depuis le mois de mai 1850, il a créé trente-quatre rôles, valeur
de cent quinze actes, sans compter les rôles du répertoire qu'il
n'a jamais abandonnés.

Et si l'on veut avoir une idée de la somme de travail que tout
cela peut représenter, il faut savoir que l'année dernière seulement, et en dix mois, il a joué cinq cent quatre-vingt-quinze
actes.

Qu'on ajoute à cela le labeur des répétitions, et l'on trouvera
qu'il n'y a place dans cette vie si occupée ni pour un plaisir, ni
pour un deuil, ni pour une préoccupation personnelle à l'artiste. La scène toujours, le théâtre sans cesse, toutes ses heures
données à l'art et au public, et c'est au bout de vingt années
passées ainsi qu'on marchande si mesquinement le droit à la
retraite et le droit si chèrement acheté de vivre médiocrement
jusqu'à la mort !

C'est donc frappé des inconvénients de ce régime que mon
client s'est ému et a cherché à ce mal un remède, qui, sans
troubler les droits acquis, encourageât chacun au désir du tra-

vail et du succès. Le remède est aussi facile à appliquer pour les artistes qu'il l'était pour les auteurs. C'est le même, c'est la rémunération aussi exacte que possible du labeur et du talent : c'est-à-dire ce qu'il y a au monde de plus sage, de plus juste et de plus moral; en un mot, c'est le système des feux compris autrement qu'il ne l'est aujourd'hui; car on va voir à quel point il est défectueux. En effet, les feux se composent de dix francs par pièce. Conséquence : si le spectacle se compose de sept actes, une pièce en un acte au lever du rideau, puis une grande pièce en cinq actes, et enfin un autre acte pour finir; l'artiste qui aura joué dans les pièces en un acte aura droit à deux feux, et celui qui aura joué cinq actes n'aura droit qu'à un seul feu. Si je parle de cette misère, c'est uniquement pour indiquer la recherche exquise qui paraît avoir présidé aux nombreuses imperfections des règlements de la Comédie Française.

Par cette critique, on voit tout de suite le système proposé. Supprimez les feux par pièces et remplacez-les par des feux par actes. Réglez les feux de chacun sur l'importance de sa position, soit de pensionnaire, soit de sociétaire, à différentes portions de parts.

J'entends aussitôt l'objection. C'est que M. Got, qui propose cela, sait bien qu'il ne peut qu'y gagner. Aimé du public, recherché à cause de cette faveur et de son talent par les auteurs qui écrivent pour lui, il est toujours sûr d'être bien partagé, tandis que le hasard des distributions peut tenir éloigné de la scène, c'est-à-dire de la fortune, tel ou tel de ses camarades.

A cela il y a plusieurs réponses. D'abord, on pourrait opposer qu'il est bien naturel que les plus forts traitements soient la récompense de l'effort le plus consciencieux et du talent le plus apprécié.

Mais ce qu'il faut dire surtout, c'est que l'application de ce système ne changerait que dans des proportions extrêmement modestes le résultat final pour chacun. Vous en verrez la preuve dans un calcul qui établit la situation de plusieurs artistes, d'après les bases proposées et pour les mois suivants.

Vous le trouverez au dossier. En ce qui concerne M. Got, il ne faut qu'une seule pièce qui ait du succès et dans laquelle il ne joue pas, pour qu'il subisse les inconvénients de son système comme les autres. Ainsi, *Henriette Maréchal* n'a pas eu de succès, mais elle en pouvait avoir, et aucun rôle ne lui était distribué dans cette œuvre. Sans le hasard qui lui a donné un emploi, sans l'autre hasard qui a fait tomber la pièce, il était écarté pendant longtemps de la scène, de même que pour la pièce de Ponsard, que l'on répète et dans laquelle il n'a pas de rôle.

Enfin, pour répondre surabondamment à l'objection, il faut ajouter que l'on ne proposait pas de changer, quant à présent, l'ordre des choses. L'appointement fixe serait maintenu, le partage social serait maintenu également. Got seul souffrirait du nouvel arrangement des choses s'il y avait à en souffrir. Et, en effet, voici quelles étaient ses intentions : Se retirant au bout de vingt ans de service, mais dans la force de l'âge et du talent, il ne voulait ni passer le reste de sa vie dans l'oisiveté ni porter ailleurs ses services. Sa situation une fois liquidée pour le passé, il ne demanderait qu'à se réengager au Théâtre-Français, soit comme pensionnaire, soit comme sociétaire, mais avec l'application de son système de *feux*. A l'usage, on eût apprécié la valeur de sa combinaison, et on l'eût appliquée à ceux qui l'auraient demandée ; si elle est mauvaise, lui seul en serait victime. Quoi de plus juste, quoi même de plus généreux, puisqu'il abandonnait aux autres l'avantage et le bénéfice et se réservait le côté périlleux de l'aventure qu'il allait courir. Il agit ainsi, parce qu'à côté du comédien de talent, il y a l'homme intelligent et distingué, parce qu'il aime, ainsi qu'il l'a dit, la maison où il a été élevé, et qu'il y voit, pour la Comédie Française, honneur et dignité.

M. Camille Doucet, dans ses conversations avec M. Got, parut touché de ces raisons ; il convint qu'il y avait bien des choses à refaire pour le théâtre, et il proposa de nommer une commission : il alla plus loin ; comme l'avait fait M. Fould en 1855, il demanda un rapport sur la question et un projet de décret. Le travail fut fait et lui fut apporté sans retard, puis plus rien. Le temps marcha, et la chose fut écartée, sinon oubliée. M. Got tenta une dernière démarche et écrivit à M. le maréchal Vaillant la lettre suivante :

A S. Exc. le maréchal Vaillant, ministre des Beaux-Arts.

Paris, 29 octobre 1865.

Monsieur le Ministre,

Je m'adresse à vous en dernier recours, et je le fais avec confiance.

J'ai débuté au Théâtre-Français en juillet 1844, et j'ai été engagé après débuts.

J'ai été reçu sociétaire en 1850, après six années d'un rude noviciat, comme cela se pratiquait d'ailleurs fort sensément à cette époque.

Au mois de juin dernier, j'ai envoyé au Comité ma démission pure et simple, — et après vingt et un ans passés de loyaux services non interrompus, je me suis vu refuser péremptoirement ma retraite et 4,000 fr. de pension par mes camarades, dont la majorité a droit à 5,000 fr. de pension après vingt ans de service.

Ce refus était motivé principalement sur l'art. 12 de l'acte de société qui m'engage.

Alors, moi, au nom de ce même acte, violé sans cesse dans presque tous ses autres articles, j'en ai appelé à la justice en demandant la dissolution de la Société même, et le procès entamé n'a été suspendu temporairement que par les vacances des Tribunaux.

Dans ces circonstances, je dois le dire, monsieur le ministre, abandonné contre toute attente de la plupart de mes collègues, j'ai vu l'Administration supérieure seule se préoccuper avec bienveillance de ma démarche.

MM. Gauthier et Camille Doucet ont sûrement rapporté à Votre Excellence que l'action intentée par moi l'était aussi malgré moi, et que je déplorais d'avance les complications inévitables de droits et de personnalités que ma cause, livrée aux débats d'un tribunal, ne manquerait pas d'élever autour d'elle.

Ces messieurs vous auront dit aussi, monsieur le ministre, que j'avais soigneusement évité dans mon affaire de mettre les décrets et le ministère en cause, et que, d'ailleurs, ma démission n'avait au fond pour but réel que l'intérêt général du Théâtre et de l'Art, sans aucune préoccupation de mon intérêt propre. — Ils m'ont même demandé un rapport détaillé sur les modifications aux statuts, dont je les entretenais, et m'ont fait l'honneur d'en admettre la possibilité et aussi la discussion devant une commission qui serait nommée par vous.

Or, il y a dix ans, monsieur le ministre, une démarche pareille de ma part m'avait amené devant M. Fould, votre prédécesseur, pour d'autres modifications réclamées par moi et relatives aux droits des auteurs, et j'avais eu le bonheur alors de voir hautement adopter mes idées, qui, depuis, ont ramené presque sans relâche la vie et le succès sur notre première scène.

Pardonnez-moi ce mouvement d'orgueil : mon ambition était aujourd'hui de tenter pour les artistes ce que naguère j'avais tenté pour les poètes.

Mais je vois bien que la chose est beaucoup plus compliquée et se complique encore tous les jours ; je la livre donc tout entière à votre sagesse et viens vous demander, monsieur le ministre, pour mettre fin d'un coup aux difficultés présentes, de m'accorder, vous, libéralement, ce que j'ai en vain réclamé d'abord de la conscience et de la bonne camaraderie de mes collègues ; vous êtes tout puissant en ces matières, et, dans l'état actuel, le ministre peut sans conteste, au Théâtre-Français, délier aussi bien qu'il a pu lier.

Accordez-moi donc ma liberté et ma retraite, je vous en supplie, et, à ce prix, je me tiendrai fort satisfait, pour moi comme pour mes adversaires, de renoncer publiquement au procès en question.

Quitte ensuite, si vous me faites l'honneur de le désirer, monsieur le ministre, à rentrer comme pensionnaire à la Comédie, ou mieux encore, et j'en serais fier, à me mettre pour mon compte, pendant une année ou deux, à l'épreuve du mode de réorganisation que je propose, peut-être contre mes intérêts.

Je suis, monsieur le ministre, en attendant presque une réponse favorable, de Votre Excellence

Le très humble et obéissant serviteur.

E. Got.

Le maréchal lut cette lettre et indiqua, dans une note bienveillante, qu'il était prêt à recevoir M. Got ; mais on n'arrive pas ainsi en présence d'un ministre, et l'on posa à M. Got comme condition expresse de cette entrevue la nécessité de donner son désistement pur et simple du procès engagé. Un comédien, ne pouvait ainsi traiter de gré à gré avec une Excellence, un acte de soumission préalable était nécessaire. M. Got n'en jugea pas ainsi, et je l'en honore.

Une démarche restait encore à faire : elle fut faite le mois dernier, et voici la lettre qu'il écrivit aux sociétaires, réunis en Assemblée générale :

A l'Assemblée générale de la Comédie Française.

Paris, 16 novembre 1865.

Mes chers camarades, vous voilà enfin réunis en assemblée générale pour prendre, en connaissance de cause, une détermination définitive à mon sujet.

Si le procès à lieu, il est inévitable que les débats du Tribunal mettent publiquement en question certains actes, certains noms et certains intérêts, sur lesquels, si on l'avait bien voulu, je n'aurais pas demandé mieux que de me taire.

Je l'ai assez dit, écrit et répété depuis cinq mois.

Eh bien, j'ai une telle répugnance pour tous ces scandales mesquins et un tel désir de terminer l'affaire à l'amiable : qu'on me donne ma liberté et ma retraite, auxquelles j'ai droit dans mon âme et conscience, et, à cette condition, je me désiste de ma demande en dissolution de société.

Je me retirerais, dans ce cas, aussitôt que vous le voudriez, heureux de vous laisser vous accommoder entre vous selon vos goûts et vos habitudes. Si l'on refuse d'adhérer à cette dernière proposition de ma part, advienne alors que pourra ! Mais merci d'avance à ceux et à celles de mes camarades qui m'ont favorisé ou qui me favorisent encore de leur abstention.

Je n'ai jamais sollicité aucun appui, vous êtes donc libres tous.

Recevez, mes chers camarades, l'assurance de ma considération.

E. GOT.

La réponse à cette lettre lui parvint à la date du 16 novembre 1865. La voici :

Paris, 16 novembre 1865.

Monsieur et camarade,

Monsieur l'administrateur général nous a donné lecture de la lettre que vous l'aviez prié de nous communiquer.

Les pouvoirs de l'Assemblée générale, définis par les décrets, ne lui permettent pas de résoudre la question que vous avez bien voulu soumettre à son appréciation.

Néanmoins, si l'Assemblée générale pouvait avoir à formuler une opinion, cette opinion serait identiquement celle que le Comité a cru précédemment devoir vous exprimer, et que l'Assemblée générale approuve sans réserve.

Recevez, monsieur et cher camarade, l'expression de nos meilleurs sentiments de confraternité.

Au nom de l'assemblée générale,

Le secrétaire de la Comédie Française,

VERTEUIL.

Enfin, en même temps, M. Got, qui veut que toutes choses soient clairement comprises, envoyait à chacun des sociétaires, j'entends *messieurs et mesdames les comédiens français*, une lettre-circulaire dans laquelle il renouvelle toutes ses explications, en leur demandant s'il est vrai qu'ils se soient tous tournés contre lui.

Cette lettre réclamait à chacun une réponse : l'on va voir que cette réponse était utile.

On n'avait pas craint de représenter *messieurs et mesdames les comédiens français* comme réunis dans un mouvement spontané et unanime et soulevés contre la prétention de M. Got. Eh quoi ! un *tolle* général, un cri d'horreur simultané s'échappant de toutes ces poitrines, une réprobation allant de l'homme au système proposé par lui et du système jusqu'à son action judiciaire, c'était bien inquiétant, mais c'était bien invraisemblable pour qui connaît un peu *messieurs et mesdames les comédiens français*, dont le moindre défaut est l'entente et l'harmonie ! Du reste, les réponses l'ont prouvé.

Dans les unes, il y a bienveillance pour le camarade ; dans les autres, amitié : dans toutes on constate non sans étonnement une ignorance profonde des choses dont il s'agit. Je dis : non, sans étonnement, car il n'est pas donné de comprendre que M. Thierry n'ait pas instruit les sociétaires de la demande si simple et si favorable à tous que M. Got lui avait faite ; je ne veux lire que quelques-unes de ces lettres.

La première est celle de M{ll} Jouassain : elle est écrite avec une modestie et une grâce charmantes, la voici :

14 novembre 1865.

Mon cher camarade,

Je suis la plus humble des sociétaires de la Comédie, et la question que vous me proposez intéresse un bien gros débat. Vous savez quelle est d'ordinaire la situation des petits au milieu des querelles des grands ? Veuillez donc m'excuser d'entendre aussi peu de chose à ce qui se passe si fort au-dessus de moi.

Tout ce que je comprends bien, ce sont les sentiments que vous devront toujours ceux qui ont eu l'honneur de partager avec vous le sociétariat, et je vous prie d'en agréer ici la vive expression, avec l'assurance de tout mon attachement.

CLÉMENTINE JOUASSAIN.

La seconde est de M. Monrose, elle répond d'une manière terrible au fameux argument de l'unanimité.

Paris, 11 novembre 1865.

Mon cher camarade,

Vous auriez tort de voir dans l'acte de constitution signifié en mon nom, autre chose qu'une formalité de procédure : si j'avais voulu m'en faire une arme contre vous, j'aurais d'abord consulté mon conseil.

Mon assignation m'a été demandée uniquement pour me faire représenter et non pour autre chose.

J'ai fait un peu de procédure, il y a bien longtemps, c'est vrai ; mais j'ai cru me rappeler que pour agir légalement, la première chose à faire, quand on recevait une assignation, c'était de constituer un avoué.

En un mot, rien dans tout cela qui vous soit personnel, ni hostile : et je dirai même, d'après la conversation que nous avons eue ensemble et sans approuver complètement vos idées et vos motifs, puisque je ne les connais pas à fond, je dirai que si vous nous les aviez exposés en particulier avant de nous les soumettre par huissier, votre assignation n'aurait peut-être pas été faite uniquement en votre nom.

Sur ce, mon cher camarade, recevez dans tous les cas l'assurance de ma parfaite considération.

L. MONROSE.

Puis j'en trouve une de Mlle Nathalie, avec une restriction grosse de mystère. Quel est l'OEdipe qui osera deviner cette énigme?

Paris, 12 novembre 1865.

Mon cher camarade,

J'entends peu de chose aux affaires, vous le savez; votre assignation, qui m'est arrivée à Aix, m'a causé un véritable effroi; il n'y était question que de condamnation, de dissolution de société, etc., etc. Et moi qui, gagnant 12 et 15,000 francs avec feux dans les théâtres de genre, suis entrée à la Comédie avec 6,000 francs tout sec, je ne peux admettre la destruction ou l'altération d'un contrat pour lequel j'ai sacrifié tant d'argent, et des années que vous ne pouvez me rendre, hélas!

J'ai donc envoyé à M. Verteuil l'assignation qu'il me demandait (sans pression ni conseil) avec mon adhésion d'opposante. Depuis, ni vous ni d'autres ne m'ont expliqué l'affaire, et votre lettre ne me rallie point à vos opinions, car il me semble que ces marchés léonins et ces vœux éternels dont vous vous plaignez, vous en connaissiez la teneur avant de les signer, et que, par conséquent, vous en devez sentir toutes les conditions et clauses. Je ne trouve pas non plus votre système de feux applicable, car il arrivera toujours qu'un sociétaire quelconque, s'appliquant à jouer les bouts de rôles, dans l'ancien et nouveau répertoire, se trouvera au bout de l'année mieux rétribué que nous.

Voici, moi, ce que je trouvais logique : aux supériorités les appointements supérieurs, l'exception faite justifie suffisamment ce nouveau mode, et votre personnalité et votre rare talent vous désignent assez, je crois.

Quant aux injustices fatales qu'une société dépendante comme la nôtre doit subir, j'en ai souffert plus que personne. Puisque cette année encore, et malgré le service actif et loyal que je fais depuis dix ans, on a fait dans mon emploi un engagement déjà reconnu inutile, et cela avec une hostilité, *que vous savez vraie*; j'ai vu des augmentations considérables (justifiées sans doute), mais que j'avais non moins justifiées moi-même par le travail, l'ancienneté, les dépenses de costumes, et le reste, et nonobstant, je persiste à croire que le renversement de la Comédie serait un malheur pour l'art et les artistes.

Recevez, mon cher camarade, avec le regret de n'être point de votre avis, l'assurance de mon affectueuse camaraderie.

NATHALIE,
Sociétaire de la Comédie.

Enfin voici, pour terminer, une lettre de Mme Jaluzot-Figeac que je recommande à l'attention du Tribunal. Celle-ci est solennelle et grave comme la Vertu même, et je dirais que la signataire s'y montre une mère pour mon client, si l'éternel printemps qui caresse Mme Jaluzot ne faisait de ce mot un coupable anachronisme ; mais ce qu'elle a oublié en écrivant cette lettre, c'est qu'elle ne faisait plus partie à ce moment de la Comédie, si bien que le feu dont elle brûle n'est plus pour elle qu'une flamme platonique et azurée :

Cher camarade,

Vous me demandez de vous dire *franchement* quelle a été ma pensée en remettant à M. Éd. Thierry notre assignation.

J'ai *pensé* agir collectivement, l'attaque étant dirigée contre une société dont j'ai l'honneur de faire partie, j'ai *pensé* que je devais me réunir à elle pour protester.

Il n'y a eu « ni *mise en scène*, ni *surprise déloyale.* »

Et je m'étonne qu'on soit venu vous trouver « pour se *renseigner.* » Se renseigner sur quoi ?

La conscience est *une*, et chacun sait ce qu'elle ordonne !

Être sociétaire de la Comédie Française est le but auquel aspire tout ce qui fait du théâtre. Et vous-même, cher camarade, regardez en arrière et dites-moi franchement si votre cœur a jamais battu d'un bonheur plus grand que le jour où, l'âme palpitante, radieuse, vous êtes venu annoncer à votre mère qu'il y avait à la Comédie Française *un sociétaire de plus !*

Aujourd'hui, pour des raisons que je ne puis apprécier, ne comprenant qu'une chose, le respect de tout engagement pris, signé ou non, aujourd'hui, dis-je, vous venez demander la dissolution de la Société. Mais votre signature ? mais votre parole donnée ?

Le Code civil défend, dites-vous, les marchés léonins, les vœux éternels.

Mais vous ne l'ignoriez pas, et vous avez signé ; et l'eussiez-vous ignoré, que cela ne pourrait, il me semble, vous servir d'excuse contre votre parole donnée en toute liberté !

La Société peut être mal faite, mal comprise, peut ne plus avoir raison d'être, c'est possible. Je me reconnais incapable de juger une aussi grosse question. Mais ma simple droiture me dit qu'un sociétaire n'a pas le droit de la saper, puisqu'il ne peut le faire sans transiger avec sa conscience, sans violer les engagements qu'il a pris.

Pardonnez-moi la *franchise* de cette lettre, mais vous me l'avez demandée,

Et recevez, cher camarade, l'assurance de mes sentiments distingués.

JALUZOT-FIGEAC.

18 novembre 1865.

Quant à M. Lafontaine et Mlles Édile Riquier et Émilie Dubois, ils ne savent de quoi il s'agit, non plus que Mme Guyon, bien qu'elle croie le contraire; mais elle se trompe, et j'en trouve la preuve dans sa lettre et dans l'aphorisme de Boileau :

> *Ce que l'on conçoit bien s'énonce clairement.*

Il fallait, pour qu'il n'y eût pas d'équivoque, que le Tribunal sût toutes ces choses.

Maintenant, messieurs, un seul coup d'œil sur l'ensemble même du procès. Je veux, sans discuter, examiner rapidement la situation : c'est encore de l'histoire, et seulement de l'histoire.

J'ai dit pourquoi M. Got voulait quitter la Comédie. Plus de doute sur son caractère ou sur ses intentions : il a dû se demander, après la réponse qui lui fut faite, si, à notre époque et sous notre législation, un homme pouvait être lié éternellement à une tâche sans pouvoir rompre un contrat qu'un surintendant peut, au contraire, maintenir ou non, au gré de ses caprices. Il n'a pas cru que cela fût possible, et il a examiné sa situation. Voici ce qui est résulté de cet examen :

Il y a deux choses au Théâtre-Français : l'acte de germinal que l'on signe en entrant dans la Société (c'est le pacte social qui lie les associés entre eux); puis à côté, au-dessus, si on veut, il y a les décrets, qui donnent à cette association une physionomie particulière.

Ces décrets, je n'ai pas à les examiner en ce moment, mais ce que je veux examiner, ce qui ne saurait échapper à ma critique, c'est l'acte de germinal qui me fait associé. Cet acte, on me l'oppose chaque fois qu'on en a besoin; mais, quand je l'invoque, on le déclare tombé en désuétude. Eh bien! c'est en son nom que je demande la dissolution de la Société. On a parlé de la perpétuité de la Société : c'est un argument que je ne dédaigne pas, mais il y en a un autre qu'on n'a pas relevé, c'est celui de l'article 1184 du Code civil qui dit que, dans tout acte synallagmatique, — or le contrat de société est un contrat synallagmatique s'il en fut jamais, — on est délié de ses engagements si les engagements ont été violés par les autres parties. Le pacte social a-t-il été ou non violé? Jugez-en.

L'article 11 dit qu'on ne sera admis, après les débuts, qu'à l'essai d'au moins un an. Or, en 1844, Mme Mélingue est engagée par le Comité sans début et sans essai; mais elle fut plus tard sacrifiée par le Comité aux caprices du maître.

Pour M. Bressant, le Comité s'assembla; on délibéra sous la présidence de M. Arsène Houssaye, qui proposait l'admission de l'élégant comédien. Le Comité objecta cet article 11. Il rendit hommage au talent de M. Bressant et proposa même de lui donner de très forts appointements, mais en respectant l'article 11. Alors M. Houssaye, avec le ton de l'ancienne Cour de Versailles qu'il a conservé, dit au Comité qu'il était ravi de ses bonnes dispositions et lui annonça... que l'engagement était signé dans les bureaux depuis la veille. Mais l'article 11? Oui, mais M. Bressant? Comment M. Bressant, qui est membre du Comité, peut-il nous opposer aujourd'hui, sans rire, le décret de 1850? Il en a été de même pour l'engagement de Mme Guyon, et pourquoi? De même enfin pour M. Lafontaine et sa femme, feu Mlle Victoria.

Les articles 10, 12 et 13, qui fixent la pension de 4,000 francs après vingt ans de service, ont été violés : d'abord par les sociétaires qui, en 1833, s'adjugent 5,000 francs; puis par Mme Denain, qui fait liquider sa retraite avant vingt ans accomplis; puis pour M. Brindeau et pour Mlles Fix et Figeac avant même une période de dix ans, à qui on a compté leur temps de pensionnaires. Et après le formidable coup de canif donné dans le contrat de Mlle Figeac, signant plus tard femme Jaluzot, comment pourra-t-elle s'indigner qu'on puisse avoir la pensée de ne pas respecter un acte qu'on a signé? Elle peut dire, il est vrai, qu'elle n'a rien violé, mais on violait pour elle. Je citerais bien encore l'exemple de Mlle Mars et de Mlle Rachel, mais la loi n'est pas faite pour les dieux!

Les articles 17, 18, 19 et 26 ordonnent l'établissement d'un capital qui devait être prélevé chaque année jusqu'à ce qu'il pût fournir une rente annuelle de 50,000 francs. Ces articles sont explicites et importants, je crois, à tous les points de vue. Or, qu'on me montre plus de 200,000 francs de ce capital de 1,100,000 francs, et je me désiste à l'instant. Et cependant vous m'avez fait signer un acte qui plaçait en l'an XII la première économie de cette somme : donc vous m'avez trompé, car vous ne m'avez pas prévenu que vous aviez ainsi manqué aux prescriptions de cet acte.

L'article 29 confère au Comité le droit de contrôle, de surveillance et de proposition; or, c'est le ministre qui fait tout : le Comité regarde faire.

Un jour, Mlle Plessy quitte tout d'un coup Paris et le théâtre. Elle fuit vers Saint-Pétersbourg, crime puni par les foudres les plus redoutées : elle est condamnée à 100,000 francs de dommages-intérêts ; c'était peu pour tant de grâces et de talent dont elle nous privait au profit de la Russie. Plus tard, elle est revenue, heureusement, et la somme due par elle a été passée par profits et pertes. Qu'on me montre l'aveu du Comité lorsqu'il a dû ordonnancer cette somme.

Enfin, aux termes de l'article 47, l'exclusion est prononcée pour cessation de service non autorisée pendant plus de six mois : a-t-on appliqué cette loi à Mlle Plessy? Elle est rentrée triomphalement. Je ne m'en plains pas. Mais enfin tout cela prouve que le contrat social n'a pas été respecté. Bien plus, comme il fallait faire oublier son exil à Mlle Plessy, on lui a offert 24,000 francs de traitement et trois mois de congé. Les dix ans qu'elle a faits avant son départ lui compteront pour sa retraite, sans préjudice de la retraite réglementaire qu'elle a été gagner en Russie. Voilà ce qu'on lui a offert, voilà ce qu'elle a bien voulu accepter, moyennant quoi chacun est ravi..., excepté l'article 47, s'il tenait à rester intact et à ne pas être violé, ce qui est un genre de traitement qui déplaît particulièrement à Mlle Figeac! Mais ce n'est pas son seul échec, et Mme Madeleine Brohan touchera sa pension et prendra tranquillement sa retraite après vingt ans, sans rappeler qu'elle a été passer un an au Théâtre de Saint-Pétersbourg.

J'en ai fini, et je dis qu'on ne peut me tenir lié par un acte qui ne lie personne que moi, dont l'élasticité, si complaisante pour toutes ces gracieuses personnes que je vous ai nommées, ne semble avoir de rigueurs que pour le talent, la conscience et le travail. Je dis qu'il faut en finir avec ce pacte de germinal an XII et qu'il est dérisoire de ne nous le faire signer que pour l'exécuter contre nous. Je dis enfin que puisqu'il faut que le théâtre soit régi en société, il faut aussi un acte sérieux et en harmonie avec la législation actuelle.

Eh quoi! n'est-ce donc pas un contre-sens que ces facultés données aux uns de rompre le contrat sans que les autres aient ce même droit? Et qu'est-ce que cette Société en commandite sans gérant et sans raison sociale? Il faut que tout cela disparaisse. La durée de la Société est illimitée, et, aux termes de la loi actuelle, j'en puis provoquer la dissolution.

Que le Tribunal la prononce donc. Et, après ce jugement, on fera un acte sérieux, médité, en rapport avec la vérité juridique d'aujourd'hui. On y fera même tenir, si l'on veut et si l'on peut, ces décrets devant lesquels je m'incline sans vouloir les discuter ni les examiner, et j'estime que ce sera là une œuvre véritablement bonne, sérieuse, morale, et utile à tous.

LE LIVRE DE M. BONNETAIN

ONSIEUR PAUL BONNETAIN, auteur d'un livre intitulé *Charlot s'amuse*, a été traduit devant la Cour d'Assises de la Seine sous l'inculpation d'outrage aux bonnes mœurs.

Les débats ont eu lieu à huis clos. M. l'avocat général Bernard a soutenu la prévention.

PLAIDOIRIE

EN écoutant tout à l'heure, avec l'attention qu'elles méritent, les graves paroles qui tombaient des lèvres éloquentes du ministère public, j'y prenais un vif plaisir, et je n'étonnerai pas M. l'avocat général en le lui disant.

Mais je ne l'étonnerai pas non plus si je lui confesse que sa harangue ne m'a pas du tout convaincu.

Il cherche un coupable et il croit le voir à cette place.

Moi, qui ne cherche pas de coupables, j'en trouve plusieurs... et qui ne sont pas sur ce banc.

A mon compte, il y en a trois que je découvre sans grand effort :

C'est d'abord le législateur qui a fait la loi de 1881 ;

C'est ensuite le Parquet, si brillamment représenté ici par M. l'avocat général, présent et requérant ;

C'est enfin M. le ministre de l'Intérieur.

Vous voyez, messieurs, que, dans mon infatuation, — ainsi que s'exprime si volontiers M. l'avocat général en parlant de mon client, — vous voyez, dis-je, que, dans mon infatuation, je vais jusqu'à faire le procès aux trois grands pouvoirs de l'État : le pouvoir législatif, le pouvoir judiciaire et le pouvoir exécutif.

Le législateur ?

Car il a entrepris une tâche irréalisable et n'a pas pu la mener à bonne fin.

Le problème était celui-ci :

« Protéger la morale publique et les bonnes mœurs contre des écrits qui peuvent les compromettre; constituer le Parquet gardien de ces bonnes mœurs. »

Or, en pareille matière, il n'y a qu'une seule législation possible :

Celle de l'ancien régime, renouvelée par l'Empire dans le décret du 17 février 1852.

Rien ne paraît sans avoir passé par une lecture préalable. L'autorité donne ou refuse son estampille. Pas d'estampille, pas de publication.

J'entends bien que ce système peut être critiqué, et je ne vous dis pas qu'il ait mes préférences.

Mais au moins il est efficace dans une large mesure, et le pouvoir qui s'attribue la garde des bonnes mœurs peut vraiment les garder !

Vous ne voulez pas de ce régime? Soit.

Alors il n'y en a qu'un dont la logique et la raison s'accommodent : c'est la liberté absolue.

La morale publique devient sa propre gardienne et fait sa police elle-même, et le plus ou moins de succès des œuvres obscènes devient le thermomètre de la curiosité, c'est-à-dire de la morale publique.

En dehors de ces deux systèmes, il n'y a ni satisfaction pour le législateur, ni sécurité pour le juge.

Et, tout d'abord, remarquons que la Chambre de 1822, imitée en cela par celle de 1881, fidèle aux traditions d'un esprit ancien, a voulu constituer un délit dans une matière qui échappe à toute formule, ou même, la formule une fois trouvée, échappe à toute application; j'entends : l'obscénité.

En effet, à défaut de la loi, qui se garde bien des définitions, j'ouvre les dictionnaires et je trouve : « *Obscène*, qui blesse ouvertement la pudeur. »

Soit. Voyons *pudeur :* « honte honnête causée par l'appréhension de ce qui peut blesser la décence. »

Et après? Nous n'en sommes point plus avancés, car voici

précisément que des écrivains qui sont la gloire de la France et l'ornement de l'esprit humain se sont rendus coupables d'obscénité.

Je parle de Voltaire qui, dans *Candide*, nous donne la généalogie de la « vérole » qu'il appelle par son nom sans précaution et sans euphémisme ; et de Diderot qui écrit la *Religieuse* et les *Bijoux indiscrets*, et de tant d'autres !

Vous ne les poursuivez pas, et vous avez raison. Mais alors que devient votre loi contre les écrits obscènes ?

Impuissants contre le passé, êtes-vous mieux armés contre le présent ?

Vraiment, on ne le dirait guère... J'ouvre *Nana*, de M. Émile Zola, à la page 4. Les personnages en scène sont Bordenave, le directeur du théâtre des Variétés, puis Fauchery, un journaliste, qui lui présente un provincial de ses parents, M. de la Faloise. Lisons :

— Puis, pour couper court, il présenta son cousin, M. Hector de la Faloise, un jeune homme qui venait achever son éducation à Paris. Le directeur pesa le jeune homme d'un coup d'œil. Mais Hector l'examinait avec émotion. C'était donc là ce Bordenave, ce montreur de femmes qui les traitait en garde-chiourme, toujours fumant de quelque réclame, criant, crachant, se tapant sur les cuisses, cynique, et ayant un esprit de gendarme ! Hector crut qu'il devait chercher une phrase aimable.

— Votre théâtre..., commença-t-il d'une voix flûtée.

Bordenave l'interrompit tranquillement d'un mot cru, en homme qui aime les situations franches :

— Dites *mon bordel*...

— On m'a dit, recommença-t-il, voulant absolument trouver quelque chose, que Nana avait une voix délicieuse.

— Elle ! s'écria le directeur en haussant les épaules, une vraie seringue !

Le jeune homme se hâta d'ajouter :

— Du reste, excellente comédienne.

— Elle !... un paquet ! Elle ne sait où mettre les mains et les pieds.

La Faloise rougit légèrement. Il ne comprenait plus. Il balbutia :

— Pour rien au monde, je n'aurais manqué la première de ce soir. Je savais que votre théâtre...

— Dites *mon bordel*, interrompit de nouveau Bordenave, avec le froid entêtement d'un homme convaincu.

Eh bien! monsieur l'avocat général, voulez-vous que nous reprenions les définitions du dictionnaire de Littré?

« *Obscène*, qui blesse ouvertement la pudeur. »

« *Pudeur*, honte honnête causée par l'appréhension de ce qui peut blesser la décence. »

Je m'en voudrais mal de mort de pousser la curiosité jusqu'à l'indiscrétion vis-à-vis de M. l'avocat général, mais je voudrais bien savoir comment il s'accommode en présence de cette lecture avec « la honte honnête que doit lui causer l'appréhension de ce qui peut blesser la décence ? »

Mais ce n'est pas tout, et il faut aller plus loin.

Passons à la page 234. Nana est la maîtresse du comte Muffat, un personnage très digne et pourvu d'une place à la Cour de Napoléon III, ce qui, par parenthèse, n'est pas pour me déplaire! On soupe au café Anglais, et là, dans un corridor, Nana apprend de Fauchery, un journaliste, que son amant le comte Muffat a des infortunes conjugales.

Voici dans quel style elle s'en étonne :

— Ah! il est cocu... Eh bien, mon cher, c'est embêtant. Moi, ça m'a toujours dégoûtée, un cocu !

Puis elle rentre chez elle avec le comte, et voici la scène à laquelle nous assistons :

Pourtant, il retira ses bottines avant de s'asseoir devant le feu. Un des plaisirs de Nana était de se déshabiller en face de son armoire à glace, où elle se voyait en pied. Elle faisait tomber jusqu'à sa chemise; puis, toute nue, elle s'oubliait, elle se regardait longuement. C'était une passion de son corps, un ravissement du satin de sa peau et de la ligne souple de sa taille qui la tenait sérieuse, attentive, absorbée dans un amour d'elle-même.

Souvent le coiffeur la trouvait ainsi, sans qu'elle tournât la tête. Alors Muffat se fâchait, et elle restait surprise. Que lui prenait-il ? Ce n'était pas pour les autres, c'était pour elle.

Ce soir-là, voulant se mieux voir, elle alluma les six bougies des appliques. Mais, comme elle laissait glisser sa chemise, elle s'arrêta, préoccupée depuis un moment, ayant une question au bord des lèvres...

Alors il leva les yeux. Nana s'était absorbée dans son ravissement d'elle-même. Elle pliait le cou, regardant avec attention dans la glace un petit signe brun qu'elle avait au-dessus de la hanche droite; et elle le touchait du doigt, elle le faisait saillir en se renversant davantage, le trouvant sans doute drôle et joli à cette place. Puis elle étudia d'autres parties de son corps, amusée, reprise de ses curiosités vicieuses d'enfant. Ça la surprenait de se voir; elle avait l'air étonné et séduit d'une jeune fille qui découvre sa puberté. Lentement elle ouvrit les bras pour développer son torse de Vénus grasse, elle plia la taille, s'examinant de dos et de face, *s'arrêtant au profil de sa gorge, aux rondeurs de ses cuisses.* Et elle finit par se plaire au singulier jeu de se balancer à droite et à gauche, les genoux écartés, la taille roulant sur les seins avec le frémissement continu d'une almée dansant la danse du ventre.

Nana ne bougea plus. Un bras derrière la nuque, une main prise dans l'autre, elle renversait la tête, les coudes écartés. Il voyait en raccourci ses yeux demi-clos, sa bouche entr'ouverte, son visage noyé d'un rire amoureux, et, par derrière, son chignon de cheveux jaunes dénoué lui couvrait le dos d'un poil de lionne. Ployée et le flanc tendu, elle montrait les reins solides, la gorge dure d'une guerrière, aux muscles forts sous le grain satiné de la peau. Une ligne fine, à peine ondée par l'épaule et la hanche, filait d'un de ses coudes à son pied. Muffat suivait ce profil si tendre, ces fuites de chair blonde se noyant dans des lueurs dorées, ces rondeurs où la flamme des bougies mettait des reflets de soie. Il songeait à son ancienne horreur de la femme, au monstre de l'Écriture, lubrique, sentant le fauve. Nana était toute velue, un duvet de rousse faisait de son corps un velours; tandis que, dans *sa croupe et ses cuisses de cavale, dans les renflements charnus creusés de plis profonds qui donnaient au sexe le voile troublant de leur ombre,* il y avait de la bête. C'était la bête d'or, inconsciente comme une force, et dont l'odeur seule gâtait le monde. Muffat regardait toujours, obsédé, possédé, au point qu'ayant fermé les paupières pour ne plus voir, l'animal reparut au fond des ténèbres, grandi, terrible, exagérant sa posture. Maintenant, il serait là, devant ses yeux, dans sa chair, à jamais.

Mais Nana se pelotonnait sur elle-même. Un frisson de tendresse semblait avoir passé dans ses membres. Les yeux mouillés, elle se faisait petite, comme pour se mieux sentir. Puis elle dénoua les mains, les abaissa le long d'elle par un glissement, jusqu'aux seins, qu'elle écrasa d'une étreinte nerveuse. Et rengorgée, se fondant dans une caresse de tout son corps, elle se frotta les joues à droite, à gauche, contre ses épaules, avec câlinerie. *Sa bouche goulue soufflait sur elle le désir. Elle allongea les lèvres, elle se baisa longuement près de l'aisselle, en riant à l'autre Nana, qui, elle aussi, se baisait dans la glace.*

Alors Muffat eut un soupir bas et prolongé. *Ce plaisir solitaire l'exaspérait.* Brusquement tout fut emporté en lui, comme par un grand vent. *Il prit Nana à bras-le-corps, dans un élan de brutalité, et la jeta sur le tapis.*

— Laisse-moi, cria-t-elle, *tu me fais du mal !*

Il avait conscience de sa défaite; il la savait stupide, ordurière et menteuse, et il la voulait, même empoisonnée.

— Oh ! c'est bête ! dit-elle, furieuse, *quand il la laissa se relever.*

Elle reprit :

— Dis donc, je ne t'ai pas conté l'histoire que Fauchery fait courir sur toi... En voilà une vipère ! Je ne lui en veux pas, puisque son article est possible; mais c'est une vraie vipère tout de même.

Et, riant plus fort, lâchant son pied, elle se traîna et vint appuyer sa gorge contre les genoux du comte.

— Imagine-toi, il jure que tu l'avais encore, lorsque tu as épousé ta femme... Hein ? tu l'avais encore ?... Hein ? est-ce vrai ?

Elle le pressait du regard, elle avait remonté les mains jusqu'à ses épaules, et le secouait pour lui arracher cette confession.

Sans doute, répondit-il enfin d'un ton grave.

Alors elle s'abattit de nouveau à ses pieds, dans une crise de fou rire, bégayant, lui donnant des tapes.

— Non, c'est impayable, il n'y a que toi, tu es un phénomène... Mais, mon pauvre chien, tu as dû être d'un bête ! Quand un homme ne sait pas, c'est toujours si drôle ! Par exemple, j'aurais voulu vous voir !... Et ça s'est bien passé ? Raconte un peu, oh ! je t'en prie, raconte.

Elle l'accabla de questions, demandant tout, exigeant les détails. Et elle riait si bien, avec de brusques éclats qui la faisaient se tordre, la chemise glissée et retroussée, la peau dorée par le grand feu, que le comte, peu à peu, lui conta sa nuit de noces. Il n'éprouvait plus aucun malaise. Cela finissait par l'amuser lui-même, d'expliquer, selon l'expression convenable, « comment il l'avait perdu. » Il choisissait seulement les mots, par un reste de honte. La jeune femme, lancée,

l'interrogea sur la comtesse. Elle était merveilleusement faite, mais un
vrai glaçon, à ce qu'il prétendait.

— Oh ! va, murmura-t-il lâchement, tu n'as pas à être jalouse.

Nana avait cessé de rire. Elle reprit sa place, le dos au feu, rame-
nant de ses deux mains jointes ses genoux sous le menton.

Je ne veux plus emprunter à ce livre qu'une citation, mais il
faut absolument que je la place sous vos yeux pour savoir décidément ce que fait M. l'avocat général de la fameuse « honte
honnête qui, toujours selon le dictionnaire de Littré, doit s'emparer de lui à l'appréhension de ce qui blesse la décence. »

Nana a connu tous les hasards de la vie de fille. Elle en est
tombée, à la page 303, aux amours avec un cabotin vulgaire,
nommé Fontan, qui, après l'avoir exploitée, battue et volée, la
met à la porte de chez elle. Voici la scène :

— Un soir, Nana, en rentrant vers onze heures, trouva la porte fermée
au verrou. Elle tapa une première fois, pas de réponse; une seconde
fois, toujours pas de réponse. Cependant elle voyait de la lumière sous
la porte, et Fontan à l'intérieur ne se gênait pas pour marcher. Elle
tapa encore sans se lasser, appelant, se fâchant. Enfin la voix de Fontan
s'éleva lente et grave, et ne lâcha qu'un mot :

— Merde !

Elle tapa des deux poings.

— Merde !

Elle tapa plus fort, à fendre le bois.

— Merde !

Et pendant un quart d'heure la même ordure la souffleta, répondit
comme un écho goguenard à chacun des coups dont elle ébranlait la
porte. Puis, voyant qu'elle ne se lassait pas, il ouvrit brusquement, il
se campa sur le seuil, les bras croisés, et dit de la même voix froidement brutale :

— Nom de Dieu ! avez-vous fini ? Qu'est-ce que vous voulez ? Hein,
allez-vous nous laisser dormir ? Vous voyez bien que j'ai du monde.

Il n'était pas seul, en effet; Nana aperçut la petite femme des Bouffes,
déjà en chemise, avec ses cheveux filasse ébouriffés et ses yeux en trou
de vrille, qui rigolait au milieu de ces meubles qu'elle avait payés. Mais
Fontan faisait un pas sur le carré, l'air terrible, ouvrant ses gros doigts
comme des pinces.

— File, ou je t'étrangle !

Alors Nana éclata en sanglots nerveux. Elle eut peur et se sauva. Cette fois, c'était elle qu'on flanquait dehors. L'idée de Muffat lui vint tout d'un coup, dans sa rage; mais, vrai, ce n'était pas Fontan qui aurait dû lui rendre la pareille.

Sur le trottoir, sa première pensée fut d'aller coucher avec Satin, si celle-ci n'avait personne. Elle la rencontra devant sa maison, jetée elle aussi sur le pavé par son propriétaire, qui venait de faire poser un cadenas à sa porte, contre tout droit, puisqu'elle était dans ses meubles; elle jurait, elle parlait de le traîner chez le commissaire. En attendant, comme minuit sonnait, il fallait songer à trouver un lit. Et Satin, jugeant prudent de ne pas mettre les sergents de ville dans ses affaires, finit par emmener Nana rue de Laval, chez une dame qui tenait un petit hôtel meublé. On leur donna, au premier étage, une étroite chambre, dont la fenêtre ouvrait sur la cour, Satin répétait :

— Je serais bien allée chez Mme Robert. Il y a toujours un coin pour moi... Mais, avec toi, pas possible... Elle devient ridicule de jalousie. L'autre soir, elle m'a battue.

Quand elles se furent enfermées, Nana, qui ne s'était pas soulagée encore, fondit en larmes et raconta à vingt reprises la saleté de Fontan. Satin l'écoutait avec complaisance, la consolait, s'indignait plus fort qu'elle, tapant sur les hommes.

— Oh ! les cochons ! oh ! les cochons !... Vois-tu, n'en faut plus de ces cochons-là.

Puis elle aida Nana à se déshabiller; elle eut autour d'elle des airs de petite femme prévenante et soumise. Elle répétait avec câlinerie :

— Couchons-nous vite, mon chat. Nous serons mieux... Ah ! que tu es bête de te faire de la bile ! Je te dis que ce sont des salauds ! Ne pense plus à eux... Moi, je t'aime bien. Ne pleure pas, fais ça pour ta chérie.

Et, dans le lit, elle prit tout de suite Nana entre ses bras, afin de la calmer. Elle ne voulait plus entendre le nom de Fontan; chaque fois qu'il revenait sur les lèvres de son amie, elle l'y arrêtait d'un baiser, avec une jolie moue de colère, les cheveux dénoues, d'une beauté enfantine et noyée d'attendrissement. Alors, peu à peu, dans cette étreinte si douce, Nana essuya ses larmes. *Elle était touchée, elle rendait à Satin ses caresses. Lorsque deux heures sonnèrent, la bougie brûlait encore; toutes deux avaient de légers rires étouffés, avec des paroles d'amour.*

Mais, brusquement, à un vacarme qui monta dans l'hôtel, Satin se leva, demi-nue, prêtant l'oreille.

— La police ! dit-elle toute blanche. Ah ! nom d'un chien ! pas de chance !... Nous sommes foutues !

Donc, voilà ce que l'on imprime impunément. Entendons-nous bien. Quand je parle ainsi, il est de toute évidence que je ne provoque pas les poursuites contre M. Zola ; mais je veux qu'il soit bien convenu, avec le ministère public, que voilà la limite jusqu'où l'on peut aller sans encourir ses rigueurs.

Et encore, là-dedans, il y a du talent. Mais les autres ?

Ainsi, vous voilà sans force avec votre loi à la main !

Mais, je sais : vous vous rejetez sur la difficulté de tout poursuivre.

Parlons-nous sérieusement ? Êtes-vous des magistrats représentant la société et investis par la loi de sa protection ?

Mais alors, si cet argument peut trouver sa place en cette matière, il la doit trouver dans toutes les autres, et je me demande comment vous oseriez vous présenter devant le jury en lui disant :

« Nous ne pouvons pas poursuivre tous les crimes. Nous prenons 5 o/o des assassins et 10 o/o des voleurs, et, comme il y en a trop, nous laissons les autres tranquilles en vous souhaitant de ne pas les rencontrer après le soleil couché ! »

La conséquence de cette démonstration, c'est qu'une loi mal faite ne saurait être appliquée par le jury, instrument de droit sens et d'équité souveraine !

Voulez-vous des exemples ?

Avant 1832, la loi n'admettait pas le tempérament des circonstances atténuantes :

Acquittement ou condamnation.

Le jury acquittait, ne trouvant pas dans la loi le moyen de mesurer le châtiment au crime.

Pourquoi le jury acquitte-t-il souvent les infanticides ? Parce que les tours ne sont pas rétablis.

Pourquoi acquitte-t-il les filles séduites qui se vengent de leur séducteur ? Parce que la recherche de la paternité n'existe pas.

Pourquoi acquitte-t-il les duellistes? Parce que vous ne ferez jamais admettre, par son large et clair bon sens, l'assimilation entre celui qui tue un homme d'un coup de bouteille au fond d'une taverne et celui qui, au péril de sa vie, prend au grand jour la vie de son insulteur!

Il en est de même ici. Tout le monde est d'accord pour critiquer cette loi qui est mal faite... à ce point que le Parquet même ne l'applique pas dans la plupart des cas.

Vous ne l'appliquerez pas non plus. Mais ce n'est pas tout. Après le législateur, j'ai à faire le procès au Parquet.

J'admets avec lui, dans une certaine mesure et pour les besoins de la discussion, qu'il ne poursuive pas tout ce qui est obscène ou immoral. Voyons comment il exerce sa faculté de choisir.

Je n'ai aucun goût pour la délation et je serais désolé de signaler à vos rigueurs des écrivains que vous ignorez, mais il n'en est pas moins vrai que ce que vous ne connaissez même pas d'autres le voient et le lisent. Je vous ai parlé de *Nana* qui en est à sa 120me édition ; vous n'allez pas dire que vous ne la connaissez pas.

Et une simple promenade sous les galeries de l'Odéon vous en apprendrait assez pour vous montrer que vous gardez les bonnes mœurs avec une mollesse tout à fait encourageante pour ceux qui les outragent!

Enfin il n'y a pas jusqu'aux images qui ne s'en mêlent et qui salissent les vitres des kiosques sans que vous daigniez vous en apercevoir, sans compter les vitrines des libraires environnant certains lycées et où les expositions font pousser à des pères de famille des cris que vous n'entendez seulement pas!

Je sais encore que le choix ne va pas sans quelque difficulté. Il vous faut un critérium.

Je vais vous le fournir! C'est le talent, et rien que le talent... ou le génie.

Lorsque des sujets qui paraissent un peu vifs sont traités par Boccace, La Fontaine, Diderot, Voltaire, Parny ou Th. Gautier, passez tranquillement et même, si vous êtes bien élevé, soulevez votre chapeau en passant.

Mais quand il n'y a aucun talent, aucune recherche, aucun effort; quand il y a le parti-pris de l'obscénité pour l'obscénité; quand vous apercevez à plein la spéculation..., poursuivez sans crainte !

Mais je vous ai prouvé tout à l'heure que ce n'est pas ce que vous faites.

Vous laissez passer les pires ordures et puis tout à coup vous vous élancez sur Bonnetain, un consciencieux, un travailleur, c'est-à-dire sur celui auquel vous auriez dû songer le dernier de tous.

Je vais vous le prouver.

Tout le monde sait que c'est l'intention qui fait le délit.

Et vous le sentez si bien que dans l'acte d'accusation vous vous croyez obligé de dire qu'il a fait une spéculation.

Examinons : Bonnnetain, engagé très jeune, a vu de près les hôpitaux militaires.

Frappé d'un cas pathologique plus fréquent qu'on ne le pense, il a assisté aux ravages que cette maladie produit dans l'organisme, il a entrepris de les décrire, et peu à peu cette opinion s'est affermie dans son esprit qu'il pouvait y avoir profit à donner de ce mal la peinture exacte, avec sa genèse, ses diverses évolutions et sa fin toujours lugubre.

Il pouvait se contenter d'une étude superficielle, bâcler un manuel de pseudo-psychologie avec des images plus ou moins érotiques, l'intituler pompeusement : *Étude sur l'onanisme*. Avec plus de vigueur et plus de talent que n'en a déployés M. Tissot, ce qui n'était pas difficile, bien qu'il paraisse en possession de l'admiration du ministère public, il pouvait s'assurer un succès de librairie des plus fructueux... et vous n'y auriez rien vu !

Sa conscience s'y est opposée. Il a pensé qu'homme de lettres, il avait un devoir plus impérieux à remplir.

Il s'est imposé un cadre; il a longuement médité les développements de cette étude; il a cherché avec soin pour les décrire les diverses phases de la maladie.

Il a voulu que son sujet devînt un objet d'horreur pour les malheureux hantés de ce vice et un objet d'éloignement pour tous ceux qui pouvaient succomber aux séductions de ce mal.

Et d'abord il fait de son héros un malade héréditaire.

Sa mère, hystérique par nature, devenue alcoolique par l'influence fatale du vice primordial, a déposé en lui les germes d'une névrose dont le pauvre enfant sera la victime.

Puis il faut une occasion pour que le mal éclate, et il lui fait rencontrer les premières leçons d'immoralité chez un frère de la doctrine chrétienne qui le déprave au début de sa vie.

Ceci, c'est le roman; mais le roman permis.

Que quelques-uns de ces malheureux retranchés de la vie sociale, corrompus par le séminaire, en butte aux excitations des sens dont la satisfaction légitime leur est refusée, succombent à ces funestes tentations, ce n'est pour personne ni un sujet d'étonnement ni une occasion d'incrédulité. Et si l'on pouvait conserver quelque illusion à cet égard, la seule lecture de la *Gazette des Tribunaux* aurait vite fait de la dissiper.

Donc voilà un fait banal, connu, et qui appartient à tous.

Ce n'est pas sérieusement que vous défendrez à un homme de lettres de le traiter!

Puis Charlot passe en province dans une autre école où sa gentillesse lui conquiert les bonnes grâces d'une vieille et pieuse demoiselle qui s'intéresse à la misère de ce pauvre abandonné et le couvre de sa protection et de sa tendresse.

La vie de la campagne opère sa guérison momentanée.

En pleine nature, loin des excitations mauvaises, il semble que Charlot se reprenne et l'on veut espérer qu'il ne retombera plus!

La rencontre d'un jeune camarade plus âgé et aussi plus corrompu que lui le ramène dans la voie mauvaise.

La névrose, un moment combattue, reparaît : la rechute a lieu.

A la mort de sa protectrice, qui le laisse sans un sol, il s'engage.

Les fatigues du rude métier de soldat, la honte, la peur des quolibets, les résolutions énergiques qu'il prend le sauvent encore pour quelque temps; mais le mal revient.

A l'hôpital, où il est conduit, son vice est reconnu : sur l'ordre d'un officier qui s'intéresse à lui, des camarades l'entraînent dans une maison de filles.

Il semble que l'éveil du mâle chassera les rêveries et les pratiques de l'émasculé : et nous assistons au combat de cet eunuque, à sa résistance au vœu de la nature trop longtemps méconnu, au triomphe enfin de cette nature jusqu'au jour où, renvoyé de l'armée et revenu à Paris, il tombe aux mains d'une fille qui lui fait connaître dans toute leur intensité les âpres jouissances de l'union sexuelle.

Puis elle le quitte en lui laissant un enfant, et Charlot, retombé dans la solitude, exaspéré de cet abandon, impuissant à renouer d'autres liens, épuisé par la misère, aigri par l'exclusion sociale dont il est la victime, ressaisi par l'implacable maladie, la névrose héréditaire, glisse peu à peu sur la pente du suicide qu'il accomplit enfin.

Et tout cela se déroule dans trois cent quarante-huit pages d'un volume compact et imprimé en petits caractères !

C'est assez dire que c'est une étude consciencieuse, laborieuse, et qu'il a fallu un grand courage, une grande volonté et un grand talent pour la mener à fin !

Et maintenant je voudrais bien qu'on me dit comment cela peut constituer un mauvais livre.

D'abord, et en principe : il n'y a pas de mauvais livres, il n'y a que de mauvais esprits.

De même qu'il n'y a pas de mauvais aliments, il n'y a que de mauvais estomacs.

Asseyez douze convives autour d'une table bien servie. Il y en a onze qui s'en trouveront à merveille... et le douzième qui, atteint d'une gastrite, passera la nuit à prendre du thé.

Condamnerez-vous le repas ? Non, vous condamnerez le gastralgique, car à celui-là, c'est une tasse de lait qu'il aurait fallu et non pas les aliments honorables, viandes, volailles, poissons, légumes et gibier, qui figurent dans tout menu qui se respecte.

De même pour les livres. Prenez un esprit bien équilibré et

dont le sens critique bien dirigé lui permette de juger ses lectures, et laissez-le tout lire.

Mais prenez un esprit peu lettré, une imagination mal pondérée où les nerfs tiennent la place du sens commun, et à celui-là ne laissez rien lire, car tout lui est mauvais.

Voulez-vous un exemple ? Je sais des gens que la lecture de l'*Imitation de Jésus-Christ* a jetés dans la vie monastique.

Cette doctrine du renoncement au monde, de la félicité par le rêve et la contemplation, ce mépris de tout effort humain et de tout lien social au profit d'un monde idéal et futur, ont jeté dans le cloître des gens faibles qui, restés dans le monde, eussent été de bons pères et de braves mères de famille, au plus grand avantage d'eux-mêmes et de la société humaine.

Condamnerez-vous au feu l'*Imitation de Jésus-Christ* et direz-vous que c'est un mauvais livre ?

Non. Mais vous ne le donnerez qu'à des esprits suffisamment équilibrés pour le lire sans danger.

Voici la théorie générale.

Voyons ici et demandons-nous comment le livre de Bonnetain pourrait constituer un mauvais livre ?

J'entends que la peinture séduisante d'un vice peut faire aimer ce vice. Si vous représentez la débauche et l'ivrognerie sous des traits aimables, vous pouvez m'entraîner à devenir ivrogne ou débauché.

Mais ici ? Charlot est un malade. Son vice est répugnant.

Il traverse une longue crise, signalée d'étape en étape par d'intolérables souffrances physiques et morales, et il aboutit au suicide dans un cloaque avec son enfant, qu'il n'a eu ni la force ni le courage d'élever et qu'il entraîne avec lui, par une dernière pitié, pour le soustraire à la vie qu'il a menée lui-même !

Et pas un instant l'auteur ne faiblit. La logique de son drame n'a pas une hésitation, pas une clémence, si bien qu'on peut dire qu'il faut pour le lire jusqu'au bout presque autant de courage qu'il en a fallu pour l'écrire !

Et c'est là un livre dangereux ? c'est là que l'on trouvera un exemple contagieux, un entraînement ?

Vers quoi? Vers la maladie? Ce n'est pas sérieux !

Tout, au contraire, y est combiné pour inspirer la crainte de ce mal et l'horreur de ce vice.

Donc, au point de vue de la conception générale de l'œuvre, rien à dire.

Mais le ministère public s'en prend aux détails et, à grand renfort de bésicles, comme dit Rabelais, il a découvert, dans ces trois cent quarante-huit pages, dix-huit passages dangereux! Et, malgré les trois cent trente pages inoffensives, il poursuit !

Examinons : C'est d'abord à la page 18 une scène incriminée. Qu'est-ce que cette scène?

Charlot est le fils d'un ouvrier mort dans la crue subite d'un égout qu'il curait avec ses camarades.

L'un d'eux ramène à la maison l'enfant qui attendait son père.

La femme, hystérique et alcoolique, est ivre d'eau-de-vie. Elle s'en prend au camarade de son mari et, en proie au double délire des sens et de la raison, que n'expliquent que trop son mal et son ivresse, elle se donne à lui ou plutôt elle le force de la prendre devant l'enfant qui sommeille sur son grabat.

Voilà ce qui indigne M. l'avocat général.

Soit, discutons. Il y a toute une école d'esprits très fermes, très élevés, très érudits, qui affirment que sous Louis XIV la langue française a été définitivement fixée et qui blâment tous les néologismes dont, depuis cette époque, elle a pu s'enrichir ou se charger.

D'autres répondent qu'à des mœurs nouvelles, à des besoins nouveaux, à des progrès successifs, il a fallu une langue nouvelle, et que, pas plus que l'esprit humain, la langue dans laquelle il s'exprime ne peut rester stationnaire.

Grand débat où je n'ai pas à prendre parti. Mais, si de la langue nous passons à la littérature, nous voyons toute une école qui affirme qu'avec Balzac, A. Dumas, V. Hugo et G. Sand le roman a dit son dernier mot et que toutes les formules en ont été trouvées.

D'autres cependant sont venus depuis, qui, rompant avec les

formes du roman idéaliste ou d'imagination, ont ouvert une veine nouvelle.

Ils ont entrepris la peinture exacte, microscopique, photographique de la nature et des faits.

Ils déclarent que tout ce qui existe, que tout ce qui arrive est de leur domaine, et ils y portent une investigation patiente et jamais lassée.

Dans cet amour du vrai, rien ne les rebute; et de la description d'un salon à la description d'une latrine, ils ne nous font grâce ni d'un meuble, ni d'une déjection. C'est leur droit.

A vous de lire ou de ne pas lire. Cela s'appelle l'école naturaliste. Ils procèdent du vrai et du vrai seul, au moins ils le prétendent.

Est-il vrai qu'une femme peut être hystérique? Qu'elle peut être alcoolique? Oui. Car il n'y en a que trop!

Est-il vrai que sous la double impulsion de la névrose et de l'eau-de-vie elle peut perdre toute pudeur? Que la bête peut s'éveiller en elle avec une impétuosité qui la livrera aux derniers désordres? Oui. L'hôpital est là pour le prouver.

Est-il vrai qu'alors elle agira comme agit la mère de Charlot? C'est incontestable.

Cela suffit: la scène m'appartient. J'ai le droit de la prendre... et de la peindre.

Cela vous révolte? Bien. Ne la lisez pas.

Mais quel est votre droit à m'empêcher de la décrire?

Est-ce que je puis vous forcer à acheter le livre, à le couper, à le lire? — Non.

Donc à côté de mon droit d'écrire cette scène, il y a le vôtre, qui le corrige et qui le combat, de ne pas la lire.

Ah! si je vous contrains, si je vous surprends..., c'est différent.

Mais si votre liberté de ne pas lire reste entière en face de la mienne d'écrire, il n'y a pas place pour une autre action qui serait celle de la justice intervenant pour me punir d'avoir écrit ce que je n'avais pas le pouvoir de vous contraindre à lire.

Voilà pourquoi le pouvoir du législateur ne pouvait pas s'exercer ici.

Voilà pourquoi je devais vous dire que votre juridiction n'est pas instituée pour appliquer des lois qui ne trouvent pas le chemin de vos consciences comme ces lois si claires en usage chez tous les peuples, qui punissent le vol, le viol, l'assassinat et l'incendie !

Mais il faut aller plus loin. Si vous voulez me poursuivre parce que j'ai écrit cette scène, il faut que vous fassiez la preuve que cette scène est condamnable : et si elle est condamnable, elle l'est par elle-même, en dehors de la personne de l'écrivain.

Il est entendu, n'est-ce pas ? qu'il n'y a pas deux poids et deux mesures et que, toutes les fois qu'un écrivain aura mis en scène une femme s'abandonnant à un homme devant son enfant, il aura commis un délit qui le rendra justiciable de la Cour d'assises ?

Soit. J'ouvre l'*Assommoir*.

Coupeau et sa femme Gervaise donnent un grand dîner à leurs amis dans l'atelier de blanchisserie de la femme.

Vers la fin du repas, apparaît dans la rue la silhouette de Lantier, l'ancien amant de Gervaise. Au moment où les convives redoutent une lutte entre les deux hommes, l'ivresse a déjà assoupli Coupeau, qui va chercher son ancien rival et l'asseoit à sa table.

A partir de ce moment, on assiste aux efforts de Lantier pour ressaisir Gervaise, à son installation dans une chambre du logement des Coupeau, à leur vie se faisant de plus en plus commune et mêlée, jusqu'au jour où Gervaise et Lantier, rentrant du café-concert, trouvent Coupeau ivre-mort, vautré dans son vomissement, et où le dégoût de Gervaise la livre de nouveau à son ancien amant.

Cela presque en présence de Nana, la petite fille de dix ans, qui couche dans un cabinet à côté, et qui, éveillée par le bruit, a collé sa face de gamine curieuse et corrompue à la porte vitrée et voit tout ce qui se passe.

La porte s'ouvrit, mais le porche était noir, et, quand elle frappa à la vitre de la loge pour demander sa clef, la concierge ensommeillée lui cria une histoire à laquelle elle n'entendit rien d'abord. Enfin elle comprit que le sergent de ville Poisson avait ramené Coupeau dans un drôle d'état, et que la clef devait être à la serrure.

— Fichtre ! murmura Lantier quand ils furent rentrés, qu'est-ce qu'il a donc fait ici ? C'est une vraie infection...

En effet, ça puait ferme. Gervaise, qui cherchait des allumettes, marchait dans du mouillé. Lorsqu'elle fut parvenue à allumer une bougie, ils eurent devant les yeux un joli spectacle. Coupeau avait rendu tripes et boyaux ; il y en avait plein la chambre : le lit en était emplâtré, le tapis également et jusqu'à la commode qui se trouvait éclaboussée. Avec ça, Coupeau, tombé du lit où Poisson devait l'avoir jeté, ronflait là-dedans au milieu de son ordure. Il s'y étalait, vautré comme un porc, une joue barbouillée, soufflant son haleine empestée par sa bouche ouverte, balayant de ses cheveux déjà gris la mare élargie autour de sa tête.

— Oh ! le cochon ! le cochon ! répétait Gervaise indignée, exaspérée, il a tout sali... Non, un chien n'aurait pas fait ça, un chien crevé est plus propre.

Tous deux n'osaient bouger, ne savaient où poser le pied. Jamais le zingueur n'était revenu avec une pareille culotte, et n'avait mis la chambre dans une ignominie pareille. Aussi cette vue-là portait un rude coup au sentiment que sa femme pouvait encore avoir pour lui. Autrefois, quand il rentrait éméché ou poivré, elle se montrait complaisante et pas dégoûtée. Mais à cette heure, c'était trop, son cœur se soulevait. Elle ne l'aurait pas pris avec des pincettes. L'idée seule que la peau de ce goujat toucherait sa peau, lui causait une répugnance, comme si on lui avait demandé de s'allonger à côté d'un mort abîmé par une vilaine maladie.

— Il faut pourtant que je me couche, murmura-t-elle. Je ne puis pas retourner coucher dans la rue... Oh ! je lui passerai plutôt sur le corps.

Elle tâcha d'enjamber l'ivrogne et dut se retenir à un coin de la commode pour ne pas glisser dans la saleté. Coupeau barrait complètement le lit. Alors Lantier, qui avait un petit rire en voyant bien qu'elle ne ferait pas dodo sur son oreiller cette nuit-là, lui prit une main en disant d'une voix basse et ardente :

— Gervaise..., écoute, Gervaise...

Mais elle avait compris ; elle se dégagea éperdue, le tutoyant à son tour comme jadis :

— Non, laisse-moi, je t'en supplie, Auguste, rentre dans ta chambre..., je vais m'arranger... ; je monterai dans le lit par les pieds...

— Gervaise, voyons, ne fais pas la bête, répétait-il. Ça sent trop mauvais, tu ne peux pas rester... Viens, qu'est-ce que tu crains ? Il ne nous entend pas, va !

Elle luttait, elle disait non de la tête, énergiquement. Dans son trouble, comme pour montrer qu'elle resterait là, elle se déshabillait, jetait sa robe de soie sur une chaise, se mettait violemment en chemise et en jupon, toute blanche, le cou et les bras nus. Son lit était à elle, n'est-ce pas ? elle voulait coucher dans son lit. A deux reprises, elle tenta encore de trouver un coin propre et de passer. Mais Lantier ne se lassait pas, la pressait à la taille en disant des choses pour lui mettre le feu dans le sang. Ah ! elle était bien plantée, avec un loupiat de mari par devant, qui l'empêchait de se fourrer honnêtement sous sa couverture, avec un sacré salaud d'homme par derrière qui songeait uniquement à profiter de son malheur pour la ravoir ! Comme le chapelier haussait la voix, elle le supplia de se taire. Et elle écouta, l'oreille tendue vers le cabinet où couchaient Nana et maman Coupeau. La petite et la vieille devaient dormir, on entendait une respiration forte.

— Auguste, laisse-moi, tu vas les réveiller, reprit-elle les mains jointes. Sois raisonnable. Un autre jour, ailleurs... *Pas ici, pas devant ma fille.*

Il ne parlait plus, il restait souriant, et lentement il la baisa sur l'oreille, ainsi qu'il la baisait autrefois pour la taquiner et l'étourdir. Alors elle fut sans force, elle sentit un grand bourdonnement, un grand frisson descendre dans sa chair. Pourtant, elle fit de nouveau un pas. Et elle dut reculer. Ce n'était pas possible, la dégoûtation était si grande, l'odeur devenait telle qu'elle se serait elle-même mal conduite dans ses draps. Coupeau, comme sur de la plume, assommé par l'ivresse, cuvait sa bordée, les membres morts, la gueule de travers. Toute la rue aurait bien pu rentrer embrasser sa femme, sans qu'un poil de son corps en remuât.

— Tant pis, bégayait-elle, c'est sa faute, je ne puis pas... Ah ! mon Dieu ! Ah ! mon Dieu ! il me renvoie de mon lit, je n'ai plus de lit... Non, je ne puis pas, c'est sa faute !

Elle tremblait, elle perdait la tête. *Et pendant que Lantier la poussait dans sa chambre, le visage de Nana apparut à la porte vitrée du cabinet, derrière un carreau.* La petite venait de se réveiller et de se lever doucement, en chemise, pâle de sommeil. Elle regarda son père roulé dans son vomissement ; *puis, la figure collée contre la vitre, elle resta là, à attendre que le jupon de sa mère eût disparu chez l'autre homme, en face. Elle était*

toute grave. Elle avait de grands yeux d'enfant vicieuse, allumés D'UNE CURIO-
SITÉ SENSUELLE.

Eh bien, vous n'avez pas poursuivi l'*Assommoir !* et vous avez
bien fait.

Mais j'en tire cette conclusion que la justice étant impartiale
et la même pour tous, si vous n'avez pas poursuivi l'*Assommoir*,
c'est que l'*Assommoir* n'était pas coupable.

Si Zola a pu mettre en scène une mère se livrant à son amant
en présence de son enfant, pourquoi Bonnetain n'a-t-il pas pu le
faire à son tour?

Ou bien alors votre inertie est une souricière ! Vous tendez
ce piège à des écrivains, de laisser impuni un chapitre qui sera
poursuivi chez un autre après avoir été tiré à deux cent mille
exemplaires par le premier.

Je m'arrête. Je n'entreprendrai pas de suivre dans une discussion qui serait interminable les passages incriminés par le
ministère public.

J'ai pris celui-ci parce qu'il est le premier et le plus saillant
et qu'il montre tout à la fois l'erreur du législateur qui a fait une
loi qui ne s'applique qu'au gré du caprice, et l'erreur du Parquet
qui substitue le caprice à la justice en une matière aussi grave
que celle des poursuites en Cour d'assises !

Mais je vous ai promis un autre coupable dans cette affaire,
et j'y arrive.

Le livre a été publié en Belgique. Pourquoi? je vous le dirai
tout à l'heure. Mais il a été publié en Belgique.

Ah çà! est-ce que par hasard vous allez vous faire aussi les
gardiens de la pudeur des Belges ?

Est-ce que cela vous regarde? Alors, surtout que le Parquet
belge n'a pas ordonné de poursuites !

Vous me faites signe que non. Vous allez me dire qu'il a été
introduit en France. C'est le fait de l'introduction que vous
poursuivez ?

Alors, prouvez-moi qu'il émane de Bonnetain. Mais vous
savez bien qu'il n'en est rien.

Et ce qui fait rêver, c'est que vous ne poursuivez même pas le libraire qui lui a fait passer la frontière, comme la loi vous en donne le droit !

Si bien que le fait de l'introduction en France constituant le délit, vous poursuivez celui qui ne l'a pas commis et vous vous acharnez après le complice d'un délit dont vous laissez l'auteur principal parfaitement tranquille, comme si en matière d'assassinat vous poursuiviez celui qui a fait le guet sans inquiéter celui qui a égorgé la victime.

Mais il y a plus. Pourquoi ne l'avez-vous pas arrêté, ce livre, à la frontière ? Et ici je m'adresse à M. le ministre de l'intérieur.

Comment, voilà un livre publié à l'étranger par un Français et qui n'est pas poursuivi à l'étranger.

Vous, vous le réputez obscène et vous le laissez tranquillement passer chez nous !

Ne me dites pas que la loi n'autorise pas cette prohibition. La loi permet à un ministre d'arrêter l'introduction d'un numéro de journal ; au Conseil des ministres, d'interdire l'introduction du journal lui-même.

Et ce que la loi vous autorise à faire pour un journal, elle vous refuserait le droit de le faire pour un livre ?

Au moins, dans le doute, fallait-il essayer et faire trancher la question par les tribunaux chargés d'interpréter la loi.

Mais il y a plus : le livre a été imprimé en 1883 (février). Il s'est vendu publiquement ici pendant de longs mois et vous n'avez rien dit. Puis, lorsque personne n'y songe plus, vous arrivez triomphalement. Vous vous écriez qu'il y a là un délit grave ! Vous annoncez que vous allez poursuivre en Cour d'assises, et tout le monde de se dire : « Tiens, il paraît que c'est obscène ! » Et d'y courir comme aux truffes !

Voilà les étranges gardiens de la morale publique que vous faites. Quelle fortune que vous ne soyez pas aussi chargés de la morale privée. Elle serait en bonnes mains !

Un dernier mot. Bonnetain n'est pas de ceux qui pensent qu'une condamnation en Cour d'assises est une chose indifférente et qui peut être prise d'un cœur léger.

Il estime, au contraire, que son honneur de galant homme, sa considération de citoyen, sa renommée d'écrivain sont intéressés à ce qu'on ne puisse jamais dire de lui que sa moralité a paru suspecte aux juges de son pays.

Il faut donc que vous sachiez qui il est, afin que vous puissiez le juger comme il mérite de l'être.

Il est né à Nîmes en 1858. Il a commencé ses études au lycée de Montpellier et les a terminées au lycée de Saint-Dié, dans les Vosges.

Enflammé tout jeune de l'amour des lettres, il eut à combattre la résistance de son père qui voulait le diriger vers l'étude du Droit.

C'est dans ces conditions qu'à dix-huit ans il s'engagea dans l'infanterie de marine.

Il parcourut le monde, rêvant, servant son pays, écrivant, jusqu'au jour où les fièvres paludéennes, prises dans la Guyane, déterminèrent ses chefs à lui donner, au commencement de 1881, le congé de convalescence qui le ramena dans son pays.

Mais, pendant son absence, la fortune de la famille s'était écroulée. Ce n'était pas sous les drapeaux qu'il aurait appris la lâcheté et l'abandon de soi-même. Aussi le sous-officier aimé de ses camarades, regretté de ses chefs, et que tous avaient vu partir avec chagrin, se retrouva-t-il debout et face à la ruine comme au service on l'avait toujours vu debout et face à l'ennemi !

Il se rua dans des besognes diverses et multiples où il faillit laisser sa santé. Mais il en sortit... et l'honneur aussi.

Dites donc, monsieur l'avocat général, est-ce que vous avez l'occasion d'en traduire souvent devant la Cour d'assises, des malfaiteurs de cette sorte ?

Cependant, la récompense allait venir.

Il travaillait au *Petit Parisien*, employé comme comptable à cent vingt-cinq francs par mois.

Ce qui ne l'empêchait pas d'être en même temps gérant d'un second journal et secrétaire d'un troisième.

Le Petit Parisien était alors gouverné par Catulle Mendès, le poète que chacun sait.

Un jour, Bonnetain se décide ; avec de grands battements de cœur, il franchit la porte du cabinet du rédacteur en chef et l'humble employé lui tient à péu près ce langage :

— « Je sais bien que vous n'avez pas le temps de lire tous les manuscrits qu'on vous envoie. Mais j'ai pensé que vous voudriez peut-être bien faire une exception pour moi qui suis de la maison. Parcourez ces quelques feuillets et dites-moi bien franchement si vous trouvez que j'ai quelque chose dans le ventre. Si oui, il n'y a pas de sacrifices qui me coûtent pour arriver. Si non, je chercherai une autre position, car j'ai à faire vivre les miens. »

C. Mendès lut les feuillets, et, quelques jours après, il s'avançait vers Bonnetain, les deux mains ouvertes, en lui disant : « Oui, certes, mon ami, vous avez quelque chose dans le ventre..., et la preuve, c'est que j'envoie votre manuscrit à l'imprimerie. »

Et voilà comment Bonnetain fut sacré homme de lettres !

Cependant depuis longtemps il avait médité l'ouvrage accusé aujourd'hui.

Il avait eu souvent, je vous l'ai dit déjà, l'occasion d'étudier sur nature ce vice lamentable.

Au collège, il avait perdu un de ses camarades des suites de cette odieuse maladie.

A la caserne et à l'hôpital, il avait pu constater que cette habitude, qu'on croit généralement spéciale aux enfants, était fort répandue chez les adultes.

Le type même de Charlot lui avait été fourni par un pauvre petit Breton engagé volontaire, d'une famille aisée, instruit au séminaire, et qu'il avait vu déserter, une nuit, aux îles du Salut à la Guyane, emportant ses bagages, ses armes, les munitions qu'il était chargé de garder, et volant une barque, en compagnie de douze forçats.

Plus tard, il l'avait retrouvé à Demerari, dans les possessions anglaises, en proie à la noire misère, exténué par la faim et possédé plus que jamais par son vice que, semblable à la tunique de Nessus, il n'aurait pu arracher de sa peau qu'avec la peau elle-même.

C'est de ces souvenirs inoubliables qu'était née dans l'esprit de Bonnetain la résolution d'écrire cette étude.

Mais, ce n'est pas tout : comme il se proposait de traiter sérieusement une thèse scientifique, il se mit à l'étude des matériaux. Ouvrages spéciaux, thèses de médecine, cours des professeurs, tout fut employé, consulté, épuisé..., si bien qu'un médecin a pu faire du livre cet éloge : que c'était le premier roman traitant un sujet scientifique où il avait vu la science respectée.

Ah ! je sais bien que M. l'avocat général a trouvé là l'occasion d'un de ses plus noirs griefs. Bonnetain a osé parlé science... et il n'avait pas vingt-quatre ans ! Vingt-quatre ans ! et cette ambition de parvenir entrant au cœur d'un jeune homme lui paraissait tout à la fois ridicule et criminelle !

Il en paraissait même si animé et son indignation à l'occasion de ce qu'il appelait la pseudo-science de Bonnetain le livrait à un tel emportement, qu'il ressemblait bien plus à un professeur en robe jaune faisant passer un examen qu'à un magistrat en robe rouge requérant au nom de la loi !

J'estime qu'il avait tort : d'abord parce qu'à vingt-quatre ans on peut être reçu docteur en médecine et qu'il n'y aurait rien de déplacé à traiter un sujet qu'on a étudié ; ensuite parce qu'il ne faut jamais blâmer chez les jeunes gens l'ardeur qui les emporte vers le travail et les légitimes ambitions.

Et savez-vous pourquoi je vous répète tout cela, qui peut sembler une redite ? C'est pour insister sur un argument, important au point d'être décisif. J'entends : l'intention !

L'intention, c'est-à-dire, en matière criminelle, l'élément indispensable ; bien plus, celui sans lequel le crime ou le délit ne peut se constituer.

Or, jamais vous ne parviendrez à établir l'intention criminelle, c'est-à-dire la spéculation, la volonté de l'outrage aux bonnes mœurs, chez un écrivain qui procède comme Bonnetain.

La longue méditation qui engendre et détermine le choix du sujet, le soin particulier avec lequel on l'écrit, la recherche d'une scrupuleuse vérité qui contraint à de si rudes travaux, croyez-moi, tout cela est exclusif de la malsaine combinaison qui fait écrire des livres obscènes pour la satisfaction des vieillards blasés et des filles publiques.

Et puis, pour être confondu avec ceux qui demandent la fortune à de pareils moyens, est-ce qu'il ne faut pas avoir fait déjà un peu ses preuves d'immoralité ?

Or, où donc l'accusation aurait-elle pris le droit de le confondre avec ceux-là ?

Pas à coup sûr dans son premier livre : *Autour de la caserne*, le plus moral et le plus charmant du monde ?

Est-ce dans son traité avec Kystemakers ? Il semble que oui, car l'accusation paraît l'avoir blâmé.

Il faut en dire un mot. Je ne vous apprendrai rien en vous parlant de la difficulté pour un auteur inconnu de trouver un éditeur.

C'est toujours le même dialogue : « Je vous éditerai quand vous serez célèbre. — Mais je ne puis devenir célèbre que si vous m'éditez!... » Et la conversation continue inutile sur ce problème insoluble.

C'est donc par un hasard que Kystemakers a eu connaissance du premier livre de Bonnetain : *Autour de la caserne ;* ayant deviné en lui un romancier d'avenir, il lui fit ses conditions.

Il aurait la propriété de son roman. A quel prix? trente-cinq centimes par volume. Le premier mille pour rien.

C'est-à-dire de quoi vivre mal et à peine si l'on réussit : de quoi mourir de faim si l'on échoue.

Vous connaissez des commerçants et des industriels : en connaissez-vous beaucoup qui voudraient faire de l'industrie ou du commerce à ce prix-là ?

Mais ce n'est pas tout. Après avoir fait son livre si *pornographique*, il part pour le Tonkin, d'où il envoie à un journal des chroniques qui, réunies en volume, forment le livre le plus sain, le plus exact et le plus moral qu'on ait jamais écrit. M. l'avocat général lui-même lui rendait cet hommage et vous en citait des extraits que certainement vous n'avez pas oubliés.

Mais si *Charlot s'amuse* est une spéculation, il va continuer son œuvre démoralisatrice et fructueuse?

Non pas. Et vous ne trouverez rien dans ses autres livres qui soit de nature à vous le rendre suspect !

Bien plus; c'est dans l'ouvrage même que je trouve la preuve que Bonnetain, au lieu d'un marchand d'obscénités que vous faites semblant de voir en lui, est un artiste plein de conscience et de talent. Je lis :

Lucien l'attendait à la porte. Tous deux partaient, battant la ville, colportant les nouvelles, visitant les cantonnements voisins, imaginant des niches aux soldats badois qui remplissaient Saint-Dié.

Un jour, le 6 octobre, on s'était battu pendant dix heures, à quelques kilomètres de la ville, à la Burgonce. Ils avaient couru à Saint-Roch, et, toute la journée, ils étaient restés sur la butte, muets dans la trépidation roulante des coups de canon, et regardant, avec les lunettes que louait le père Isaac l'opticien, les régiments passer et repasser dans la plaine, autour des villages incendiés. Puis c'étaient les blessés qu'on avait ramenés sur des charrettes et qu'on avait transportés dans des ambulances improvisées; Mlle de Closberry en avait recueilli trois, des mobiles, que le docteur Noël venait panser chaque matin. L'un d'eux était mort, le plus jeune. On avait bien pleuré dans la maison !

Huit jours après, les deux amis visitaient le champ de bataille de la Burgonce, à Nompatelize, ramassant, à travers les ruines désolées des deux villages, l'ineffaçable et poignante impression de la guerre. Ils frémissaient devant les murs à demi calcinés, sur lesquels la pluie n'avait pu encore laver les sanglantes éclaboussures projetées là, dans la fusillade à bout portant qui avait accueilli les Français, fuyant les maisons en flammes. Les toits bâillaient, crevés par les obus. La tête d'un bœuf, n'ayant plus d'intact que ses grandes cornes, surgissait de la lucarne d'une étable, s'étranglant dans un effort inouï, paralysé par la mort, et effrayante avec sa langue toute noire et ses gros yeux de poisson frit. A côté, contre le mur en pisé, une vigne accolait ses sarments desséchés qu'avait épargnés le feu, et qui, au prochain printemps, reverdirait là, vivante et toute seule, dans le massacre des choses. Plus loin, un cerisier, quoique éloigné de la ferme, n'avait

point été épargné. Il étendait le spectre lamentable de ses branches
rôties, semblable, avec son tronc noir, à un énorme morceau de braise
que l'eau du ciel aurait rendu luisant.

Tout autour, on pouvait reconstituer la lutte. Dans les terres labou-
rées, il y avait des lignes irrégulières de boîtes à cartouches, qui indi-
quaient les positions des combattants, et, peu à peu, reculaient. Les
Français avaient battu en retraite jusqu'aux maisons. Là, ils s'étaient
barricadés. Bientôt, devant l'incendie, les premiers venus avaient gagné
la montagne, s'abritant derrière les gros arbres pour faire le coup de
feu. Des casques à pointes, des ceinturons, des armes même trouaient
le sol détrempé. Charlot et Lucien, cependant, pénétraient dans les
maisons, en proie à une horreur croissante, mais envahis d'une sauvage curiosité, qui surmontait leur angoisse. Dans une salle basse, ils
découvraient toute une rangée de fusils. Des francs-tireurs avaient
lutté là jusqu'à ce que leurs munitions fussent épuisées, puis ils étaient
morts. Les fenêtres étaient encore matelassées, et il y avait des meur-
trières percées dans les cloisons. Sur une muraille blanche, des mots
apparaissaient, distincts, écrits avec un charbon pris dans l'âtre : *Cam-
briels est un c..*, dernière imprécation d'un soldat vaincu, suprême
insulte au chef, dont, en se battant, il attendait l'arrivée et la victoire.
On voyait des traces de sang partout. Sur le bahut, sur le pétrin, des
fragments de cervelle avaient jailli, secs maintenant et semblables aux
mâchons de papiers dont, à l'école, les deux enfants criblaient le plafond et la chaire du maître.

Un dégoût leur venait, insurmontable, et, traînant des armes et des
casques qu'ils voulaient emporter comme souvenirs, ils prenaient leur
course vers la forêt.

Là, derrière un arbre, ils trouvaient un cadavre verdi par la pluie,
mais conservé par le froid des premières nuits d'hiver. Un moblot
encore, enveloppé dans sa capote gris de fer, la face contractée en un
grimaçant rictus et ses grands yeux blancs ouverts, plongeant leur
immobile et vague regard dans le vide. Sa tête reposait sur son havre-
sac ; il tenait, de la main gauche, son chassepot au canon rouillé, de
la main droite, une lettre que faisait bleuâtre la déteinte de l'encre
sur les feuilles mouillées. Autour de lui, d'autres papiers traînaient,
chiffonnés et boueux, sur la mousse. Blessé durant la retraite et se sentant blessé à mort, il s'était réfugié là pour mourir, le pauvre soldat,
trouvant encore la force, avant le hoquet suprême, de relire les lettres
de ceux qu'il aimait.

Charlot, l'air soudain grave et le cœur étreint, revoyait nettement cette scène.

Il tremblait, pris d'un saisissement devant cet œil vitrifié et ces lèvres pâles retroussées sur les gencives violettes. Lucien, plus brave, s'approchait et prenait le papier. Ils le rapportaient en ville, et les mères se le passaient en pleurant. C'était l'épître naïve et rustique qu'adressaient au mobile ses vieux parents restés seuls à la ferme. Les recommandations s'y mêlaient aux nouvelles des gens du pays, à des détails sur les bestiaux : « Blanchette avait mis bas... On avait vendu deux porcs... Le maître d'école lui souhaitait bien le bonjour... Il fallait qu'il se soignât bien... » Vers la signature, l'écriture semblait tremblante, et la tendresse rude, que la plume du paysan n'avait pu ou su exprimer, se devinait là, dans les déliés plus grêles et dans les lettres tracées à deux fois.

Eh bien, parmi ces dix-huit passages cherchés avec tant de soin, il fallait placer celui-là. Au moins n'auriez-vous pas tout à fait encouru le reproche de demander au jury la condamnation d'un livre qu'il ne connaît pas !

Car, messieurs, vous ne l'avez pas lu, ce livre. Vous ne le lirez pas et c'est pour ainsi dire les yeux fermés et sur la parole de M. l'avocat général qu'on vous demande une condamnation !

Enfin, savez-vous où il a été écrit, cet ouvrage, obscène selon l'accusation et intentionnellement obscène?

Le soir, sur la table de famille, auprès de sa mère qui fut une sainte par le dévouement, l'amour des siens et l'accomplissement du devoir. Et je finis par un détail intime tout à la fois attendrissant et lugubre.

Cette mère qu'il adorait, il la perdit tout à coup. Et au moment même arrivaient de Belgique les épreuves de son livre à corriger.

Il ne pouvait être question d'en retarder le renvoi. Il y avait là un engagement d'honneur à tenir vis-à-vis de cet éditeur qui voulait faire paraître à jour fixe.

Et c'est pendant la veillée funèbre aux pieds du cadavre de cette admirable femme que son fils corrigea les épreuves de ce livre, qui lui eût fait horreur s'il eût été écrit dans les sentiments que vous dites!

Un dernier mot. Nous n'avons à être jugé que par vous, mais s'il ne vous est pas indifférent de savoir ce que pensent les esprits les plus éminents de notre époque, laissez-moi vous lire quelques lignes de A. Daudet, l'admirable écrivain que vous savez :

Mon cher confrère et pays, votre livre est beau, sinistrement, férocement beau. Je n'aime pas le titre, je le trouve trop farce pour une étude aussi sérieuse et navrante ; il me blesse comme le calembour d'un carabin au chevet de son malade. Mais, cette réserve faite, j'admire la vérité de vos tableaux et l'osé de leur éloquence.

Si loin que vous alliez, vous dites ce qui est, ce que vous avez vu dans vos cinq ans de caserne et de colonies ; et je comprends que vous avez été tenté d'écrire ce terrible nouveau chapitre de la *passion dans le désert*. Vous l'avez fait avec une puissance et une crânerie dont je vous félicite.

Alphonse Daudet.

Et maintenant, lorsque vous trouverez à appliquer cette loi de 1881, si mal faite qu'elle soit, à des écrivains sans conscience, sans talent et sans pudeur, faites-le hardiment, mais, je vous en supplie, messieurs, ne vous exposez pas à déshonorer des écrivains jeunes, laborieux, sincères, dont le talent aujourd'hui, et peut-être la gloire demain, vous feraient regretter le verdict surpris à votre conscience !

Le jury rend un verdict négatif. M. Bonnetain est acquitté.

MARAIS CONTRE KONING

O I C I une affaire dont le retentissement n'a pas été des plus médiocres. Louée par les uns, blâmée par les autres, cette plaidoirie a eu l'honneur d'être pendant quelques instants ce qu'on appelle « l'événement du jour! »

Elle a donné lieu à tant de discours et à tant de péripéties qu'il faut que je m'en explique avant de la livrer au public.

L'acteur Marais vient un jour me trouver et me dénoncer la conduite de son directeur. Il me raconte avec une émotion dramatique la mort de sa femme et les persécutions dont il est l'objet sur la scène du Gymnase. Je connaissais déjà la maison. J'avais eu à défendre le fils d'Achard, Frédéric, le frère de mes trois camarades de collège. Léon, le ténor si longtemps applaudi de l'Opéra-Comique; Charles, frappé en pleine jeunesse par une apoplexie qui l'enlevait au Conservatoire de Dijon; Victor..., le père du jeune et gentil acteur que l'on applaudit... au Gymnase! O ironie de la destinée des hommes! Mais il n'en est pas moins vrai que les procédés du directeur vis-à-vis de Frédéric étaient,. pour le moins, discourtois. Et puis quel concert de malédictions! La Presse retentissait du bruit des forfaits de celui qui n'était plus pour elle « le petit Koning » des jours écoulés.

Mon cabinet ne désemplissait pas de gens m'apportant leurs plaintes, leurs récriminations, les dénonciations de toute sorte. Où était exactement la vérité? Nulle part..., c'est là qu'elle est presque toujours. Mais il n'en fallait pas davantage pour chauffer à blanc cette corde *protectrice* que la nature a cachée au fond de tout avocat digne de ce nom. Et c'est dans ces conditions un peu particulières que nous abordâmes la barre. La plaidoirie fit tout le bruit qu'elle devait faire dans un milieu où les rancunes étaient à l'état aigu, et où tout ce qui touche au théâtre intéresse tout le monde.

Le lendemain, un de mes amis vint m'avertir que M. Koning songeait à m'envoyer ses témoins.

Je lui répondis que je les recevrais.

Est-ce à dire que nous devions répondre sur le terrain de toutes les paroles qui nous échappent à l'audience?

Je ne le crois pas, et voici pourquoi:

On ne vide sur le terrain que les querelles personnelles. Or, les querelles que nous épousons pour nos clients ne nous sont jamais personnelles.

Prenons pour exemple un procès en séparation de corps. C'est habituellement là que les passions sont le plus excitées, les récriminations les plus amères, les investigations dans la vie privée plus ardentes. C'est là qu'on est le plus exposé à manquer de mesure et de prudence dans l'attaque ou dans la défense, qui, la plupart du temps, n'est qu'une attaque elle-même et la plus enflammée du monde.

Je suppose un mari dénoncé par sa femme et ayant eu à souffrir gravement de la plaidoirie de son adversaire. Il va lui demander raison. De quoi? Est-ce en son propre nom que l'avocat de sa femme lui aura dit à la barre les choses dont il croit avoir à se plaindre.

Ne sera-t-il pas fondé à lui répondre :

— Moi, monsieur, je ne vous connais pas; je ne vous en veux pas et je suis personnellement disposé à vous tenir pour le plus galant homme du monde. Prenez-vous-en à votre femme, qui, tenue hors du débat par la loi et l'usage, m'a simplement prié de vous dire ce qu'elle a peut-être le tort de penser, mais qu'elle ne pouvait vous dire elle-même.

Cela est si vrai, que le cas s'est présenté.

Mon vieux camarade et ami Gustave Chaix d'Est-Ange eut un jour à plaider un procès de cette nature pour Mme de P... — Le mari fut très offensé de la plaidoirie de mon ami, qui n'avait fait que traduire à la barre les griefs de sa cliente. M. le vicomte de P... comprit si bien que cette plaidoirie ne pouvait servir de raison à une rencontre qu'il vint trouver Chaix d'Est-Ange dans la salle des Pas-Perdus et fit mine de lever la main sur lui. Il plaçait ainsi la question sur le seul terrain où elle pouvait recevoir une solution. Chaix, directement offensé par le geste, demanda réparation au gentilhomme et lui fournit le lendemain un joli coup d'épée qui prouva que les avocats avaient quelquefois la lame aussi déliée que la langue et mit fin à l'incident.

Quoi qu'il en soit, *dans mon espèce,* comme on dit au Palais, les témoins annoncés ne vinrent pas.

Maintenant pourquoi avais-je répondu que si des témoins se présentaient au nom de M. Koning j'accepterais de les mettre en relation avec de mes amis ?

C'est que j'étais un peu sorti du rôle que me traçait strictement le devoir professionnel, et je ne fais pas difficulté de reconnaître que la défense de mon client pouvait se produire à meilleur compte. Je m'étais laissé prendre au récit de la mort de Mme Marais, à sa prétendue cause, aux angoisses morales du malheureux mari obligé de déclarer son amour, chaque soir, à celle qu'il en rendait, peut-être à tort, responsable, et de la serrer dans ses bras et de mêler son souffle de veuf éternellement en deuil au souffle détesté de la rivale de la pauvre morte !

Aujourd'hui M. Marais est remarié. Il fait les beaux jours du Gymnase en compagnie de M. Achard, le neveu de mon autre client Frédéric... M. de Pène est mort, qui sans raison au moins apparente avait cru devoir prendre partie dans l'affaire... M. Koning triomphe, et une fois de plus, dans ma vie, en courant aux moulins à vent j'ai mérité de changer de nom et de m'anoblir en m'appelant *don* Quichotte !

Referais-je aujourd'hui cette plaidoirie, si elle était à refaire ? Je suis plus vieux : est-ce à dire que je suis plus sage ? Je n'en voudrais pas jurer ! Puissent les Dieux ne pas me donner une nouvelle occasion de pécher..., c'est tout ce que peut attendre de leur éternelle bonté un pécheur qui peut pécher encore !...

PLAIDOIRIE

MESSIEURS, en commençant la plaidoirie que vous venez d'entendre, mon honorable confrère vous disait : Voici une affaire qui a eu un grand retentissement dans le monde du théâtre… et dans d'autres mondes encore.

C'est la vérité. Le malheur de ces sortes d'affaires est qu'elles n'arrivent jamais entières devant la justice qui doit les dénouer : à peine livrées à la circulation, la presse s'en empare, le public les commente, les discute, les légendes se forment, et la passion des uns et des autres s'est largement donné carrière avant que les parties aient pu prendre la parole devant vous.

C'est d'une de ces légendes, soigneusement répandue dans la circulation et affectueusement entretenue par son adversaire, que mon client a failli être victime.

Je veux avant tout qu'il sorte de cette enceinte défendu contre ce misérable artifice de M. Koning.

On vous a dit que M. Marais avait été déterminé à rompre avec le Gymnase par une indigne cupidité; on vous l'a représenté comme un homme besogneux, sans argent et sans scrupules, à l'affût, par les plus mauvais moyens, des plus illégitimes bénéfices. On a avancé que M. Marais s'était montré dédaigneux de son engagement avec M. Koning parce qu'il avait trouvé un directeur plus facile qui lui avait offert des avantages importants. Enfin on vous a représenté le caractère et les habitudes professionnelles de mon client sous des couleurs peu favorables : il en résulte que si, par courtoisie naturelle et par ménagement pour M. Koning, j'avais pu être animé du desir d'enchaîner la liberté de ma parole, la plaidoirie de mon honorable contradicteur aurait suffi à me délier de tout scrupule.

Tout d'abord, il faut que le Tribunal connaisse un peu mieux que par les soins de M. Koning le caractère et la carrière de son adversaire.

Cette carrière est courte ; mon habile et honorable contradicteur vous disait la vérité tout à l'heure : l'histoire de M. Marais peut tenir en quelques phrases. M. Marais est sorti jeune du Conservatoire après avoir remporté tous les succès qu'il pouvait espérer. Entré au théâtre de l'Odéon, il y resta plusieurs années, il y parcourut une carrière laborieuse et honorable : dans le vieux répertoire, il joua *Andromaque, Rodogune, Britannicus, le Misanthrope*, etc. ; dans le nouveau répertoire, il reprit et créa des rôles importants, dans *les Danicheff, la Jeunesse de Louis XIV, Samuel Brohl, Mauprat*, et *Joseph Balsamo*. Puis il passa au théâtre du Châtelet, où, au milieu de la pompe d'une mise en scène somptueuse, comme le dit si bien Mᵉ Carraby ! il créa le personnage important de Michel Strogoff...

Si l'on veut savoir en quelle estime le tenait M. Duquesnel et quels sentiments il avait su inspirer à son directeur, il n'est pas inutile de lire la lettre que lui écrivait celui-ci dans une circonstance où il n'avait eu qu'à se louer de son pensionnaire.

La voici :

Mon cher Marais,

J'ai reçu votre lettre et ne veux pas la laisser sans réponse. Tous les sentiments que vous y exprimez, je les partage avec vous, et, mieux que personne, j'apprécie votre conduite, qui est celle d'un honnête homme et d'un galant homme qui sait comprendre les délicatesses d'une situation difficile. En ce qui me concerne, je vous remercie de tout cœur du zèle que vous me témoignez, — j'y comptais absolument d'ailleurs, *connaissant votre probité artistique,* — de l'abnégation avec laquelle vous avez sacrifié à l'accomplissement de votre devoir des scrupules si honorables et tout naturels au-dessus desquels vous avez dû vous élever.

Ce qui prouve que M. Marais n'était pas condamné à se voir refuser par tout le monde la probité artistique !

En 1880, il sortit de l'Odéon et, libre de tout engagement avec M. Duquesnel, il signa, le 7 juin, le traité qui devait le lier à une autre scène.

A cette date, M. Koning allait devenir directeur du Gymnase, et le Gymnase faisait encore illusion ! Ce théâtre avait été dirigé depuis de longues années par M. Montigny. Très galant homme, très homme d'honneur, le sens littéraire très délicat et très exercé dont il était doué lui avait valu des succès retentissants ; son commerce loyal et sûr lui avait acquis l'amitié de tous les hommes de lettres et le respect de ses artistes. A ces façons très droites et très fières, M. Koning allait faire succéder d'autres mœurs ! M. Montigny avait *dirigé* le théâtre du Gymnase, M. Koning allait l'*exploiter*.

Au reste, il faut reconnaître que son avènement à ce siège directorial avait causé quelque surprise dans le monde parisien : journaliste sans talent, financier sans crédit, à peine évadé d'une faillite par l'entre-bâillement d'un concordat dédaigneux, récidiviste d'aventures galantes dans lesquelles le plus dénué d'honneur eût encore laissé quelques lambeaux ; décrié de tous, méprisé du reste, il s'installait au fauteuil du boulevard Bonne-Nouvelle comme le mendiant de *Gil Blas* derrière sa haie, son chapeau en travers du chemin et son escopette au poing. Là, tout lui fut bon : le talent des hommes et la prostitution des femmes ; une décision de justice le lui a dit en des termes sévères, sans parvenir à amener sur son front l'ombre d'une rougeur. Je dis : une décision de justice, car ce n'est pas la première fois que la justice a à s'occuper de lui.

Dans les combinaisons de cet habile metteur en scène, les tribunaux ont leur rôle.

Le mécanisme commence à en être bien connu, mais il ne faut pas se lasser de le signaler. Mon honorable contradicteur, dans sa clémente courtoisie, aura beau chercher à faire à mon esprit les honneurs de la mauvaise réputation de son client, il me permettra de lui dire qu'il y a quelque chose qui parle plus haut que les ingéniosités de l'esprit, ce sont les réalités de la vie.

Donc, cette combinaison consiste à engager un artiste, homme ou femme, à des appointements généralement modiques, mais avec un dédit considérable et des clauses telles qu'en les mettant en œuvre avec quelque habileté — et M. Koning est passé maître en cet exercice! — on arrive, au bout d'un certain temps, à provoquer, de la part de l'artiste, la rupture de l'engagement. Alors M. Koning s'adresse aux tribunaux et réclame le dédit si habilement stipulé et qui devient le principal au lieu d'être l'accessoire du contrat.

Est-ce moi qui, le premier, viens dévoiler cette spéculation? Non, messieurs. Voici un article, que je vous demande la permission de vous lire; il est d'un journaliste infiniment parisien, de M. Léon Chapron, plein de talent et d'esprit, un peu hautain peut-être, mais incapable, celui-là, de céder jamais aux suggestions de M. Koning; cet article a été écrit au lendemain du scandale arrangé par M. Koning au Gymnase. Il a paru dans le *Gil Blas* où M. Chapron rend compte des premières représentations.

La triste affaire du Gymnase, dont nous sommes bien obligé de nous occuper une dernière fois, puisqu'elle ressort directement des chroniques théâtrales, est enfin tirée au clair; malgré les équivoques et les faux-fuyants de certains journaux à la dévotion de M. Koning, la part des responsabilités est établie. Le scandale de l'autre soir retombe tout entier sur le directeur du théâtre. Quelles que soient les querelles de boutique et les dissensions intimes, querelles et dissensions où moi, spectateur payant, je n'ai point à m'ingérer, un fait est indéniable : M. Marais était prêt à jouer, c'est dans un sursaut de nerfs que M. Koning s'est fâcheusement joué du public. La vérité est là, et non ailleurs.

Un critique, d'ordinaire fort mesuré, a hautement blâmé hier les outrecuidantes prétentions des comédiens, défendant ainsi M. Koning et nous lançant sur une fausse piste. C'est prêcher des convertis que

de soutenir une thèse pareille. Il est assurément des jours où, en présence du cabotinage qui monte sans cesse, on est tenté de regretter le
Fort-l'Évêque. Mais la question n'est pas là. J'ajouterai que, si le cas de
M. Marais était un cas isolé, nous serions porté à donner tort à l'artiste. Il n'en est pas ainsi. L'affaire Damala, l'affaire Léonide Leblanc,
l'affaire Achard, l'affaire Tessandier, l'affaire Julien, l'affaire Duverger,
l'affaire Auger, d'autres encore (on parle de 216,515 fr. de dédits déjà
touchés, tudieu!), nous disposent peu en faveur de M. Koning, il faut
l'avouer. Ah! si M. Koning était un drôle venu on ne sait d'où, ayant
détroussé de vieilles amoureuses, s'étant traîné dans de louches faillites, puis ayant rebondi par un coup de fortune, une manière de jui-
faillon parvenu, en un mot, je comprendrais ces façons d'agir. Mais
quoi! M. Koning est un galant homme, d'une instruction primaire
peut-être négligée, mais intact, correct, qui a travaillé, lutté, dont pas
une page d'existence ne craint la pleine lumière! Et il se conduit de
telle sorte que Cléry, ouvrant sa main remplie de preuves, est fondé
à l'appeler *négrier!* L'honorable M. Koning est sans excuse.

En ce qui touche l'inconcevable incident de lundi dernier, le débat
est vidé, ce me semble. Le brillant directeur a fait supporter aux spec-
tateurs le poids de sa colère intempestive. Les reporters habituels de
M. Koning auront beau nous citer des lettres de M. Clèves et de
M. Derenbourg. Ce n'est pas là qu'est l'affaire. On ne nous donnera
pas le change, en dépit qu'on en ait. Les tribunaux décideront de
litiges qui ne nous importent pas. Le vrai, le réel, est que M. Marais ne
refusait point son service. Or, je conseille fort à M. Koning de ne pas
traiter le public comme il traite ses artistes. Le public se rebiffe sous
les coups de houssine, — même le public parisien, le plus bénin du
monde. Je ne parle pas du public de province. Le pauvre Raphaël Félix
n'en avait pas tant fait, quand les gens de Lyon voulurent carrément le
flanquer dans le Rhône!

Cette combinaison, ce jeu des dédits a donc rapporté la
somme considérable de 216,515 fr.

Le lendemain, le même journaliste fournit la justification de
ces chiffres, et en des termes contre lesquels M. Koning n'a pas
protesté.

Quelques correspondants s'étant étonnés du chiffre que je citais hier
à propos de l'inexplicable exploitation de M. Koning, je crois devoir
dégager ma responsabilité en publiant une note qui m'a été adressée

par une personne que j'ai tout lieu d'estimer sûre. Mes lecteurs
bondiront. Moi-même j'ai eu comme un « pouah » de dégoût.
M. Victor Koning répondra s'il le juge convenable, et, avant tout, s'il
s'explique congrûment.

Récapitulation des dédits touchés par M. Victor Koning au théâtre du
Gymnase, depuis vingt-sept mois d'exploitation :

Jeanne May . . . . Fr.	25.000
Léonide Leblanc	25.000
Id. de la même au même.	5.000
Tessandier	20.000
Damala (Sarah Bernhardt).	22.500
Guitry	25.000
Magnier (voyage à Londres)	10.000
Marais (dédit demandé).	60.000
Mlle Tessandier (pour les deux mois où elle a été cédée à l'Odéon)	2.000
Mlle Augé (pour avoir joué un an *Michel Strogoff* au Châtelet), environ.	5.000
M. Achard (prêté au Théâtre Molière, à Bruxelles).	1.000
M. Saint-Germain, prêté aux Menus-Plaisirs pour *la Perle*. . .	6.000
Retenues des mois de février, mars, avril et mois de congé payé	1.500
Rupture antidatée d'un mois, 3 o/o de droit d'auteur sur *la Perle* que se réservait M. Koning, vu la cession de son artiste.	8.000
Mlle Volsy, deux fauteuils pour la première du *Roman parisien*, cédés par M. Koning à sa pensionnaire, au prix de. . . .	200
Id., une baignoire.	300
Suppression du bulletin traditionnel de répétition (occasion de retards et, partant, d'amende), petite économie de. .	15
Fr.	216.515

Il n'est pas possible qu'un scandale pareil continue à s'installer en
pleine boue de Paris... Il importe que ces pratiques ignominieuses
prennent terme et que d'honorables confrères à moi ne s'en rendent
pas plus longtemps complices d'une manière inconsciente.

M. Koning n'a pas pris la parole, et cependant cet homme se
plaisait à faire répéter partout que le Gymnase est l'antichambre
de la Comédie Française, et il espère bien que l'adage s'appli-

quera au directeur aussi bien qu'aux artistes. C'est en pratiquant de pareilles manœuvres qu'il ne craignait pas d'entamer dans *le Figaro* une campagne où il prétendait qu'il fallait infuser du sang nouveau dans les veines de la Comédie Française et se faisait indiquer comme le successeur de l'administrateur de ce théâtre, qu'il espérait arriver à supplanter. Lui, administrateur de la Comédie Française, lui auprès de qui Schylock peut passer pour un saint Vincent de Paul! et qui gagne ses procès comme Schylock, car Portia n'est plus là pour lui faire rendre sur sa chair de juif le poids de la chair qu'il vole aux autres!...

Donc, le 17 juin 1880, M. Marais entrait dans cette caverne : il créa successivement *Serge Panine*, le *Roman parisien*, *Monsieur le Ministre* et le *Père de Martial*. Mais on a négligé de vous dire qu'au début de son engagement, c'est-à-dire pendant les mois d'avril et de mai 1881, M. Koning avait envoyé sa troupe en tournée en province, à Bordeaux, à Lyon, à Marseille, et qu'il avait précisément choisi, pour lui confier la direction de ses intérêts, M. Marais, qui se trouvait ainsi tout à la fois directeur et premier rôle de la troupe. Il s'est surmené et épuisé dans cette mission au point de tomber malade, sans qu'un seul jour les intérêts de M. Koning aient été négligés.

Si quelqu'un contestait ces faits, j'ai entre les mains une correspondance télégraphique et manuscrite qui les établit.

A son retour, et après tant d'efforts, M. Marais croyait avoir droit à quelques remerciements; or, voici ce qui l'attendait. M. Koning avait entrepris de jouer *Madame Caverlet*, et il déclarait au débotté, à M. Marais, qu'il avait à apprendre et à jouer en cinq jours le rôle de M. Caverlet.

Il faut étudier le fait pour lui donner la portée, mais rien que la portée qu'il doit avoir.

Il ne s'agissait pas alors de la spéculation normale, favorite et chère à M. Koning, de dégoûter M. Marais et de l'amener à la rupture de son engagement. Voici ce qu'il voulait :

Le talent de M. Marais, dû à des qualités naturelles exercées par de fortes études, a acquis une grande souplesse; on peut lui demander beaucoup. Le rôle de M. Caverlet dans la pièce

d'Émile Augier, avait été joué au Vaudeville par Lafontaine, avec
la grande autorité que cet artiste apporte dans toutes ses créa-
tions. M. Koning avait fait appel à M. Lafontaine qui avait consenti à reprendre son rôle au Gymnase; mais il y venait en
représentation, c'est-à-dire qu'il fallait le payer. M. Koning
trouva que cela lui coûtait trop cher, et il s'avisa de confier ce
rôle à M. Marais, ce qui lui permettait de réaliser une sérieuse
économie. Les deux grands principes de M. Koning sont : 1º qu'il
faut gagner beaucoup d'argent; 2º qu'il faut éviter d'en dépenser.

M. Marais résista. Avait-il de bonnes raisons pour résister?
Oui! aujourd'hui il est le seul, parmi les jeunes premiers, capable
de jouer les grands premiers rôles.

Or, en l'employant dans tous les rôles et dans tous les emplois, on risque de le discréditer et de l'user. Sur ce point,
l'esprit de mon honorable contradicteur s'est donné une facile
carrière : « M. Marais, a-t-il dit, ne veut jouer ni les rôles de quarante ans, ni ceux de vingt ans; bientôt il faudra un théâtre
spécial, des rôles spéciaux pour suivre la fantaisie de cet
acteur. »

C'est aller trop loin, et si vous aviez voulu consulter votre
client, auquel vous avez donné de si bonnes consultations, et
qui aurait pu vous en donner à son tour, — il vous aurait dit
qu'en matière de théâtre, rien n'est plus raisonnable que la prétention de M. Marais.

Il existe là ce qu'on appelle des emplois : faire jouer à un
artiste tous les rôles indifféremment, c'est le disqualifier aux yeux
du public et sans profit pour personne. M. Koning, qui sait tous
ces détails beaucoup mieux que moi, en a reconnu la vérité
dans une occasion récente dont on vous a fait le récit.

Vous vous rappelez qu'il avait distribué à M. Marais le rôle
de Guy de Sableuse, dans la reprise d'*Héloïse Paranquet*.
M. Marais avait protesté, et M. Koning, se rendant à la protestation, lui avait donné le rôle de Raoul d'Yves. Certes, ce rôle
pouvait paraître fort inférieur par son peu d'importance à la
situation reconnue de M. Marais, mais il n'a fait aucune difficulté de l'accepter et de le jouer.

A propos du rôle de M. Caverlet, que M. Marais consentit à jouer, je dois faire connaître au Tribunal un incident que mon honorable contradicteur ignore sans doute. Lors de la distribution de ce rôle, M. Marais dit à son directeur : « Je vois que mon refus vous blesse; je vais donc jouer M. Caverlet. Mais il est bien entendu entre nous que mon acceptation ne constitue pas un précédent et que vous ne me ferez pas toujours jouer les Caverlet. »

M. Koning donna sa parole d'honneur. La parole d'honneur de M. Koning! voilà la planche pourrie sur laquelle M. Marais s'est engagé! Ces artistes ont des naïvetés adorables!

Ici les faits se pressent. Le 28 mai 1883, mis en demeure de jouer ce rôle de nouveau, Marais proteste par l'acte d'huissier que vous connaissez, et il déclare son intention de se retirer du Gymnase.

Eh bien, laissez-moi le dire ici, cet acte était bien plus la menace d'une rupture qu'une rupture définitive. Alors M. Koning pouvait tout arranger, et mieux que personne il savait à quelles conditions. Mais au lieu d'entrer dans cette voie, il provoque le retentissant scandale que l'on connaît. Par une astucieuse interprétation de l'acte de son pensionnaire, il veut faire croire à un refus de service et il faut que Marais, faisant justice sur la scène même de cette déloyauté, vienne affirmer que M. Koning a menti et qu'il est prêt à jouer.

Après cette soirée, la rupture était définitive. La vie n'était pas possible avec un directeur auquel des traités habilement machinés assurent des droits exorbitants et qui en use comme on sait. Mais j'ai tort de parler ainsi, car le Tribunal ne sait pas encore jusqu'où M. Koning est capable de pousser l'art de la persécution vis-à-vis d'un artiste tombé dans sa disgrâce.

Récemment il a eu un procès avec un de ses pensionnaires, M. Achard. Il l'a gagné, et pendant deux ans encore M. Achard lui appartient. Or, il y a quelques jours, il l'amène à Londres avec sa troupe, et voici comment il lui fait sentir le poids de sa rancune.

Ce n'est pas moi qui parle, c'est le journal le *Gil Blas*, dans son numéro du 15 juin.

J'en suis bien fâché pour les deux journaux à la solde de M. Koning, mais leur client dépasse véritablement toute mesure.

On sait que M. Achard a perdu son procès contre M. Koning. En conséquence, samedi dernier, le jeune artiste se dirigea vers la gare du Nord, pour prendre avec des camarades le train de Londres. Le régisseur distribua des billets de première classe à MM. Landrol, Lagrange, Bertall et autres. Arrivé devant M. Achard, il lui remit *un billet de deuxième classe* (authentique), sur lequel le « jeune et intelligent » directeur avait écrit de sa propre main le nom de son pensionnaire, afin que le comédien ne pût l'échanger.

Indigné de ce procédé réellement inouï, M. Achard courut à l'administration et demanda, moyennant un supplément, bien entendu, une place de première classe. Il se trouva en présence de deux fonctionnaires fort bien élevés à qui il conta son aventure, qui esquissèrent une grimace de dégoût et lui remirent un ticket de première classe, en refusant toute espèce de supplément.

La chose n'est point de conséquence, mais comme elle peint bien le « jeune et intelligent » directeur !

Notre très fin confrère, M. Henry Fouquier, nous a mis l'autre jour la puce à l'oreille en visant de fort malicieuse manière les deux journaux en question, et en parlant de *syndicat* et de *contrats*. Il n'y a pas de syndicat et de contrats qui tiennent. L'heure est proche où pas un comédien ayant quelque respect de lui ne daignera traiter avec cet étonnant Israélite !

Et notez que celui qu'il traite ainsi a fait d'excellentes études, qu'il est très bon musicien, qu'il peut jouer la comédie en quatre langues et que la façon dont il met l'orthographe n'a que des rapports lointains avec les vagues données de M. Koning sur le même sujet !

Cependant si, à cette date du 28 mai dernier et après la scène provoquée par lui, le directeur du Gymnase avait saisi purement et simplement la justice de sa réclamation, il n'y avait rien à dire. Il semble que c'était la seule conduite qui convînt, mais M. Koning est incapable d'un acte quelconque de dignité. Et il faut s'en applaudir, car ses efforts ont tourné à notre avantage.

On l'a vu, en effet, se mettre en peine pour trouver quelque reproche grave à adresser à Marais. Ce n'était pas l'envie qui lui manquait de le diffamer dans sa vie artistique et peut-être même dans sa vie privée, eh bien, il n'a rien trouvé... rien. Je me trompe : il se rappelle qu'il a fait à son pensionnaire quelques avances d'argent, et le voilà retournant non pas ses poches, ce qui est dangereux parfois, mais sa comptabilité devant le public, et *le Figaro*, son journal officiel, son protecteur assermenté, publie ses comptes :

Nous recevons la lettre suivante :

1er juin, 10 heures du soir.

Monsieur le rédacteur,

Il ne me convenait pas de prendre la parole *personnellement* à propos du *scandale* que M. Marais vient de causer au Gymnase, mais ce que le public connaît *des agissements de ce comédien est tellement au-dessous de ce qu'il ignore, et ces faits sont tellement graves, que je me vois bien forcé d'écrire, pour la première — et la dernière fois.*

Vous savez déjà que M. Marais, quoique affiché, — *ainsi que cela est mon droit,* puisque son engagement le lie au Gymnase jusqu'en novembre 1885, — ne s'est pas rendu ce soir *à son devoir.*

Or, M. Marais est *d'autant plus coupable qu'il est parti de son théâtre après avoir pris à la caisse une petite somme assez rondelette.*

Je m'explique. Le 6 mars dernier, je recevais la lettre suivante :

« Monsieur Koning,

« Je viens vous prier de vouloir bien m'avancer dix-huit cents francs sur mes appointements futurs. Si vous pouvez répondre favorablement à ma demande, je m'engage à rembourser cette avance *sur mes appointements de juin 1883.*

« Dans l'attente de votre réponse, veuillez agréer, *en même temps que mes remerciements, l'assurance de tout mon dévouement.*

« *Signé :* MARAIS. »

C'était peut-être la dixième fois — ainsi que les livres de caisse l'attestent — que M. Marais me faisait l'honneur de me demander des avances; un jour, entre autres, à l'occasion de son déménagement, je lui avais prêté 3,000 fr., je n'avais donc aucune raison pour le refuser cette fois. J'accordai. Voici son reçu :

« Reçu du caissier du théâtre du Gymnase la somme de dix-huit cents francs à valoir *sur mes appointements du mois de* JUIN 1883.

« 9 mars 1883.

« *Signé*: MARAIS. »

C'est à ne point croire, n'est-il pas vrai?

Je suis convaincu qu'après avoir lu *le Figaro*, M. Marais viendra se libérer; il est impossible que M. Derenbourg n'ait pas, à son tour, un bon petit mouvement...

Mais avouez, monsieur le rédacteur, que M. Marais eût fait preuve de la plus stricte délicatesse en s'acquittant avant de refuser son service, et même qu'il eût été... de bon goût de rendre l'argent le jour où il envoyait du papier timbré à son directeur : la saveur de l'un eût peut-être aidé à faire passer l'amertume de l'autre.

Recevez l'assurance de mes meilleurs sentiments.

VICTOR KONING.

Inutile d'ajouter qu'en même temps qu'il nous envoyait cette lettre, le directeur du Gymnase a fait mettre sous nos yeux la lettre et le reçu de M. Marais qu'il a cités.

La parole est à la justice!

Ainsi voilà les indignes artifices par lesquels M. Koning essaye de compromettre son adversaire! Ce fait si simple d'un employé demandant une avance à la caisse, ce fait courant dans le journalisme, dans l'administration, dans le commerce, il le présente avec des allures sournoises. Il se garde bien de dire que, même en s'en allant de chez lui, M. Marais ne mettait pas sa créance en péril puisqu'il laissait dans sa loge un mobilier et des objets d'art représentant plus de trois fois l'importance de sa dette! Enfin il oublie de dire ici que des offres réelles lui ont été faites du montant de sa créance et que ces offres comprenaient le capital, les intérêts et les frais!

Mais, grâce à Dieu, il y a des gens que ce genre de polémique écœure et le journal *la Patrie* fait justice en ces termes de la bassesse du procédé:

L'incident Marais-Koning et Koning-Marais se continue.

Nous apprenons, en effet, que M. Marais ne s'est pas présenté hier soir au Gymnase et que M. Jourdan a joué son rôle.

M. Koning s'est cru autorisé, par suite de cette façon d'agir de son pensionnaire, à publier des lettres absolument personnelles dans lesquelles M. Marais demandait des avances à la caisse...

Il a eu tort, car il avait d'autres moyens à employer que ceux-là pour donner ses raisons au public.

D'autant plus que M. Marais n'a jusqu'à présent rien dit sur son directeur. Plus que jamais, nous attendons des explications de l'artiste du Gymnase.

Tandis que M. Koning s'attire de son pensionnaire cette réponse très digne adressée au *Figaro* et publiée le 3 juin : ..

Nous recevons la lettre suivante :

Monsieur le rédacteur,

L'article que vous publiez dans le numéro du samedi 2 juin se termine par ces mots : « La parole est à la justice. »

Il est impossible de mieux dire, et c'est précisément parce que le dernier mot de cet incident doit appartenir à la justice qu'il ne saurait me convenir d'entrer avec le directeur du Gymnase en une lutte de paroles et de récriminations discourtoises, d'où la dignité et le bon goût ne sauraient sortir intacts.

J'espère, monsieur le rédacteur, que ce n'est pas trop demander de votre obligeance que de vous prier d'insérer ces quelques lignes.

Je vous prie d'agréer l'expression de mes sentiments distingués.

MARAIS.

Enfin nous voici devant vous, et, pour y faire la moins laide figure possible, notre adversaire se pare d'une lettre surprise à M. Émile Augier.

Je n'en sais pas l'histoire..., mais je vais vous la faire. Aussi bien elle ressort vivante du document lui-même. Le voici :

Croissy, 31 mai.

Mon cher Koning,

Je blâme fort le procédé de Marais en ce qui vous concerne; quant à moi, il ne me touche pas le moins du monde. Je ne tiens pas du tout à ce que *Madame Caverlet* soit jouée en Angleterre, et je crois, d'ailleurs, que le *kunt* anglais se serait opposé à la représentation.

Voilà une mauvaise note au début de la carrière artistique de ce jeune homme. Il a bien tort de prendre les almanachs de Sarah Bernhardt en matière de probité professionnelle.

Mille amitiés.

É. AUGIER.

On voit bien dans la première partie que M. Koning a cherché à intéresser à sa cause l'illustre auteur de *Madame Caverlet* en lui faisant entrevoir dans la retraite de M. Marais un préjudice pour ses intérêts: mais le piège était quelque peu grossier pour un académicien de la trempe de M. Émile Augier qui le lui fait assez vertement sentir.

Quant au surplus de la lettre, il s'explique par le lieu même d'où elle est datée.

En effet, M. Émile Augier écrit de Croissy, qui n'est autre qu'une sorte de bourgade perdue où il semble que les bruits du monde ne parviennent que difficilement. Il n'y a que là qu'un homme comme M. Augier puisse imaginer d'écrire au directeur du Gymnase: « Mon cher Koning..., » M. Koning n'étant jamais *cher* que dans une tout autre acception. De là seulement encore on pouvait songer à lui envoyer « mille amitiés. » Sérieusement, M. Augier, qui est le plus galant homme en même temps que l'homme du plus grand talent du monde, a été surpris. Il n'a pas su quelle détestable marchandise on l'invitait à couvrir de son fier et illustre pavillon. Mal édifié par M. Koning, j'en appelle à lui-même quand il aura été mieux renseigné.

Mais puisque M. Koning est si friand de certificats, qu'il montre donc celui qu'il a essayé de se faire délivrer à son théâtre !

J'entendais mon honorable contradicteur s'écrier tout à l'heure : « Tout le monde, tous les camarades de M. Marais ont désapprouvé sa conduite ! »

Mais l'histoire du certificat des artistes du Gymnase, nous la connaissons, nous savons que M. Koning a demandé à ses propres artistes de signer une attestation dans laquelle la conduite de M. Marais était sévèrement blâmée. Et je dis à leur louange qu'au risque de ce qui pouvait leur arriver, ils n'ont pas voulu lui donner la satisfaction de cette approbation que, sans dignité, il était allé mendier auprès de chacun d'eux.

Ceci dit, la discussion peut se résumer en termes très simples.

M. Marais a contracté vis-à-vis de M. Koning un engagement qui vous a été lu. M. Marais a rompu cet engagement. Avait-il le droit de le faire? Et, le faisant, quelle est la peine qu'il a encourue?

Deux principes régissent cette matière et ils sont édictés par l'art. 1134 du Code civil, qui dit que « les conventions légalement formées tiennent lieu de loi à ceux qui les ont faites; qu'elles ne peuvent être révoquées que de leur consentement mutuel ou pour les causes que la loi autorise; qu'elles doivent être exécutées de bonne foi... »

Qu'est-ce à dire? — Que l'une des parties ne peut pas mettre par ses actes personnels l'autre partie contractante dans l'impossibilité physique ou morale de remplir son obligation.

Je me demande si ce cas s'est présenté dans l'espèce actuelle, et je n'hésite pas à répondre : oui!

Et ici, messieurs, je vous supplie d'écarter la partie en cause et de ne voir que l'avocat. C'est, en effet, ma seule et propre responsabilité que j'engage en vous faisant ce récit un peu contre le gré de mon client. Il y a, dans cette histoire, trop de son cœur, et il lui répugnait de réveiller en public un passé si récent et tout trempé de ses larmes! Je n'ai pas accepté cette timidité, cette réserve, j'ai voulu que la vérité tout entière fût connue, parce qu'il s'agit plus ici de l'honneur que de l'intérêt de M. Marais, et qu'il ne faut pas qu'on dise qu'il a manqué aux règles de l'honneur professionnel.

En 1875, à l'Odéon, quand M. Marais a créé le principal rôle des *Danicheff*, il a joué cette pièce avec une jeune femme, Mlle Hélène Petit, que M. Duquesnel avait engagée en Belgique.

Il était impossible de voir rien de plus charmant qu'Hélène Petit, c'était la grâce même, et comme le reflet, sur un chaste et doux visage, d'une âme infiniment délicate et élevée. Les deux jeunes gens s'aimèrent et ils résolurent de se marier. En dot, la jeune femme n'apportait que des dettes : c'est le patrimoine ordinaire de la bonne conduite au théâtre. Lui non plus n'était pas bien riche. On fit venir les créanciers, on leur exposa la situation, le chiffre des appointements communs, les besoins du petit ménage, on prit l'engagement de tout payer, et tout fut payé en effet.

Puis, l'avenir semblait leur sourire. Chaque jour, la situation de Mme Marais grandissait au théâtre ; elle était appréciée des critiques et des directeurs, quand elle fut engagée à l'Ambigu pour créer le rôle de Gervaise dans *l'Assommoir*. Tout le monde se rappelle la scène du lavoir, cette scène où Virginie et Gervaise se prennent de querelle, et où Virginie jette un seau d'eau à sa rivale. Chaque soir, un seau d'eau tiède était préparé et un vêtement en caoutchouc garantissait Gervaise.

Autrefois, on se fût contenté du simulacre de ces choses, aujourd'hui on est devenu plus exigeant ; on veut de la vraie eau. Demain on demandera du vrai sang et une vraie agonie. Les naturalistes peuvent se réjouir ; la vraie agonie, ils l'ont eue ! L'actrice chargée du rôle de Virginie s'était déjà trompée un autre soir, et au lieu d'un seau d'eau tiède, c'était un seau d'eau froide qu'elle avait lancé à Mme Marais. Pourtant, le 25 février 1879, la pauvre Gervaise, souffrante ce jour-là, avait dit à sa rivale : « Ah ! ne vous trompez pas ce soir, la méprise pourrait être cruelle. » Et entre femmes on s'était compris.

Mais il y a des fatalités qu'on n'évite pas, — et ce fut précisément ce soir-là que Virginie, saisissant le seau d'eau froide, le lança, non dans les jambes, mais en plein visage de sa rivale. La jeune femme, inondée par cette immersion soudaine, sentit sa poitrine se glacer ; elle put continuer la représentation, mais, le lendemain, elle se mettait au lit avec une aphonie compliquée d'un état pathologique amené par la situation où elle se trouvait.

Puis, à force d'énergie, elle revint au théâtre, car elle ne voulait pas se laisser arracher cette création qui la classait au premier rang. Et puis elle retombait, et une lente agonie la tenait éloignée de la scène où sa rivale, enfin triomphante, s'était emparée du rôle convoité de Gervaise! Et tandis que de son lit de souffrance sa pensée la suivait chaque soir dans le drame imaginaire, elle, la victime du drame réel, laissait échapper ce cri dans sa correspondance où elle écrivait, heure par heure, le poème de ses dernières tristesses : « Ah! ce rôle, disait-elle, elle ne s'y est pas assassinée, elle! » Ce mot est le seul, mais il est tragique, s'il faut y attacher le sens qu'a cru pouvoir y attacher Marais, en le rapportant aux conversations douloureuses où s'épanchaient la douleur de sa femme et son regret de la vie!

Puis, par une matinée de printemps, le 28 mai 1881, au milieu d'un grand concours de gens de lettres et de théâtre, on conduisait à sa demeure dernière ce qui restait de la pauvre Gervaise.

Ne croyez pas que ce récit soit exagéré; il a fait le tour de la presse de Paris et de la province. Pas un journal n'a manqué de raconter cette mort.

Eh bien! messieurs, depuis ce jour, M. Marais n'a cessé de pleurer sa femme, et, comme à la première heure, cette plaie qu'il porte au cœur est toute vivante et saignante encore. Et M. Koning le sait, il le sait mieux que personne; et, au mois de janvier dernier, il engageait cette même femme dont Mme Marais disait ce mot que je vous ai cité tout à l'heure, et il l'engageait pour jouer avec Marais. L'habile directeur triomphait de les mettre tous deux en scène, non pas dans des pièces insignifiantes, mais dans les drames les plus poignants, dans *Serge Panine*, dans le *Roman parisien; Serge Panine*, où Serge poursuit de ses assiduités et de ses ardeurs une jeune fille qui a été élevée par la mère de sa femme légitime, si bien que cette pièce n'est qu'un long duo d'amour.

Et cependant, lui que vous avez représenté comme un homme déloyal, un artiste sans conscience, capable de se vendre au plus offrant, quand il a envoyé sa protestation à M. Koning, j'affirme qu'il pensait que les choses pouvaient encore s'arranger; il en avait tellement la pensée, le désir même, qu'il avait écrit à Londres pour retenir la chambre qu'il devait habiter à l'hôtel.

Tout autre que M. Koning, qui cependant était au courant de ces détails, eût procédé autrement; il eût fait venir M. Marais, l'eût interrogé, questionné, il eût trouvé avec lui un *modus vivendi*, d'autant plus qu'il avait eu le courage de jouer huit fois *Serge Panine* avec cette femme.

Mais quand il s'est agi de partir pour Londres, surtout de jouer le *Roman parisien*, qu'il avait cependant répété une fois, il s'est senti alors complètement écrasé, et il a dit : « Jamais, jamais, à aucun prix! »

On peut, à cette occasion, citer l'histoire de Roscius, le comédien antique. Je doute de cette histoire. En tout cas, un semblable effort ne saurait être demandé à tous. Quand M. Koning voudra des acteurs qui ne soient que des machines, avant de les jeter sur la scène, il leur arrachera le cœur de la poitrine!

Mais si M. Marais a éprouvé cette effroyable et invincible répugnance que je viens de vous dire, est-il possible, dans ces conditions, de parler encore de l'engagement de la Porte-Saint-Martin? Est-ce que cet indigne artifice, ce misérable effort de la défense adverse n'est pas désormais jugé?

Examinons les dates : C'est le 20 mai que, dans tout Paris, s'étale cette affiche réglant l'ordre et la marche de la troupe à Londres et à Paris; c'est le 20 mai que M. Marais sait que, par l'ordre de son directeur, il va jouer *Serge Panine*, le *Roman parisien*, *Madame Caverlet*, et dans quel ordre? *Serge Panine*, le *Roman parisien*, les 29, 30 et 31 mai; *Madame Caverlet*, les 1, 2, 3 et 4 juin. Si l'ordre de cette distribution n'est pas interverti, M. Marais, qui n'a pas voulu répéter le *Roman parisien*, s'en ira quand même, avec ou sans prétexte.

La substitution de *Madame Caverlet* au *Roman parisien* lui a donné la raison qu'il a livrée à la presse et au public, mais qui n'était pas la véritable que je viens de vous dire.

Si donc il n'a rencontré M. Derenbourg, comme le dit celui-ci, que le 22 mai, sa résolution étant prise dès le 20 mai, ce n'est ni M. Derenbourg ni ses offres qui ont séduit Marais.

Dans ces conditions, il ne reste plus à examiner qu'un seul point.

Nous sommes en présence d'un dédit; le dédit est une clause pénale que définit ainsi l'article 1229 du Code civil : « C'est la compensation des dommages et intérêts que le créancier souffre de l'inexécution de l'obligation principale. »

Il faut donc se demander maintenant si M. Koning a véritablement souffert un préjudice quelconque : il se charge lui-même de nous apprendre par ses journaux qu'il n'a rien perdu.

Que voulez-vous maintenant? Voulez-vous 60,000 francs? C'est bien cher, surtout quand il s'agit d'un artiste dont vous faites dire que sa retraite ne vous a causé aucun préjudice : vous avez rendu 38 francs! Vous avez écrit que l'absence de M. Marais n'était pas véritablement appréciable à Londres !

Le Tribunal pèsera ces considérations; il verra si la demande de M. Koning n'est pas excessive, et, s'il n'a éprouvé aucun préjudice, ainsi qu'il le déclare, la conclusion est toute simple : ne pas condamner M. Marais à réparer un préjudice qu'il n'a pas causé !

RÉPLIQUE A LA PLAIDOIRIE DE Mᶜ CARRABY

POUR M. KONING

Messieurs, la réponse de mon honorable contradicteur se partage en deux parties et doit s'apprécier sous un double aspect.

En ce qui concerne l'honneur de M. Koning qui lui tient tant au cœur, je lui fais bien volontiers l'abandon de ses illusions sur ce point. Il ne défend pas les procédés de M. Koning, seulement il vous déclare que M. Koning est *l'ange de la commandite.*

Si M. Koning fait tout cela, c'est pour remplir la caisse des autres.

Je n'en fais compliment ni à la caisse, ni à ceux qui en bénéficient. Aussi bien, si les renseignements qui me parviennent sont exacts, il y en a quelques-uns qui commencent à trouver que cet argent a une mauvaise odeur!

Mon honorable contradicteur n'a rien démenti; il a si bien senti que la pente était périlleuse qu'il a glissé sur l'affaire Léonide Leblanc et qu'il n'a pas osé affronter les autres. Quant à l'affaire de Mlle Jullien, je vous ai dit que le procès avait été perdu par M. Koning, et dans quelles conditions! Il faut retenir ce jugement où il est constaté que le directeur exigeait de l'artiste qu'elle dépensât pour sa toilette trois fois plus que ses appointements. Quant au moyen, M. Koning disait à Mlle Jullien : « Si vous ne pouvez pas payer vos toilettes, prenez un amant. »

M. LE PRÉSIDENT. — Glissez sur ce point, maître Cléry.

Me CLÉRY. — Oui, monsieur le président, d'autant plus qu'il n'y a plus de conversion à faire !

J'aborde le deuxième point. M. Koning s'étonne, ou, pour mieux dire, mon honorable contradicteur s'étonne du récit que je viens de faire au Tribunal. Mais on n'en a jamais parlé, dit-il.

Entendons-nous, M. Koning connaissait les répugnances de M. Marais. Celui-ci affirme les lui avoir fait connaître lors de l'engagement au Gymnase de la personne en question. Ah ! que vouliez-vous donc de plus? que M. Marais allât trouver son directeur et lui exposât ses scrupules, ses chagrins..., allons donc ! Qui ne voit alors M. Koning répondant avec son méchant sourire : « Mais, mon cher Marais, je n'ai pas à tenir compte de tout cela, qui ne me regarde pas. Vos délicatesses sont exquises, mais ne me rapportent pas un sou, et je ne suis pas ici pour m'attendrir. Du reste, ce n'est pas ma spécialité et je tiendrais fort mal l'emploi des hommes sensibles. »

Enfin, je le répète, si le débat a tourné ainsi, M. Koning ne peut s'en prendre qu'à lui-même. Si, lorsque M. Marais a refusé son service, M. Koning avait purement et simplement demandé le dédit stipulé à l'engagement, il n'y avait rien à reprendre à son attitude et il eût fallu plaider tout autrement.

Mais M. Koning a voulu, par l'inqualifiable scandale du 23 mai, compromettre M. Marais aux yeux du public. Il a publié des documents de caisse d'où il tirait la conséquence que M. Marais était un homme indélicat, un débiteur sans scrupule, un emprunteur sans vergogne, se sauvant, avec les quelques louis avancés par le Gymnase et méditant je ne sais quelle faillite. Comme si M. Koning, qui s'y connaît, ne savait pas que les faillites se font autrement !

Ce n'est pas tout. A votre barre même et prenant l'avance de l'amertume, on vous a représenté M. Marais comme un artiste manquant à la dignité professionnelle, trahissant la foi promise pour quelques avantages pécuniaires et livrant à l'encan sa méprisable conscience !

J'ai dû répondre : j'ai dû protester au nom de mon client, montrer que sa vie, sa carrière donnaient un démenti à ces imputations : bien plus, j'avais le devoir de rechercher au nom de qui ces accusations injustes se produisaient, et ce n'est pas ma faute si ceux-là sont souvent les plus imprudents qui devraient être les plus modestes !

Enfin, la question d'argent se transformant en une question d'honneur, j'ai pensé que la défense devait être entière, que les réserves devaient disparaître, et c'est avec chagrin, mais sous l'influence d'une irrésistible nécessité, que M. Marais a laissé monter jusqu'à ses lèvres ce cri douloureux qui faisait éclater son cœur !

M⁰ Rau, avocat de la République, conclut brièvement à l'admission totale de la demande de M. Koning.

Le Tribunal rend son jugement en ces termes :

Attendu que Marais, engagé au théâtre du Gymnase pour une durée de quatre années, qui ont commencé à courir le 13 novembre 1881, a volontairement rompu son engagement en signifiant à Koning, par exploit d'huissier du 28 mai 1883, son intention de cesser tout service à partir du 1ᵉʳ juin suivant, et en ne se représentant plus au théâtre depuis cette époque ;

Qu'il allègue, à la vérité, dans ses écritures, que Kóning aurait le premier manqué aux conventions en lui imposant, à plusieurs 'reprises', des rôles qui n'étaient pas de son emploi, et en l'empêchant de jouer pendant la soirée du 28 mai dernier;

Mais que, d'une part, le traité passé le 7 juin 1880, entre Koning et Marais, ne déterminait pas l'emploi que ce dernier devait tenir, et stipulait au contraire qu'il s'obligeait à accepter toutes les clauses contenues dans un imprimé qui règle les engagements entre le directeur et les artistes du Gymnase, et qui dispose expressément que l'artiste engagé devra jouer tous les rôles qui lui seront distribués quand ils seront reconnus « par la direction convenir à ses moyens et à ses talents. »

Que, d'autre part, l'incident qui s'est produit à la représentation du 28 mai, et à la suite duquel le rideau a été baissé, est postérieur à la notification faite le même jour par Marais à Koning, et qu'il a été la conséquence et non la cause;

Qu'il est donc établi que Marais seul a manqué à l'exécution du contrat;

Qu'il y a lieu par suite, et conformément à l'article 1183 du Code civil, d'en prononcer la résiliation contre lui.

Sur la demande en paiement du dédit :

Attendu que l'article 7 du traité du 7 juin 1880 porte qu'un dédit de 60,000 francs est attaché à l'exécution du contrat, et ce pendant toute sa durée;

Attendu que les conventions font la loi des parties, et qu'aux termes de l'article 1152 du Code civil, lorsque la convention porte que celui qui manquera de l'exécuter paiera une certaine somme à titre de dommages-intérêts, il ne peut être alloué à l'autre partie une somme plus forte ni moindre.

Sur la demande en remboursement d'avances :

Attendu que Marais ne conteste pas qu'il ait reçu de Koning la somme de 1,800 francs à titre d'avances;

Mais que cette somme doit être compensée jusqu'à due concurrence avec celle de 627 fr. 80, qui lui restait due par Koning au 31 mai, pour appointements et feux, déduction faite des amendes qu'il avait encourues dans le mois;

Que, dès lors, les offres faites par Marais de 1,033 fr. 35 sont insuffisantes, et que d'ailleurs le montant n'en a pas été consigné.

Par ces motifs,

Déclare résilié, à partir du 1er juin 1883, l'engagement contracté par Marais, le 7 juin 1880; le condamne à payer à Koning la somme de 60,000 francs à titre de dédit;

Le condamne ensuite à lui payer, à titre de remboursement, la somme principale de 1,172 fr. 20, avec les intérêts du jour de la demande;

Le condamne enfin en tous les dépens dans lesquels entrera le coût de l'enregistrement du traité du 7 juin 1880.

LA SÉPARATION DE CORPS SANTERRE

I j'avais besoin de justifier cette opinion, beaucoup trop fondée, que les plaidoiries sont impuissantes à se survivre à elles-mêmes, puisque la curiosité soulevée par une affaire ne dure pas plus longtemps que le procès lui-même, j'en trouverais la preuve dans les débats auxquels a donné lieu la séparation Santerre.

Quel retentissement! quelle émotion! que de disputes au Palais et hors du Palais! Si bien qu'un roman des plus intéressants de cette époque et des plus admirablement construits s'emparait d'un épisode révélé dans les enquêtes et ranimait encore, quelques mois après, la curiosité qui avait à peine eu le temps de s'éteindre.

Il y a de cela quelques années à peine : demandez aux jeunes hommes d'aujourd'hui ce que c'est que l'affaire Santerre? Neuf sur dix croient que vous voulez leur parler du fameux brasseur de la Révolution, et vous diront que son établissement n'existe plus! Il était de la famille; mais, comme on dit au Palais : « il n'était pas dans l'affaire... » et pour cause!

Certes, ce ne fut là un succès ni pour cet admirable Allou, que la mort nous a pris depuis, ni pour moi, son humble successeur! Avions-nous tort? Il faut bien le croire, puisque la justice nous l'a dit par deux fois, et même assez brutalement! Et pourtant je ne suis pas absolument convaincu sur tous les points.

— Cependant, me dira-t-on, le jugement et l'arrêt sont bien explicites. Les enquêtes étaient bien graves. Comment avez-vous pu l'un et l'autre vous charger de cette cause?

Cette question, il faut la poser, car il y a longtemps que j'ai à cœur d'y répondre d'une façon générale. On se fait, dans le monde, une idée très fausse de notre profession. On part volontiers de cette boutade d'Alphonse Karr : « Il n'y aurait pas besoin d'un avocat pour défendre la veuve et l'orphelin, s'il n'y avait pas toujours un avocat pour les attaquer!... » Et voilà, par un mot, toute une classe de citoyens vouée au mépris, car il est évident que l'accusation ne va à rien moins qu'à nous représenter comme les complices volontaires de toutes les mauvaises causes par cupidité ou par imbécillité.

En effet, l'une des deux parties perdant son procès, il est clair que l'avocat n'a pu s'en charger qu'en vertu d'une incapacité intellectuelle qui ne lui a pas permis de voir la vérité, ou poussé par l'amour du gain, qui a obscurci son jugement. Ce n'est pas juste.

D'abord, l'une des deux parties n'est pas toujours fatalement condamnée à perdre son procès, de telle sorte qu'il ait fallu un aveuglement volontaire ou involontaire pour le défendre. Il y a beaucoup de jugements qui constituent comme une sorte de transaction entre des intérêts opposés; il y a, en outre, des questions de droit très obscures, très compliquées, dans lesquelles la justice même éprouve de grandes difficultés à trouver la solution et où les faits laissent à chacun des deux plaideurs une situation très honorable et très nette.

J'ajoute que les gens du monde qui nous jugent si légèrement et si cruellement, reviendraient à un autre sentiment, s'ils pouvaient voir les efforts, souvent couronnés de succès, qui se dépensent dans nos cabinets pour rapprocher les parties et éviter des débats scandaleux.

Que de fois la scène suivante se passe chez un avocat. Un client arrive tout enflammé de colère et nourrissant contre son adversaire les plus noirs desseins.

Il ne sait que son affaire, ne connaît que son procès; il ne connaît ni l'affaire, ni le procès de celui contre lequel il entreprend de lutter. Mais les deux avocats se sont rencontrés au Palais. Ils ont échangé des pièces en communication et, s'ils sont dignes de la robe qu'ils portent, comme il arrive dans la plupart des cas, ils ont vite fait de reconnaître qu'il y avait là un débat funeste à l'honneur et à l'intérêt de deux familles et ils ont entrepris d'éviter le procès par un arrangement qui le soustraira à la curiosité et à la malignité publiques.

Le client revient.

— Eh bien! j'espère que vous allez dire son fait à cette canaille-là!
Un homme qui..., un homme que..., enfin c'est un misérable! Il faut
qu'il se repente jusqu'à la fin de ses jours de m'avoir intenté ce procès-là.
J'y mangerai plutôt jusqu'à mon dernier sou!...

— Vous n'y mangerez rien du tout. Votre adversaire se trompe.
Mais êtes-vous bien sûr de ne pas vous tromper un peu aussi de votre
côté? Tenez, voici un point de votre affaire qui, en droit, ne vaut pas
grand'chose.

— Cela peut-être. Je n'y connais rien. Vous me le dites et je vous
crois. Mais le reste?

— Eh bien! le reste est meilleur. Mais, tenez, vous avez eu bien tort
d'écrire certaine lettre...

— Moi! quelle lettre? Je n'ai rien écrit du tout...

— Pardon. Voici votre propre lettre que m'a communiquée l'avocat
de votre adversaire.

— Tiens. A quelle date donc? J'ai écrit cela?... Je ne m'en souvenais
plus.

Et voici notre homme, déjà un peu calmé, qui consent à raisonner.
On continue :

— Il n'y a pas que celle-là. En voici une autre, puis une autre. Puis
des lettres de votre père ou de votre tante (peu importe la qualité du
signataire) qui vous blâment ou qui vous raillent.

— Ah! mais, dites donc, je ne connaissais pas tout ça, moi!

— Oui, mais le Tribunal va le connaître. La presse s'en emparera.
Vous êtes un homme connu. Vos amis en vont faire des gorges chaudes.
Est-ce que tout cela est bien amusant? Et, au fond, pour quel intérêt?

— Vous savez bien que ce n'est pas la question d'argent...

— Non? Eh bien! alors, pourquoi plaider? Tenez, votre adversaire a
eu tort, mais, vous-même, vous n'avez pas eu raison tout à fait. Qu'est-
ce que vous diriez d'une bonne transaction bien simple, bien nette, qui
réserverait vos intérêts, qui donnerait satisfaction à votre amour-propre
et qui terminerait cette vilaine affaire?

— Ah! ma foi, si vous pouvez, faites à votre gré..., je vous donne
carte blanche.

Et voilà deux irréconciliables qui, le lendemain, peuvent se donner la
main et qui souvent se la donnent, en effet, grâce à leurs conseils.

Et je ne parle pas des procès résolument mauvais, résolument refusés
par l'avocat et qui s'éteignent tout seuls devant la réprobation de celui
qu'on avait choisi pour les plaider.

Mais ce n'est là qu'un côté de la question.

J'arrive aux affaires dans lesquelles la justice vous donne tort de telle façon qu'on est tenté de vous adresser cette question familière :

— Comment diable vous êtes-vous chargé de ce procès-là ?

Est-ce, comme le croient quelques-uns, par amour de l'argent ?

D'abord ces causes dont on a ainsi embrassé la défense n'appartiennent pas toujours à des gens riches. Les honoraires reçus sont souvent fort minces, ce qui exclut déjà la préoccupation du gain. Et puis, croyez-vous donc que des hommes comme Marie, Paillet, Duvergier, Bethmont, et tant d'autres que je pourrais citer, fussent sensibles à cet appât vulgaire ?

Croyez-vous que J. Favre, par exemple, dont on a dit qu'il avait perdu tant de causes aventureuses, fût accessible à cette considération, lui, le plus désintéressé des hommes, et qui fut, tout à la fois, le plus occupé et le plus pauvre des avocats de son temps ?

Non. C'est ailleurs qu'il faut chercher la raison de cet entraînement.

Il est tout à la fois général et professionnel et particulier. Je m'explique.

J'ai essayé, dans la courte préface qu'on n'aura pas lue, de peindre la situation d'un jeune avocat qui aborde le Palais. Ses désespoirs devant le vide qui se fait autour de lui, ses ardeurs aiguisées par l'inaction. Enfin, la première cause d'office qui l'envoie devant la Cour d'Assises lui est confiée par son bâtonnier. Il faut qu'il plaide, puisqu'il est nommé d'office. Mais croyez-vous qu'il soit bien en mesure d'examiner son affaire avec l'impartialité nécessaire pour en voir les difficultés et même les impossibilités ?

Il faut qu'il plaide ! Mais, de plus, il faut qu'il plaide avec succès. Où il n'y a rien, il faut qu'il mette quelque chose. S'il y a une lueur d'espérance pour un acquittement, il accumulera tous ses efforts sur ce point douteux. C'est un duel, et, arrivé sur le terrain, il est trop tard pour se demander si on a eu tort ou raison d'accepter ou de porter la provocation. Il faut vaincre. Et cet exercice périlleux, il est condamné, par sa profession, à le répéter chaque fois qu'il plaidera au criminel. Cette habitude d'esprit, il la portera plus tard, malgré lui, au civil. Et là les séductions deviennent bien plus dangereuses.

C'est une femme jeune et belle qui implore son appui contre un tyran abominable. C'est une jeune mère qui réclame son enfant. C'est un galant homme qui veut soustraire un nom, honoré jusque-là, aux entreprises d'une coquine qui va le traîner dans la boue. C'est un industriel que des concurrents sans conscience vont réduire à la misère. C'est une invention qu'il s'agit de sauver de la ruine en déjouant les entreprises d'un contrefacteur sans scrupule.

Et il n'y a pas de ruses, je dirais presque, pas de sortilèges qui ne soient employés pour nous convaincre que le bon droit est là où l'on nous dit qu'il est!

Et puis les flatteries tendres :

— Ah! mon cher maître! Il n'y a que vous qui puissiez me tirer de là! Et l'honneur de la famille et le nom des enfants!...

Prenez un de nos plus sévères critiques et mettez-le à cette épreuve, et s'il y résiste, je lui donne le droit de nous être impitoyable.

Il faut avoir subi cette captation pour savoir combien elle est irrésistible!

Dès qu'on a mis le doigt dans l'engrenage de cette séduction, on n'est plus maître de lui refuser le reste de soi. On épouse la querelle du plaideur avec l'ardeur de son tempérament. On vit véritablement sa propre vie, on s'indigne, on pleure avec lui. L'adversaire vous apparaît réellement ce qu'il est pour votre client et ce qu'il veut qu'il soit pour vous. La fermeté de votre raison chancelle et s'abîme sous ses efforts. Vous n'êtes plus *vous*, vous êtes devenu *lui*..., ou alors vous n'êtes pas doué du véritable tempérament de l'avocat, dans lequel il entre un peu de cette flamme qui brûlait les chevaliers errants, sauf à les mener quelquefois aux moulins à vent!...

Et cela est si vrai, qu'un procès perdu vous laisse de réels et cruels chagrins. Ce n'est pas seulement pendant vingt-quatre heures qu'on songe à maudire ses juges, c'est pendant de longs jours et pendant de longues nuits qu'on s'agite sous la défaite et qu'on pleure, littéralement, la bonne cause méconnue.

Et plusieurs fois, le dirai-je? il m'est arrivé d'être consolé par le client lui-même dont j'avais perdu la cause et qui, dans le malheur, se montrait plus philosophe et plus résigné que son avocat!

Joignez à cela les entraînements politiques et religieux, les pires de tous, mais les plus implacables.

C'est un avocat catholique chargé de la défense d'un couvent accusé de la captation d'un héritage.

Essayez de lui dire que les dévots sont capables de ces entreprises. Il soutiendra, jusqu'à extinction de sa robe, que ce sont là des inventions du démon, des calomnies de libres-penseurs qui ne valent pas mieux que le démon lui-même, que jamais un seul testament n'a été inspiré par des gens d'Église et que ceux-ci sont exclusivement nourris par les oiseaux du ciel et abreuvés de l'eau des sources !

Ou c'est un avocat libre-penseur chargé de la thèse contraire et qui, de la meilleure foi du monde, comme son adversaire, jurera qu'il n'y a pas un centime entré dans les caisses catholiques qui ne soit le produit des plus noires rapines et des plus scandaleuses exactions !

Eh bien ! quand Mme Santerre, belle, jeune, escortée de toutes les séductions, jurait à Allou d'abord, à moi plus tard, qu'elle était innocente, lorsque les larmes coulaient sur nos mains sans flétrir la limpidité de ses yeux bleus brillant sous ses cheveux noirs ; lorsqu'elle nous suppliait de lui rendre ses enfants, joignant à l'éloquence de l'épouse outragée l'éloquence de la mère au désespoir, croyez-vous que nous n'ayons pas été persuadés de la vérité de ses paroles ?

De plus, elle était pauvre. Ce n'est donc pas par de basses perspectives qu'elle eût pu nous séduire, si nous avions été disposés à nous mettre à un tel prix ! Non pas. L'un et l'autre nous avons été sincères, entraînés, convaincus. Il y avait dans toute cette sombre histoire bien des points qui sont restés mystérieux. Et maintenant, lisez… ; et si vous ne l'absolvez pas…, absolvez-nous !

PLAIDOIRIE

ESSIEURS, je ne me dissimule aucune des difficultés de la lourde tâche que j'entreprends aujourd'hui devant vous. Elle est rendue plus écrasante encore par le souvenir de l'illustre avocat qui m'a précédé dans cette affaire. Et cependant je m'explique bien sa retraite. Tant de dévouement et de talent, tant de généreux efforts dépensés au service d'une cause qu'il savait bonne, lui ont rendu plus douloureux encore un résultat que personne ne pouvait prévoir. Tous nos efforts pour le faire revenir sur sa détermination ont échoué devant l'amertume d'un échec immérité ; il n'a pas voulu creuser de nouveau ce stérile sillon. Mais, laissez-moi vous le dire, sa foi dans la justice de cette cause est restée tout entière, et je l'apporte devant vous. Tout ce qu'il a su, ce qu'il a ressenti, les émotions de son cœur, les chaudes effluves de sa conviction, j'essaierai de les faire passer dans ma parole, et je puiserai encore le meilleur de mon courage et de ma force dans le désespoir de cette famille si cruellement frappée par la justice aux pieds de laquelle elle était allée chercher un refuge.

Quel est donc ce procès, et comment, aujourd'hui, se présente-t-il devant vous ? Une jeune femme injuriée, maltraitée par un mari violent, excessif et brutal, se décide, après bien des efforts de résignation et de patience, à demander sa séparation de corps. Pour faire échec à cette demande, le mari se laisse aller à produire contre elle les accusations les plus abominables.

Sans souci de son honneur, de l'honneur même de ses enfants, on le voit, pour ainsi dire, à la dernière heure, la souiller des plus honteuses calomnies. Puis, au seuil de ce débat, le Tribunal, pris d'une pudeur que l'on comprenait alors, en interdit la reproduction. Pas un écho de la défense de cette accusée ne pourra franchir les limites étroites du prétoire. Et, quand tout est fini, quand la parole est retirée à tous, quand une protestation quelconque ne peut plus se faire entendre, on jette en pâture à la curiosité et à la malignité publiques un jugement où tout est analysé, exposé, dévoilé avec une sorte de complaisance cruelle, qui fait de ce document judiciaire l'équivalent d'une mauvaise lecture. Je dis, messieurs, que cela n'est pas possible, parce que cela n'est pas de la justice. Vainqueurs ou vaincus, il faut que nous sortions d'ici au moins réhabilités par notre défense. Puisque le public est admis à nous juger, qu'on l'admette à nous entendre, et, que dis-je, le public? il faut que ces deux malheureux enfants, dont le sort me touche en ce moment bien plus profondément et bien plus gravement que celui de leur mère, puissent savoir ce qu'il y avait véritablement et réellement au fond de cet odieux procès, où l'on a joué si témérairement l'honneur, l'avenir, le patrimoine moral de leur vie tout entière.

Celle qui se présente devant vous aujourd'hui, messieurs, était, il y a quelques années, Mlle Jeanne Arachequesne. Son père s'était marié fort jeune. Il épousait, en 1845, Mlle Caroline Évrard-Saint-Jean, fille d'un ancien intendant militaire. Il n'y avait alors qu'une voix sur lui, et il n'y avait qu'une voix sur elle. Lui, c'était la douceur, la bonté, la loyauté, j'allais presque dire : la candeur même. Il avait fait son droit, il nous avait appartenu quelque temps, et l'on trouve encore son nom parmi ceux des anciens secrétaires de la Conférence des avocats. Elle, c'était la beauté la plus exquise, la grâce la plus charmante, et, à les voir s'avancer ainsi l'un et l'autre, au bras l'un de l'autre, il semblait en effet que le ciel n'eût point assez de sourires et de bénédictions pour ce couple qui s'en allait jeune et rayonnant sous la lumière du soleil !

C'était trop, hélas ? Peu d'années plus tard, à vingt-trois ans, Mme Arachequesne était frappée mortellement. On ne peint pas des douleurs comme celle qu'éprouvèrent son mari et ses parents. Mais ce qu'il faut retenir, c'est qu'on les voit se réunir et, pour ainsi dire, se presser au sein de leur deuil commun. Le gendre devient le fils chéri, l'enfant préféré de ces deux cœurs désolés. Leur tendresse, qui va d'eux à lui et qui remonte de lui jusqu'à eux, les fond pour ainsi dire dans une étreinte de chaque heure. Le temps s'écoule sans effleurer, sans éteindre ces sentiments, et on le retrouve, à l'heure de la mort, fils pieux et tendre, au chevet de ces deux vieillards qui vont porter à leur fille l'écho terrestre de ce souvenir inaltéré.

J'ai entre les mains toute leur correspondance. Oh ! je ne vous la lirai pas, messieurs, mais laissez-moi vous dire que je ne connais rien de plus touchant que ces feuilles jaunies par le temps, et que cette lecture est une des rares et bien douces émotions de ce procès. Ah ! si leur âme immortelle plane aujourd'hui au-dessus des fanges de ce débat, quelle blessure parmi les sérénités de l'autre vie !

Cette union avait été féconde. Il en était né trois enfants : l'un mort en bas âge, puis un fils, Daniel Arachequesne, qui vit encore, et une fille, Jeanne, l'amour de ses grands-parents, belle comme sa mère, comme elle expansive, enjouée, gracieuse, la joie de tous ceux qui l'ont connue et, on pouvait le dire à cette époque, le rayon lumineux de cet intérieur assombri par la mort. C'est elle qui est devenue Mme Santerre : Mme Santerre la courtisane, Mme Santerre la prostituée, Mme Santerre l'incestueuse ! Ah ! je ne reculerai pas devant le mot, messieurs ; ce sera le châtiment du mari !

Quant à son père, je n'ai ici à vous en faire, et quant à présent, qu'une bien courte biographie. Tout jeune, il avait été destiné à la magistrature. Nommé substitut à Compiègne, il resta quelque temps auprès de son père, qui, pendant longtemps, a été maire de cette ville. Il refusa toute occasion de mariage (et les plus riches, et les plus séduisantes et les plus opulentes). On le vit même résister aux généreuses instances de son beau-père et de sa belle-mère, M. et Mme Évrard-Saint-Jean. On pouvait bien dire que, chez lui, le mari était mort avec sa femme, et que le père seul avait survécu. C’est ainsi qu’il élève ses deux enfants, auxquels il se consacre tout entier, et sur la tête desquels il répand à flots une tendresse égale. Son fils, il le mène tout seul et sans le secours du lycée et sans le secours même d’un professeur, jusqu’à l’épreuve du baccalauréat. Puis la guerre arrive. Le père n’avait plus l’âge de servir, l’enfant ne l’avait pas encore, et alors on résout qu’ils serviront ensemble. Daniel va aux avant-postes, et son père est auprès de lui qui le soutient, qui l’encourage. Quand le froid sévit, on voit le père se dépouiller de ses vêtements pour en envelopper l’enfant tant aimé, et cela le jour, la nuit..., un seul dans deux poitrines !

Pendant la longue existence de cet homme resté veuf si jeune, on ne trouve pas un écart, pas un scandale, pas un éclat qu’on puisse signaler, rien qui prouve qu’il se soit écarté du respect qu’il se devait à lui-même, qu’il devait à ses enfants.

Quant à la petite Jeanne, elle avait été élevée au couvent de l’Abbaye-aux-Bois dans une forte et solide piété. Vous entendrez des témoins, dans l’enquête, vous parler de sa tenue, de sa réserve, de la correction de son langage et de ses manières, et, même après l’effroyable jugement qui la déshonore, on ne trouve point autour d’elle une désertion. C’est la sœur Louise de Gonzague, c’est M. l’abbé Dumousset, qui la connaissent depuis l’enfance, qui lui restent fidèles, et dont la confiance n’est point ébranlée, même par les plus venimeuses calomnies.

Cependant il avait fallu la marier, et c’est là ce qui me reste à vous dire. En 1869, il y avait à Paris une famille Santerre, ancienne par le nom, puissante par la fortune, alliée aux Archdeacon, vieille renommée de Bourse, unie ? non ; serrée, oui. Presque plus tribu que famille, éprouvée par bien des aventures dont quelques-unes particulièrement fâcheuses, suffisamment intéressée au silence.

Là, on se juge entre soi, sans pitié, à l’abri des fenêtres soigneusement closes. La langue y est forte, le mot cru ; la délicatesse et les nuances y sont laissées aux petites gens. Comme on est très riche, on peut tout se payer. Pourquoi se gêner? C'est là le fond des mœurs. Au surplus, et si vous en voulez prendre un échantillon dans le style lui-même, vous entendrez des témoins vous dire que lorsque M. Santerre s'adressait à ses enfants pour leur demander s'ils n'avaient pas reçu le matin la visite de leur institutrice, il le faisait en ces termes : « Votre petit cul crotté d'institutrice est-il venu ce matin ? » Avec cela l'horreur et la haine de l'étranger, peu de relations, presque pas de monde, la famille nombreuse se suffit à elle-même, et, sans s'aimer, se soutient et se resserre à la moindre alerte. Pas beaucoup de tendresse, mais le grand orgueil du nom, de la race, de la richesse.

Au sommet de cette famille, était alors Mme Archdeacon, la grand'mère. Puis venaient M. et Mme Ernest Santerre, dont j'ai à vous dire quelques mots. Quant aux autres, ils n'ont qu'à me remercier de les passer sous silence. M. Ernest Santerre avait été au collège avec M. Arachequesne. A travers les hasards de la vie, ils s'étaient revus, et l'on se tutoyait encore. Très *Santerre* comme sa femme était très *Archedec*, autoritaire, impérieux, mais sans méchanceté, avec une rudesse capable, au besoin, de désarmer, sinon de s'attendrir. Il avait un fils, M. Sébastien Santerre, grand, fort, de vigoureuses proportions, avec un excès de muscles et de vie. Assez rudement élevé par son père, il ne s'en est pas trop mal trouvé. Il avait poussé ses études jusqu'à l'admissibilité à l'École polytechnique; il avait ensuite fait son droit et pris ses degrés. En vérité, messieurs, cela n'était point trop mal pour un homme du monde. Du reste, autoritaire aussi, violent, emporté, sans frein. Il semble, comme le disait Me Allou en première instance, que le sang orageux du grand brasseur révolutionnaire coulât encore dans les veines de tous ses descendants. Sa première jeunesse avait été très agitée; elle devait l'être. Il semblait que le moment psychologique du mariage fût venu pour cet impétueux jeune homme, et Mlle Jeanne Arachequesne fut la victime que le sort lui destinait. M. Ernest Santerre avait parlé à M. Arachequesne du projet de cette union. Il avait été accueilli d'abord avec une certaine réserve : M. Sébastien Santerre ne paraissait pas précisément le

gendre rêvé pour une nature fine, délicate et essentiellement
sensible. Mais M. Sébastien Santerre, à qui ce projet plaisait, y
mit une grande volonté. Il intéressa à sa cause M. Évrard-Saint-
Jean, dont il savait bien l'influence et l'ascendant sur l'esprit et
les résolutions de son gendre, M. Arachequesne.

Mais la résistance semblait venir d'un autre côté. Je veux
parler de Mme Ernest Santerre, dont je ne vous dirai que quelques mots très rapidement, et dont vous ne saurez que ce qui
est indispensable aux besoins de ma cause. Au physique, le
développement d'une obésité excessive la rend presque impo-
tente, elle sort à peine, et on dit qu'elle en veut mal de mort à
ceux que la nature a faits lestes ou simplement d'embonpoint
ordinaire. Je ne veux pas savoir ce qu'elle penserait d'hommages
qui lui seraient adressés, je sais bien ce qu'elle pense des hommages qui sont adressés aux autres. En outre, très *Archedec*,
comme je vous l'ai dit déjà, elle qualifie d'une façon suffisamment dédaigneuse la famille de sa future belle-fille, qu'elle
appelle *les Arachequesne*. C'est le ton qui fait la saveur de ces
sortes de phrases, et je vous prie de croire qu'elle y mettait
l'harmonie nécessaire ! Plus tard, quand elle parlait à son fils de
sa femme, elle l'appelait : « ta princesse. » Mais alors, en 1869, à
l'époque où nous sommes, que ces Arachequesne fissent entrer
dans sa famille à elle une femme jeune, jolie, élégante et gracieuse,
en vérité, messieurs, cela touchait presque à l'impertinence !

Ce n'est pas tout. Le premier contact avec cette jeune femme
devait lui causer une blessure qu'elle n'oublia et qu'elle ne
pardonna jamais. Lors des premières entrevues entre les deux
familles, M. Arachequesne avait eu lieu de remarquer le peu d'empressement de Mme Ernest Santerre. Il s'en était ouvert à son
mari, lequel avait promis que, dès le lendemain, tout cela changerait. En effet, je ne sais quels arguments il fit valoir, et je ne sais
surtout dans quelle forme il les fit valoir, mais le lendemain
Mme Ernest Santerre accueillait sa belle-fille avec un sourire très
gracieux, tout en la vouant, dans son cœur, aux dieux infernaux.
Ceux-ci ont accepté l'offrande, vous l'allez bien voir !

Le 4 août 1869, le mariage eut lieu, et, tout de suite, le caractère du mari se révèle. Amoureux? Oh! certes, il l'était, mais amoureux à sa mode, amoureux de son corps, de toute sa chair, de tous ses sens; amoureux encore de toute sa vanité, comme d'un beau cheval de grand prix et de sang rare, à faire voir et à faire admirer à ses envieux; amoureux encore de tout son égoïsme, comme d'un objet particulièrement précieux, à faire envie à ceux qui le voyaient et dont il pouvait dire : « C'est à moi, et c'est à moi tout seul. » C'était surtout pour lui une admirable maîtresse, très propre à faire valoir sa richesse par son élégance, et, de fait, il continue sa vie de garçon, mais avec elle; le jour, ce sont des promenades au Bois; le soir, les petits théâtres, puis les soupers chez Bignon et les souvenirs de l'opérette entendue, redite au piano banal dans le cabinet particulier aux glaces déshonorées par le diamant des hétaïres douteuses!

Ou bien encore, à défaut de théâtre, ce sont les dîners de garçon avec quelques amis, sous la présidence de sa femme, bien entendu; et là, grande chère, grands vins, gais propos, trop gais quelquefois, et le soir, en rentrant, si quelque scène ou quelque orage est venu troubler la sérénité du jour, au fond de l'alcôve discrète, réconciliation offerte ou obtenue après le champagne. Voilà, messieurs, le vrai Santerre, le Santerre authentique et d'après nature. Après quoi, je vous engagerai à vous défier du Santerre de convention, composé pour les besoins de la cause et dont il m'a paru entrevoir la physionomie à travers les pages du dossier de mon éminent contradicteur; le Santerre bien sage, bien studieux, qui suit les cours du Collège de France; le Santerre économe et rangé, à moitié ruiné et tout à fait trompé par sa femme pendant qu'il cherche la petite fleur bleue qui pousse entre les pavés de la Sorbonne! Et cependant, malgré tout cela, malgré la différence des penchants, des sentiments, malgré les froissements subis par la nature très fine et très délicate de sa femme, malgré les tempêtes fréquentes que vous verrez apparaître, malgré les emportements du mari, malgré son goût pour l'autorité se manifestant jusque dans les menus détails, ce ménage eût pu être heureux. M. Santerre était capable de bonté; intelligent quand il le voulait être; amoureux, sa femme le dit, et je n'ai, pour ma part, aucune raison d'en douter. Mais M. Santerre ne s'appartenait pas. A côté de l'influence générale de son tempérament qu'il était incapable de dominer, il y avait encore l'influence de sa mère, Mme Ernest Santerre, à laquelle il n'a jamais su se dérober et qui pesait sur lui. Le ménage ne s'appartenait pas davantage. La porte des Santerre, entre-bâillée pour y laisser pénétrer la jeune femme, était retombée lourdement derrière elle. L'hiver, on allait à Nice, où habitait la grand'mère, Mme Archdeacon; l'été, c'était au château de Champs que se réunissait la famille. Là, l'atmosphère était cruelle. Pour tous les Santerre et les Archdeacon, elle n'avait pas cessé d'être *une Arachequesne*, et la piqûre perpétuelle des railleries avec tous leurs raffinements ne lui était pas épargnée. Sous une apparente bonhomie, elle sentait les atteintes de la guerre continuelle que lui faisait la haine cachée de sa belle-mère. Humiliée dans sa famille, sans cesse contredite, et critiquée devant son mari, qui ne savait ou qui ne pouvait la défendre, elle subissait les coups et les contre-coups de cette tactique savante qui s'exerce à coups d'épingle, et qui finit, au bout de quelque temps, par avoir raison des volontés les plus fortes et des courages les mieux trempés.

Ce n'est pas tout, la surveillance la moins dissimulée, l'espionnage le plus humiliant étaient organisés autour d'elle. Chaque pas, chaque démarche, chaque geste était noté avec soin et interprété contre elle, et cela de l'aveu même et du consentement de son mari, qui a toujours eu le goût de ces moyens singuliers, empruntés à la littérature des romans ou du théâtre. Je ne saurais, et la Cour le comprend bien, faire jour par jour le récit de cette existence, mais le compte en a été fait. En huit années de mariage, ils ont passé vingt-deux mois à Paris seul à seule en tête-à-tête, et ces vingt-deux mois-là ont été, de beaucoup, les moins troublés. J'ai hâte, car je sens bien cette nécessité, qui pèse sur moi, d'abréger le plus possible les redoutables débats de cette longue affaire, j'ai hâte d'arriver aux scènes décisives qui ont précédé immédiatement la séparation de corps, et qui l'ont rendue inévitable.

.: On est dans l'été de 1877 ; Mme Santerre avait été fort malade au château de Champs, d'une fausse couche dont elle avait cruellement souffert. Vous entendrez, sur les soins qui lui ont été donnés alors, des témoins vous dire comment le luxe remplaçait la tendresse ; mais je passe. J'ai de bien autres griefs à articuler et à soutenir. Après le séjour de Champs, on se rendit à Nice, comme toujours. A la fin du mois de janvier 1878, M. Arachequesne recevait une dépêche de Mme Archdeacon, l'invitant à y aller passer quelque temps. Au moment où il y arriva, il trouva sa fille particulièrement malheureuse. Elle était encore malade, très affaiblie, très découragée par des scènes fréquentes et les emportements sans raison de son mari. Le 1er février 1878, de bonne heure, elle fit appeler son père auprès d'elle, à la suite d'une scène violente avec son mari, qui l'avait sommée, malgré son état de santé, de venir dans la chambre où il était couché. A son arrivée, M. Santerre se tait ; il achève sa toilette et sort. Mme Santerre supplie son père de l'emmener. Il refuse. Elle déclare alors, puisqu'il en est ainsi, qu'elle partira seule, et son père ne cède qu'à la condition qu'elle préviendra son mari. Elle y consent ; elle écrit une lettre, qui est au débat, et dont vous aurez à entendre la lecture plus tard, le moment n'est pas encore venu. Elle part pour Cannes. Son mari lui écrit une lettre qui est la réponse à celle dont j'ai parlé il n'y a qu'un instant. Puis, le lendemain, le 2 février 1878, M. Santerre arrive à Cannes. Il s'est fait assister d'un commissaire de police. Là, éclate une scène de la dernière violence. M. le procureur de la République à Nice, consulté par le télégraphe, répond qu'il vaut mieux que les époux rentrent à Paris, où est leur domicile habituel et légal.

On arrive à Paris, et à ce moment, c'est-à-dire tout au commencement de février 1878, Mme Santerre va former sa demande en séparation de corps. Je demande à faire ici une réflexion qui me paraît précieuse à placer au début de ces explications. Si ce qu'on a plaidé contre Mme Santerre est vrai, si ce qu'a dit le jugement est vrai, sa résolution au commencement de février est absolument incompréhensible et absurde. En effet, voilà une femme qui n'est qu'une courtisane, qu'une prostituée, ivre de coquetterie et du besoin d'hommages, assoiffée de luxes de tout genre, à laquelle il faut la grande vie, et à laquelle il faut la grande fortune pour mener la grande vie? Eh bien, dans cette disposition d'esprit, on va la voir renoncer volontairement à tous ces avantages que lui offre son ménage et tomber dans une situation voisine de la pauvreté! Pourquoi? Si elle est ce que l'on a dit aux premiers juges et ce que l'on vous dira encore, rien ne lui est plus favorable que le mariage et l'aveuglement de son mari, rien ne lui est plus doux et ne doit lui être plus précieux que ce cadre où elle est placée par les habitudes et par la grande fortune de son mari! J'ajoute que sa demande est bien dangereuse, car si elle est coupable, et elle se sait coupable, surveillée comme elle l'est, et elle se sait surveillée, vous allez voir tout à l'heure qu'elle s'en plaint et qu'elle en souffre, elle pense bien que la moindre imprudence est de nature à la perdre d'une façon définitive. Eh bien, c'est au mépris de toutes ces exigences, c'est au mépris de tous ces dangers de sa situation, qu'elle va tenter cette démarche imprudente de demander sa séparation de corps !

Ira-t-on plaider, par exemple, que le mari, alors instruit de ses débordements, allait former sa demande en séparation de corps et qu'elle a voulu le prévenir? Si l'on se plaçait sur ce terrain, les faits répondraient, ils répondraient de la façon la plus énergique et la plus éloquente tout à la fois. En effet, on est revenu à Paris le 4 ou le 5 février 1878, le mari ne peut pas douter de la résolution de sa femme, qui lui a été signifiée, de former sa demande en séparation de corps. Le 6 février, M. Devinck, l'oncle de M. Sébastien Santerre, à la prière de M. Sébastien Santerre, intervient auprès de Mme Santerre. Alors Mme Santerre se tient sur la réserve, et, comme M. Devinck le dit dans sa déposition que vous connaîtrez tout à l'heure, il se retire sans avoir rien obtenu. Le lendemain, 7 février 1878, il tente une nouvelle démarche. Celle-là obtient un meilleur succès, les époux s'embrassent, on va dîner le soir chez M. Arachequesne. Cinq jours après, on apprend la maladie grave, à Nice, de Mme Archdeacon, la grand'mère. Que va faire Mme Santerre? Sa situation est alors des plus embarrassantes, et ses irrésolutions sont accusées dans une lettre de son père à son frère, qui porte la date du 23 février 1878, et que je demande à la Cour la permission de placer sous ses yeux :

Mon cher Daniel,

Ah ! nous ne sommes pas au bout ! Voici autre chose : Mme Archdeacon prise à Nice d'une fluxion de poitrine ! Les mauvais procédés pour Jeanne n'ont fait qu'augmenter; Sébastien se fait un plaisir de communiquer à Jeanne les lettres de Mme Santerre remplies d'injures.

Jeanne est une mauvaise mère qui a abandonné ses enfants; Jeannette le sent bien. Elle refuse d'écrire. Elle se roule quand on lui ordonne d'écrire à sa mère... Eh bien, malgré tout, que faire?... Sébastien refuse de partir sans sa femme.

Après cette phrase, qui est décisive et qui est l'écho de la vérité, on ne va pas plaider, j'imagine, qu'à ce moment-là M. Sébastien Santerre allait former une demande en séparation de corps!

Jeanne prendra-t-elle l'odieux de ce rôle : empêcher son mari de fermer les yeux à sa grand'mère et laisser ses enfants dans cette maison où la mort va entrer? Elle est à bout de forces. Sa santé à elle, personne n'y songe et n'y songera. N'importe; ses enfants ! une femme qui va mourir, à moins que cette fluxion de poitrine ne soit un simple rhume grossi pour la circonstance! Mais, dans le doute, elle va partir; elle part ce soir à sept heures quinze minutes. Elle va au-devant de toutes les avanies, car dans ce milieu il n'y a pas de ménagements à attendre, quelles que soient les circonstances.

Comment s'y prendra-t-elle pour revenir, une fois livrée seule, au loin, presque à l'étranger, à des persécutions certaines? Comment se défendra-t-elle, ne pouvant avoir là ni moi, dont on ne veut pas, ni N..., ni X..., ni personne?... Elle va partir, et je reste là, ne pouvant plus la protéger. Voilà un exposé succinct. Je n'ajoute pas la moindre réflexion. Inutile, n'est-ce pas?

Écris-moi. Tu vois que, moi, je n'y manque pas.

Je t'embrasse de tout cœur.

É. ARACHEQUESNE.

· Donc, le 23 février, aucune menace de la part de M. Santerre. Ainsi, jusqu'à cette date extrême du 23 février 1878, et vous allez voir tout à l'heure pourquoi je dis que cette date est extrême, rien qui force Mme Santerre à prendre les devants pour demander sa séparation de corps. Aussi je me résume et je vous dis : Sans y être contrainte, librement, spontanément, alors que, si elle est ce que vous dites, elle a tout intérêt à garder sa situation sociale, sa situation conjugale, sa situation financière surtout, Mme Santerre a voulu, dès le 6 février 1878, former sa demande en séparation de corps. J'ajoute, et la Cour voudra bien retenir ce détail, qu'à cette époque et à ce moment précis du commencement de février 1878, elle n'y a renoncé que sur la demande de son mari.

...Continuons, messieurs, cet exposé des faits. M. Santerre est revenu à Paris à la fin de février 1878. Le 1er mars, éclate une épouvantable scène dont la gravité et la violence dépassent tout ce qui s'était produit jusqu'alors. M. Arachequesne est grossièrement insulté, l'accusation d'inceste, qui se formule dans cette scène, et qui est relevée contre M. Santerre pour l'avoir produite, cette accusation n'est pas démentie par lui. Le fils et le neveu de M. Arachequesne sont brutalisés par M. Santerre. M. Santerre fait monter un gardien de la paix pour expulser de chez lui les membres de la famille de sa femme, l'intervention de M. le procureur de la République est rendue nécessaire, l'intervention aussi plus active et plus directe de M. le commissaire de police Crépy. La scène avait commencé à onze heures du matin, et, à cinq heures du soir, Mme Santerre entre au couvent des Dames Augustines, situé avenue de la Reine-Hortense. C'est de là, et le lendemain 2 mars, que Mme Santerre signifiait sa demande en séparation de corps. Il faut répondre à cette demande, et, le 11 mars 1878, on voit apparaître la demande reconventionnelle de M. Santerre contre sa femme.

C'est tout de suite, messieurs, après cette demande, qu'il faut essayer de faire connaître à la Cour Mme Santerre par des documents écrits, et des documents irréfutables : c'est sa correspondance, ce sont ces fameux carnets ou agendas, dont il a été tant parlé en première instance, et qui ont été chaleureusement invoqués de part et d'autre. C'est là que nous allons voir si nous trouvons dans ces pages, écrites au jour le jour, la peinture du monstre qui vous est représenté par mon éminent contradicteur, de la courtisane éhontée, souillée, profanée par tous les excès et par toutes les débauches; ou bien, au contraire, si elle apparaît sincère, gracieuse, généreuse, pleine de pensées bonnes et élevées, adorant ses enfants et jalouse de son bonheur conjugal, qu'elle craint à chaque instant de lui voir échapper. Cherchons cela, messieurs, et cherchons, comme je vous le disais tout à l'heure, dans des correspondances qui ne sont pas faites, j'imagine qu'on ne le plaidera pas, du moins, pour les besoins de la cause, et dans des agendas sur lesquels j'aurai à m'expliquer, précisément à l'occasion de ce reproche.

(Lecture de la correspondance.)

Voilà cette correspondance que j'avais le devoir impérieux de placer sous vos yeux, précisément après les abominables accusations qui sont relevées dans la requête de M. Santerre, et que, tout à l'heure, je lisais à la Cour. Eh bien, je le demande, maintenant que la correspondance, qui, à coup sûr, est une correspondance sincère, vous est connue, avais-je tort en disant que j'allais y trouver Mme Santerre avec les sentiments de grâce, d'expansion, d'enjouement; que j'allais vous la montrer aimant ses enfants, aimant son père de cette bonne, et sûre, et douce tendresse filiale, se plaignant à lui des scènes qu'elle subit dans son intérieur, mais faisant, avec un grand esprit de justice, la part raisonnable à chacun, disant quand elle a tort; reconnaissant que les nerfs se sont mis de la partie dans une scène qu'elle a eue avec son mari, implorant la réconciliation et s'accrochant, avec une sorte de désespoir ému et attendrissant, à la moindre lueur, à la moindre espérance qui peut naître dans son esprit d'un rapprochement sincère avec son mari. Ce n'est pas tout, et à côté de la correspondance il y a ce que j'appelais tout à l'heure les fameux agendas de première instance. Là, j'ai dû

faire un choix, et mon éminent contradicteur sera, j'en suis bien
convaincu, le premier à me le pardonner. Il sait bien toutes les
lectures que j'ai à faire, l'abondance des documents qui se pressent, et il comprendra bien, la Cour le comprendra bien aussi et
m'en saura gré, qu'au milieu de tous ces documents, je fasse un
choix dans ces carnets et ces agendas. Je commence donc en 1874,
et j'aurai tout à l'heure à me préoccuper de cette question qui
s'est posée, paraît-il, dans la discussion en première instance,
de savoir si ces agendas sont sincères, ou s'ils ont été établis
par Mme Santerre pour les besoins de son procès.

(Lecture des agendas.)

Et mon éminent contradicteur disait en première instance, il
le redira encore, que Mme Santerre était la femme prodigue et
dépensière par excellence, que c'était la coquetterie incarnée :
« Et si vous voulez en trouver la preuve, disait-il, vous la trouverez dans les carnets et les agendas où on voit que les journées
se dépensent en visites chez le couturier, la couturière et la
modiste. »

Eh bien, il y a à cette date du 16 avril 1876, précisément, une
réflexion de Mme Santerre, qui peint bien son caractère et qui
montre qu'il n'y a pas là précisément pour elle une vocation, ni
un entraînement irrésistible vers les choses de la toilette, de la
coquetterie et de la vanité.

Écoutez ce qu'elle dit à ce sujet :

Cette journée brille par le nombre des couturiers et des modistes;
il n'en faudrait pas beaucoup comme celle-là pour vous rendre folle et
mal habillée. Ouf !

Enfin me voilà harnachée pour quelque temps.

Enfin, le 5 avril, on lit ceci :

Je suis triste et découragée. Sébastien se fâche contre moi, sans
cependant être bien méchant. Il est tendre et colère, et moi bien
triste; et dire que je rirai peut-être de tout cela d'ici quelques
années.

C'est là que j'entends borner ces lectures. Elles n'ont été, à coup sûr, que trop longues au gré de la Cour; mais elles étaient absolument indispensables à ma cause, car j'imagine que vous avez pu voir se révéler là le caractère véritable de M{ᵐᵉ} Santerre. Mais j'entends bien que mon éminent contradicteur élèvera encore ici les doutes qu'il a élevés en première instance, et il s'agit de savoir si cette préoccupation qu'il a eue, et qui paraît, messieurs, hanter vos esprits, est une préoccupation légitime. Quel est, au juste, le degré de créance qu'il faut accorder à ces agendas; et est-il vrai de dire, comme on le disait en première instance, que M{ᵐᵉ} Santerre est une femme habile qui, pour les besoins de sa cause, a fait ou a fait faire des agendas et des carnets sur lesquels, dans une littérature choisie, elle s'est peinte en pied, pour le plus grand avantage de sa personne, de son caractère et de sa cause?

L'adversaire tire parti d'une circonstance qui lui paraît décisive. Il s'en exagère bien les conséquences! Sur l'un des agendas de 1874, M{ᵐᵉ} Santerre écrit : « Mon mari a fixé au 15 novembre la date du retour à Paris, » et, après la date du 20 octobre, elle dit : « Quatre ou cinq journées tranquilles, entrecoupées de voyages de mon mari à Paris et de mon père à Champs. » Or, sur un autre agenda de 1874, on voit que le retour à Paris aurait eu lieu précisément le 21 octobre.

Et de triompher de ce rapprochement et d'en tirer cette conséquence que cet agenda a été fait pour les besoins de la cause! La réponse est cependant facile. Le retour de Champs à Paris ne s'effectuait jamais en un jour et d'une façon définitive. Pendant que la maison de sa mère était organisée à Champs, M. Santerre gardait des domestiques à Paris. On allait et on venait pendant quelque temps et selon l'occasion. Puis, il faut ajouter que ces impressions, écrites par M{ᵐᵉ} Santerre, n'avaient pas, dans leur transcription, la rigueur d'une tenue de livres. Elle groupait souvent sous une seule mention les réflexions et les impressions de plusieurs journées.

Enfin, cet agenda de 1874 porte presque à chaque page des

détails matériels comme ceux-ci : « Entendu la messe à Noisiel. Rencontré Febvre, des Français. » Détails dont la vérification est bien facile et qui ne permettent pas de supposer qu'on les ait en quelque sorte emmagasinés pour s'en servir au profit de la vraisemblance d'une œuvre factice et créée pour les besoins de la cause.

Enfin, il y a, à mon sens, une considération qui domine toutes les autres et qui établit la sincérité de ces agendas.

Comment ces agendas ont-ils fait leur apparition dans la cause ? On était en première instance, les communications de pièces se sont établies entre les deux éminents avocats, comme il est d'usage ; et M⁰ Bétolaud fournit, en communication, un agenda de 1876 : cet agenda, tenu par Mᵐᵉ Santerre, et sur lequel M⁰ Bétolaud avait relevé des mentions qui étaient favorables à sa cause. C'est alors que M⁰ Allou interrogea sa cliente, Mᵐᵉ Santerre, et lui dit : « Voici un document qui m'est communiqué, qu'est-ce que c'est que cet agenda qui porte la date de 1876, et qui paraît contenir de vos réflexions et de vos pensées ! » Mᵐᵉ Santerre lui répondit : « C'est un de mes agendas. » A-t-il été gardé, retenu par le mari, oublié par la femme ? Peu importe, et je n'attache pas à cela plus d'importance qu'il ne convient. Quoi qu'il en soit, voilà l'explication de Mᵐᵉ Santerre : « C'est un de mes agendas. » — « Mais, lui dit M⁰ Allou, vous en avez donc d'autres ? — Certainement, j'en ai d'autres ; c'est une habitude que j'ai depuis fort longtemps d'écrire des impressions et des notes, et aussi des dépenses ; c'est une sorte de compte rendu que je me fais un peu de ma vie à moi-même, au jour le jour. — Où sont ces agendas ? — Mais ils sont chez M⁰ Delacourtie depuis le commencement du procès. » Et c'est alors que les agendas furent demandés par M⁰ Allou à M⁰ Delacourtie, qui les lui donna. Or, messieurs, si ces agendas ont été faits par Mᵐᵉ Santerre pour les besoins de la cause, que va-t-il arriver ? C'est que Mᵐᵉ Santerre n'aura qu'une préoccupation, celle de les mettre au débat tout de suite et dès le premier jour. Elle arrive chez M⁰ Allou, dont elle n'était pas connue, elle a été se réfugier auprès de lui et chercher dans son grand talent et dans son grand caractère la protection qui convenait à sa situation. Ce qu'elle va faire immédiatement, c'est lui dire : « Avant tout, ici et à l'heure même, et dans cet entretien intime, je vais vous montrer ma vie racontée par moi-même, jour par jour, heure par heure, et dans des conditions telles que vous ne pourrez pas douter de la sincérité de la narratrice. »

Voilà ce qu'elle va faire immédiatement. Pas du tout, elle n'en dit pas un mot à M⁰ Allou, qui ignore l'existence de ces agendas ! Elle a, dès le début de son procès, et M⁰ Delacourtie l'affirme dans une lettre qu'il m'a écrite et qui est au dossier, dès le début de son instance en séparation de corps, elle a porté chez M⁰ Delacourtie tous les documents qui pouvaient avoir une utilité quelconque, et ces agendas, et ces carnets, pour y prendre des dates, pour y prendre des souvenirs, pour y fixer des accidents de sa vie ; elle n'y attache pas d'autre prix, elle ne veut pas en tirer d'autres bénéfices, et, je vous le répète encore une fois, c'est la circonstance de la communication des pièces qui fait sortir ces agendas de chez M⁰ Delacourtie. Ceci est très grave, car les agendas pouvaient voir le jour et leur confection pouvait en être réalisée par Mᵐᵉ Santerre sous l'empire du même sentiment et de la même préoccupation, mais à deux dates bien différentes : dès le début du procès, et pour intéresser à sa cause et son avoué et surtout l'avocat qui allait prendre sa défense ; ou bien en réponse à la communication du carnet de 1876 par M⁰ Bétolaud, et c'est ce qui se comprenait le mieux, Mᵐᵉ Santerre ayant vu apparaître cet agenda de 1876, dont la signification n'est pas très grave au débat, et, s'empressant alors de demander à son avocat un crédit de quelques jours pour faire réaliser cette œuvre littéraire qui apparaît en contre-communication, et qui est de nature à donner de son caractère, de ses habitudes, de ses instincts, l'idée la meilleure, et à la représenter sous le jour le plus favorable. Eh bien, ce qu'il faut retenir, ce que j'indique à la Cour, ce que je la supplie de ne pas oublier, c'est cette circonstance de fait, circonstance très énergique, circonstance, à mon sens, tout à fait décisive, c'est que les agendas qui ont été versés, dès le début, entre les mains de M⁰ Delacourtie, par Mᵐᵉ Santerre, n'ont pas été communiqués à M⁰ Allou par Mᵐᵉ Santerre ; c'est qu'il y a là justement, en faveur de la sincérité de ces agendas, une présomption qui, plus grave qu'une présomption, est une preuve véritable.

Les adversaires ont bien compris le danger que, dans une certaine mesure, leur faisait courir cette production ; ils ont bien compris qu'il y avait là une source d'intérêt pour ma cliente ; ils ont bien compris que si, en effet, elle était la femme qui se révèle là, que si elle était capable d'autant de sincérité, d'autant de poésie, que si elle était capable, à toute heure de sa vie, pour ainsi dire, de ces préoccupations si bonnes, si loyales, si sincères, si honnêtes, il devenait bien difficile de dire, en plaidant contre elle, ce que disait mon éminent contradicteur en première instance : « C'est un monstre de luxure ! » Et alors ils n'ont pas voulu lui laisser à elle-même le bénéfice de ce style, même en plaçant cet effort de style à un moment opportun et qu'elle aurait jugé favorable pour le succès de sa cause. Ils lui ont retiré l'avantage même de cette conception. On a été jusqu'à imaginer que tout cela avait été écrit par M. Émile Augier. Cela a été dit, ah ! mon éminent contradicteur, pas par vous apparemment ; mais cela a été dit dans certains salons. J'ai voulu en avoir le cœur net, et, rencontrant M. Émile Augier, dont j'ai l'honneur d'être l'ami depuis plusieurs années, je lui ai parlé de ce bruit, et il m'a répondu avec ce sourire que connaissent tous ceux qui l'ont rencontré : « Non, non, je ne fais pas de littérature sur commande et je ne porte pas en ville. » Par conséquent, il est évident que M. Émile Augier n'y avait pas travaillé. Est-ce un autre ? je ne le crois pas davantage, et, dans tous les cas, si vous vouliez une preuve de la personnalité de Mᵐᵉ Santerre s'affirmant dans le style de ses agendas, de ses carnets, vous auriez à trouver cette preuve dans le rapprochement de ce style avec le style de sa correspondance. La correspondance n'a point été faite pour les besoins de la cause, elle a été produite, écrite au jour le jour avant les débats. Par conséquent, je le répète, il y a, entre les deux personnalités qui s'accusent, l'une dans la correspondance, et l'autre dans les agendas, une telle similitude, une telle analogie, une telle ressemblance, qu'il est impossible de dire que celle qui a fait l'une, c'est-à-dire la correspondance, n'a pas également fait les autres, c'est-à-dire les agendas.

Je n'insisterai pas sur la différence qu'on peut trouver entre l'agenda écrit en 1874 et les autres écrits dans les années successives. En effet, dans une certaine mesure, cette différence peut frapper l'esprit. Ce qu'il faut en induire, c'est que justement la direction d'esprit a changé chez Mme Santerre, c'est que le besoin d'épanchement est devenu moindre, c'est qu'elle s'est fatiguée elle-même de cette œuvre solitaire, de ces confidences qui étaient faites par elle-même, à elle-même, et, à mesure que ses sensations étaient devenues plus précises, plus rapides et plus douloureuses, elle a moins senti le besoin de rêver, et moins encore le besoin d'écrire ses rêveries. Quand je lui demandais quelle était la raison de ces différences que l'on pouvait signaler, et que je signalais moi-même, elle me répondit ceci, qui est bien humain : « C'est que si, en réalité, j'étais plus malheureuse après 1874, c'est en 1874, à tort ou à raison, que je me suis trouvée le plus malheureuse et que j'ai le plus souffert.

« Après, je me suis un peu blasée. Ces mauvais traitements, c'est-à-dire ces emportements, ces irritations perpétuelles, cette guerre — (que je définissais, au commencement de ma plaidoirie, de guerre à coups d'épingle), — cette guerre de piqûres, cette tactique et cette stratégie mauvaise, j'y étais un peu plus habituée, j'étais un peu blasée, et voilà comment il se fait que j'ai abandonné ce récit, et que les impressions, les émotions, les mouvements de mon esprit et les mouvements de mon cœur que j'ai eus à consigner, n'ont point absolument la même forme et n'ont point revêtu les mêmes caractères que dans les premières pages de l'agenda de 1874. »

Ceci dit, messieurs, il faut en arriver à ce qui est exactement

le procès devant la Cour, c’est-à-dire le jugement de première
instance dont nous avons relevé appel, les enquêtes et les
contre-enquêtes qui ont précédé le jugement, et je crois que le
moment est venu précisément de placer sous les yeux de la
Cour ces documents.

(Lecture du jugement et des enquêtes.)

Vous avez maintenant, messieurs, sous les yeux, tous les
documents nécessaires pour éclairer cette triste cause. Mais,
pendant que vous écoutiez, j’allais presque dire : que vous
subissiez cette lecture avec cette patience qui fait partie
de votre justice, que la Cour me permette de lui dire que
je l’ai entendue, moi, avec un sentiment bien différent et que
j’étais agité de l’impatience de prendre enfin la parole et de
vous présenter la défense de Mme Santerre. Oui, je vous dirai
tout ce que je pense du jugement qui a été rendu par les premiers juges, je vous dirai sans excès, mais je vous dirai bien
librement tout ce que je pense de la conduite de Mme Santerre
dans ce procès.

Le jugement d’abord. Laissez-moi, en quelques mots, en
retracer sous les yeux de la Cour l’économie générale.

Le Tribunal se trouvait en présence d’une double demande,
celle de la femme, et celle du mari. A la demande de la femme,
et pour l’écarter, il répond : ou que les faits sont couverts par la
réconciliation, ou bien qu’ils n’ont pas le caractère de gravité que
leur prête Mme Santerre dans l’erreur de son imagination. Quant
au reproche d’inceste qui l’a si profondément blessée, il n’est
pas suffisamment caractérisé. M. Santerre a toujours protesté
contre cette intention. Cependant, et le Tribunal veut bien
nous faire cette concession, réduite encore aux termes sous
lesquels elle se présente, l’articulation de M. Santerre serait
suffisamment injurieuse, et les premiers juges vont jusqu’à dire
atroce, si la conduite du père et de la fille n’avait pas donné lieu
à des préoccupations légitimes. C’est ainsi que l’on relève des
lectures imprudentes, l’entrée du père dans les appartements
intimes de sa fille, la scène du canapé. Puis, nous dit-on, il y a

bien eu, c'est vrai, à la charge de M. Santerre, des scènes
graves, des violences, des injures, des brutalités, mais elles
étaient justifiées par les faits dont le mari avait à se plaindre.
Il en est de même, continue le jugement, de cette surveillance et de cet espionnage dont le mari entourait sa femme
et qui auraient, au premier chef, un caractère injurieux, si cette
surveillance et cet espionnage n'avaient point eu pour but de
conduire le mari à la connaissance des faits qui sont à la charge
de la femme. Il est vrai que le Tribunal écarte des relations
avec un certain M. de Talleyrand, des sorties coupables attestées par le désordre du linge et par les souillures des vêtements.
Et, quant à la demande du mari, le Tribunal garde à la charge
de la femme deux faits très graves : la liaison avec M. R... et la
scène du café d'Orsay.

Ma discussion sur les premiers points réservés par le jugement sera courte. Je veux montrer à la Cour, en ce qui concerne la femme, quelle est l'étendue, quelle est la réalité, quelle
est l'évidence de ses griefs, et je veux, en même temps, montrer
à la Cour que les premiers juges se sont singulièrement trompés,
quand ils ont prétendu que la plupart de ces faits ou n'a-
vaient pas une gravité suffisante, ou étaient couverts par la
réconciliation. La réconciliation ! En vérité, messieurs, il
suffit de rapprocher les faits et leur historique, jour par
jour, et date par date, pour faire justice de cette prétendue
fin de non-recevoir. Vous vous rappelez les scènes qui ont
éclaté à Nice et à Cannes. Le 6 février 1878, M. Devinck,
l'oncle de M. Santerre, sur la demande même, sur la proposition, sur l'insistance de M. Santerre, se rend chez sa femme,
afin d'obtenir qu'il n'y ait pas, comme il le dira lui-même dans
sa correspondance, l'intervention judiciaire venant se placer
entre les deux époux. Mme Santerre se tenait sur la réserve. Elle
connaît M. Devinck : elle sait son dévouement à la famille de
son mari, et il ne lui plaît pas de dire ses griefs au parent dévoué
de la famille Santerre. Il se retire, comme il le dit, sans avoir
rien obtenu, et, le lendemain 7, il revient. Là son intervention a
un résultat meilleur, les époux s'embrassent, on dîne ensemble.

Mais, peu de jours après, M. Santerre part pour Nice, et il croit si peu que la réconciliation est sérieuse entre lui et sa femme, et qu'elle pourrait avoir pour effet, je ne dis pas seulement pour effet juridique, mais pour effet en quelque sorte privé, en quelque sorte conjugal, de mettre à néant les légitimes griefs de sa femme contre lui, que, de Nice, il lui envoie un télégramme pour demander « si, oui ou non, tu m'attends à Paris. » Donc, la Cour le voit bien, l'état des époux peut se caractériser par un mot : ce n'était pas une réconciliation, on en était resté à l'état de paix armée. La réconciliation, messieurs, ce n'est pas la surprise d'un moment, ce n'est pas une équivoque, c'est la volonté d'oublier, c'est la volonté de pardonner, c'est la volonté de reprendre la vie commune. Ici vous n'avez rien de pareil. Et, en effet, si Mme Santerre, recevant ce télégramme de son mari : « Écris-moi si tu m'attends à Paris, » si Mme Santerre avait voulu faire intervenir entre elle et lui une réconciliation sérieuse et efficace, elle lui aurait répondu : « Pourquoi cette question ? Nous nous sommes embrassés, je t'ai pardonné, reviens. » Mais pas du tout, et vous verrez tout à l'heure une lettre extrêmement digne et grave, adressée par Mme Santerre à son mari.

Je continue l'examen du jugement, et j'arrive à la scène du 1er mars 1878. Le Tribunal ne la trouve pas suffisamment grave, cette scène; il en excuse même M. Santerre, puisque, dit-il, l'altercation n'ayant point eu lieu précisément entre le mari et la femme, mais entre le mari et les parents de la femme, aucune injure n'aurait été adressée directement à Mme Santerre.

Ainsi, traiter, devant sa fille, un père de voleur, de canaille, de maq..., la Cour a bien entendu ! ce n'est rien, et ce sont là des faits véniels et qui emportent leur excuse avec eux, parce qu'ils n'ont pas été adressés à la femme. Ah ! messieurs, il faut convenir que, si la première Chambre de la Cour, qui me fait l'honneur de m'écouter, acceptait cette jurisprudence du Tribunal, elle serait en vérité bien loin de sa propre jurisprudence, qui s'est signalée, dans une affaire que j'ai eu l'honneur et le chagrin de plaider, qu'on appelait l'affaire David d'Angers, et où la première

Chambre de la Cour, mettant à néant le jugement du Tribunal, séparait les deux époux parce que, entre autres griefs, le mari avait gardé son chapeau devant sa belle-mère. Ah ! nous sommes loin, dans la cause actuelle, d'un simple manque de déférence. Vous savez les injures, les violences, les brutalités de M. Santerre. Mais le Tribunal lui pardonne même cela !

Ensuite, dans cette scène épouvantable, vous savez le reproche qui s'est formulé, et la façon dont il s'est formulé. Vous vous rappelez encore l'emportement de M. Arachequesne, ne pouvant contenir les sentiments tumultueux qui débordaient de son cœur, disant : « Il a osé m'accuser d'être l'amant de ma fille ! » Et Mme Santerre se dressant, comme disait Me Allou, dans l'attitude d'une belle statue antique, indignée : « Il l'a dit ! » Et là aussi, que fait donc M. Santerre? est-ce qu'il va protester? est-ce qu'il va se récrier? est-ce qu'il va dire : « Comment! mais quel étrange malentendu existe donc ici? mais qui donc a pu jamais imaginer de mettre dans ma bouche un propos de cette nature, de cette violence, de cette infamie! » Est-ce que M. Santerre se défend, est-ce qu'il proteste? pas du tout. Il s'en tire comme il se tire des cas difficiles, par une violence, une brutalité, une injure! Il s'approche de son beau-père, il lui met le poing sur la figure et lui dit : « Vous, foutez-moi la paix, je crois que vous vous permettez de m'interroger? » Il était interrogé, il n'a pas répondu, et, par là, il a accepté la responsabilité de l'accusation qu'il porte ainsi contre sa femme et contre son père.

Ce qui me touche le plus dans cette affaire, et la Cour le comprend bien, c'est le reproche que le Tribunal a gardé vis-à-vis de M. Arachequesne et de Mme Santerre. Là, sous des termes à peine voilés, on voit l'accusation subsister tout entière dans toute son intention, dans toute son intensité. Et, en effet, qu'est-ce donc, je vous prie, que veulent dire tous ces griefs? des lectures imprudentes, l'entrée du père de famille dans la salle de bain, pendant que sa fille se baigne sans vêtement, et des familiarités inconvenantes, et leur attitude à tous deux sur un canapé,

surprise dans le désordre des vêtements dë la jeune femme?
Comment, voilà ce que le Tribunal a conservé dans son jugement! Et quand il accepte tous ces griefs de la bouche du
mari, il vient encore le défendre, ce mari, contre le reproche
d'avoir produit contre sa femme une accusation atroce et
capable, à elle seule, de faire prononcer la séparation de corps?
Eh bien, j'ai le droit de le dire au Tribunal : quels juges avons-
nous donc ici, et dans quelle équivoque allons-nous laisser et la
fille et le père, et la justice elle-même? Nous allons préciser, et,
s'il le faut, nous préciserons brutalement, nettement, la pensée
du mari, et ensuite celle du Tribunal.

Mais, avant tout, il y a un devoir qui s'impose à moi : je veux
vous prouver, jusqu'à la dernière évidence, que les adversaires
eux-mêmes n'ont jamais cru à leurs imputations jusqu'au jour
où cela est devenu nécessaire à leur défense, nécessaire à leurs
articulations calomnieuses. Écoutez, pendant quatre années, et
certes ce n'est pas moi qui le dis, pendant quatre années, de
1874 à 1878, Mme Santerre a été épiée, surveillée par les ordres
de Mme Ernest Santerre, qui s'en défend. Nous verrons tout à
l'heure. Mais, pendant quatre années, cette surveillance a été
organisée; le mari s'y est associé, il en convient; bien plus, le
jugement l'en excuse. Qu'aurait donc produit cette surveillance?
Oh! la révélation des faits les plus honteux? tout d'abord c'est
une attitude plus que suspecte entre le père et la fille, puis
une liaison avec un certain M. de *Tailleyrand-Périgord*, puis une
liaison avec M. B...; puis ces sorties fréquentes, puis cette
débauche de chaque jour, attestée par le désordre du linge,
l'animation des traits, la fatigue physique, et jusqu'à ces
souillures même des vêtements les plus intimes. Ainsi ils ont
su tout cela, et ils ont su tout cela de 1874 à 1878! Et maintenant, je veux faire la part de chacun, la part de la belle-
mère et la part du mari. Mme Santerre la mère, elle, a su, que
dis-je? elle a vu de ses yeux une partie de ces choses, l'attitude
du père et de la fille, et elle n'en a jamais dit un mot à M. Arachequesne lui-même! Comment! il y avait là une tenue de nature
à éveiller l'attention, à provoquer la susceptibilité des voisins,

dès témoins, des parents, des gens du monde, des domestiques,
et Mme Santerre mère n'en dit pas un mot à M. Arachequesne!
mais vous allez voir que, bien plus, elle l'appelle, elle l'invite et
elle l'attire chez elle! Comment! elle ne prend pas à part ce
père imprudent, et coupable par cette seule imprudence : et,
dans une heure d'intimité, au château de Champs, elle ne trouve
pas l'occasion de dire : « Mais prenez garde! Je ne vois pas,
moi, le mal où il n'est pas, mais enfin, dans l'entraînement
réciproque de vos tendresses paternelle et filiale, vous ne voyez
pas qu'il y a une habitude mauvaise, une apparence qui peut
prêter à dire! » Est-ce que ce n'était pas son devoir le plus
étroit! Est-ce que sa prudence, est-ce que l'amour pour son fils,
le dévouement à la tradition et à la bonne règle de la famille,
ne lui imposaient pas de prendre ce rôle? Elle ne le fait pas!
Mais si elle ne veut pas s'ouvrir à M. Arachequesne lui-même
sur un sujet si délicat et qui, cependant, pouvait être traité bien
délicatement, s'il ne lui plaît pas de s'en ouvrir à M. Arachequesne lui-même, est-ce qu'elle n'a pas, autour d'elle, des
parents bien autorisés, bien accrédités? Ce sera M. ou Mme Le-
boul, Mme Guillot, M. Dewinck qui, à cette époque, a soixante-
douze ou soixante-quatorze ans, qui est grand-officier de la
Légion d'honneur, qui a une grande situation sociale et de
famille. Elle peut les faire intervenir. Pas du tout! elle n'ne dit
rien, elle n'en dit rien à personne. Comment donc! en 1875, en
1876, en 1877, c'est-à-dire depuis le jour où elle a surpris, en
1874, le secret de cette attitude qui la choque et qui la blesse,
elle reçoit M. Arachequesne. Tenez, elle lui écrit de Bex,
samedi 2 août 1874 :

Vous êtes mille fois bon et aimable, cher monsieur, d'avoir bien
voulu vous charger de nous donner des nouvelles de notre grand et
petit monde. — Je suis bien peinée de voir la pauvre Jeanne prise par
la gorge. Sébastien m'écrit qu'elle continue à être très souffrante, mais
qu'heureusement M. Moissenet n'est pas tourmenté ; mais je pense
que c'est un mal de gorge dans le genre de celui que Sébastien a eu
à Menton. C'est jouer de malheur, que de prendre froid par une
pareille chaleur. Pauvre Jeanne! c'est un nuage dans le plaisir qu'elle

se faisait de se retrouver près de vous. Nous avons été bien égoïstes de vous en priver aussi longtemps; nos enfants sont, comme pour vous, la joie de la maison, et leur présence a donné bien du charme à notre voyage et nous a fait oublier, à mon mari et à moi, beaucoup de nos misères.

Adieu et merci encore, cher monsieur, de votre bon souvenir.

Recevez, je vous prie, l'expression de mes sentiments les plus affectueux.

MARIE SANTERRE.

L'année d'après, en 1875, elle lui écrit de son château de Champs :

Cher monsieur,

Vous nous avez fait défaut jeudi. J'espère qu'il n'en sera pas de même demain et que vous resterez pour plusieurs jours, car je suis désireuse de pouvoir vous réunir à votre fille.

Ah çà ! Quelle est donc l'épouvantable équivoque qu'il y a sous ce mot-là ? Nous sommes en 1875 ; elle nous dit, dans sa déposition, que, depuis 1874, elle a été avertie de ce qu'il pouvait y avoir de choquant, d'étrange, de suspect, de scandaleux dans les relations du père et de la fille, et elle lui écrit en 1875 : « Je suis toujours bien désireuse de pouvoir vous réunir à votre fille. » Puis elle continue :

Il faut beaucoup de bonne amitié pour accepter l'invitation d'une aussi mauvaise maîtresse de maison. Les soins à donner à mon mari me rendent incapable d'en remplir les devoirs, et j'espère que toutes les fois que je me trouverai empêchée, vous voudrez bien considérer mon fils et Jeanne comme mes délégués les plus empressés.

Recevez, je vous prie, monsieur, l'expression de mes sentiments très affectueux.

MARIE SANTERRE.

Mais aussi, dans sa déposition, Mme Ernest Santerre, qui sent bien qu'on lui opposera ces lettres et l'étrange anomalie entre ses procédés d'alors et ses imputations d'aujourd'hui, Mme Ernest Santerre a bien soin, dans sa déposition devant le magistrat enquêteur, de nous dire qu'elle a été *forcée* d'inviter et de recevoir le père, M. Arachequesne, qu'à ce moment-là, son mari était si malade, qu'il n'a pas fallu moins que cette contrainte morale pour la déterminer. A qui donc le fera-t-elle croire? A qui fera-t-elle croire qu'elle a su la scène du canapé, à laquelle je vais arriver, dans le salon, et qu'elle a pu continuer l'hypocrite et coupable correspondance dont je continue la lecture?

En 1876, elle écrit :

Merci mille fois, monsieur, de votre bonne et aimable lettre à laquelle je n'ai pas répondu plus tôt, parce que je me suis trouvée très souffrante toute la journée de samedi et dimanche.

Écoutez, M. Ernest Santerre est mort. A cette occasion, M. Arachequesne avait rempli ce devoir qui était un devoir de famille, mais qui était un devoir plus rigoureux pour lui, l'ancien camarade de collège de M. Santerre. Il avait fait ce qu'on doit faire en pareille circonstance. Vous n'avez pas oublié que l'on a vu apparaître, dans les enquêtes, cette prétention de Mme Ernest Santerre mère, que son mari, M. Santerre, s'était aperçu de bien des choses qui l'avaient choqué, dans la conduite de Mme Santerre, sa bru, non seulement comme femme, mais encore comme fille, et que M. Ernest Santerre, pour ainsi dire à son lit de mort, n'avait pas voulu de son fils à son chevet parce qu'il considérait comme un danger très grave que le mari quittât sa femme, ne fût-ce que quelques jours! Écoutez ce que dit Mme Santerre à M. Arachequesne :

J'ai été très touchée de votre affectueux souvenir pour mon pauvre mari. Il avait pour vous, monsieur, *un très grand attachement, il était toujours désireux de resserrer les liens qui l'unissaient à vous;* dans cette occasion comme dans toute autre, j'espère, monsieur, *que vous voudrez bien croire que je suis en parfaite sympathie d'idées avec mon mari.*

J'espère que vous reviendrez demain avec Jeanne; je l'ai priée de vous le demander; elle a trop de plaisir à vous voir pour oublier de vous faire ma requête.

Recevez, je vous prie, monsieur, l'expression de mes sentiments très affectueux.

En 1877, elle lui écrit encore.

> Cher monsieur,
>
> J'ai été vivement touchée de votre aimable lettre et de votre char-
> mant souvenir. J'espère que vous voudrez bien me pardonner de n'être
> pas encore venue vous en remercier. (A ce moment-là, Mme Santerre et
> son mari ne sont point au château de Champs.)
>
> J'ai profité de ma solitude pour faire un voyage à Paris et pour passer
> quelques jours chez ma mère, à Nogent. Ces déplacements, unis au
> temps orageux, m'ont beaucoup fatiguée, et c'est ce qui m'a empêchée
> de vous écrire aussi souvent que je l'aurais voulu.
>
> Vos petits-enfants se portent parfaitement et parlent très souvent de
> vous; ils seraient comme moi très heureux si vous vouliez bien venir
> passer une journée ici. Je dois retourner à Nogent samedi prochain, et
> j'y resterai jusqu'au 31. Voulez-vous venir déjeuner à Champs le 1er sep-
> tembre, vous y rencontrerez ma mère et mon frère Philippe.
>
> Je me demande si cette lettre vous trouvera à Paris, et si vous
> n'êtes pas en voyage comme presque tous les habitants de la capitale.
>
> A bientôt, j'espère, cher monsieur. Croyez, je vous prie, à l'expres-
> sion de mes sentiments très affectueux.
>
> MARIE SANTERRE.

Ainsi, s'il faut en croire Mme Santerre, au moment même où
elle écrivait ces lettres, où elle donnait à M. Arachequesne la
preuve de ses sentiments de sympathie, je dirai presque, de déférence et d'affection, elle assistait à toutes ces hontes qui déso-
laient et déshonoraient son intérieur, en spectatrice désintéressée! Mais il y a plus, c'est Jean Duret, son domestique
depuis dix-sept années, ce n'est pas Claude Voiron, comme elle
l'a cru, qui lui aurait raconté la fameuse scène du canapé.
Ah! que voulez-vous, quand on a à ses gages tant de serviteurs dévoués, on peut bien les confondre, et mettre dans la
bouche de l'un ce que l'on a déjà mis dans la bouche de
l'autre. Eh bien, à qui donc fera-t-elle croire que Jean Duret
avait vu cette scène et qu'il ne lui en aurait pas parlé,
ou, s'il lui en a parlé, comme il le dit lui-même dans l'enquête, à qui donc fera-t-elle croire qu'elle n'en ait rien dit

elle-même, et qu'elle ait gardé ces confidences par devers elle soigneusement, pour s'en servir au besoin, comme elle le fait à la veille de la demande en séparation de corps? Ah! tenez, messieurs, laissez-moi vous le dire, pour l'honneur même de Mme Santerre, je ne veux pas du rôle qu'elle s'est donné et qu'elle veut garder à l'enquête. La vérité, elle est bien meilleure, la vérité, c'est qu'elle n'a rien su, la vérité, c'est qu'elle n'a rien compris, la vérité, c'est que cela, comme bien d'autres choses, a été construit et spécialement édifié pour les besoins de la cause!

Mais si Mme Santerre, la mère, n'a rien su, qu'est-ce qu'a su M. Santerre fils, notre adversaire? Et ici j'ai un témoin, j'ai le Tribunal. Le Tribunal nous déclare que M. Santerre a eu de bonnes raisons pour faire surveiller sa femme, pendant quatre années, de 1874 à 1878, et que c'est grâce à cette surveillance qu'il a appris ce qu'elle était, et qu'il a pu connaître ses débauches et ses déportements. Aussi a-t-il pu, ce mari blessé, épuiser impunément sur sa femme et les violences, et les injures, et les mauvais traitements, se faisant ainsi justice à lui-même. Le Tribunal n'y voit pas d'inconvénient! Ainsi, pendant quatre ans il a surpris le secret de ses relations coupables, ce qui n'est pas vrai, puisque le jugement l'a écarté, pendant quatre années il a connu ses sorties fréquentes et mystérieuses, et ses débauches attestées par le désordre de ses vêtements et les souillures de son linge, ce qui n'est pas vrai, puisque le Tribunal l'a dit. Il a été dire toutes ces choses à la justice, toutes ces choses qui n'étaient pas vraies, toutes ces choses qui n'ont pas été prouvées, toutes ces choses qu'il savait bien n'être pas vraies, c'est-à-dire qu'il a essayé de nous tromper tous et de vous tromper vous-mêmes, et cela pour les besoins de sa cause, en face de la mère de ses enfants!

Mais ce n'est pas tout. Il a su quelque chose enfin, puisque le Tribunal le dit et le réserve. Oui, il a su le dévergondage de sa femme, de 1874 à 1878. C'est vrai, cela? Et il faudra croire Mme Ernest Santerre mère, quand elle viendra dire dans l'enquête : « Oui, en 1874, l'attention de mon mari, la mienne,

celle de mon fils, a été éveillée et, dans un entretien que mon
fils a eu avec sa femme, elle lui a avoué une partie de ses intrigues, et elle a consenti à venir s'enfermer à Champs. » C'est
clair, et nous allons voir si nous n'allons pas rencontrer, dans
les faits mêmes, un démenti éclatant à la triple affirmation de
M. Santerre, de sa mère et du jugement du Tribunal.

Nous sommes toujours à Nice, le point de départ de ces
scènes regrettables, et là, au commencement de février,
Mme Santerre, qui s'en est allée et qui a été se réfugier à Cannes,
écrit à son mari la lettre que je vais vous faire connaître :

> Mon cher Sébastien,
>
> Tu n'as pas voulu tout à l'heure d'explication ; elle était cependant
> indispensable. Les ordres, les sommations faites de telle façon qu'on
> ne les formulerait pas ainsi à des domestiques, me trouveront toujours
> en révolte ; mais c'est justement parce que j'ai le sentiment très fort de
> ma dignité, que je la comprends tout entière.

Comment, c'est là cette courtisane qui, de 1874 à 1878, a
traîné le nom de son mari dans toutes les débauches ; c'est cette
courtisane surveillée, épiée, contrôlée, que l'on peut dévoiler
à chaque heure du jour, c'est celle-là qui parle à son mari du
sentiment de sa dignité :

> Je sais parfaitement quels sont les devoirs de la femme : elle doit
> accepter les décisions de son mari, mais elle doit aussi se prémunir
> contre les humiliations et le danger même physique, dont tu me
> menaces, en me disant que tu m'enfermeras et que, si j'appelle du
> secours des domestiques, ils n'obéiront qu'à toi... Ma santé se mine,
> et tu es le seul à ne pas t'apercevoir que la seule cause est la façon
> dont tu me traites.
>
> JEANNE.

Au moment où le mari rentre chez lui, il trouve cette lettre,
à Nice, à la villa où ils étaient ensemble. Qu'est-ce qu'il va répondre ? Je vous en supplie, ne perdez pas de vue le point de
départ : depuis quatre années, il fait surveiller sa femme ; il a
mis au service de cette surveillance Duret, Étienne, Voiron, etc. ;

toute cette police sous les ordres suprêmes de Claude Voiron ; il sait tout, il va lui répondre, j'imagine : « Mais vous le prenez d'un peu bien haut ! comment, c'est vous qui me parlez des égards qui vous sont dus, c'est vous qui, prétendant connaître vos droits, avez la prétention de me dicter mes devoirs, c'est vous qui parlez de respect ! » Attendez, voici ce qu'il lui répond, c'est bien simple ; je vais vous lire la lettre :

1er février 1878.

Ma chère Jeanne,

J'ai été fort étonné, en rentrant, de ne plus te retrouver à la maison et d'y trouver un formulaire d'accusations dénué de tout fondement et de toute vraisemblance.

Je te prie de revenir à la maison, où ta place est marquée comme femme et comme mère de famille.

Bien à toi.

SANTERRE.

Comment ! 1er février 1878, j'ai la date, la place de cette courtisane et de cette prostituée, elle est marquée à la maison comme femme et comme mère de famille ! Vous allez plaider contre moi, avec le jugement, que, de 1874 à 1878, les révélations de sa police en ont suffisamment appris à M. Sébastien Santerre pour qu'il ait droit de se faire en quelque sorte le justicier de son honneur et de son foyer ! Allons donc ! Continuons. Qu'est-ce que va répondre la femme ? Vous entendez bien que, si elle est souillée de tous ces désordres et de tous ces méfaits, si engourdie que soit sa conscience, si aboli que soit, chez elle, le sentiment du juste et de l'injuste, elle a au moins ce qu'ont les animaux, cet instinct de défense devant le danger, elle sentira qu'elle ne peut pas, quelle que soit son audace, risquer de tendre davantage ce câble qui ne demande qu'à se rompre. Eh bien, non, écoutez : « C'est justement comme femme et comme mère de famille que ma place n'est pas là où on me menace et où on ne me donne aucune garantie pour l'avenir. » Est-ce répondre nettement, cela, et dignement? Est-ce que c'est là, je le répète, la femme qui, se sentant surveillée depuis quatre ans, doit se dire de temps en temps dans l'intimité de sa conscience : « Mais, misérable, courbe donc la tête, sinon devant la pudeur, sinon devant la sainteté du foyer conjugal que tu as outragée, tout au moins devant le danger qui gronde et devant les éclats de l'orage qui vont t'atteindre! » Pas du tout. Elle répond nettement, hautement, dignement : « C'est comme mère et non comme femme que ma place n'est pas là où on me menace et où je n'ai pas de sécurité. »

Puis ils sont revenus à Paris, et alors arrive la nouvelle de la maladie de Mme Archdeacon, la grand'mère. Je vous ai montré ou je vous ai lu plutôt la lettre dans laquelle M. Arachequesne apprenait à son fils Daniel quelles étaient les irrésolutions et les perplexités de la jeune femme. Elle écrit elle-même à sa grand'-mère la lettre suivante :

> Ma chère grand'mère,
>
> Je suis désolée de vous savoir malade, et j'aurais certainement accompagné mon mari ce soir, si des dépêches nous rassurant un peu ne m'avaient permis de me reposer moi-même avant d'entreprendre ce long voyage, que je suis toute disposée à faire si vous désirez me voir. Je vous embrasse du meilleur de mon cœur, ma chère grand'mère, et vous prie de croire aux vœux ardents que je fais pour votre prompt rétablissement.

Nous avançons. M. Santerre n'a pas compris, lui, comme l'a compris le Tribunal, que ce baiser que l'on avait échangé par devant M. Dewinck, le 7 février 1878, était la consécration d'un état nouveau, que c'était là le gage de la réconciliation et du pardon : M. Santerre ne l'a pas compris, car il écrit à sa femme ce télégramme :

> Veux-tu avoir l'obligeance de me répondre immédiatement si tu m'attends, oui ou non, à Paris.

Que répond-elle? Vous voyez bien que la situation la presse, et je ne saurais trop y revenir, messieurs, parce qu'il faut bien

que vous soyez pénétrés de cette idée que la conduite de
Mme Santerre, jusqu'à la dernière heure, a été la conduite d'une
femme qui avait des griefs, et qui avait conscience que l'on ne
pouvait pas en trouver contre elle.

Que répond-elle à ce télégramme? Écoutez :

> Mon cher Sébastien,
>
> La réponse que tu me demandes par télégramme est grave, elle
> engage l'avenir. J'ai dû prendre conseil même de la nuit, que j'ai
> employée à réfléchir, afin de peser mûrement ma résolution et même
> mes paroles, etc.

Écoutez cette phrase :

> J'ai le droit d'être respectée, je veux l'être. Réfléchis, et tu sentiras
> que je ne dois plus revenir dans un pays, dans une maison où l'on m'a
> fait pourchasser par le commissaire de police. Je voudrais éloigner le
> souvenir de ce pénible incident; je me prêterai à tout ce qui pourra
> ramener entre nous la paix et la concorde, et sauver nos enfants des
> malheurs qui suivraient une mésintelligence persistante... Adieu, mon
> cher Sébastien, je t'embrasse et j'embrasse surtout mille et mille fois
> les enfants.

Enfin, nous sommes au 20 février 1878. M. Santerre sait
ce qu'est sa femme. En 1874, s'il faut en croire sa mère, elle
lui a avoué une partie de ses intrigues. Comment va-t-il
répondre? Voyons, cet homme si violent, si emporté, va-t-il
prendre l'attitude qui lui convient? va-t-il dire : « Enfin,
madame, de quoi donc me parlez-vous? Comment! c'est vous
qui, après les déportements auxquels vous vous êtes livrée,
croyez encore avoir sur vos enfants un droit quelconque?
c'est vous qui me reprochez de trancher arbitrairement leur
destinée! » Non, voilà ce qu'il lui répond :

> Ma chère Jeanne,
>
> J'ai reçu, hier au soir, une longue lettre en réponse à mon télé-
> gramme du 17 courant. J'ai été bien attristé de tes menaces d'inter-
> vention judiciaire... Je t'ai demandé ce que tu désirais faire, afin de
> prendre une décision conforme à tes goûts. Il y avait là une attention

à laquelle tu ne t'es pas laissé prendre, suivant les avis que tu as
reçus. Je reviendrai auprès de toi prochainement, pour essayer de te
prendre avec tous les bons procédés que je n'ai fait qu'opposer à ta
fuite et à toutes les interventions judiciaires. Adieu, ma chère Jeanne,
et bien tristement tout à toi.

C'est ici que va s'arrêter la correspondance télégraphique et
la correspondance épistolaire. Mais vous avez bien entendu,
vous avez bien compris et vous retiendrez bien ceci : c'est que
M. Santerre n'est pas sincère, lorsqu'il fait croire à la justice
des premiers juges que, de 1874 à 1878, il a appris, sur le
compte de sa femme, assez de hontes, assez de souillures, qu'il
a trouvé matière à assez de griefs pour justifier ses brutalités,
ses mauvais traitements et ses injures, et en même temps
la surveillance odieuse et outrageante dont il l'a rendue la
victime.

Enfin, nous voilà revenus à Paris. Vous n'avez pas oublié
l'intervention de M. Dewinck, vous n'avez pas oublié tout
ce qui en est la suite et la conséquence. J'arrive au 1er mars.
Vous savez quelle est la nature et la gravité de la scène,
mais là encore je veux vous montrer, par un document officiel
en quelque sorte, quel est l'état d'esprit de M. Santerre. Il se
rend au bureau de M. le commissaire de police, M. Crépy,
et là, dans des explications qui sont échangées, M. Santerre
déclare, et le commissaire de police le retient et l'inscrit, qu'il
n'a pas de reproche à faire à sa femme. Je n'ai pas ce procès-
verbal, M. l'avocat général ne l'a pas non plus, et on le retrou-
vera, soyez-en sûrs ; mais Mme Santerre affirme qu'elle a vu cela
sur le procès-verbal. Il est bien étrange qu'on ne l'ait pu retrouver. Ah ! j'entends bien ce qu'on va dire, que M. Sébastien
Santerre n'est pas forcé de plaider son procès en séparation de
corps devant le commissaire de police. C'est vrai, et je ne lui
demande pas cela ; mais ce qui est assez singulier, c'est qu'à ce
moment, à cette heure où l'on est en pleine lutte, où l'intervention du commissaire de police est rendue nécessaire par les
éclats des emportements et de la colère de M. Santerre, où l'on
arrive à son bureau qui est en quelque sorte un bureau de con-

ciliation momentanée, M. Santerre ne révèle point ses griefs au commissaire de police, d'un mot, d'un geste, d'une syllabe, qu'il ne signale pas sa situation en disant, par exemple : « Vous n'avez point à vous mêler de cela, mais j'ai des griefs, allez ! » Mais, dans tous les cas, s'il ne veut pas même dire cela, pourquoi dit-il à ce moment qu'il n'a aucun reproche à adresser à sa femme, en mars 1878? Eh bien, j'ai le droit de conclure sur ce point et de vous dire : quoi qu'en ait dit le Tribunal, jusqu'au mois de mars 1878, époque où il a signifié sa demande reconventionnelle, M. Santerre ne savait rien, M. Santerre n'avait rien appris, M. Santerre ne soupçonnait rien sur la conduite de sa femme. Ah ! prenez garde, n'essayez pas de faire de M. Santerre ou un apôtre, ou un diplomate; n'essayez pas de me dire que c'est un homme assez grand, assez magnanime, assez généreux pour avoir enfermé dans son cœur ce trésor de tendresse, de résignation et de générosité; qu'il a pu apprendre toutes ces choses de 1874 à 1878, et les pardonner comme il voudrait lui-même que ses offenses lui fussent pardonnées ! Non, ce n'est pas M. Santerre, M. Santerre l'emporté, M. Santerre l'impétueux, M. Santerre le violent que nous montrent tous les documents de la cause! N'allez pas plaider non plus que M. Santerre est ce diplomate à l'âme froide, au maintien réservé et calme, ne disant que ce qu'il veut dire, prenant, comme M. de Talleyrand, le soufflet pour un coup de poing; non, non, ce n'est pas là le portrait de M. Santerre! Si, de 1874 à 1878, il avait su quelque chose, ni la grandeur de son cœur, ni la finesse et la volonté de son esprit n'eussent été suffisantes à n'en rien laisser paraître.

Mais ce qui est grave, et ce que la Cour voudra retenir, c'est que, malgré qu'il en ait aujourd'hui, et malgré qu'en ait le Tribunal lui-même, malgré la véritable ignorance où il était des prétendus désordres de sa femme, M. Santerre a porté, à plusieurs reprises, contre elle, l'accusation d'inceste. Les preuves abondent et nos mains en sont pleines. Qu'est-ce qui se passe à Nice dans la scène que vous savez déjà, en présence de ce commissaire de police suburbain que M. Santerre a été chercher pour les besoins de la circonstance? La scène est violente, elle a un caractère des plus graves; les souvenirs de M. le commissaire de police ne le servent pas complètement quand il dépose, devant le magistrat enquêteur. Peu importe, il y a un mot, dans la déposition, qui me suffit à juger le caractère de la scène et le caractère de M. Santerre. A ce moment-là, M. Arachequesne ayant dit, ou M. Santerre ayant cru entendre que lui, M. Arachequesne, quittait Nice et s'en allait avec sa femme, M. Santerre bondit et dit au commissaire de police : « Vous l'entendez, commissaire, il a dit: ma femme ! » Qu'est-ce que cela veut dire? que veut dire, dans un pareil moment, à l'heure où l'âme de M. Santerre est enfiévrée par la colère, que veut donc dire le bénéfice qu'il essaie de tirer de cette équivoque véritable ou supposée? « Vous l'entendez, il a dit : ma femme ; » ce qui veut dire : « Il s'est trahi, et, par ce mot conjugal, il a laissé entrevoir la réalité criminelle de ses rapports avec sa fille ! » Est-ce que c'est tout? Dans la scène du 1ᵉʳ mars, que vous connaissez, que j'ai déjà décrite, et que j'ai rappelée à vos esprits tout à l'heure, est-ce que M. Santerre n'a pas été mis, là, en demeure de dire quelle était sa pensée? est-ce qu'il a protesté? est-ce qu'il a protesté comme tout le monde, comme chacun de nous protesterait, mis en présence d'un pareil soupçon, d'une pareille accusation? Comment! M. Santerre, sommé de rétracter ou d'affirmer le propos odieux qu'il vient de tenir dans les termes que vous savez : « Il est l'amant de sa fille, » M. Santerre se contente d'aller placer le poing sous le visage de son beau-père en disant: « Foutez-moi la paix! Je crois que vous vous permettez de m'interroger? »

Mais à défaut de ces témoignages, à défaut de ces documents qui sont si clairs, est-ce que vous n'avez pas été frappés du ton général qui se manifeste dans toute cette affaire, sous l'inspiration de M. Santerre? Quelle est donc sa propre préoccupation et la préoccupation de ses conseils? A chacun des témoins que l'on fait entendre, quelle est la question que l'on pose? « Est-ce que vous n'avez rien vu, est-ce que vous ne savez rien de ce qui se passait entre M. Arache-

quesne et sa fille? » Est-ce que cela n'est pas clair? Il y a plus,
dans les débats de première instance, tout un épisode s'est
passé qui vaut d'être remis sous les yeux de la Cour. Un témoin
aurait parlé d'une rencontre qui aurait eu lieu... où? où?...
dans les cabinets d'aisance, entre M. Arachequesne et sa fille!
Indignés et sachant bien quelle était et quelle devait être la
portée de cette articulation en première instance, les conseils
de Mme Santerre firent faire un procès-verbal de constat sur les
dimensions de ce cabinet. Le reproche avait été accepté là avec
le caractère qu'il devait avoir; il n'y avait pas d'équivoque possible. Tout cela était bien immonde, mais, que voulez-vous? ce
reproche partait du camp adverse, et il fallait bien y répondre.
Quelle est donc l'attitude de M. Santerre et de ses conseils à ce
moment-là? Est-ce que M. Santerre proteste? Est-ce qu'il dit à
M. Arachequesne et à sa femme : « C'est épouvantable, ce que
vous croyez voir là! Cette façon de lire entre les lignes est coupable! » Est-ce qu'il a dit cela? Il fait faire un contre-constat,
et il dit à Me Allou : « Vous avez mal mesuré, vous avez
mesuré entre le mur et le siège, il fallait mesurer sur le siège
lui-même! » J'ai honte de toutes ces ordures; mais voilà la
réponse qui a été faite! Est-ce qu'elle n'est pas significative?
est-ce qu'il peut rester un doute sur la pensée véritable de
M. Santerre ?

Mais poursuivons, messieurs. Le 27 mai 1878, M. Santerre fait
à sa femme une signification; la signification est courte, mais
elle est décisive.

Écoutez-en la lecture :

A la requête de M. Sébastien Santerre, il est déclaré à
Mme Santerre, née Jeanne Arachequesne :

> Que lors des deux visites des 22 et 25 mai, faites par Mlle Jeanne
> Santerre, sa mère a donné ordre de venir reprendre sa fille, non pas au
> couvent, ainsi que les convenances le commandaient, mais rue Royale-
> Saint-Honoré, 13, chez M. Arachequesne;
>
> Qu'à quatre heures du soir, après lesdites visites, Mme Santerre, sa
> fille et M. Arachequesne se sont rendus ensemble à pied, au domicile
> dudit sieur Arachequesne, sous les fenêtres et à la vue du requérant;

Que ces faits constituent à la fois un abus des visites accordées à
Mme Santerre par le jugement du 2 avril 1878, et une injure pour le
requérant ;

Que Mme Santerre et **tout** le personnel composant ses relations
n'ignorent pas les charges graves que le procès actuel fait peser sur
M. Arachequesne ; que dans les circonstances présentes, le fait de conduire sa fille chez ce dernier pendant et après ses visites, à l'heure où
la rue Royale est le plus fréquentée et où, par **conséquent**, cette dernière démarche a le plus de chance d'être connue de **tous**, est une
offense pour le requérant et semble une tentative de réhabilitation des
torts reprochés à M. Arachequesne ; que le requérant proteste formellement contre l'abus que Mme Santerre fait du temps des visites de sa
fille en la conduisant chez M. Arachequesne et lui fait, par les présentes, défense expresse de renouveler jamais une visite de ce genre.

Oh ! mettez-y tout votre art et toute votre habileté ; à qui
donc, après cela, ferez-vous croire qu'il ne s'agit dans votre
pensée, dans votre bouche, que du reproche de familiarité, de
choses innocentes en elles-mêmes, mais dont l'apparence est
regrettable, et tout au moins imprudente ? Non, non. Je dis à
M. Santerre : Vos protestations n'ont aucun caractère de
sincérité, vous les avez produites aux premiers juges, à qui
vous avez pu faire illusion, pour essayer de détourner la
demande en séparation de corps de Mme Santerre, qui n'était
que trop justifiée par d'aussi abominables accusations, mais cette
tentative, si vous la renouvelez, échouera devant la perspicacité
de la Cour.

Quant à ses témoins, est-ce qu'il n'en répond pas ? est-ce
qu'il ne les appelle pas lui-même ? Que dis-je ? est-ce qu'il ne les
paie pas ! nous le verrons tout à l'heure. C'est lui qui fait
déposer Jean Duret sur la scène du canapé, dont j'aurai à vous
entretenir dans un instant. Nous verrons ce qu'elle constitue,
s'il en faut croire le témoin Jean Duret.

Mais le Tribunal, qui repousse l'accusation d'inceste, reconnaît cependant que les déclarations de M. Santerre seraient
encore atroces, c'est lui qui le dit, si certains faits n'avaient été
de nature à le préoccuper. Lesquels ? Voyons donc, messieurs,
ces apparences qui ont si singulièrement ému la justice des pre-

miers juges. Mais avant tout, voyons l'intention qu'elles sont de nature à révéler, car tout est là. Si l'intention a été pure, tout s'écroule, et je vous dis, moi, que si l'intention est coupable, il faut aller jusqu'au bout et oser tirer la conséquence qui s'impose à la conscience de tous. L'intention? Ah! messieurs, ne nous faisons pas d'illusions, car ce ne peut être qu'une intention coupable qui réunirait le père et la fille dans des familiarités que vous appelez inconvenantes. Inconvenantes! Y avez-vous bien songé? Entre un père et une fille, voyez-vous, tout est pur ou tout est souillé! Inconvenantes! Et vous avez retenu des lectures sensuelles; pourquoi donc ces lectures, si ce n'est pour y puiser l'aliment de la flamme coupable du père pour la fille? Vous avez retenu des visites dans la salle de bains, où Mme Santerre aurait été sans vêtements. Pourquoi cela, si ce n'est point pour aller repaître les regards immondes de ce vieillard des nudités et des beautés plastiques de sa fille? Inconvenantes! et vous retenez cette scène du canapé! Mais qu'est-ce qu'elle caractérise et qu'elle constitue, cette scène, si ce n'est pas l'acte du plus ignoble libertinage de la part du père et de la plus coupable et de la plus honteuse complaisance de la part de la fille? Mais il nous faut examiner ces choses, et il nous faut revoir encore une fois les accusés. Le père, on vous l'a peint dans les enquêtes, et le bruit en doit encore résonner à votre audience; on vous a dit ce qu'il avait été pour son enfant, pour ses deux enfants; des témoins vous l'ont dit: « un père et une mère. » Et pendant ce long veuvage, commencé à vingt-neuf ans, qu'est-ce que l'on a donc retenu contre cet homme : un éclat, un scandale, une relation mauvaise? Non, on veut le rendre suspect. Écoutez le mensonge et la calomnie! On peint M. Arachequesne entrant un jour, à Compiègne, dans une loge, au théâtre de la Cour, avec une maîtresse. Voilà un fait bien affirmé par les adversaires. On entend M. *Hyrvoix*, qui était, à ce moment-là, commissaire des résidences impériales, et qui dit : « Il n'y a pas un mot de vrai là-dedans, » et la vérité, on l'a rétablie. Non pas chez M. Arachequesne, père de Mme Santerre, mais chez son père à lui, maire de Compiègne, deux personnes, la mère et la fille, connues aux bains de mer, étaient descendues et étaient venues demander l'hospitalité de quelques jours. Elles avaient émis le désir d'assister au spectacle de la Cour, M. Hyrvoix apprend, par une lettre anonyme, que la situation de la mère n'est pas absolument régulière, il en fait part à M. Arachequesne, le père, et à l'instant même, M. Arachequesne fait justice de cette erreur en priant cette dame de quitter sa maison et la ville de Compiègne. Voilà le fait calomnieux et mensongèrement allégué à la charge de M. Arachequesne. Enfin, je vous en supplie, si nous n'avions pas rencontré le témoignage de M. Hyrvoix, mais ce que la justice dirait, ce qu'elle aurait mis dans son jugement, ce qui se dirait à cette heure dans tout Paris et dans tous les départements, c'est que M. Arachequesne était un père indigne, qu'il allait au spectacle avec sa maîtresse et qu'il s'en faisait expulser par ordre de l'empereur.

Ensuite, qu'avez-vous? C'est un M. Chalut qui dépose qu'il a été « défavorablement impressionné. » Pourquoi ? parce que M. et Mme Santerre allaient aux eaux tous les ans, et que M. Arachequesne allait les rejoindre, et il est, lui, « défavorablement impressionné » de ce fait !

C'est M. Arnal qui a vu M. Arachequesne avec des femmes, il ne dit pas : de mauvaise vie, dans une loge où on faisait du bruit. Il y a plus de deux ans. Le mois, l'époque? Il ne peut rien dire. C'est avec cela que vous allez compromettre M. Arachequesne !

Puis il y a une bonne. Pendant qu'elle donnait un bain aux enfants, il aurait pris la main, il aurait pris le bras et la jambe de cette bonne ! Mais elle s'empresse d'ajouter : « sans mauvaises intentions. » Voilà à peu près tout. C'est ce que l'on a trouvé contre ce satyre malhonnête et obscène ! C'est tout ce qu'on a trouvé après une enquête, où, Dieu merci, les témoins n'ont pas été épargnés. Et à côté, qu'est-ce que vous avez? Vous avez les protestations indignées des témoins les plus honorables. C'est M. et Mme Le Boul, c'est Mme Guillot, c'est M. Canivet, c'est M. l'abbé Dumousset et tant d'autres. Oh! mais aucun de ces témoins-là n'a trouvé grâce devant le Tribunal. Des domestiques, à la bonne heure! payés, peu importe, renvoyés et ayant juré de se venger, n'importe, ils déposent dans le sens de M. Santerre, et les voilà qui doivent être crus sur leurs dépositions!

Après le père, il y a la fille. Vous avez également entendu les témoignages dans les enquêtes. On vous a dit ce qu'elle était, combien sa tenue était prudente, réservée et correcte. Ah! mais elle a lu de mauvais livres, elle a lu de mauvais livres avec son père! Un mot : essayons de faire la lumière et de rétablir la vérité là-dessus. Il lui aurait lu et elle aurait entendu lire l'*Art d'aimer*, d'Ovide, et *Mademoiselle de Maupin*, de Théophile Gautier. Par qui donc M. Santerre le sait-il? Il le sait par Mme Santerre qui, en 1876, l'a écrit sur son carnet. Je le demande, à qui donc ferez-vous croire que si, dans cette lecture, Mme Santerre a trouvé un sentiment mauvais, si elle a constitué pour elle une mauvaise action ou un mauvais acte, elle en aura consigné l'aveu elle-même? Mais que dit-elle? Puisque vous l'accusez sur son aveu, ne divisez pas l'aveu! Quant à l'*Art d'aimer*, un jour, au château de Champs, sur le perron, devant tout le monde, on parle de l'art antique, on va dans la bibliothèque chercher l'*Art d'aimer*, d'Ovide, et on en lit — oh! pas beaucoup. Je n'apprendrai à personne que l'*Art d'aimer*, d'Ovide, je ne dis pas: dans le texte, mais dans la traduction Pankoucke, est bien la chose la plus ennuyeuse, mais je dis: la plus ennuyeuse qu'il soit possible d'imaginer. Moi, j'en ai essayé de la lecture à l'occasion de ce procès; j'ai essayé la traduction Pankoucke, et je déclare que je me suis réfugié dans le texte avec une véritable ivresse. Mais ce n'est pas le texte que l'on a lu à Mme Santerre. C'est la traduction. L'*Art d'aimer*, d'Ovide, peu ou prou, nous le connaissons tous. A l'exception de quarante vers de la fin, et pas un de plus, cela peut se lire devant tout le monde; ce sera plus ou moins amusant. Je déclare que, pour une femme, il est impossible que ce soit amusant!.

Nous qui avons été nourris de l'antiquité latine, qui savons à quel point elle est exquise, nous pourrons trouver du charme dans la forme romaine, dans la façon de dire les choses; mais une femme à qui on lit cela dans la traduction Pankoucke, je l'en défie ! Et, comme disait Mᵉ Allou en première instance, elle a bien vu qu'on lui parlait d'Achille, de Chiron, d'Automédon. Mais cela ne pouvait pas la captiver bien longtemps ! Et puis, suivez les mentions du carnet. On n'a pas fait que cela tout le jour : on est allé voir pêcher un étang, à deux kilomètres du château. A pied, deux kilomètres pour aller et deux kilomètres pour revenir ; on y est allé avant le déjeuner. Voilà un fait grave, fait que vous ne savez, encore une fois, je le répète, que parce que Mᵐᵉ Santerre l'a dit ; et savez-vous ce qui l'a le plus frappée dans la traduction Pankoucke, de l'*Art d'aimer*, d'Ovide ? C'est cette réflexion qu'elle fait : « L'art d'aimer, ce n'est rien ; c'est l'art d'être aimé qu'il faudrait apprendre. » N'oubliez pas qu'elle fait cette réflexion dans ce milieu où elle est, chez son beau-père et chez sa belle-mère, où elle sait bien que tout l'art d'Ovide et de tous les poètes latins ne lui ramèneront ni le cœur ni les sympathies qu'elle n'a jamais pu conquérir.

Continuons : Il y a *Mademoiselle de Maupin*. En 1877, n'est-ce pas ? Oui, il y a *Mademoiselle de Maupin*. Oh ! je n'approuve pas la lecture de *Mademoiselle de Maupin*, mais je demande à faire des réserves. Voyons, nous avons à peu près lu tous *Mademoiselle de Maupin*, et nous savons à peu près tous, je ne parle pas, bien entendu, des dames ; nous savons à peu près ce qu'est la lecture de *Mademoiselle de Maupin*. Je n'apprendrai à personne, pas même aux plus chastes de mes auditeurs, que, dans le livre de *Mademoiselle de Maupin*, il y a quelques pages tout à fait fâcheuses, mais qu'il y en a beaucoup de tout à fait innocentes et qui sont des pages d'un éclat de style incomparable. Comment les a-t-on lues ? et pourquoi les a-t-on lues ? En 1876, je m'en souviens bien, après qu'on eut élevé à la mémoire de Théophile Gautier un monument de pierre, ses deux gendres, l'un surtout, M. Bergerat, s'efforçaient de faire élever à la mémoire, à la gloire de leur beau-père, un autre monument. A ce moment, a paru, dans plusieurs journaux, et dans la *Revue des Deux Mondes*, un souvenir de Théophile Gautier. Est-ce bien exactement dans la *Revue des Deux Mondes* ? On l'a dit en première instance, je n'en voudrais pas autrement jurer, parce que le temps m'a manqué pour faire cette vérification. Mais enfin, on était encore tout à la préoccupation de Théophile Gautier. Ah ! nous ne sommes pas à une époque si ingrate que le souvenir d'un poète de cet éclat et de ce talent soit mort au bout de quelques années ! Donc on en parlait, et l'on citait *Mademoiselle de Maupin* comme une de ses œuvres les plus éclatantes. C'est dans ces conditions-là que Mme Santerre en a lu quelques passages avec son père. Oh ! les choses réellement faites et les choses racontées !

Je sais bien, moi, ce qu'on a pu lire : on a lu la préface. Je sais encore certains passages qu'on a pu lire, et je sais bien ce qu'on n'a pas lu, et je l'affirme d'autant plus que j'ai pour moi toutes les vraisemblances ; car si l'on avait fait cette lecture aux mauvais passages, soyez tranquilles, Mme Santerre, qui est une femme très intelligente, ne l'aurait pas écrit sur son carnet. On a lu quelques passages, et puis, à distance, lorsqu'on comparaît devant la justice, lorsqu'on en est à des griefs de moralité, lorsqu'on en est à parler pudeur et chasteté, oh ! alors, tout cela, en vertu des lois du cadre, de l'éloignement, de l'optique particulière aux choses de la vie judiciaire, tout cela paraît énorme, et on dit, comme le disait mon honorable contradicteur en première instance : « Oui, certainement, l'homme qui a lu *Mademoiselle de Maupin* à sa fille est le plus indigne des pères ! » Le jugement est bien sévère, il est bien rigoureux ! Laissez-moi l'atténuer en vous disant que ni vous, ni moi, mon éminent et cher contradicteur, nous ne lirions *Mademoiselle de Maupin* à nos filles. Mais, voyez-vous, ni vous, ni moi, n'avons eu ce mortel chagrin de perdre notre femme en couches, nous n'avons pas eu à élever une fille et un fils et à leur donner cette éducation littéraire qui est un peu en dehors de ce que veut la règle austère. A coup sûr, vous ne trouverez pas cette recommandation dans l'ouvrage de Fénelon sur l'*Éducation des filles*, mais, à coup sûr aussi, vous ne ferez pas, à l'occasion de l'épouvantable grief formulé contre Mme Santerre, le terrain d'une discussion véritablement sérieuse de cet incident grossi et dénaturé.

Ah ! vraiment nous avons des choses bien autrement graves :

la présence de M. Arachequesne dans la salle de bains de sa
fille. Nous sommes en présence des témoignages de domestiques. Combien ? Deux, pas plus ! Adèle Goujet, qui, de sa cuisine, a entendu M. Arachequesne causer avec sa fille dans la
salle de bains. Elle n'était pas dans la salle de bains, elle n'y est
pas entrée; elle ne l'y a pas vu. Elle parle d'un bruit qui l'a
défavorablement impressionnée; je vous déclare que cela m'a
jeté dans des rêveries sans fin ! Quel peut être ce bruit entendu
qui impressionne défavorablement Adèle Goujet ? Enfin, allons
au pire : Serait-ce le bruit d'un baiser que M. Arachequesne aurait donné à sa fille ? Elle ne le dit pas. Elle s'empresse d'ajouter, par voie de réticence : « Mais j'ai bien pu me
tromper. » En telle sorte, messieurs, que, dans ce procès si
grave, nous voilà réduits à chercher, à conjecturer, à com-
menter et à discuter sur ces impressions favorables ou défavorables d'Adèle Goujet !

Il y a une autre domestique, c'est Désirée Martin. C'est
Désirée Martin, qui a été renvoyée par Mme Santerre et qui a dit
devant des témoins qui en ont déposé à l'enquête : « Je m'en
vengerai; elle me renvoie, elle ne sait pas ce que cela lui coû-
tera. » C'est Désirée Martin, à qui le blanchisseur reproche d'avoir
voulu lui faire mettre sur le livre plus de linge qu'il n'en avait
blanchi. C'est Désirée Martin qui affirme les relations avec M. de
T.-P... C'est Désirée Martin qui affirme le désordre du linge et
les souillures des vêtements, et, je vous le répète, le Tribunal
n'en veut pas. Donc, si vous écartez ces deux témoins qui sont
des domestiques dans les conditions que je vous indique,
qu'est-ce qui vous reste ? le témoignage des autres domestiques.
Pourquoi n'a-t-on pas voulu de leur témoignage, à ceux-là ? Ils
déposaient au même titre, ce sont des témoins, et parce qu'ils
déposaient en faveur de Mme Santerre, que le bain était recouvert
par des planches, qu'elle avait l'habitude de mettre du son, du
carbonate de soude, que M. Arachequesne n'est jamais entré
dans la salle de bains de sa fille : que, quand il avait à lui parler,
il entre-bâillait la porte qui donnait dans la chambre des enfants,
que c'était par cette porte entre-bâillée qu'il faisait les commu-

nications qu'il avait à lui faire, parce qu'en un mot leur témoignage se présentait dans des conditions de sincérité égales à celles des autres témoins, mais qu'il nous était favorable, on l'a écarté.

J'aurai fini de remuer toute cette fange après la scène du canapé. Encore un domestique, Jean Duret, depuis dix-sept ans valet de chambre de Mme Santerre mère. Qu'est-ce qu'il a vu, ce témoin ? Un jour, à Champs, il est entré dans le salon, et il a vu M. Arachequesne et Mme Santerre assis dans une situation inconvenante et qui le blessa. Pourquoi ? Il va nous le dire : M. Arachequesne était couvert des jupons de sa fille, de la robe, bien entendu. Voilà tout. Je vous supplie de bien entendre que voilà tout. Oh ! tout le reste, les vêtements relevés, la confusion de la jeune femme, cette façon d'essayer de donner le change en faisant regarder à son père les broderies de son jupon, tout cela n'appartient pas à Jean Duret, le témoin oculaire de la scène ; tout cela, c'est l'œuvre de Mme Santerre mère, qui reproduit à sa guise la déposition de son domestique. En réalité, qu'est-ce qu'il y a ? M. Arachequesne vous l'a dit, je n'ai pas besoin de le redire. La scène, vous allez vous la représenter vous-mêmes avec vos habitudes d'hommes du monde. C'est avant le dîner, Mme Santerre est habillée, son père vient causer avec elle ; ils s'assoient sur le même meuble, un canapé. A ce moment, elle prend sa robe et ses jupons, et, ne voulant pas qu'ils soient froissés par son père, elle les jette à côté d'elle, sur lui. Comment ! ce sera là une inconvenance ! Comment, voilà ce qui, dans la pensée et pour les chastes regards de Jean Duret, peut se métamorphoser en une scène qui le blesse et qui probablement l'impressionne défavorablement aussi, comme Adèle Gouget, qui entend des bruits étranges ! Comment, c'est à ces choses et c'est à ces gens que vous allez faire crédit ! Vous n'aurez qu'à vous dire que, si cette attitude si simple, si vulgaire, si souvent rencontrée dans la vie intime, a blessé les regards de Jean Duret, c'est qu'on avait su lui inspirer des préventions bien singulières et bien défavorables dont il est seul responsable. Ce qu'il faut retenir, c'est que son témoignage s'est aggravé singulièrement en passant par la bouche de sa maîtresse, Mme Santerre mère, et il faudra vous rappeler cela quand on vous parlera des si bonnes dispositions de Mme Santerre pour sa belle-fille. Enfin, si ces relations ont été ce que l'on a voulu qu'elles soient, on en trouvera bien une trace quelconque dans la correspondance. J'ai mis sous vos yeux la correspondance de Mme Santerre avec son père. Je n'ai pas pu y placer celle de M. Arachequesne avec sa fille, nous avons dit que cette correspondance avait été retenue par M. Santerre, qui nous a répondu : « Vous l'avez emportée ! » où est la vérité ? Vous ne pouvez le savoir, à moins que vous ne soyez disposés, comme mon contradicteur, à faire crédit aux seules affirmations de M. Santerre. Mais, de part et d'autre, voilà l'affirmation qui se produit. Dans tous les cas, à ne point juger ceci sur les documents, qui font défaut, mais sur ceux que vous connaissez, je défie que l'on trouve dans la correspondance de Mme Santerre avec son père une imprudence ou une apparence quelconque qui soit mauvaise.

Ce n'est pas tout, et c'est ici que je veux vous montrer le rôle qu'a joué la corruption exercée sur les domestiques. Voici un épisode qui a bien son intérêt. Massucoz et sa femme sont deux anciens domestiques, au service de M. Arachequesne. Depuis le jugement, Mme Massucoz se présente chez M. Arachequesne. Il avait établi son ancienne cuisinière et son ancien valet de chambre dans une brasserie située dans une maison dont il est le propriétaire. Ils ont vendu leur fonds, restant les débiteurs de M. Arachequesne d'une somme d'environ 1,000 francs. M. Arachequesne a mis opposition entre les mains du successeur. Prenez garde ! ceci est assez démonstratif, en ce sens que, si la conscience de M. Arachequesne est chargée d'un scrupule quelconque, il est évident qu'il tâchera de ne pas s'aliéner des gens qui ont été à son service et qui peuvent dire bien des choses. Il n'a pas cette crainte. Il forme opposition. Mais alors M. Santerre va les trouver, et ici il faut laisser la parole à M. Arachequesne, qui va vous dire comment, à quelle époque, quel jour il a reçu la visite de Mme Massucoz et ce qui s'en est suivi :

Les époux Massucoz sont entrés chez moi comme domestiques,
l'homme en 1870.....

J'ajoute ceci : ce n'est pas une lettre de M. Arachequesne
que je lis en ce moment c'est une déposition faite par lui devant
un commissaire de police, vous allez voir à quelle occasion :

..... la femme, en 1871. Ils se sont mariés en 1875. A cette époque le
mari m'avait quitté, mais la femme était toujours à mon service. Le
20 septembre 1876, je les ai mis à la tête d'une brasserie située rue
Croix-des-Petits-Champs, 16, maison dont je suis le propriétaire. L'acte
de vente a été dressé devant M⁰ Lindet, notaire. Le prix du fonds étant
de 4,000 francs, ils m'ont payé 500 francs en espèces et donné
3,500 francs en billets à mon ordre. Ils ont vendu leur établissement
le 31 décembre de la même année, et ont acheté le débit de boissons
situé boulevard Beaumarchais, 11.

Ayant appris qu'ils avaient aussi vendu ce fonds, j'ai fait mettre opposition sur le prix de la vente, le 19 juin dernier, parce qu'ils me devaient
encore 1,000 francs. C'est M⁰ Dablin, huissier, qui a dressé l'acte. Il
l'a dénoncé, le 23 du même mois, à mes débiteurs.

Le lendemain, la dame Massucoz s'est présentée chez moi, seule, à
onze heures du matin, et m'a demandé de donner mainlevée de l'opposition que j'avais fait former entre les mains de son successeur.

Je l'ai invitée à me dire pour quel motif elle exigeait la mainlevée
sans paiement. Elle me répondit : « Vous allez comprendre. » Et elle me
fit connaître que mon gendre, M. Santerre, à l'occasion du procès en
séparation de corps intenté par ma fille, était venu trouver son mari
au moment de l'enquête, et lui avait fait des offres très brillantes pour
l'engager à dire des infamies contre ma fille et contre moi.

Elle a ajouté : « Nous avons refusé de jouer ce rôle, parce que nous
n'avions rien à dire sur votre compte, ni sur celui de Mᵐᵉ Santerre. » Je
l'ai interrompue en lui disant : « A quoi voulez-vous en venir ? » Elle a
repris : « Voici. Ces jours derniers, M. Santerre a renouvelé ses offres ;
il consent à nous donner 3,000 francs si nous voulons nous mettre avec
lui et lui livrer les papiers que nous avons contre vous. »

J'ai demandé de quels papiers il s'agissait. Elle a répondu : « Je ne
sais pas, probablement l'acte de vente au moyen duquel il prendrait
hypothèque. » J'ai répliqué que je ne comprenais pas ses paroles. Elle
a ajouté : « Je n'en sais pas plus, mais si vous ne donnez pas de

suite mainlevée de l'opposition dont mon mari et moi nous sommes l'objet, nous allons nous mettre avec M. Santerre. »

Ces menaces étaient faites pour m'intimider, car en ce moment je suis en lutte avec mon gendre, et dans maintes occasions j'ai eu à me repentir de n'avoir pas fourni à la justice des renseignements suffisants pour combattre des agissements analogues de la part d'autres témoins.

A ce moment, j'ai été interrompu par un coup de sonnette. Je suis allé dans la pièce voisine voir qui arrivait. C'était ma fille. Je l'ai mise rapidement au courant de ce qui se passait dans mon cabinet. Elle a eu l'idée d'aller inviter M. Dablin père, ancien huissier, et M. Guillard, épicier, à monter chez moi.

Je suis retourné près de la dame Massucoz, et lui ai dit que je réfléchirais et que je lui ferais connaître ma détermination. Elle m'a quitté pour aller déjeuner chez la concierge de ma maison.

Sur ces entrefaites, sont arrivés MM. Dablin et Guillard. Je les ai engagés à s'asseoir dans la chambre contiguë à mon cabinet, où venait d'entrer de nouveau la dame Massucoz, que j'avais fait prier de remonter chez moi.

Je l'ai invitée à mieux s'expliquer qu'elle ne l'avait fait la première fois. Elle a tenu le même langage et m'a dit très nettement que, si je refusais la mainlevée, elle se mettrait avec M. Santerre.

Comme j'avais laissé entr'ouverte la porte de la chambre où se trouvaient les témoins que j'avais fait venir, ces messieurs pourront affirmer que la dame Massucoz, contre laquelle je porte plainte, a eu recours à des menaces dans le but de m'intimider pour obtenir mainlevée de l'opposition dont elle est l'objet.

Les dépositions de MM. Dablin et Guillard ne peuvent laisser aucun doute sur ce qui s'est passé.

On entend ensuite Mme et M. Massucoz, qui, bien entendu, se défendent, car il s'agit d'une enquête faite par le commissaire de police et du délit de chantage. Par conséquent, je ne vois pas qu'il soit étonnant que les époux Massucoz aient tout nié. Mais on entend M. Santerre, et on lui demande ce qu'il faut penser de tout cela. A quoi M. Santerre répond qu'il n'a rien à répondre, qu'il fait des réserves, qu'il demande à réfléchir et qu'il donnera une réponse plus tard. Et M. Santerre n'a pas rendu de réponse plus tard, car aucun procès-verbal du commissaire n'en fait foi. Et voilà tout l'incident. Mais ce que j'en retiens, c'est qu'à côté des témoignages que vous avez entendus dans les enquêtes, ces témoignages où l'on voit M. Santerre promettant de l'argent, où on le voit faisant venir des domestiques, il y a, ce qui ne peut donner lieu à aucune équivoque, ces démarches bien nettes faites auprès des époux Massucoz, afin d'obtenir, comme il le disait lui-même, qu'ils se mettent du côté de M. Santerre.

J'en ai fini, messieurs, et je me résume sur tous ces points : rien dans l'intention du père, rien dans l'intention de la fille qui ait pu autoriser les soupçons qui ont plané sur eux, et j'espère qu'ils sortiront lavés de toutes ces impuretés-là. Tout, au contraire, dans la conduite de M. Santerre et dans son langage, révélant la préoccupation injurieuse d'une accusation d'inceste, qui ne se formule que trop clairement et qui doit faire prononcer la séparation de corps contre lui. Et quand on voit les témoins exclusivement choisis dans ce milieu, quand on les voit pratiqués et soudoyés par M. Santerre, il est, en vérité, puéril de dire qu'il n'est pas responsable de leurs témoignages, qu'il a fabriqués, qu'il a même altérés, comme on le voit en lisant le témoignage de M\u1d50\u1d49 Santerre mère, qui traduit d'une façon particulièrement inexacte la déposition du témoin Jean Duret.

Messieurs, ma tâche s'avance, et, après la fille incestueuse, j'arrive à la femme adultère. Oh ! ce n'est certes pas tout à fait la prostituée qu'a voulue M. Santerre ! Elle ne s'est pas livrée à M. de T.-P..., comme l'ont prétendu encore ses domestiques. Elle n'est pas non plus la Messaline décrite par les mêmes domestiques, rentrant épuisée, mais non apaisée. Le Tribunal n'a pas voulu de toutes ces choses, mais il en reste encore suffisamment, car le Tribunal a gardé à sa charge deux faits qui ont suffi pour la condamner et qui suffiraient pour la perdre : c'est une liaison avec M. R... et c'est la scène du café du quai d'Orsay.

Pour le premier fait, nous n'avons absolument que des dépositions de domestiques, aux gages du mari, et spécialement à ses gages pour la besogne qu'ils vont faire. A la tête de cette police occulte on trouve Claude Voiron. Il a des fonds pour organiser toute cette affaire, et vous allez voir l'usage qu'il en fait. Il commence sa déposition sur ce point en affirmant que des relations se sont nouées à Menton, en 1874, entre Mme Santerre et un sieur R... Et, docilement, le Tribunal écrit dans son jugement qu'à Menton, en 1874, des relations se sont nouées entre Mme Santerre et un sieur R...

Voyons d'abord. Elle est, en effet, en 1874, à Menton ; elle est malade, elle est aux côtés de son grand-père, M. Evrard de Saint-Jean, vieillard malade lui-même. Son mari est avec elle. C'est lui qui connaît ce M. R..., fils d'un banquier en relation avec la famille Santerre et la famille Archdeacon ; c'est lui qui le présente à sa femme, c'est lui qui le présente également au grand-père, M. Evrard de Saint-Jean, chez lequel il est invité à dîner une ou deux fois. On entend, dans l'enquête, la déposition de Joséphine Martin, cinquante-quatre ans, dame de compagnie du grand-père, qui dit : « A cette époque, Mme Santerre était malade, elle ne sortait jamais seule ; jamais M. R... ne lui a parlé à la promenade. » Voilà cependant ce que Claude Voiron appelle des relations coupables. Et notez, je vous en prie, qu'il ne dit pas à quoi il a connu ou reconnu le caractère de ces relations coupables. On revient à Paris, et là commence la série des faits les plus extravagants : ce sont des promenades de ce M. R... sous la fenêtre de Mme Santerre, des signaux qui sont faits au moyen d'allumettes enflammées. Pourquoi faire ? M. R... n'est pas un inconnu, ce n'est pas le premier Grenadin venu, s'en allant racler de la guitare sous les fenêtres d'une dame qu'il ne connaît pas. Ce n'est pas cela, et puis ce ne sont pas les mœurs parisiennes. Il a l'accès de la maison ; vous l'allez bien voir tout à l'heure et Claude Voiron ne le niera pas.

Je demande quel peut être l'intérêt de ces signaux muets et de ces actes absolument ridicules ? Est-ce que tout cela a existé ? Ah ! si un témoin sérieux, grave, recommandable, l'a vu et vient vous le dire, il faudra bien le croire. Qui est-ce qui l'affirme ? C'est Claude Voiron et sa brigade : Jean Duret, son ami d'enfance; le sieur Grand, qui est, paraît-il, « tulliste, » et qui demeure rue Mazarine, et puis c'est un autre valet de chambre du nom d'Étienne, qui n'a pas vu, lui, parce qu'il n'a pas voulu rester là, de peur d'être reconnu. Puis, comme il faut toujours que le bout de l'oreille du témoin passe, on ne craint pas d'en arriver à cette absurdité, qui suffirait à faire juger ce témoignage, c'est qu'un jour Mme Santerre aurait voulu se déguiser en domino ou mettre un domino pour descendre et s'assurer *de visu* quelle était la personne qui gênait M. R... dans cette communication télégraphique par signaux au moyen d'allumettes enflammées !

Notez que nous ne sommes point dans la période du carnaval; notez que c'eût été du délire, de la part de Mme Santerre, de descendre, en temps ordinaire, de son escalier, de passer devant la loge de la concierge, et de s'exposer aux regards du public en domino ! Voilà ce qu'imagine et ce qu'a rêvé ce témoin !

Mais vous avez une autre déposition, celle-là plus digne de foi : c'est la déposition de M. Lebobe. Vous savez qu'à un moment donné, M. Arachequesne et Mme Santerre se sont émus de ces persécutions policières qui rendaient à Mme Santerre la vie si pénible. M. Arachequesne s'en est ouvert à M. Lebobe. Vous savez qu'un jour M. Santerre, que son domestique Claude Voiron aurait averti des assiduités de M. R... à cinq étages au-dessus du niveau du macadam, est descendu avec rage, qu'il s'est précipité sur un monsieur qui était là et qui n'était pas du tout M. R... Vous avez le même Jean Duret ou le même Claude Voiron qui vous dit qu'il ne peut pas s'être trompé, qu'il a fait auprès de M. R... une bonne garde, qu'il était à ses côtés, qu'il changeait de place quand ce monsieur en changeait. Comment! c'est possible, cela, à Paris? Un homme, qui est un homme du monde et du meilleur monde, un secrétaire d'ambassade, comment! il aurait accepté ce voisinage incessant, cette persécution d'un homme se mettant à côté de lui et changeant de place quand il en changeait, et ne le quittant pas ! A coup sûr, cela n'est pas vrai, parce que cela est par trop niaisement invraisemblable.

Continuons. On a suivi Mme Santerre de 1874 à 1878; on a
suivi cette femme, dont la préoccupation adultère était telle
qu'elle attendait avec impatience, vous dit un témoin, le départ
de son mari, qui s'en allait fréquenter les cours de la Sorbonne,
qu'elle sortait immédiatement après lui, qu'elle ne rentrait que
quelques minutes avant lui, et qu'elle passait ainsi toutes ses
journées dans le désordre et dans la débauche. Mais vous avez
eu à vos gages toute une brigade de police organisée par vous
et sous les ordres de Claude Voiron. Qu'est-ce que vous avez
découvert? Si elle est ce que vous dites et ce que vous voulez
qu'elle soit, vous n'avez eu que l'embarras du choix pour
la prendre dans un de ces rendez-vous mystérieux et galants?
mais vous l'avez saisie dans des voitures? mais vous l'avez
arrêtée au seuil ou à la sortie d'un hôtel meublé ou d'une
maison de mauvaise apparence? mais vous l'avez rencontrée
fréquemment? Rien au monde ne vous a été plus facile, car
elle vous a prodigué, en se prodiguant elle-même, les occasions
d'exercer votre sagacité policière? Pas du tout, on a péniblement
trouvé deux rencontres dans une église, une fois à Saint-
Louis-d'Antin, une autre fois à Saint-Germain-l'Auxerrois.

La première fois, à Saint-Louis-d'Antin, Mme Santerre dit: « Non,
ce n'est pas vrai, je nie absolument. » Oh! c'est bien facile,
n'est-ce pas? Le procédé est très simple, et il ne faut pas avoir
assisté à beaucoup de procès criminels pour savoir que c'est le
refuge habituel des gens que l'on accuse! Mais attendez. Si elle
manque absolument de sincérité, si elle est ce que vous la voulez
faire, elle niera aussi bien avoir été à Saint-Germain-l'Auxerrois
qu'elle nie s'être rendue à Saint-Louis-d'Antin. Le procédé, étant le
même, n'est pas plus coûteux pour le second incident que pour
le premier. Elle a été vue, elle a été suivie, elle a été rencontrée
à Saint-Germain-l'Auxerrois par un commissionnaire du nom
d'Éral. C'est Éral qui a coutume de monter le bois et le charbon
dans la maison de M. Santerre. Eh bien, est-ce qu'elle opposera
un démenti à ce témoignage salarié? Elle dit: « C'est vrai,
il m'est arrivé ce qui est arrivé une fois à tous les gens du
monde; je suis arrivée à la Trinité pour assister à des obsèques

qui devaient avoir lieu à Saint-Germain-l'Auxerrois. J'ai renvoyé la voiture immédiatement. M. Santerre avait toujours des chevaux jeunes, très impatients, et je n'apprendrai rien à la Cour en disant qu'il n'y a que les propriétaires de chevaux qui ne s'en servent jamais. »

En effet, c'étaient des chevaux très fins, très jeunes, très ardents, et M. Santerre demandait toujours à sa femme (c'était la règle de la maison) de ne pas faire attendre les chevaux à la porte de l'église ou de la maison où elle était en visite. Elle arrive à la Trinité; elle renvoie sa voiture. Je le demande, n'est-il arrivé à personne de se tromper d'église? Elle voit qu'elle est mal adressée; ce n'est pas là, c'est à Saint-Germain-l'Auxerrois. Elle n'a pas de voiture, elle prend un fiacre. Elle arrive à Saint-Germain-l'Auxerrois. Là elle rencontre M. R... avec d'autres personnes; elle échange quelques mots avec lui, elle reprend sa voiture et elle rentre chez elle. Et voilà que cet incident vulgaire, qu'il ne faut pas beaucoup de génie pour expliquer, va prendre immédiatement, dans la bouche du commissionnaire Éral, une grande portée !

Mais enfin, messieurs, pourquoi tout cela, je vous le demande? Pourquoi donc ces signaux à quatre ou cinq étages de distance? Pourquoi ces rendez-vous dans un lieu mystérieux où l'on échange quelques mots, lorsque la porte de la maison est ouverte? Pourquoi? Pour amener précisément la fameuse scène du canapé, en mai 1874, et vous entendez bien qu'il a fallu rendre cette scène du canapé vraisemblable par une liaison constatée, connue et certifiée. Il n'y a pas une lettre, on n'a pas un indice, on n'a rien pour affirmer ces relations-là; on n'a purement et simplement que les affirmations de Claude Voiron et de sa brigade. Et, d'un bond, vous allez voir que nous passons de ces signaux télégraphiques, de ces rencontres plus ou moins poétiques dans des lieux saints, tout de suite et sans transition, dans la bouche de Claude Voiron, à la scène du plus horrible réalisme.

Nous sommes, c'est lui qui le dit, en mai 1874 : Mme Santerre a fait remplir de fleurs son salon, ce qui n'était pas son habitude, dit Claude Voiron, en quoi il ment. Vous ouvrirez les agendas et vous y verrez, à chaque instant, Mme Santerre allant au quai aux Fleurs, ou au marché de la Madeleine, acheter des fleurs : c'est la coutume des femmes élégantes, et vous ne lui contestez pas son élégance, puisque c'est au nom de cette élégance que vous l'accusez de tous les crimes! Ce n'est pas tout. Elle donne, ce jour-là, à son appartement une tenue exceptionnelle : c'est le mot dont se sert Claude Voiron. Ce n'est pas tout encore : elle impose à ses domestiques mêmes une tenue exceptionnelle, elle leur donne l'ordre de revêtir leur plus fraîche livrée. Or, ce n'est pas un jour de réception de Mme Santerre. Qui donc attend-elle? Elle attend M. R... Pourquoi faire? — Pourquoi faire? Pour se livrer à lui, en plein jour, en plein salon, j'allais dire, presque publiquement, sur un canapé, en pleine lumière, dans une pièce où donnent trois portes : celle qui conduit à l'antichambre ; celle qui conduit à la chambre de ses enfants, qui sont là ; celle qui conduit au cabinet de son mari, par laquelle peut entrer son mari ou un domestique, si le mari n'y est pas ; devant un balcon éclairé par deux fenêtres, lequel balcon peut servir aussi de lieu d'embuscade et d'aguets! Voilà ce qu'elle va faire, elle, cette femme du monde, cette femme élégante et que vous connaissez bien un peu par ce que je vous ai lu. Elle ne ferme aucune porte, elle n'éloigne aucun de ses domestiques ; au contraire, elle prend toutes les précautions qui sont les plus inusitées en pareil cas : elle fait mettre des fleurs dans toutes les jardinières, elle donne à ses domestiques une tenue de livrée exceptionnelle, elle appelle leur attention sur ce qui va se passer, et elle semble dire à tous : « Attendez et prenez bien garde : j'attends mon amant, et je vais me livrer à lui devant tout le monde. »

Ah çà! voyons, c'est vraisemblable, cela? c'est possible? Cela arrive? Quand on a la liberté de son temps, quand on a la liberté de sa personne, quand on a la liberté de ses moyens, l'on fait, je ne dirai pas, de ces imprudences, le mot n'est pas assez fort, mais de ces folies-là? Dans quels lieux, je vous le demande ! Est-ce que vraiment vous ne reconnaissez pas la mise en scène traversant le cerveau d'un domestique, après être sortie de l'égout de je ne sais quelle peinture « naturaliste, » comme on dit aujourd'hui ? Mais ce n'est pas tout, la scène a été si bien préparée pour une surprise, l'attention de Claude Voiron a été éveillée avec tant de soin, de Claude Voiron par qui elle se sait surveillée, à qui elle a dit : « Prenez garde, mettez vos habits neufs et votre livrée la plus fraîche, » tout cela a été si bien préparé pour une surprise que Claude Voiron n'a qu'à se poster pour la voir. Où ? Derrière une porte masquée par un divan énorme. Et voilà que cet honnête homme, ce serviteur irréprochable, a fait cet infâme métier d'aller se poster derrière la porte, de l'entre-bâiller et de regarder. Eh bien, je lui dis qu'il a menti, parce qu'il n'aurait pas pu voir. Oh ! je sais bien les débats de première instance, je sais bien que la discussion s'est traînée sur le point de savoir comment s'ouvrait la porte et comment ne s'ouvrait pas la porte. Je sais bien que l'on a cru d'abord que la porte devait s'ouvrir dans le sens du salon, c'est-à-dire dans le sens opposé au couloir où, disait-on, Claude Voiron se serait embusqué. C'est impossible, attendu que le canapé masque la porte et qu'on n'a pas pu faire aller le battant. On s'est trompé, je le sais bien.

Après les plans faits par le constructeur de la maison, M. Sauvage, une disposition contraire a été donnée à la porte, qui, au lieu de s'ouvrir dans le salon, s'ouvre dans le couloir. Je sais bien que Claude Voiron prétend que c'est comme cela qu'il l'a ouverte. Je sais bien qu'on ne tient pas compte de cette loi d'optique, cependant à peu près infranchissable, qui est celle-ci : que, s'il avait ouvert le battant de ce côté-ci, le rayon visuel s'égarant par là, il n'aurait pas pu voir. Je laisse tout cela de côté, parce qu'il y a quelque chose, à mon sens, d'infiniment plus démonstratif. C'est que, sur la porte, et entre la porte et le canapé, existait une tenture qui ne pouvait pas permettre au regard de Claude Voiron de se glisser dans un interstice quelconque ; c'est que le tapissier Prévost, entendu dans l'enquête, dit ceci :

. J'ai, en effet, installé dans le salon de Mme Santerre un divan d'angle. A raison de sa grandeur, c'était pour ainsi dire un immeuble par destination, d'autant qu'au-dessous était encastrée, en maçonnerie, une conduite de bouche de chaleur. Ce meuble pouvait peser cent cinquante kilos. En outre, il y avait derrière, sur la porte, un grand rideau molletonné.

J'affirme qu'il est impossible de voir du corridor le salon, sans déplacer le canapé.

Ce canapé a été posé en 1872.

Puis voici ce que dit M. Bernis, autre tapissier : .

Le dossier du canapé touchait-il exactement à la porte ? — Réponse: Il était appliqué le long des moulures... de la porte. Il y avait en outre des rideaux de portières tombantes.

Et le tapissier Prévost explique que c'était une étoffe en soie de Chine, qu'elle avait été fournie par M. Santerre; mais, comme le lé de l'étoffe n'était pas assez bas pour tomber jusqu'au pied du mur et affleurer le parquet, on avait été obligé, avec des boules de plomb, de tendre cette portière, et je crois même de la coudre. Par conséquent, messieurs, impossibilité et impossibilité absolue de voir. On ne peut pas lever cet obstacle, et si l'on ne prouve pas que les tapissiers, MM. Bernis et Prévost, se sont trompés; si on ne prouve pas que, depuis cette installation, il y a eu une modification, je dis que Claude Voiron ne saurait être cru ! Et puis enfin, messieurs, est-ce qu'il est possible que l'honneur et la vie d'une femme viennent sombrer devant cette déclaration qui vous est faite dans des termes tels que, pour moi, voyez-vous, c'est une stupeur que le Tribunal ait admis l'articulation ! — Comment ! on vient nous dire: « Dans le courant de mai 1874, il s'est passé un fait de cette nature. » Comment voulez-vous que je me défende?... Dans le courant de mai 1874 ?... Eh bien, cependant, je l'ai essayé, moi, de me défendre. Voici ce que j'ai fait.

Ce M. R..., j'ai voulu le voir, je l'ai appelé. Je ne parle pas de ses protestations. Non, non, des protestations en pareille matière ne signifient rien ; c'est là un de ces cas où le mensonge est le plus saint des devoirs. Je n'en tiens pas compte. Mais enfin, dans cette conversation, très ardente de ma part, je ne le dissimule pas, il me dit : « Enfin, voyons, en mai 1874, c'est bien facile à dire, mais j'ai passé une partie du mois de mai hors de Paris. — A quel moment cela se place-t-il ? — J'ai été à Bordeaux et en Espagne. — Vous pouvez prouver cela ? — Oui. — Mais il faut le dire, il faut le prouver ! » Ce matin même, après une dépêche qui m'annonçait : « Envoie lettre, » m'arrivait une lettre chargée de Bordeaux :

26 avril 1880.

Mon cher ami,

Ayant été absent pendant quelques jours, je n'ai pas pu répondre plus tôt à la lettre que vous m'avez adressée (c'est écrit à M. R...). Je me rappelle très bien que vous êtes venu me voir à Bordeaux pendant le mois de mai 1874.

Mille amitiés.

VACHTER.

Ce M. Vachter est l'associé d'une grande maison de commerce de Bordeaux. Je ne vous dis pas : tout le mois de mai ; si nous avions été assez coupables et, je trouve le mot encore adouci, si nous avions été assez coupables pour nous fabriquer un alibi, nous l'aurions fait plus complet ; nous vous aurions parlé de tout le mois de mai. Mais enfin voilà un commencement de preuve, voilà un commencement d'impossibilité. Cependant à quelle période et à quel moment du mois de mai Claude Voiron a-t-il vu ce qu'il prétend avoir vu ? C'est dans le courant du mois de mai 1874, et cela suffit ! Et si vous m'aviez dit précisément le jour, si vous m'aviez dit même l'époque, la période du mois de mai, et si, à ce moment, j'avais pu, triomphant, vous apporter cette pièce, est-ce que je n'aurais pas renversé ce témoignage ? Mais pourquoi donc ne l'ai-je pas fait ? Je vous le dis : simplement parce que l'articulation est, par elle-même, tellement vague qu'elle est insaisissable et qu'il faut cependant que nous succombions sous cette articulation !

Je disais à M. R... : « Pourquoi n'avez-vous pas été entendu en première instance? — Parce qu'on ne me l'a pas demandé; parce que ma situation, à moi, est une situation fort délicate; parce qu'on me fait entrer dans un procès pour les besoins d'une cause qui n'est pas la mienne; parce que je n'ai pas été appelé à l'enquête et que je ne pouvais pas y être appelé; et puis, parce que, quand j'ai entendu parler de tout cela, j'étais éloigné de la France. Enfin, je me suis dit qu'il était impossible que l'on trouvât un tribunal pour condamner une femme sur des propos comme ceux-là, ayant ce vague et cette insaisissabilité. » Je lui dis : « Aujourd'hui, monsieur, voilà le jugement. — C'est précisément parce que voilà le jugement, que je veux essayer de prouver ce que je peux prouver. » Mais ce n'est pas tout. On nous dit encore : « Il y a une sorte d'aveu. » Vous n'avez donc pas fait attention qu'à la date du 17 avril 1877, il y a, sur le carnet même de Mme Santerre, quelque chose qui semble la condamner, car, à cette date du 17 avril 1877, on trouve un mot singulier. Elle s'écrie : « Oh! quelle journée! quelle émotion! Le cœur n'en saurait contenir beaucoup de pareilles! » Et puis, en haut de cette date-là, du même jour, il y a un R... « Ah! vous voyez bien, dit l'adversaire, voilà l'aveu! Vous n'entendez donc pas que c'est en quelque sorte le chant de triomphe qui s'échappe des lèvres de cette femme adultère? Vous n'entendez donc pas qu'elle entonne là l'hymne à la débauche, et que, sortant des bras de son amant, elle veut en consigner elle-même, et pour un plaisir futur, l'heureux événement? » Il faut bien que je l'accepte comme cela, puisque c'est comme cela que vous me le donnez. Eh bien, puisque c'est cette personne que vous accusez, ah! cette fois-ci, je vais vous faire la preuve qu'elle n'était pas en France, qu'elle était en Égypte. Cette preuve-là, j'ai pu la communiquer à mon honorable contradicteur; elle est arrivée à temps :

« Je puis certifier votre présence en Égypte en avril 1877, — Baron des Michels, » actuellement ministre de France à Belgrade, mais à ce moment-là consul général au Caire.

Elle ne sortait donc pas des bras de M. R... Cette initiale

tracée sur son carnet n'est donc pas la preuve; et si ce n'est pas
là la preuve, est-ce que nous allons nous arrêter à savoir ce que,
dans l'exagération de ses nerfs, Mme Santerre a pu écrire sur
son calepin? Ah! nous referons, si vous voulez, toute cette
étude ensemble, et je vous la montrerai, par exemple, célébrant,
par des chants d'allégresse, une journée où elle a conduit son
fils chez un dentiste et où ils ont traversé les Tuileries avec
lui et sa sœur! Ah! que voilà une belle occasion de joie!
Elle célèbre cela comme une des meilleures journées qu'elle ait
passées. Prenons-la donc comme elle est, avec ses nerfs, avec
l'exagération de son esprit, avec les emportements de cette
nature très fine que vous savez; prenons-la comme cela simplement, et n'allons pas chercher les preuves de l'adultère dans
des rapprochements aussi singuliers, et, laissez-moi le dire,
aussi misérables!

Mais il y a encore autre chose, messieurs, qui me met en bien
grande défiance contre le témoignage de Claude Voiron. Claude
Voiron a vu ce fait dans le courant de mai 1874, et il n'en a
parlé à personne, entendez-le bien, à personne! Il se décide à
en parler plus tard à un de ses amis, un valet de chambre
comme lui, M. Grant, le tulliste, qui lui demande, bien longtemps après, comment il se fait qu'il lui trouve la mine altérée
et la physionomie singulière. Et alors cet homme de grand
cœur, cette sorte de Caleb, déclare à son ami Grant, le tulliste,
qu'il succombe sous le poids de ses émotions et des déchire-
ments de son cœur; il avoue qu'il se passe, dans la maison de
son maître, des choses qui le frappent au plus profond de son
être. Et alors Grant lui demande comment il n'en a pas prévenu
son maître. Il dit qu'il ne l'a pas voulu faire. Grant lui demande
encore comment il n'a pas prévenu les autres. Il dit que c'est
par discrétion et par réserve, pour l'honneur de son maître.
Ah! la discrétion, ah! la réserve, ah! l'honneur de son maître,
qui lui est plus précieux que tout! Mais quand il voit, quand
il croit voir des signaux échangés du balcon de Mme Santerre
avec un personnage mystérieux qui arpente le trottoir de
l'Opéra, est-ce qu'il est si discret? est-ce qu'il est si mysté-

rieux? est-ce qu'il est si réservé! Mais il appelle tout le monde!
Il appelle Étienne, le valet de chambre, qui ne veut pas rester
parce qu'il a peur d'être reconnu; il appelle le concierge; il
appelle Éral, il appelle tout le monde, et c'est à tout le monde
qu'il livre ainsi le secret de cette correspondance et de ces
communications qui s'échangeaient entre Mme Santerre et l'amant
du trottoir! Est-ce que tout cela n'est pas bien étrange et bien
suspect?

Mais si Claude Voiron vous devient suspect et si Claude
Voiron est le seul qui ait vu cette scène du mois de
mai 1874, si vous n'en avez d'autre témoignage, si vous n'en
avez d'autre affirmation, si vous n'en avez d'autre garant
que l'honneur de Claude Voiron, je vous le demande, est-ce
qu'il est possible que vous gardiez cela au débat? Avec les
manœuvres et les pratiques que j'ai mises sous vos yeux, avec
cette facilité de M. Santerre à suborner les domestiques et à les
intimider ou à les corrompre, messieurs, cela n'est pas possible!
Mais si vous ne gardez pas ce fait, cet incident; si vous n'admettez pas cette scène du canapé; si vous ne la trouvez pas
suffisamment établie; si enfin cette liaison, qui est affirmée par
le seul Claude Voiron, s'en va rejoindre, dans la légende, les
autres faits qui sont accumulés dans ce procès, que va-t-il
donc nous rester pour condamner Mme Santerre? Ah! il va nous
rester la scène du café du quai d'Orsay!

Cela, messieurs, c'est le triomphe de la littérature moderne!
ça été la joie de tout Paris pendant au moins quarante-huit
heures! ça été une véritable friandise pour ce monde enjoué,
mobile et scandaleux! Mais parlons-en gravement : la chose en
vaut bien la peine. J'ai parlé d'invraisemblances plusieurs fois,
dans le cours de cette plaidoirie; eh bien, laissez-moi vous dire
que, si jamais les invraisemblances se sont accumulées autour d'un
fait jusqu'à le rendre impossible, c'est bien ici; examinons donc.

Le 1er mars 1878, Mme Santerre a quitté la maison conjugale
après la scène que l'on sait. Elle s'est d'abord réfugiée au
couvent des Dames Augustines, situé dans l'avenue de la Reine-
Hortense. Elle a été forcée de quitter ce couvent après les

violences de son mari, qui impressionnaient les religieuses. Le 4 mars, elle arrive au couvent de la rue Oudinot. Voyons immédiatement dans quelles dispositions d'esprit. Oh ! si c'est la courtisane que l'on vous peindra et que l'on a peinte aux premiers juges ; si c'est la prostituée sans pudeur ; si elle est capable de ces rendez-vous habituels, elle va prendre son nouvel état, sinon avec gaieté, au moins avec indifférence. Alors, ou elle n'écrira pas, ou, si elle écrit, nous trouverons dans sa correspondance le reflet de cet état d'esprit. Si elle n'a cherché dans la séparation de corps qu'une liberté plus grande, que lui importent alors et sa famille et ses enfants, et l'avenir et le présent même, où elle ne verra qu'un incident original de sa nouvelle existence et de la nouvelle carrière qu'elle a embrassée ? Elle écrit le 1ᵉʳ mars, au moment même où elle arrive au couvent ; il est six heures et demie du soir, et elle est arrivée à cinq heures et quelques minutes ; elle écrit à son père :

> Mon père chéri,
>
> Mon premier soin est, tu le penses bien, de sauter sur une plume ! Voilà trop d'heures que j'ai besoin de causer avec toi !
>
> Tu sais, n'est-ce pas, tout ce qui concerne le commissaire de police. — Mais ce que tu ne sauras jamais, c'est avec quelle tendresse intelligente je suis accueillie ici. — Mère des Anges sanglote dans son coin, pendant que je t'écris ; j'ai une petite cellule presque confortable. une autre chambre pour Julie, que j'attends avec impatience. — Je prendrai mes repas chez moi..., et j'attendrai là une assignation chez le président, que je désire de toutes mes forces.
>
> Cette défense qui m'est faite de te voir est un des griefs bien sérieux, c'est bien cruel..., et je me laisserais aller à un bouleversement de mes idées sans la sympathie dont on m'entoure ici. — Chaque coin de cette maison me rappelle un épisode de mon enfance heureuse !... C'est un commencement de calme dont j'ai besoin, et que je ne puis retrouver que lorsque ma séparation sera prononcée.
>
> Comment va le doigt de Daniel ? (Daniel, son frère, avait eu le doigt foulé dans la lutte.)
>
> Je n'ai pas besoin de te supplier de m'écrire *des volumes :* tu sais me faire, nous faire du bien à tous les deux en épanchant nos pauvres cœurs si gros et si tristes..

La dépêche de Rose m'a soulagée, qu'il est heureux qu'elle soit là-bas ! (Rose était une ancienne domestique de la maison.)

Mon mari a envoyé un télégramme à sa mère... ; peut-être a-t-il dit d'envoyer les enfants à l'étranger !

En tout cas nous serons prévenus.

Rassure-toi en ce qui concerne ma santé et mon état d'esprit. — Je vais bien, et la seule chose qui m'occupe est ton désespoir. — Comment vas-tu passer cette nuit, mon pauvre père ! par quelles angoisses ton esprit va-t-il passer ! Dis-toi bien que cette crise était inévitable, que c'est enfin la délivrance que je suis bien en droit d'espérer après tant d'épreuves..., et de patience, je puis le dire.

M. Crépy a été parfait ! Son agent t'a-t-il remis mes boucles d'oreilles, dis-le-moi vite ; je ne serai pas fâchée de savoir qu'elles seront arrivées à bon port.

Adieu, mon père bien aimé, je t'embrasse mille et mille fois, ainsi que Daniel. Bon courage..., bon espoir, à bientôt.

JEANNE.

Le 2 mars, à quatre heures, elle écrit encore la lettre suivante :

Tu penses, mon père chéri, si j'attendais ta lettre avec impatience ! Je ne prends que le temps de la lire trois fois (je la relirai tout à l'heure), et me voilà tout heureuse de causer avec toi, mais bien inquiète aussi sur toi. Je croyais ne plus avoir d'étonnement sur la conduite de mon mari ! Il est venu hier au couvent, à neuf heures du soir. La supérieure, toute troublée, s'est relevée et est venue savoir dans ma chambre ce qu'elle devait faire. J'ai écrit un mot dans lequel je disais que Mme Santerre s'était engagée à ne recevoir que Me Delacourtie et qu'elle ne recevrait personne autre.

La supérieure a également écrit qu'elle ne recevrait pas M. Santerre.

Il est parti assez calme, paraît-il... Je ne me doutais pas de cette scène de folie furieuse. Je te conjure de ne pas rester seul une minute... Peu de monde dans nos confidences, car tout ceci est bien malheureux pour les enfants ; il ne faut pas que l'on sache que leur père est fou..., leur avenir serait encore plus compromis ! Mais c'est le cas, ou jamais, pour Daniel, de rester près de toi. Remercie-le de son petit mot, je lui écrirai ce soir, afin que vous ayez plus souvent de mes nouvelles. Je n'ai encore rien reçu de Me Delacourtie... J'attends...

La lettre de Rose est parfaite. Si cela ne te prive pas trop, je crois utile qu'elle reste encore quelques jours, car c'est en ce moment que ma belle-mère peut se livrer à toutes ses extravagances sur les enfants.

Julie n'est arrivée qu'à dix heures du soir, son mari ne l'avait prévenue que trop tard. Te dire les horribles heures que j'ai passées seule en face de mes pensées, dans cette cellule froide, ornée seulement d'un crucifix, avec une bougie qui n'éclairait pas!

Je ne pourrai plus, je crois, passer un temps plus douloureux; aussi, lorsque Julie est arrivée, j'ai failli lui sauter au cou : elle ne me quitte pas d'une seconde et est vraiment dévouée, attentionnée au possible et ingénieuse à me consoler. Depuis une heure nous travaillons à côté l'une de l'autre à l'aiguille. Cette journée de calme me fera du bien. Demain, à cinq heures, par exemple, que deviendrais-je, où irais-je, dis-le-moi, dis-moi ce qu'il faut faire? Je crains que mon séjour ne puisse se prolonger ici, non pas qu'on ne soit parfait pour moi, mais bien parce qu'on craint un scandale, un trouble, que sais-je, moi?... Toujours est-il que je suis accablée de prévenances et d'amitiés.

A bientôt, mon père chéri, mille et mille baisers de ta fille reconnaissante et dévouée,

JEANNE.

Remarquez qu'elle est encore, à ce moment-là, dans le couvent de l'avenue de la Reine-Hortense, et vous voyez quelle est la nature de ses préoccupations. Ce couvent, elle ne va pas pouvoir y résider plus longtemps; elle va être obligée de le quitter, et ce n'est que le 4 qu'elle ira au couvent de la rue Oudinot. Le 4 mars donc, elle écrit deux lettres que je vous demande la permission de vous lire. Ce seront mes dernières lectures.

Père chéri,

Que je te remercie de m'avoir envoyé, dès l'aube, le mot de Rose!... Les enfants vont bien!... En guettant toute la journée, elle les voit sortir en voiture, ils passent devant elle... J'en suis venue à être contente qu'on les ait vus de loin..., comme des étrangers, comme des promeneurs. C'est affreux!... Je passe mon temps à mettre sur ma cheminée, dans leur cadre, leur photographie, et puis je la retire, cela me fait mal, je la mets dans un tiroir... Je la reprends encore.

Viens me voir; tout en me rassurant, ces quelques mots m'ont toute bouleversée ; nous marcherons beaucoup si tu veux, peut-être sera-ce le seul moyen de dormir ; quant au chloral, on s'en sert bien pour les opérations, mais pas pour les séparations, ce n'est pas assez fort !

Bons baisers, et à tout de suite, n'est-ce pas ?

Puis elle écrit à sa tante une lettre qui lui a été renvoyée par Mme Le Boule elle-même. Elle est ainsi conçue :

Je suis émue plus que je ne puis te le dire de ta tendre sollicitude, ma chère tante ; tu me demandes ce que peut être le courant de mes pensées, seule, loin des chers petits, de mon père, de vous tous, dans cette étroite petite chambre de couvent, ayant pour idée fixe l'avenir qui se dresse devant moi. L'avenir ! Voilà si longtemps qu'il m'épouvante ! non, pas seulement pour moi, mais pour les pauvres petits. Je ne désire plus que du calme ; encore une épreuve à supporter : la comparution devant M. Aubépin, la plaidoirie, qui ne se fera pas attendre, je l'espère, et puis après, avec mes deux enfants, entourée de vous tous, je ne demande plus rien que du repos ! Est-ce donc là un rêve ambitieux ?... peut-être ! Toujours est-il que, quand je veux me reposer de l'horreur qu'ont laissée chez moi ces derniers jours, je me mets à penser que cet été nous pourrions louer à Versailles une petite maison près de toi. Je crois que ce grand air serait excellent pour Ernest. Pendant qu'ils joueraient nous aurions ensemble de ces longues causeries qui, je le sens déjà, me feraient tant de bien ! Nous parlerions du passé, de ma mère, de mon grand-père, tu me montrerais mieux que qui que ce soit comment on a du courage. Quel exemple de dévouement maternel ne me donnes-tu pas !

Voilà, ma chère tante, toutes les idées qui me viennent à l'esprit ; tu vois que tu y tiens une grande place. J'aime à me reposer sur toi comme je me serais reposée sur ma mère. Je continue à ne pas dormir, malgré le bromure, malgré le chloral.

Je n'étais pas assez remise de ma dernière maladie pour supporter tant d'épreuves. J'ai des maux de tête affreux. Je me sens très faible, mais M. Moissenet me dit qu'il est bien difficile qu'il en soit autrement. J'ai de bonnes nouvelles des enfants : Rose les voit de loin chaque jour sortir en voiture, tous les médecins disent qu'on pourrait les ramener à Paris. Je porterai un certificat à M. Aubépin. Peut-être obtiendrai-je qu'ils reviennent tout de suite.

Peut-être ! C'est là mon grand mot, je t'avouerai qu'il signifie un peu espoir ; n'ai-je pas payé mon tribut aux chagrins de cette vie !

Je t'embrasse mille et mille fois. Embrasse bien doucement pour moi ton cher malade, si bien soigné. Souvenirs affectueux et respectueux à mon oncle.

JEANNE.

Cette pauvre femme était au chevet d'un enfant qu'elle a soigné huit ans et qui enfin est mort entre ses bras.

Voilà, messieurs, les pensées qui la préoccupaient à la veille du jour où elle est toute prête à se rendre à un rendez-vous galant, au café du quai d'Orsay! Est-ce que, par hasard, c'est là la disposition que trahissent ces lettres? Mais enfin, voyons, à défaut de cœur et à défaut de vertu, vous ne lui refusez pas et vous ne lui avez jamais refusé l'intelligence! Elle sait la terrible partie qu'elle a engagée elle-même; elle sait bien que, de ce luxe qui lui est nécessaire, elle va tomber à une situation médiocre, et cependant elle brave tout; elle connaît ses adversaires; elle se sait épiée, surveillée; elle sait qu'aucune de ses démarches n'est ignorée et ne peut être ignorée, alors surtout qu'elle a entamé la lutte, et c'est dans cette situation qu'elle risque tout et qu'elle va tout compromettre! Pourquoi, enfin, pourquoi? Ah! si c'est pour obéir à l'appel d'une passion brûlante; si c'est pour sauver son amant, comme au cinquième acte de *Ruy Blas;* si c'est pour se sauver elle-même de je ne sais quel péril amoureux, je comprends tout.

Mais qu'on m'accorde qu'il n'y a, en réalité, que ces motifs qui aient pu déterminer sa résolution. Non, ici, il ne s'agit pas de cela; il s'agit de répondre à l'appel, comme le disait M⁰ Allou en première instance, d'un prince en voyage qu'elle ne connaît même pas, car enfin on n'a rien recueilli sur une liaison antérieure qui permette de dire qu'il était son amant! Avez-vous une lettre, un témoignage, un indice quelconque? Pas l'ombre! Est-ce que Claude Voiron vous a révélé quelque liaison entre le prince d'Orange et Mᵐᵉ Santerre? Rien! vous ne le dites pas, vous ne pouvez le dire! Qu'est-ce donc alors qui peut la déterminer à accepter ce rendez-vous? Ce n'est pas l'amour, non; ce n'est pas la suite, ce n'est pas l'incident, ce n'est pas l'épisode d'une liaison en règle. L'argent? Ah! vous en aviez beaucoup, et chacun sait que lui n'en avait pas! Il n'était pas jeune, il n'était pas beau. Oh! je ne crains pas de froisser la Hollande en vous disant cela. Ce n'est pas non plus la vanité, car enfin il s'agissait là d'un rendez-vous bien mystérieux, où il n'y avait pas l'éclat et le scandale des amours princières qui peuvent, à un moment quelconque, monter à la tête légère d'une femme comme un mauvais vin. Rien! et pourtant elle y va! Mais alors et encore pourquoi le café d'Orsay?

Voyons, si elle veut voir ce personnage, elle peut le voir ailleurs, elle peut le voir au couvent; ce n'est pas une recluse; elle n'est pas cloîtrée; la règle du couvent n'est pas austère pour les femmes qui sont dans cette situation. Au besoin même, il pourrait se donner pour le secrétaire de son avocat ou le clerc de Mᶜ Delacourtie. On se demande alors ce que signifie cette étrange partie fine dans un des cafés les plus fréquentés de Paris, où tout est péril, où l'on est tenu par l'heure dans des limites tellement étroites que l'on peut, comme Cendrillon, attirer sur sa tête les catastrophes les plus redoutables, si on laisse passer la limite extrême pour la fermeture du couvent à la veille de la comparution devant M. le président Aubépin. Je vous le dis, en vérité, s'il y a eu jamais quelque part au monde des invraisemblances, c'est bien dans cette accusation.

Ah! j'entends bien que l'on me répond : « Que m'importe tout cela! Elle y était, je n'ai que cela à vous dire! je n'ai que cette preuve à faire. » Eh bien, vous ne l'avez pas faite! Non, vous n'avez pas fait la preuve, parce que, à côté des invraisemblances, je vous dis, moi, qu'il y avait des impossibilités véritables. D'abord, il y en a une : l'heure, le temps écoulé. Voyons, elle est entrée au café d'Orsay vers sept heures et demie du soir; il a fallu le temps d'aller prévenir M. Santerre; rue Royale; il a fallu que M. Santerre arrivât; il a fallu qu'il engageât un dialogue avec M. Sonnet, et il a fallu que l'on prévînt sa femme; il a fallu qu'on la fît costumer avec cet étrange travestissement que vous savez. Mais, le moins, c'est une heure et demie. Mettez huit heures et demie; il reste juste une heure, car les portes du couvent sont fermées régulièrement à neuf heures et demie; il reste juste une heure pour faire ce que je vais vous dire. Si elle est sortie en cuisinier du café d'Orsay à huit heures et demie, il a fallu qu'elle allât d'abord rue de Poitiers prendre une voiture. Nous savons ce que c'est que ces voitures. Il a fallu qu'elle allât, avec cette voiture, au n° 180 du Faubourg-Saint-Antoine. Vous savez où cela est; vous pouvez vous en assurer, dans tous les cas. Il a fallu que là le jeune Lagerie, qui l'accompagnait, montât chez sa mère, se fît prêter des vêtements de femme; qu'il les lui redescendît, et qu'elle allât dans une chambre, prêtée par la complaisance du concierge, revêtir des habits de son sexe. Puis il lui a fallu, toutes ces opérations faites, prendre une autre voiture qu'elle a envoyé chercher par le cuisinier Lagerie, et qu'elle fût rentrée au couvent de la rue Oudinot à neuf heures et demie. Tout cela en une heure! pas une minute de moins, mais pas une minute de plus!

Ce n'est pas tout, messieurs; parmi les témoins entendus, quatre cuisiniers, employés du café d'Orsay, la reconnaissent formellement dans le cabinet du magistrat enquêteur. Mais il y en a un qui ne la reconnaît pas; c'est précisément celui-là qui l'a accompagnée du café d'Orsay jusqu'au n° 180 du Faubourg-Saint-Antoine, c'est-à-dire pendant un espace de temps fort long. Ah! voulez-vous dire que nous ayons acheté le témoignage de Lagerie? Je le veux bien, nous allons nous mettre bien à l'aise tous sur ce terrain commun de la corruption des domestiques. Si j'ai pu acheter celui-là, vous avez acheté les autres; ce n'est qu'une question de prix..., cela vous aura coûté trois fois plus cher, mais vous êtes dix fois plus riche!

Mais il y a, dans la cause, un homme qu'on n'a pas pu acheter: c'est M. André. Celui-là, c'est un témoin désintéressé; c'est un témoin qui vous gêne, car vous essayez de vous en débarrasser par la raillerie. M. André prend un titre devant le magistrat instructeur; il dit qu'il est administrateur du *Journal officiel*. C'est vrai, il n'y a qu'à lire son traité; il vous dit qu'il est chevalier de la Légion d'honneur; il peut le dire, parce que c'est la vérité. Puis, quand ce n'est pas lui qui parle de lui et que ce sont d'autres, voici ce que je lis : « Une imprimerie modèle qui est destinée à disparaître, si le gouvernement donne suite à son projet de confier l'exploitation du *Journal officiel* à l'Imprimerie nationale. Nous voulons parler de l'imprimerie du quai Voltaire, 31, que peu de gens connaissent, qui a été créée il y a quelques années et installée avec une rare intelligence par M. Wittersheim. Il y a aussi des conditions de commodité, un matériel et un outillage hors ligne. Le tout est dirigé sous ses ordres par un ingénieur de beaucoup de savoir et d'énergie, M. André, chevalier de la Légion d'honneur, etc. »

Ce M. André a été laissé tout seul pendant la Commune à la tête de cette imprimerie. Le poste n'était pas facile à garder. Il s'en est tiré à force de courage, d'énergie et de volonté, et il s'en est tiré à son honneur.

On dit encore : « C'est le chevalier de Mme Santerre. » Pourquoi cela? Qui vous l'a dit? Comment le savez-vous? Où en est la preuve? Parlons donc de lui, si vous voulez, comme on parle d'un témoin. C'est un honnête homme qui dépose sous la foi du serment. Si vous n'arrivez pas à prouver qu'il a menti, il faut reconnaître qu'il a dit la vérité. Qu'est-ce qu'a dit M. André? Ah! son témoignage n'est pas équivoque, à lui, et il vous donne, pour ainsi dire, minute par minute, la raison de son témoignage, et il l'explique par une curiosité bien humaine, bien parisienne, si vous voulez. Il est garçon, il a ses habitudes au café d'Orsay, il y est connu de tout le personnel. Ce soir-là, il était sorti de chez lui un peu plus tard que d'habitude, il ne vient pas dîner au café d'Orsay. Il va au café du Pont-Royal, situé à quelques mètres de là, sur le quai même où se trouve le café d'Orsay. Il est prévenu par un des maîtres d'hôtel qu'il se passe au café d'Orsay quelque chose d'assez singulier et qui pique sa curiosité : c'est une femme du monde prise en flagrant délit par le mari et qui va sortir du café déguisée en cuisinier. Des gens d'une vertu singulière auraient probablement voilé leur chaste visage et s'en seraient allés chez eux. Eh bien,

M. André n'a pas de ces vertus excessives; il a quitté le café du Pont-Royal, il a été se mettre au café du quai d'Orsay pour voir la dame. Que ceux qui n'en auraient point fait autant lui jettent la première pierre!

Il a été au café d'Orsay, mais comment s'y est-il placé? Il y a, pour sortir des cuisines du quai d'Orsay et gagner le quai, il y a un long corridor de huit mètres de longueur, éclairé au gaz, et M. André s'est placé au bout de ce corridor, à cet endroit que, dans les cafés, on appelle la terrasse; il s'est placé là avec le dessein bien déterminé de voir sortir la personne qui allait partir: il l'a bien vue. Et quand il est interrogé, à l'enquête, M. André déclare qu'il l'a parfaitement vue, parce qu'il l'a parfaitement regardée, et que ce n'est pas Mme Santerre. Cette fois l'adversaire équivoque naturellement, et dit: « Mais non, M. André a dit que ce n'était pas la même physionomie, et, en effet, la physionomie a pu être troublée par l'agitation de l'heure présente. » Non, M. André n'a point équivoqué, il a dit : « Je ne reconnais pas du tout Mme Santerre, ce n'était pas elle. »

On a dit encore: « Que voulez-vous? son visage était caché par une serviette qui tombait de la manne. » Non, du tout; M. André vous dit, au contraire, qu'il n'y avait aucune serviette tombant de la manne, que la femme est sortie à visage découvert. Et ce n'est pas tout, messieurs; elle a été rue du Faubourg-Saint-Antoine, n° 180, et elle a pris là des vêtements prêtés par Mme Lagerie, mère de ce jeune marmiton.

Quels sont les habits qui ont été prêtés? Mme Lagerie vous le dit: « Le lendemain du mardi-gras, mon fils vint le soir, à neuf heures un quart, me demander si j'avais un costume de femme à lui prêter. Je lui répondis que j'avais une robe, un châle et un bonnet qui feraient tout de même l'affaire. Je lui ai prêté ce costume, pensant que c'était pour se déguiser. Ce n'est que quand j'ai été convoquée au Tribunal que j'ai été très surprise en voyant Mme Santerre, car, d'après sa taille et ses proportions, elle n'aurait jamais pu se servir de mes vêtements. »

Eh bien, elle s'en est servie.

Je vais vous dire sous quelle inspiration elle s'en est servie. Il

était précieux de savoir comment Mme Santerre avait pu rentrer
au couvent, et il était précieux de savoir sous quel costume
exactement elle s'y était présentée. Eh bien, moi, je vous dis
ceci, messieurs, c'est que si vraiment Mme Santerre était revenue
au couvent affublée des vêtements de Mme Lagerie, la mère,
jamais, jamais, vous entendez bien, jamais on ne l'aurait laissée
rentrer. Que dit donc la personne qui faisait fonctions de portière, ce soir-là, au couvent de la rue Oudinot? Elle dit : « Je ne
connaissais pas Mme Santerre, mais je l'ai reconnue quand je
l'ai vue monter l'escalier qui conduit à sa chambre. » Qu'est-ce
que cela veut dire? Cela veut dire qu'elle ne connaissait pas
les traits exacts de Mme Santerre, mais elle savait que Mme Santerre était une femme du monde, et que la personne qui a pu
prendre l'escalier de sa chambre pour aller chez elle était une
femme du monde. J'affirme que si Mme Santerre, en passant
devant la sœur tourière, avait, en jetant son nom, laissé apercevoir la singulière mascarade qu'elle devait représenter avec les
habits de Mme Lagerie, la tourière l'eût arrêtée à l'instant même
en disant : « Je ne sais pas qui vous êtes, mais vous n'êtes pas
Mme Santerre; vous êtes je ne sais qui ou je ne sais quoi qui
montez dans le couvent sans en avoir le droit; mais sous ce
costume, sous cet accoutrement, vous n'êtes pas Mme Santerre. »

J'ai voulu en avoir le cœur net, j'ai voulu avoir les habits de
Mme Lagerie; quand on prend ces affaires-là, il faut les instruire,
j'ai voulu comparer les tailles : Mme Santerre a 1 mètre 65 centimètres de taille, Mme Lagerie, qui est une femme du peuple,
maigre, pas très bien faite, a 1 mètre 45 centimètres de taille,
c'est-à-dire qu'il y a vingt centimètres de différence entre la
taille de Mme Lagerie et celle de Mme Santerre. J'ai voulu avoir
les vêtements, et, quand j'ai eu les vêtements, j'ai voulu avoir la
photographie de Mme Santerre avec ces vêtements; oui, je l'ai
contrainte à mettre ces haillons et je vous l'apporte. Elle m'est
arrivée ce matin, je ne pouvais pas vous la donner plus tôt; j'ai
voulu avoir deux photographies, Mme Santerre qui est sortie et
Mme Santerre que l'on prétend être rentrée. La voilà dans le

manteau de loutre qu'elle avait, le seul vêtement qu'elle eût emporté de la maison conjugale quand elle l'a quittée le 1er mars 1878, le vêtement qu'elle a promené de couvent en couvent, le seul qu'elle eût au couvent de la rue Oudinot, le 6 mars 1878. Et puis, la voilà avec les habits de Mme Lagerie, la même robe, le même châle et le même bonnet et des souliers de corde, ce qu'on appelle des espadrilles, qui lui auraient été prêtées également par le cuisinier. La voilà dans les deux costumes, et, vous le verrez quand vous jetterez les yeux sur ces images, il n'est pas possible que la portière du couvent, qui a vu passer cette créature-là, lui ait laissé monter l'escalier de la chambre de Mme Santerre sans l'arrêter et sans lui dire : « Ce n'est pas vrai, vous n'êtes pas Mme Santerre! Ce n'est pas possible ! »

Mais il y a encore autre chose : je vous dis qu'elle est sortie de chez elle, le 1er mars 1878, avec ses seuls vêtements. Il y a, au procès, des sommations ou des significations pour avoir des vêtements, du linge, des habits, ce qui indique qu'elle n'avait presque rien emporté. Elle a donc laissé ses vêtements au café d'Orsay, selon la version de mon adversaire. Suivons le sort de ces vêtements au café d'Orsay : l'enquête nous dit que le soir, à onze heures, le chasseur du café d'Orsay a été mis à réquisition pour prêter une malle dans laquelle ont été enfermés les vêtements de la dame qui s'était déguisée en cuisinier; puis on a donné au cocher, qui a emporté cette malle sur sa voiture, l'adresse de la rue de la Chaussée-d'Antin. Ainsi les vêtements de Mme Santerre auraient été mis dans une malle, chargés sur une voiture à onze heures du soir. Ils ne peuvent plus rentrer au couvent à ce moment-là, les portes en sont rigoureusement fermées à neuf heures et demie. Si ces vêtements sont rentrés au couvent le lendemain, on le signalera; il est bien facile de savoir, par les gens chargés de veiller sur la garde du couvent, si l'on a apporté le lendemain un volumineux paquet pour Mme Santerre. Rien! Le lendemain même, à onze heures du matin, elle est devant M. Aubépin, en comparution avec ses vêtements. Par où ont-ils passé ? Qu'on me l'explique ! Dans son articulation, M. Santerre nous déclare que les vêtements de Mme Santerre ont été portés par elle dans la manne qu'elle avait sur la tête. Ce n'est pas possible; parce que ce manteau de loutre, qui a un certain volume, aurait débordé la manne et n'y aurait pas tenu : et puis, ce n'est pas possible, puisque les dépositions auxquelles on est obligé de s'en référer dans l'enquête déclarent que les habits ont été laissés au café d'Orsay et puis expédiés rue de la Chaussée-d'Antin, à quatre heures et demie du soir; et le lendemain, à onze heures du matin, elle est dans ce costume chez M. Aubépin. Ainsi, messieurs, vous le voyez, aux invraisemblances, qui sont considérables, et dont il faut tenir, dans un procès de cette nature, un grand compte, j'ajoute les impossibilités.

Cependant, je reconnais que j'ai à dire ce que Mme Santerre a fait de son temps ce jour-là, et qui a pu rentrer au couvent ce soir-là, en donnant son nom à la porte. Mme Santerre affirme être restée au couvent et y avoir dîné. Est-elle démentie? Non, les serviteurs et les employés du couvent vous disent que le dîner a été servi; on n'affirme pas que le dîner a été mangé, mais on n'affirme pas le contraire. Remarquez que personne ne l'a vue sortir, aucun employé du couvent ne dit l'avoir vue sortir, il n'y a pas un témoin oculaire qui le constate *de visu*. Qui est rentré? Mme Santerre vous dit : « Ma femme de chambre. » Sa femme de chambre, qui l'avait suivie depuis le 1er mars de couvent en couvent ; sa femme de chambre, qui, n'ayant pas donné de ses nouvelles à ses parents, avait obtenu la permission d'aller les voir, qui y avait été, s'il faut en croire l'affirmation de son frère. « Il est vrai que je me rappelle fort bien que tu es venue dîner avec nous le mercredi des Cendres l'année passée. Je puis le certifier quand on voudra. » Et quand elle rentre au couvent, la femme de chambre donne le nom de Mme Santerre, parce que celui-là est connu et que le sien ne l'est pas. Est-ce qu'il y a là une invraisemblance?

Mme Santerre a 1 mètre 65 de taille; Julie, la femme de chambre, a 1 m. 61; le tour de taille de Mme Santerre, 63 centimètres; celui de Julie, 62 c.; la largeur des épaules de

Mme Santerre, 32 c. ; Julie, 29 c. La femme de chambre s'habille des vêtements de Mme Santerre. Mme Santerre lui donne, comme cela se fait dans toutes les maisons où il y a des femmes de chambre, elle lui donne ses gants, ses chapeaux ; elle a la même couleur de cheveux, et, ce qui est absolument impossible et invraisemblable, si vous supposez Mme Santerre affublée des vêtements de Mme Lagerie mère, devient absolument vraisemblable si c'est Julie qui rentre. Même port, même allure, même taille, mêmes vêtements et même habitude de les porter.

« Mais, nous dit l'adversaire, une femme est entrée au café d'Orsay, et une femme, ce soir-là, en est sortie travestie. » Soit ! et je pourrais absolument m'en tenir là, car je n'aurais qu'à dire : « Vous n'avez pas fait la preuve que cette femme était Mme Santerre. » Mais je veux vous dire, messieurs, afin d'en finir, ma pensée tout entière : je crois, moi, à une scène jouée pour les besoins de la cause de M. Santerre. Écoutez : la demande de M. Santerre est du 2 mars. M. Santerre, qui sait tout ce qu'il vous a dit dans sa requête du 11 mars, M. Santerre ne bouge pas quand il reçoit l'assignation de sa femme ; mais on comprend bien qu'il faut répondre. Il faut alors quelque coup éclatant qui impressionne l'opinion et la soulève contre sa femme ; il y a bien réussi ! Il n'a pour cela que l'embarras du choix entre les moyens à prendre. Nous avons tous reçu des circulaires d'agences pour les séparations de corps. J'en ai une entre les mains, envoyée par un homme, paraît-il, d'une habileté rare, et qui m'affirme, sur sa parole d'honneur, qu'il *a l'intuition de la chose.* Eh bien, je suis convaincu que celui qui avait organisé la scène du café d'Orsay *avait l'intuition de la chose.*

Et, tenez, ce n'est pas au hasard que je vous dis cela, et j'en puise la pensée dans un concours de circonstances bien étranges, que je demande à la Cour la permission de lui faire connaître. Le 6 mars, M. Santerre est prévenu que sa femme est au café d'Orsay, en compagnie galante. Comment et par qui ? C'est ce qu'on ne dit pas. Il arrive avec des amis qui se trouvent là juste à point, on ne sait pas comment, vous allez le voir tout à l'heure dans une lettre que je ferai passer sous vos yeux, avec une femme qui se trouvait dans une voiture à deux chevaux, laquelle stationne devant la caisse des Dépôts et Consignations. Il semble que tout ce monde soit sorti de terre tout à coup, comme évoqué par un coup de baguette. Quant à lui, M. Santerre, il entre au café; il sait que sa femme est là, derrière la porte de ce cabinet, n° 3 ou 4, il tient là la preuve de son déshonneur; et de plus la revanche si longtemps désirée et si impatiemment attendue contre cette courtisane qui le déshonore. Toute sa police, mise sur pied, en éveil, ne lui a rien donné que des rendez-vous dans une église, des signaux au travers des fenêtres, et puis la scène du canapé de Claude Voiron. On sent bien que tout cela n'est pas solide, mais cette fois sa femme est là derrière la porte du cabinet n° 3 ! Vous le savez impétueux, violent... Qu'est-ce qu'il va faire? Il y a mille moyens de s'en assurer, de ne pas la laisser partir ! Il n'en prend pas un seul, ou bien il prend justement le seul qui ne puisse pas réussir. Comme on le dépeint, et il faut bien le dépeindre comme il est, avec son tempérament emporté et furieux, il peut, d'un coup de sa puissante épaule, jeter par terre cet obstacle qui le sépare du flagrant délit qu'il va saisir : il ne le fait pas !

Admettons qu'il n'ait pas voulu de scandale, mais voyons, c'est à lui, Parisien de Paris, que j'apprendrai comment un homme entre dans un cabinet particulier? Oh! non. Il y a là un garçon qui fait le service, il n'a qu'à entrer en même temps que le garçon; ou bien quand le garçon est descendu, il entre! Vous voulez que la porte s'ouvre du dedans et ne s'ouvre pas du dehors, sinon au moyen d'une clef! Oh! tenez, il y en a une que vous avez, c'est la clef d'or, et vous avez ouvert avec cela des portes bien autrement mieux fermées que celles du cabinet du quai d'Orsay. Quelle sorte de danger ce garçon verrait-il à laisser pénétrer M. Santerre? Il ne fait rien de tout cela; mais il peut encore se placer dans un des cabinets voisins qui sont inoccupés, et de là guetter la sortie de cette femme et de ce monsieur qui sont dans le cabinet. Il ne fait rien de tout cela, il s'en va s'embusquer docilement sur le quai. Ah! vraiment, comme tout cela lui ressemble bien! il va s'embusquer docilement sur le quai, en face de la porte du café d'Orsay; un homme qui l'accompagnait va regarder avec soin tous ceux qui sortent du café d'Orsay, excepté cependant quand c'est Mme Santerre, dont la démarche devait se trahir bien facilement. Franchement, une femme du monde, quelque portrait que vous en vouliez faire, vous n'irez pas jusqu'à dire qu'elle a l'habitude de sortir en cuisinier et de marcher avec des espadrilles! C'était là manifestement un accident dans sa vie!

La voyez-vous avec ses chaussures d'espadrille, avec cette manne sur la tête, avec ce costume masculin qui n'était même pas suffisant à contenir ses formes, la voyez-vous s'avançant sur le quai d'Orsay, passant auprès de M. Santerre qui ne la reconnaît pas et qui ne la regarde pas! Ah! c'est bien étrange; mais il y a plus: l'ami qui accompagne M. Santerre l'aurait regardée, et au lieu d'appeler le mari immédiatement il va conférer avec la femme qui est arrêtée devant la Caisse des Dépôts et Consignations! Nous allons entendre la lettre dont je vous parlais.

Enfin la femme est partie. Que va faire le mari, s'il y a un peu de sincérité dans tout cela? Car enfin le mari est trompé doublement: par sa femme et par le maître du café d'Orsay, qui lui a donné des assurances menteuses, qui lui a juré qu'il n'aiderait pas à la fuite des coupables. Les coupables sont partis. Que va faire M. Santerre? Nous ne sommes pas violent, mais nous savons bien ce que nous ferions! Il va s'emporter et tempêter un peu? Non! non! Pas du tout! Il va tranquillement s'attabler avec le chasseur du café d'Orsay; il lui donne de l'argent, non pas pour payer la consommation, à coup sûr, car M. André, s'il avait pu penser que c'était pour payer la consommation, que les chasseurs n'ont pas mission de recevoir dans les établissements de ce genre, n'aurait pas dit à ce chasseur : « Vous avez dû faire aujourd'hui une bonne journée? »

S'il faut en croire le maître d'hôtel du café, M. Santerre entre dans le café d'Orsay, il monte dans le cabinet, et là, de cet endroit, tout chaud encore de l'adultère de sa femme, il envoie commander à la cuisine un potage bisque, une sole normande, un poulet-chasseur et du vin de Bordeaux. Je le trouve, quant à moi, pour un fougueux, je le trouve bien calme, bien apaisé! Puis il rentre chez lui un peu énervé, comme dit son valet de chambre, et il donne à ce valet de chambre l'ordre d'attendre quelqu'un qui devra venir causer avec lui vers une heure du matin. Un personnage arrive en effet; M. Santerre donne à son valet de chambre l'ordre de laisser la porte entr'ouverte et d'écouter ce qui va se dire, et il montre à ce personnage nocturne, le personnage d'une heure du matin, il lui montre une photographie qu'il lui fait reconnaître. Qu'est-ce qui s'est passé dans ce conciliabule, qu'est-ce qui s'est dit, qu'est-ce qui s'est tramé contre la femme?

Ce n'est pas tout: le lendemain, le chasseur du quai d'Orsay arrive chez M. Santerre. Celui-ci se fait descendre sa boîte à argent par son valet de chambre, et il donne de l'argent au chasseur du café d'Orsay; il lui dit: « Ce sont les 500 francs. » Quel service lui a-t-il rendu? il n'était pas là! Attendez; il lui en rendra un bien considérable : ce sera de reconnaître Mme Santerre. Je vous ai parlé de l'affirmation du valet de chambre, la voici :

« Je certifie ce que je vous ai dit dans votre cabinet, au sujet de M. Santerre; je vais vous le répéter, etc... »

Donc voilà ce que dit cette lettre, et je ne veux pas insister davantage, parce que la partie importante en a été lue à la Cour. Le lendemain, M. Santerre aurait donc donné au chasseur du café d'Orsay une somme qu'il aurait envoyé chercher chez lui. Oh! j'entends bien ce que l'on va me dire, ce que l'on a essayé de dire dans les enquêtes : que de l'argent avait été donné dans toute cette affaire. Je le crois, et je dis à M. Santerre : s'il a été donné de l'argent et beaucoup d'argent, je suis convaincu que c'est le vôtre et ce n'est pas une conviction que j'ai à moi tout seul. J'ai communiqué à mon contradicteur des pièces que la Cour trouvera dans mon dossier; elles émanent d'employés du café d'Orsay, qui disent, eux aussi, que, dans leur conviction, leurs camarades ont été séduits pour faire ces dépositions-là.

Puis enfin un dernier document, que la Cour nous permettra bien de lui présenter. Je vous ai parlé, dans cette affaire, de M. André et du rôle qu'il y a joué. M. André, interrogé devant le magistrat instructeur, a répondu ce qu'il avait à répondre. Il complète sa déposition dans des termes que je vous demande la permission de vous faire connaître. C'est le dernier document dont vous aurez à subir la lecture dans ce procès, mais enfin il me semble que l'on peut et que l'on doit y attacher quelque importance. Il écrit à l'avoué de la cause :

J'ai l'honneur de répondre à votre lettre, par laquelle vous me demandez, une seconde fois, quelques détails sur deux incidents de l'affaire Santerre, dont vous avez eu connaissance par un tiers. Bien que les renseignements que vous me demandez portent sur des faits déjà un peu vieux, ils sont encore si vivaces dans ma mémoire que je n'éprouve aucune difficulté à vous satisfaire et à certifier l'exactitude de ce qui suit.

1° Le jour de la comparution des témoins devant M. le juge enquêteur, je dînais le soir, à six heures, au café d'Orsay : le propriétaire de l'établissement, M. Sonnet, s'approcha de ma table et nous causâmes de l'enquête qui venait d'avoir lieu. M. Sonnet me dit alors que le chasseur de sa maison avait, dans sa déposition, déclaré reconnaître Mme Santerre pour être la personne travestie en cuisinier. Je m'indignais très fort de cette déposition et de la conduite de ce chasseur, et j'expliquais qu'il était connu de tout le personnel du restaurant que cet employé n'avait pas vu les personnes en question; qu'il était absent et en course pour un client quand cette personne était sortie du restaurant; qu'il avait bien, en effet, ouvert la portière de la voiture d'une dame à son arrivée au café d'Orsay, mais que cette dame était couverte d'un voile très épais qui empêchait complètement de distinguer les traits de son visage...

Mᵉ Bétolaud. — Qu'est-ce que c'est que cela encore?

Mᵉ Cléry. — Vous l'avez entre les mains, c'est ce que je vous ai remis hier.

Mᵉ Bétolaud. — Je ne me rappelais pas ce détail. Mais enfin, si je l'ai eu hier, c'est déjà quelque chose.

Mᵉ Cléry. — Et c'est d'autant mieux que je ne pouvais pas vous le donner avant de l'avoir reçu moi-même!

..... M. Sonnet répondit alors à très haute voix et en s'emportant que son chasseur avait fait une déposition conforme aux instructions qu'il lui avait données, et que, s'il ne lui avait pas obéi dans cette circonstance, il l'aurait immédiatement f.... à la porte de sa maison.

2° Le jour de la plaidoirie de M⁰ Bétolaud devant le Tribunal, j'étais à dîner au café d'Orsay à ma table habituelle. M. Sonnet, sachant que j'avais assisté à l'audience, vint encore causer avec moi de l'affaire, pour avoir quelques renseignements, surtout pour le résultat des dépositions de ses employés. Je lui dis alors que le garçon de cuisine qui avait accompagné la personne travestie jusqu'au faubourg Saint-Antoine pour lui faire changer de vêtements, n'avait pas, lors de l'enquête, reconnu Mme Santerre, qui y était présente, pour être la personne travestie avec laquelle il était sorti du restaurant.

« Comment!!! exclama M. Sonnet, vous vous trompez, monsieur André, vous avez mal entendu ou mal compris, mon garçon a parfaitement reconnu Mme Santerre, il me l'a certifié en sortant du cabinet de M. le juge enquêteur et je suis convaincu que non seulement il ne m'a pas trompé, mais qu'il n'aurait pas osé enfreindre mes ordres et qu'il a suivi en tous points mes instructions. — Oui, je sais, lui répondis-je, que vous avez très bien stylé votre personnel avant l'enquête, vous me l'avez déjà dit une fois; mais, ne vous déplaise, monsieur, Sonnet, je ne me suis pas trompé, j'ai très bien entendu; votre garçon de cuisine a fait une déposition contraire à vos instructions et j'aime à croire qu'en cela il a agi selon sa conscience. »

Les deux conversations ci-dessus ont été tenues à haute voix à la table que j'occupe tous les jours au café d'Orsay et ont été chaque fois entendues et retenues par des témoins que je pourrais désigner au besoin.

Recevez, monsieur, l'assurance de ma considération la plus distinguée.

O. André.

P. S. — Le lendemain de l'affaire du café d'Orsay, Santerre est venu voir Sonnet, le propriétaire du café; ils ont causé longtemps ensemble de l'incident de la veille et se sont quittés ayant l'air bien d'accord; le soir, Sonnet est allé chez Santerre, lequel lui a montré une photographie du prince d'Orange, en grande tenue, chamarré de décorations, en lui disant probablement : « Voilà l'homme qui était hier au soir chez vous àvec ma femme; c'est lui qu'il faut reconnaître et c'est lui qu'il faut nommer. »

De retour chez lui, Sonnet commence à faire la leçon à son personnel et dit à Mme Boullé, la dame du comptoir, qu'il avait reconnu dans la photographie que Santerre lui avait montrée le monsieur inconnu du café d'Orsay et que c'était parfaitement le prince d'Orange.

Mme Boullé, qui connaissait beaucoup le prince pour l'avoir vu très souvent lorsqu'elle était dame de comptoir chez Bignon, de 1874 à 1877 (où le prince était connu sous le sobriquet de Citron), se récria et dit à M. Sonnet : « Vous vous trompez; je vous assure, monsieur, que ce n'était pas le prince d'Orange qui était ici avec une dame hier au soir; je connais trop le prince pour ne pas l'avoir reconnu et pour -avoir le moindre doute à cet égard. — Madame Boullé, riposta Sonnet, rappelez-vous que j'ai reconnu ce monsieur et que je ne permettrai jamais à aucun de mes employés de me donner un démenti dans toute cette affaire et de ne pas suivre les instructions que je leur donnerai. »

O. ANDRÉ.

J'en ai fini, messieurs, et j'en aurais fini si je n'avais encore une preuve morale à apporter à la Cour. Si Mme Santerre s'est rendue coupable, le 6 mars 1878, et antérieurement au 6 mars 1878, de tous les faits qui lui ont été reprochés, je me demande quelle va être son attitude? Elle sait bien, à partir du 21 mars 1879, qu'elle est dévoilée, elle a reçu l'assignation de son mari, qui lui dit : « Vous étiez au café d'Orsay, le 6 mars 1878, la veille de la comparution devant M. le président Aubépin, et vous avez fait là un acte coupable à tous les points de vue. » Elle sait qu'elle a été suivie. Elle peut espérer, jusqu'à la signification de cet acte, qu'elle n'a point été reconnue; mais là elle est reconnue, sa conscience d'abord lui dit bien qu'elle est la coupable, et son intelligence lui montre bien que rien au monde ne sera plus facile que de la reconnaître, que va-t-elle faire à ce moment, où sa situation est encore entière : c'est elle qui est demanderesse jusque-là, alors que des propositions de conciliation sont faites... Vais-je encore introduire dans le débat un élément qui lui est étranger? Vais-je scandaliser mon honorable contradicteur en lui disant qu'il a plaidé que

Mme Santerre avait résisté à des propositions qui lui avaient été faites parce qu'elle était allée à la Cour animée du désir de la vengeance et de l'ardeur du scandale? Eh bien, à ce moment-là même, avant les débats enfin (j'en suis informé par Me Delacourtie, qui l'écrit), à ce moment-là on demandait à Mme Santerre d'éviter le débat, d'éviter le scandale du procès, à la condition qu'elle renoncerait à voir ses enfants et qu'elle accepterait une pension, qui pouvait être une pension considérable. Eh bien, je le demande, est-il possible d'admettre un instant que, dans cette situation et dans ces conditions, cette femme ait continué la lutte, si, le 6 mars 1878, elle a été découverte en société criminelle par des agents de son mari et par son mari lui-même? Cela n'est pas vraisemblable. Bien plus : c'est une impossibilité pure !

Je demande à examiner maintenant, par un dernier retour sur les choses générales, la femme, la conduite et la situation des deux parties en présence. Voyons, depuis le procès, Mme Santerre. Vous la trouvez ou bien réfugiée au couvent, ou restant enfermée chez elle. Vous la voyez réservée, sérieuse, préoccupée de ses enfants. M. Santerre, lui, n'est point assouvi ni calmé par le triomphe inespéré du jugement que vous savez, il est toujours violent, il est toujours brutal, toujours emporté. Mme Santerre obtient la permission du juge de s'en aller passer avec son fils un certain temps à la campagne, à une petite station de bains de mer, dans la Normandie. Au moment où elle part avec sa tante, avec son enfant, son père l'accompagne à la gare.

M. Santerre se présente, et là, à la gare, au guichet, requérant l'assistance d'un gardien de la paix, il fait encore une scène tumultueuse et violente. C'est toujours le même. (J'ai là deux lettres. Je ne les lirai pas. Je ne comprends que trop la fatigue de la Cour, mais enfin la Cour les verra.) M. Santerre est intempérant, la façon dont il parle de sa femme devant ses enfants est ce qu'il y a au monde de plus injurieux et de plus douloureux. Eh bien, qu'allez-vous faire aujourd'hui? Est-ce que vous allez véritablement donner à M. Santerre ce triomphe qu'il a obtenu en première instance? Et est-ce qu'en condamnant et en sacrifiant cette femme qui n'a que trop souffert par lui, vous allez donner à M. Santerre cette victoire imméritée?

Et comment donc et par quoi donc l'aurait-il méritée? Il a épousé une jeune fille de dix-huit ans, bien élevée, pure, charmante; il a pris la responsabilité, si haute, du bonheur et de la direction morale de sa femme. Qu'en a-t-il fait? Et aujourd'hui M. Santerre venant, à la dernière heure, c'est-à-dire le 11 mars 1878, opposer une demande reconventionnelle à la demande de sa femme, je dis qu'il n'a aucun droit, mais j'ajoute que nous avons le droit de lui demander un compte sévère de l'éducation, de la direction morale de sa jeune femme. C'est dans ces conditions que vous verrez tout à l'heure, en vous rappelant toutes les circonstances de cette affaire, que vous verrez ce que vous avez à faire vis-à-vis de Mme Santerre comme femme et comme mère de famille.

On a signifié un appel incident. Je ne veux pas y répondre, parce qu'il faudrait reprendre toute ma plaidoirie. Ce que M. Santerre demande à la Cour, c'est d'enlever complètement les enfants à Mme Santerre; c'est de les lui donner à lui tout à fait; c'est de restreindre autant qu'il est possible les visites et les entrevues de la mère avec les enfants, avec les enfants qui, tenez, je ne dirai pas : l'ont vengée, car le rôle des enfants qui vengeraient une femme de leur père serait un rôle coupable, mais qui l'ont consolée. La tendresse de ces deux enfants pour leur mère est presque aussi infinie que la tendresse de la mère pour les enfants. J'en trouve le témoignage dans cette image donnée par la petite Jeannette. C'est une de ces images lithographiées comme on en vend dans les librairies pieuses, et où il y a écrit : « A qui tout manque, Dieu reste encore. » Et la petite écrit : « Et ses enfants, » et elle la porte à sa mère! Eh bien, non, il ne faut pas que ces enfants soient, de par votre arrêt, dans cette situation lamentable que l'on recherche pour eux de l'autre côté de la barre.

Plus tard, il y a une jeune fille qui se mariera, il ne faut pas qu'on dise : « C'est la fille de cette dame qui aimait bien son père dans les environs de 1876 et de 1878. » Il y a un fils qui va entrer dans le monde, il ne faut qu'on dise : « C'est le fils de la personne qui s'en allait du café d'Orsay en cuisinier ! » Ce n'est pas possible, parce qu'il n'y a là de satisfaction pour personne, ni pour la justice, ni pour la société, ni pour la morale publique, ni même pour le mari. Et c'est dans ces termes que j'attends avec confiance l'arrêt que rendra votre justice.

MADAME GABRIELLE LEJEUNE

CONTRE M. LE PRINCE ALPHONSE DE CHIMAY

’ÉTAIT vers 1843, dans la cour du petit collège, au lycée Henri IV, un jour d’octobre et pendant la récréation.

Tout à coup un « nouveau » fit son apparition.

Il avait notre âge, entre dix et douze ans. Il était petit, un peu gras, le teint coloré et l’air furieusement embarrassé. En un instant, il fut entouré de jeunes singes qui commencèrent à le harceler. Je remarquai tout de suite qu’on le harcelait un peu plus que les autres..., sans savoir pourquoi. Je n’étais guère en situation de protéger personne. J’étais faible, après une jeunesse fort maladive, et particulièrement timide. Cependant, je fis ce que je pus pour le défendre un peu : je crois que ce ne fut guère, et que l’on nous battit passablement tous les deux !

Il déclarait s’appeler Marc-Michel Lejeune. Les petits singes, ses congénères et les miens, paraissaient trouver très drôle ce prénom de « Marc-Michel. » Ils ne savaient pas pourquoi..., ni moi non plus. Mais ils en riaient très fort, tandis que je n’en riais pas du tout, étant déjà tout à fait incapable de m’égayer sur commande.

Le pauvre petit se dirigea instinctivement vers la boutique, où un garçon privilégié de l’établissement avait le droit de nous vendre des gâteaux. Il en fit provision. Il en distribua autour de lui. Il avait de l'argent plein ses poches. Il eut tout de suite des flatteurs..., si bien que quelques années plus tard il en est mort !

En 1884, j'étais dans mon cabinet, lorsqu'on m'annonça qu'une dame, qui ne voulait pas se nommer, désirait me parler. Je la fis entrer. Elle était jeune, et sa figure, couverte d'un voile assez épais, me parut remarquablement jolie. Elle me raconta l'histoire d'une *dame de ses amies* : c'est la formule, — et me demanda conseil. L'histoire était intéressante, dramatique même, la voix qui la contait était harmonieuse et d'un timbre charmant. Je donnai le conseil demandé, et, dans l'antichambre, où je reconduisis la visiteuse, je vis un valet de pied en grande livrée, très beau, très digne, et qui, pour un peu, m'eût fait les honneurs de ma propre antichambre !

Deux jours après, nouvelle visite. Si bien fermé qu'eût été le voile, il m'avait permis de reconnaître la cliente.

Elle me demanda, en entrant dans mon cabinet, si je la connaissais. Je lui répondis :

— Il en sera, madame, ce que vous voudrez. Si vous ne voulez pas être reconnue, vous pouvez être assurée que vous sortirez d'ici sans l'avoir été.

— Non. Si vous savez qui je suis, dites-le-moi.

— Vous êtes la princesse de Chimay.

— Oui. L'histoire que je vous ai contée est la mienne.

— Je n'en ai pas douté un instant.

— Je le pense bien : aussi est-il mieux et plus digne de parler à cœur et à visage découverts.

Elle leva son voile, et je ne crois pas qu'il soit possible de montrer un plus charmant visage : elle était mince, et sa taille élégante complétait une princesse idéale !

Nous causâmes longtemps, et j'appris ainsi qu'elle était la fille du petit Marc-Michel de 1843, mon ancien condisciple, et la petite-fille de la grande, forte et colorée personne que nous voyions souvent le jeudi au parloir, descendant d'une voiture à deux chevaux et qui, rien qu'en secouant un mouchoir au patchouli, répandait autour d'elle un parfum dont tout l'Olympe était embaumé !

Elle était alors bien malheureuse, la pauvre princesse. Sa mère l'avait mariée pour se débarrasser d'elle, et, comme elle avait beaucoup de millions, on lui avait acheté un Prince comme on lui avait acheté des poupées quand elle était petite, avec cette différence que les poupées étaient à elle, tandis qu'elle allait être au prince !

Je reconnus une fois de plus que le mot « invraisemblable » contient une plus forte dose de niaiserie que la plupart des mots qui lui font escorte dans les dictionnaires. Il n'y a d' « invraisemblable » que la vie elle-même, car elle comporte toujours une quantité de faits plus étonnants, plus prodigieux, plus difficiles à croire que tous ceux enfantés par le cerveau des poètes et des dramaturges.

Que n'a-t-on point dit et écrit sur « l'invraisemblance » de *Ruy Blas*, le drame merveilleux de Victor Hugo.

Ah! ah!... cette reine d'Espagne amoureuse de ce laquais!... Et ce laquais devenant premier ministre!...

— Pardon, Ruy Blas n'est pas un laquais. C'est un bachelier, c'est un poète, c'est un génie aiguisé par l'étude et prêt pour les fortunes les plus hautes... Ce n'est que par hasard, pour quelques minutes et pour former le nœud du drame, qu'il devient le laquais de don Salluste...

— Laquais! vous dis-je, laquais!!... Ah! ah!... Trouvez-moi donc dans la vie quelque chose qui, de près ou de loin, autorise de pareilles démences!...

Dans la vie?... Je l'avais là, le drame de Victor Hugo : et pendant que je donnais audience dans mon cabinet à la reine Marie de Neubourg, Ruy Blas était en grande livrée, au grand jour, dans mon antichambre, attendant, anxieux, le dénouement qui se préparait en dehors de lui.

Et, tout comme les bons bourgeois qui jugent la pièce, ceux qui avaient intérêt à crier : « Laquais! laquais! vous dis-je, » le criaient de tous leurs poumons, et les badauds répétaient en chœur : « Laquais! laquais! vous dis-je! »

Passe pour les badauds dont la spécialité est de ne jamais rien savoir des choses dont ils parlent, et de crier ce qu'on veut leur faire crier. Mais les autres ?

Eh bien! voici le jeu que jouaient les autres :

La fille de mon camarade de collège avait été élevée en partie à Flines, en Belgique, dans un admirable domaine que son père y avait acheté et où il venait chasser à l'automne, dans les intervalles de répit que lui laissait la vie parisienne qui l'a tué.

Là, l'enfant avait eu pour compagnon de jeu un jeune garçon fils d'un très important fermier belge. Son père, qui avait huit enfants, leur donnait à chacun plus de cent mille francs de dot. Son fils Jean, beau comme le jour et très intelligent, avait, tout comme Ruy Blas, fait ses humanités : il était très musicien, jouait de la mandoline comme un

Espagnol, tournait des vers charmants et n'eût été déplacé dans aucun salon de la chrétienté.

Il arriva ce qui devait arriver. A force de se voir, les deux jeunes gens s'aimèrent. Marc-Michel mourut, et, quand il s'agit de marier la jeune fille, vous pouvez bien penser que sa mère ne se soucia guère de l'interroger sur l'état de son cœur.

Elle devint princesse, et, un jour, Jean, qui n'avait consulté personne, lui apparut sous la livrée de Ruy Blas, plus beau, plus jeune, plus amoureux, plus séduisant que jamais et d'autant plus séduisant que le sacrifice qu'il s'imposait, en lui coûtant davantage, le rendait digne d'une plus haute récompense! Puis l'éclat eut lieu, la rupture se fit, et, dès lors, il devint intéressant pour le prince de faire croire à tous que l'indignité des amours de sa femme la mettait au-dessous de son mépris..., mais non de sa cupidité!

Et, maintenant, vous en savez assez pour lire la plaidoirie si vous en avez la curiosité.

Un dernier mot : La princesse, après s'être purifiée de son titre dans l'eau lustrale du divorce, a épousé celui qu'elle aimait depuis si longtemps. Et pourtant ce ne fut pas sans quelque difficulté, car il fallut faire prononcer la nullité du mariage religieux en Cour de Rome pour obtenir le consentement de la fermière, vieille et ferme catholique, qui, fidèle au dogme de l'Église, ne voulait pas pour sa bru d'une femme divorcée, cette femme eût-elle été princesse, fût-elle la plus belle, la plus intelligente et la meilleure des femmes, et eût-elle encore une dot de dix millions..., le prince payé !

PLAIDOIRIE

(Prononcée devant le Tribunal de Tournay, Belgique.)

Messieurs,

E serais bien peu digne de l'honneur que m'a fait le Tribunal en m'admettant à plaider devant lui, si je ne commençais par lui en adresser mes remerciements.

J'ajoute que ce devoir m'est d'autant plus doux à remplir qu'une part de cette gratitude doit aller à mon honorable contradicteur dont la loyale et confraternelle intervention se serait exercée, me dit-on, en vue de ce résultat *.

Permettez-moi de m'en applaudir à un double titre : comme Français et comme avocat, et de trouver dans cette occasion une nouvelle preuve des liens qui unissent nos deux pays et nos deux barreaux.

C'est sous l'empire de ces fraternelles pensées que j'aurais voulu poursuivre l'étude d'une affaire qui intéresse un de vos nationaux, mais il a trop vécu parmi nous pour n'avoir pas acquis le droit d'être traité avec la liberté dont nous usons entre compatriotes : alors surtout que les circonstances le mettent en face d'une femme née chez nous et dont le père a été, pendant

---

* Cette phrase doit s'entendre dans le sens ironique, car il paraît au contraire que l'adversaire avait fait tout au monde pour m'empêcher d'être admis à plaider devant le Tribunal belge.

les années de notre commune jeunesse, mon camarade de collège.

Ceci dit, j'imiterai mon adversaire, qui n'a pas cru devoir négliger de vous faire l'histoire des parties en cause..., mais un peu trop exclusivement à son point de vue. L'histoire veut être traitée avec plus d'impartialité.

Il est bien vrai cependant que c'est en 1876 que M. le prince Alphonse de Chimay se présentait pour épouser Mlle Gabrielle Lejeune, et si jamais jeune fille a dû concevoir l'illusion qu'on pouvait l'aimer pour elle-même, ce fut bien celle-là.

Il était difficile de rencontrer une enfant mieux douée de tous les charmes de la jeunesse et de la beauté.

Elle joignait à cet éclat du printemps, qui semblait sourire en toute sa juvénile et gracieuse personne, une intelligence ferme et cultivée, un sens artistique très pur et un cœur naïf et droit tout prêt à se gonfler aux souffles des généreux enthousiasmes et des poétiques tendresses.

Certes, née dans l'intérieur obscur de tout petits bourgeois, elle aurait pu être la plus heureuse des femmes. Mariée à un brave et intelligent garçon qui l'eût tout simplement adorée pour sa beauté, son intelligence et son cœur, tous ses vœux se fussent bornés à rendre le bonheur qu'elle eût reçu, et, dans le naïf et simple échange des tendresses conjugales, elle aurait trouvé l'accomplissement de la destinée la mieux faite à la mesure de ses ambitions.

Mais elle avait dix-sept millions de dot, et la plus méchante des fées oubliée à son baptême lui avait dit : « Tu seras princesse ! »

Et elle le fut jusqu'au désespoir !...

Celui qui briguait sa main, en vue surtout d'obtenir sa fortune, lui apportait en dot tous les désenchantements du monde. Sans amour et sans générosité, il ne vit dans le mariage que le contrat !

Il jetait dans la corbeille sa couronne fermée, dont le prestige s'était quelque peu terni à traîner dans plus d'un boudoir suspect, et il avait déjà trop laissé dire autour de lui que la gloire de ses aïeux était son seul instrument de travail.

Je ne sais pas si cet instrument était fatigué déjà, en tout cas il n'était pas complètement usé, puisque d'un coup il lui faisait rapporter dix-sept millions.

Pour un prince décavé, cette riche moisson, même des gens pieux diraient, par allusion à une légende célèbre : cette pêche miraculeuse, valait bien quelques égards.

Il était trop habile pour en manquer tout d'abord, et je remercie mon contradicteur d'avoir mis au débat les lettres qu'il y a versées. Elles prouvent à quel point était facile à faire la conquête de la jeune femme.

Mais, prenez garde, sauf une, elles sont toutes de 1877. C'est-à-dire que le prince, en commerçant correct, avait fait honneur à ses premiers engagements.

Il avait promis la lune de miel..., il fournissait la lune de miel, et la grossesse de la princesse manifestée à cette époque prouve qu'il s'était préoccupé d'assurer l'usufruit légal avec une ponctualité dont il serait excessif de le louer outre mesure.

.. Mais cette correspondance s'arrête bien vite. C'est qu'en effet les illusions furent de courte durée, et, tombées avec les feuilles d'automne, elles s'en allaient au gré du vent qui les roulait dans son tourbillon.

Tout ne tarda point à changer. Très fier de ses quartiers, portant très haut l'orgueil d'une gloire qui n'était pas la sienne, le prince, après avoir palpé la somme, osa parler de mésalliance.

Trop occupé sans doute du présent pour se rappeler le passé, ignorant aussi notre vieux proverbe de vénerie française qui dit que « bon chien chasse de race, » il avait oublié la demoiselle Cabarrus, femme Tallien, et la demoiselle Pellapra, la fille du banquier concussionnaire de l'affaire Teste, qui, elles aussi, avaient acheté le droit de broder sur leurs mouchoirs de poche l'écusson des Chimay.

Et un jour, brutalement, sans nécessité aussi bien que sans prétexte, il conta à sa jeune femme tout ce qu'il savait de l'affaire Michel..., lui apprenant à mépriser du même coup et les princes qui se vendent, et les millions dont on les paye!... Au reste, ce récit n'était que la rançon de sa liberté reconquise. En effet,

comment donc mener à son bras et promener à travers son
noble monde la descendante du banquier Michel ?

Et, pour mettre en tout son jour la délicatesse de son âme, il
fait lire ici par son avocat l'article d'un petit journal qui le
souille, mais où il puise la consolation de cette épithète :
« Michel le voleur. »

Pour lui, restauré, renippé, redoré, il reprenait sa vie de
cercles et de plaisir, laissant entrer par la porte entre-bâillée
l'amour qu'il reproche à sa femme d'avoir éprouvé pour un
autre, sans se dire qu'il n'a pas su le lui inspirer pour lui-même.
Pour un autre qu'il calomnie à son aise, car il ne peut se défendre, feignant de prendre au sérieux ce qu'il sait bien avoir
été un déguisement pour se rapprocher de la princesse !

Et vraiment, en écoutant la plaidoirie de mon contradicteur,
je me sentais pris d'une grande pitié pour son client.

Comment, me disais-je, voilà un homme jeune, de grande
race, habitué aux délicatesses d'un monde raffiné, ayant pu
apprendre de la vie plus qu'il n'en faut vingt fois pour une
pareille œuvre.

Le voilà amené, comme par la main, aux pieds d'une jeune
fille charmante, intelligente et bonne. Il arrive avec tout le prestige de son nom, de son titre, de son expérience. Il va pouvoir
lui constituer la grande vie, la placer au sein des hautes élé-
gances et lui faire au moins cette illusion que sa fortune n'a pas été
l'objet de ses basses cupidités, et se montrer si tendre et si noble
et si vraiment prince par le cœur et par l'esprit que, tout éperdue,
elle s'en voudra d'apporter si peu à qui lui a tant donné !

Eh bien non, il n'a rien vu, rien compris ; il n'a pas su prolonger la facile extase où l'avaient plongée les premières révélations d'un amour qu'elle croyait sincère et qu'elle rêvait éternel, et son rapide abandon dit assez à la jeune femme que ce
qu'on a voulu d'elle, ce n'est pas elle-même.

Enfin, messieurs, sans plus insister sur ces souvenirs qui
m'emplissent de tristesse, je constate qu'en 1882 les relations
des époux étaient telles qu'ils tombèrent d'accord sur la nécessité de faire prononcer le divorce.

Il devait être demandé par consentement mutuel.

Et ici je passerai rapidement sur les événements qui vont suivre.

Dans cette première convention verbalement intervenue entre les deux époux, il était dit que la princesse payerait de ses deniers le prix du domaine de Beauchamp, qui resterait la propriété du prince.

Elle devait, de plus, acquitter toutes les dettes et servir au prince une pension de 25,000 francs.

Pendant l'instance, le mari devait recevoir une rente de 60,000 francs, la femme une rente de 75,000 francs, constituée du reste par son contrat de mariage dans des termes particuliers.

Le surplus des revenus restait affecté à l'amortissement des dettes.

J'ajoute que, postérieurement à ces premières conventions, la princesse consentait à élever la pension de son mari de 25,000 à 50,000 francs par an.

Or tout à l'heure l'avocat du prince Alphonse de Chimay plaidait, à grand renfort d'épithètes désobligeantes pour ma cliente, que dès cette époque le prince Alphonse n'était que trop certain de son déshonneur.

J'en prends acte. Ainsi son premier soin au moment où il constate son déshonneur est d'en tirer parti, et quel parti ! Vous le verrez tout à l'heure par les chiffres et vous reconnaîtrez que dans ce pays le déshonneur est tout à fait hors de prix.

Mais, vraiment, quelle aimable carrière !

Le monde est plein de gens dont la vie se consume en d'implacables efforts pour atteindre, à travers une existence misérable, une vieillesse et une mort plus misérables encore. Que n'ont-ils un honneur dont les réparations locatives se payent un pareil prix !

Et tout à l'heure, j'éprouvais une véritable stupeur en entendant mon adversaire vous dire avec une désinvolture dont la légèreté quelque peu licencieuse jurait avec la gravité de ses allures ordinaires: « Bah ! cette morale qui interdit au mari trompé de recevoir de l'argent de sa femme, c'est la morale française et la morale littéraire ! »

Je vous remercie au nom de la France et de la littérature. Mais laissez-moi vous dire, mon cher confrère, que si cette morale appartient à la France, c'est qu'elle l'a empruntée à la Belgique et à tous les pays où les honnêtes gens sentent leur cœur battre au contact des généreux sentiments.

Cependant le prince, lui, ne se sentait pas rassuré par ces conventions verbales. Il lâche après sa femme la meute de ces agences infâmes dont l'intervention suffirait à déshonorer la plus noble des causes.

La princesse s'était retirée aux environs de Paris. Mᵉ P. Janson, dont le prince avait obtenu pour elle le concours, voit celui-ci, lui parle, et lui fait promettre que ces persécutions vont cesser.

Vaine promesse.

Au moment où, quittant Paris, elle prend le chemin de fer de Lyon, un de ces agents s'élance à la portière du coupé qu'elle occupe et lui crie : « Princesse de Chimay, je vous somme de descendre ! »

Le train part, l'homme est arrêté.

Mais je retiens ce fait à la double charge du prince, qui, malgré sa promesse, a provoqué ce scandale et ne l'a provoqué que pour en tirer parti.

En effet, le lendemain il se présente à Genève dans l'hôtel où elle est descendue, et, bien qu'il ait constaté qu'elle est seule dans l'appartement qu'elle occupe, il saisit ses papiers et sa correspondance dont il allait faire tout à l'heure un si coupable usage, si son avocat ne s'était pas rendu à nos justes observations.

Puis il l'emmène brutalement à Bruxelles où, grâce à une séquestration dans une chambre de l'hôtel de France, il espère se rendre maître absolu de ses résolutions et de sa volonté.

Et là, il lui propose de lui vendre le procès en police correctionnelle dont il la menace !

Par exemple, ce sera un bon prix... Songez donc..., son honneur !!

Et ici j'admire à quel point la Providence s'est montrée maternelle envers M. le prince Alphonse de Chimay en l'adressant à ma cliente !

Je ne serais pas embarrassé de connaître vingt femmes..., mais, sans aller bien loin, dans sa propre famille, Mme Tallien lui eût répondu :

« Vous voulez du scandale, mon cher ami? — Vous allez crier bien haut que je vous ai trompé, ce qui fera rire les hommes et sourire les femmes! A moins que, de mon côté, je ne raconte la petite combinaison que vous venez de me proposer, auquel cas on rira bien plus fort, mais toujours à vos dépens!!...

« Vous me parlez de l'honneur des Chimay? Qu'est-ce que cela me fait, à moi, l'honneur des Chimay? Est-ce que j'en suis?

« J'ai cru, sur l'enseigne, que c'était une bonne maison et j'ai fait la sottise de payer fort cher pour y entrer; mais, à la façon dont vous la tenez, je vois que ce n'est qu'un mauvais lieu et je me hâte d'en sortir! »

Mais, je le répète, la princesse avait les sentiments les plus nobles du monde. J'ajoute qu'elle était dans une disposition d'esprit particulière que révèle la lettre qu'on vous a lue tout à l'heure.

Et vraiment, j'admire l'imprudence de l'adversaire qui la met au débat.

Que prouve-t-elle donc? Sinon, que la terreur que le prince a su lui inspirer, l'émotion qui l'agite, la crainte du scandale, l'ont jetée dans un tel affolement qu'elle a pu lui adresser cette singulière épître.

En effet, à la lire, il semble qu'elle l'aime encore et qu'elle a tous les torts, elle seule! et il triomphe de cet état de vertige..., et de son humiliation dont plutôt il devrait rougir, car en l'humiliant ainsi, il s'humilie bien davantage, lui qui l'a poussée à cette extrémité et qui n'a pas craint de la réduire à cette détresse morale !

Donc, elle souscrivit à tout.

Le prince avait, comme par hasard, dans sa poche, un acte tout préparé, très en règle, où rien n'était oublié de ce qui pouvait le toucher. Il le lui fit signer le 18 avril 1882. Ce n'est pas tout : le lendemain, au moment même où elle allait monter en chemin de fer, il tirait encore de la même poche un autre acte et le lui faisait signer aussi.

Son honorable avocat a bien senti tout ce que cette conduite avait d'un peu... vif !

Il en a trouvé une ingénieuse explication et il vous l'apporte.

Il ne faut pas s'étonner, dit-il, de la surveillance exercée par le prince de Chimay et de sa préoccupation. A Genève, la princesse n'était pas seule ! Un malheur est très vite arrivé, et il courait le risque de voir greffer une branche parasite sur le noble tronc des Chimay !

Vraiment ! Mais comment donc cette crainte l'a-t-elle quittée subitement dès qu'il a eu en main les actes au moyen desquels il espérait conquérir plus de deux millions ?

En effet, à partir de ce moment, plus de contrôle, plus de surveillance, plus de précautions. Le noble tronc des Chimay peut se charger à son gré des branches tant redoutées jusqu'au 19 avril 1882; le prince a étendu sur cette nouvelle plaie le baume philosophique qui lui tient lieu de résignation chrétienne.

Alors commence la procédure en divorce. Elle devait être poursuivie par consentement mutuel; le prince, infidèle à sa parole, la poursuivit pour cause déterminée. Il a dit, pour s'excuser, que la mère de Mme de Chimay avait refusé son consentement, nécessaire aux termes de la loi belge; qu'il le prouve ! Quant à moi, je suis autorisé à lui dire que ce consentement, il n'a pas même tenté de l'obtenir !

..Quoi qu'il en soit, la princesse ne se défendit pas, et, le 12 août 1882, le Tribunal de Charleroi prononça le jugement de divorce.

Le prince aurait pu obtenir la déclaration de l'officier de l'état civil dès le mois de décembre 1882.

Il semble, en effet, qu'il devait être dévoré du désir de reconquérir ce nom, si mal porté !

Oui..., mais il ne faut pas perdre de vue qu'il continuait à toucher les revenus de la fortune de son ex-femme, et que s'il y a de petites gens..., il n'y a pas de petits profits: Il nous l'a bien fait voir !

Arrivé à ce point, il fallut s'occuper de régler les intérêts matériels.

Le prince avait constaté que son honneur avait souffert, il fallait s'occuper de le panser. Nous allons voir comment, en procédant à l'analyse des fameuses conventions. Mais, tout d'abord, j'ai à cœur de rappeler que j'en demande énergiquement la nullité par des raisons de fait, de droit et de moralité.

Cet examen doit être précédé d'un exorde. C'est l'établissement de la situation légale. Nous la trouvons fixée par l'article 301 du Code civil, ainsi conçu :

Si les époux ne s'étaient fait aucun avantage, ou si ceux stipulés ne paraissent pas suffisants pour *assurer la subsistance* de l'époux qui a obtenu le divorce, le Tribunal pourra lui accorder, sur les biens de l'autre époux, une pension alimentaire qui ne pourra excéder le tiers des revenus de cet autre époux.

Cette pension sera révocable, dans le cas où elle cesserait d'être nécessaire.

Ainsi pas d'équivoque possible. Cette pension a un caractère essentiellement alimentaire. Le texte le dit expressément et le paragraphe relatif à la révocabilité ne saurait laisser place au doute.

Il ne s'agit pas là d'une libéralité, même comme ici, d'une prime au déshonneur, mais seulement d'un secours.

M. le prince Alphonse de Chimay plaidera-t-il qu'il est dans la nécessité d'être secouru ?

A qui donc espérerait-il faire cette illusion ?

Il a son traitement de secrétaire de légation.

Il a eu son indemnité de député jusqu'au jour où le suffrage de ses concitoyens lui a fait justice en se retirant de lui.

Il a le domaine de Beauchamp que nous lui avons donné et dont tout à l'heure nous allons voir la valeur.

Il est sorti de chez nous sans un sou de dette, puisque nous l'avons rendu à la circulation nettoyé de tout son passif, même celui contracté après la séparation.

Il est bien.portant.

Il peut travailler.

Enfin il a une industrie, le mariage, qu'il a su porter au plus haut degré de prospérité et qu'il peut exercer encore !...

Mais ce n'est pas tout.

En droit, j'ai encore à me demander si les intérèts matériels sur lesquels les époux ont traité pouvaient faire l'objet d'une transaction ?

La loi à la main, je n'hésite pas à répondre : non.

En effet, voici comment s'exprime l'article 279 du Code civil :

Les époux déterminés à opérer le divorce *par consentement mutuel* seront tenus de faire, préalablement, inventaire et estimation de tous leurs biens, meubles et immeubles, et de régler leurs droits respectifs, sur lesquels il leur sera néanmoins permis de transiger.

Ainsi, en cas de divorce par consentement mutuel, la loi fait aux époux une obligation de procéder à la liquidation de leurs droits respectifs.

C'est ce qu'avaient fait le prince et la princesse alors qu'il était question de divorce par consentement mutuel.

Mais ce divorce n'a pas été prononcé. L'instance a été poursuivie par le prince d'une façon outrageante.

Nous sortons de la sphère d'application de l'article 279 du Code civil.

Dès lors, plus de transaction possible. La loi s'est montrée sage en redoutant les menaces et l'influence de l'époux demandeur.

Elle ne permet de transiger que sur les droits respectifs résultant du divorce par consentement mutuel.

Mais la thèse juridique n'est point encore épuisée.

Au moment de la signature des conventions, Mme Gabrielle Lejeune était encore engagée dans les liens du mariage, soumise à son contrat de mariage. Or Mme la princesse de Chimay était mariée sous le régime dotal.

Qu'est-ce à dire ?

Devant un Tribunal français nous n'aurions qu'à énoncer ce fait pour que, sans discussion, sans démonstration, le Tribunal prononçât la nullité des obligations contractées par ma cliente.

En France, la femme mariée sous le régime dotal ne peut pas s'obliger sur ses biens dotaux.

Sur les biens dotaux, sans distinguer entre les meubles et les immeubles.

Or, le Code civil est le même en Belgique et en France. L'article 1554 des deux Codes offre le même texte. Il semble que l'application doive être la même. Cependant, il est nécessaire de s'arrêter ici un moment.

Le régime dotal a été emprunté aux pays de droit écrit. Il est plus ordinairement employé dans le midi de la France. De là une première conséquence : que, rare en Belgique, il n'a pas donné lieu à une jurisprudence aussi considérable que chez nous.

Puis, une deuxième conséquence. Lorsque les Cours du nord de la France ont eu à interpréter le régime dotal, elles l'ont fait dans un autre esprit que les Cours du midi, et la Cour suprême a dû les ramener à une plus exacte interprétation de la volonté du législateur.

Les Tribunaux belges ont agi comme nos Cours du nord ; mais comme ils ne rencontraient pas le contrôle de notre Cour de Cassation, ils ont négligé nos traditions, si bien que le seul document que j'aie rencontré est un jugement du Tribunal de Bruxelles, qui s'est prononcé contre l'incapacité de la femme dotale.

Quoi qu'il en soit, messieurs, de ces divergences dans les jurisprudences, vous aurez à prendre parti sur cette question de principe, digne de vos méditations. Mais, en dehors de la question de principe, il y a la question de fait.

Le Tribunal connaît la clause de réalisation, car, ici, nous sommes en plein domaine de communauté.

Par cette clause, les meubles sont transformés en immeubles ; or le contrat de mariage a eu au moins cette conséquence :

toutes les valeurs mobilières nominatives appartenant à l'épouse ont été, par la volonté des parties, *réalisées*. Ce sont de véritables immeubles, au point de vue particulier du contrat de mariage.

En d'autres termes, si la question de principe pouvait être réservée, le Tribunal devrait au moins interpréter la volonté des parties ; or, pour le notaire français qui a rédigé l'acte, pour Mme Lejeune qui assistait sa fille, pour les futurs époux, il n'est pas douteux qu'on a voulu stipuler le régime dotal tel qu'il est compris et appliqué en France. J'ajoute qu'on a même été, dans l'acte, jusqu'à prévoir la juridiction du Tribunal de la Seine. Si ces stipulations sont inefficaces vis-à-vis des tiers, au moins sont-elles valables vis-à-vis du mari.

Enfin, la nullité de cet acte est si certaine, que les adversaires n'ont pas osé en préparer l'exécution convenue dans l'acte lui-même.

En effet, on dit dans le préambule, on répète dans l'article 9 :

Que les dispositions de l'acte seront reproduites littéralement dans les conclusions qui seront prises au nom de Madame aux fins de décrètement dans l'instance en divorce.

Ainsi, le rédacteur du projet savait que ce projet n'avait aucune valeur légale, qu'il était nécessaire d'enfermer toutes ces bonnes dispositions dans un solide jugement..., mais... on n'a pas osé !

On a douté que les juges de Charleroi, même en l'absence de contradiction, y consentissent; on a prouvé ainsi qu'on connaissait l'austérité de leurs mœurs juridiques, la perspicacité de leur esprit et la droiture de leur conscience.

Mais il faut signaler que le jugement de divorce est muet sur toutes ces profitables combinaisons. Le projet est resté projet !

J'ai dû, messieurs, établir, comme je l'avais annoncé, la situation légale des époux. Il me reste à continuer l'examen et l'analyse des conventions... à titre d'édification.

J'ajoute que ce sera pour le Tribunal un enseignement quelque peu nécessaire, car il est encore à les connaître, et l'adversaire nous donne ce singulier spectacle d'un plaideur venant demander l'exécution d'une convention dont il rougit, à ce point, de n'en pas oser donner lecture aux juges qu'il appelle à statuer sur le sort de cette convention.

ARTICLE 1ᵉʳ.

Cet article est relatif au domaine de Beauchamp..., acheté par le prince de Chimay et qui doit rester sa propriété.

Mais... si le prince a acheté, le prince n'a pas payé. Qu'à cela ne tienne, la princesse payera... en l'acquit de son mari.

Et... elle a payé.

Combien ?

Coût : Prix principal.	800,000	fr.
Plus.	175,000	»
Plus.	60,000	»
Plus.	15,260	»
Plus.	6,000	»
Total.	1,056,260	fr.

On le voit, c'est un cadeau de plus d'un million.

Dans le premier projet verbal, Mᵐᵉ Lejeune s'était engagée à faire cette donation.

Son mari n'a pas tenu sa parole.

Il l'a injurieusement traitée.

Elle a voulu tenir la sienne..., elle a payé.

ART. 2.

« Tous les objets mobiliers garnissant Beauchamp restent au prince. »

Pas de difficulté. Il les a pris.

ART. 3.

« Tous les objets garnissant l'appartement de Paris restent à la princesse..., à l'exception de l'argenterie, de la vaisselle et du linge. »

C'est-à-dire ce qu'il y a de plus important dans une maison princière. Mais il n'est pas sans intérêt de voir ce qui s'est passé en fait.

Mᵐᵉ Gabrielle Lejeune n'ayant gardé que quelques objets de ce mobilier et ayant manifesté l'intention de vendre le reste, le prince a demandé à en acquérir *à prix d'argent* quelques-uns.

On lui a répondu de prendre *gratuitement.*

Et il a tout pris !

Or le mémoire du tapissier montait, à lui seul, à 140,000 fr.

ART. 4.

« Le passif de la communauté sera acquitté par Madame. »

Le rédacteur du projet ignorait l'existence du régime dotal. En droit, toutes les dettes étaient à la charge du mari.

En fait, Mᵐᵉ Gabrielle Lejeune a payé *toutes* les dettes contractées par le prince de Chimay.

Combien ?

Un million quatre cent vingt-neuf mille six cent sept francs (1,429,607 fr.).

ART. 5.

« La suite du bail de l'appartement de la rue Bassano appartiendra au prince. »

Mais pour goûter toute la saveur de cet article, il faut le rapprocher du précédent :

Art. 4. — « Le passif (à acquitter par Madame) comprend les loyers échus ou A ÉCHOIR du bail de l'appartement de la rue Bassano. »

Ainsi, c'est Mᵐᵉ Lejeune qui *entretiendra* M. le prince de Chimay.

Tant il est vrai que l'habitude est une seconde nature !

Mais il y a lieu d'admirer ici la précaution d'un homme qui reçoit d'une main un million (le château de Beauchamp), de l'autre 1,400,000 francs (le passif), mais qui ne dédaigne pas les tout petits profits et qui se fait payer son terme... à venir !

ART. 6.

Celui-là, c'est la pièce de résistance et l'objet de la demande actuelle.

M. le prince de Chimay veut bien se contenter du sixième du revenu de Mme Gabrielle Lejeune...

Mais : « pour régler *à forfait* toute réclamation, Madame payera le *capital* au denier 20 de cette pension ainsi fixée. »

Et alors on voit commencer, entre les conseils des parties, une discussion sur le chiffre du revenu.

Est-ce le revenu brut ?

Est-ce le revenu net ?

Et, ici, l'avidité du prince se donne carrière.

La dot de Mlle G. Lejeune était nominalement de dix-sept millions, mais elle se réduisait à quatorze millions à raison de l'obligation où elle se trouvait de servir différentes pensions et de supporter certaines charges de cette fortune même.

Qu'importe au prince.

Il englobe tout dans sa demande. Il faudra capitaliser sur dix-sept millions !

Ah ! tenez, il y a des exigences qu'on ne saurait toucher, même avec des gants ! Mais cette prétention n'en a pas moins son bon côté : elle montre la nécessité d'annuler l'acte du 18 avril, car l'article 301 du Code civil n'a jamais admis que la constitution d'une pension alimentaire, réductible et révocable. Comment donc le Tribunal pourrait-il donner sa sanction à un acte qui transforme cette pension en un capital..., et un capital de deux millions huit cent quatre-vingt-cinq mille trois cent trente-trois francs vingt centimes (2,885,333 fr. 20) ?

Il appartient à la justice de réprimer ces appétits ! J'ai peur, malgré tout, de la générosité de ma cliente ; mais encore faut-il que le contrat qui la lie soit brisé. Ses conseils ne peuvent lui permettre de faire de sa fortune un pareil usage. Il est, de par le monde, des indigents plus dignes que le prince de Chimay, de prendre part à ses libéralités !

Au surplus, je ne crois pas que le débat puisse être maintenant bien vif. Vous avez entendu, tout à l'heure, mon honorable contradicteur déclarer lui-même que l'acte en question est nul. Il ajoute qu'il n'y a pas de procès, et il paraît tout surpris de nous voir tous les deux à la barre du Tribunal.

Grand merci ! mais il s'en aperçoit un peu bien tard ! Il n'y a pas de procès ? Je m'en étais toujours douté ; mais, alors, pourquoi donc en avez-vous fait un ?

Est-ce moi qui ai demandé à venir ici, et, malgré tout l'honneur que j'en retire, est-ce de mon plein gré que j'y suis venu ?

Vous êtes demandeur depuis le commencement de la procédure..., et tout à coup vous vous apercevez que vous ne demandez rien du tout ? J'en suis fort aise, mais, encore un coup, c'est plus tôt que vous auriez dû vous aviser de cette découverte.

Le Tribunal n'a pas oublié que l'acte du 18 avril, sur lequel je viens de m'expliquer, n'est pas seul en cause. J'ai quelques mots à dire de l'acte signé le 19 avril, dans des conditions identiques.

Voici quelques explications préliminaires : le prince est propriétaire d'actions du Canal du Midi. Dans un partage de famille, ces actions lui avaient été attribuées pour acquitter les dettes de la succession de sa mère. Le prince a, sans doute, vendu ces actions ; mais il n'a rien payé ! C'est seulement avec les biens paraphernaux de sa femme (600,000 fr.), les revenus dotaux et les emprunts qu'il a acquitté les dettes de cette succession.

Voilà pour les actions du Canal du Midi.

D'autre part, le prince s'est rendu adjudicataire d'un terrain, rue Magellan ; il y a fait élever des constructions, puis il a cédé le tout à la princesse, en remploi de valeurs dotales (10,000 fr. de rente italienne), qui ont été vendues.

La petite note du 19 avril ne signifie donc rien, sinon que le prince s'efforçait de s'emparer encore d'un immeuble de 230,000 francs, car, dans ses conclusions, il demande la rétrocession de l'immeuble de la rue Magellan.

Il offre enfin, aujourd'hui, de payer. Soit, nous en prenons acte, quand ce ne serait que pour la rareté du fait !

Après le divorce, Mme Lejeune voulut se montrer généreuse. Elle abandonna quelques-uns de ses droits ; mais plus elle se montrait désintéressée, plus croissait l'avidité du prince.

Les actes attribuaient à celui-ci la propriété de tous les chevaux, trente chevaux de luxe, de grand prix ; et, tandis qu'il mettait la main sur eux, il refusait à Mme Lejeune son cheval favori, descendant, pour le lui refuser, à un mensonge bien pitoyable. Il prétendait que cet animal avait été donné par lui à la princesse, lors de la naissance de l'enfant qu'ils ont perdu.

Certes, la raison est touchante et sentimentale à souhait ! Seulement..., il paraît que son amour paternel égare le prince quant aux dates, et que le souvenir de son enfant ne saurait, en réalité, se rattacher au cheval en question.

Cependant on tardait trop, à son gré, à le payer. Il eut l'audace de former des oppositions.

Actuellement, les revenus de Mme Lejeune (sauf les insaisissables), sont tous saisis et arrêtés. Les seules mainlevées que le prince ait accordées ont été données dans son intérêt, pour permettre à Mme Lejeune de payer Beauchamp et son passif.

Il est vrai qu'à son tour Mme Lejeune a reçu une opposition sur ce qu'elle doit à son mari.

Le jour même ou la veille du mariage, M. le prince de Chimay constituait une rente de 12,000 francs à une demoiselle Staudt, moyennant un capital de 150,000 francs versés hors la vue des notaires.

La première pensée était que le prince payait sa maîtresse, liquidant son passé de jeune homme avec l'argent de sa femme..., et j'en éprouvais déjà une certaine nausée !

Mais la réalité est bien autrement pittoresque.

La demoiselle Staudt était bien sa maîtresse, mais elle était aussi sa créancière, et c'est avec son argent qu'à la veille encore de son mariage il faisait dans le monde une demi-figure !

Voilà l'homme enfin connu. Il ne saurait y avoir aucune hésitation à réclamer contre lui les nullités de fond et de forme qui entachent les actes.

Mme Gabrielle Lejeune veut rester maîtresse de ses géné-rosités.

Elle a déjà donné 1,056,000 francs, Beauchamp et ses accessoires ;

1,379,000 francs, le passif ;

600,000 francs, reprises paraphernales qu'elle ne réclame pas ;

500,000 francs, mobilier abandonné au prince ;

Soit, au total, 3,535,000 francs !

Le prince réclame encore :

Immeuble de la rue Magellan   230,000   »
Un capital de. 2,655,333 20

         Total. 2,885,333 20

Sans doute c'est un bonheur de rencontrer une femme riche, et les gens sages tirent parti de l'occasion. Mais, ici, le prince paraît avoir voulu en tirer un trop magnifique parti.

Il n'est pas indispensable qu'il continue à mener le train de maison qu'il avait pendant le mariage.

Il se retire de cette aventure avec un bénéfice de trois millions.

C'est suffisant.

J'en aurais fini, s'il ne me restait à réfuter l'objection des adversaires.

Les conventions, nous disent-ils, dont vous demandez la nullité ont été confirmées :

1° Par un acte de ratification expresse ;

2° Par l'exécution volontaire.

Examinons :

La ratification expresse résulterait :

D'un télégramme de Mme Lejeune ;

D'un acte du 10 février 1883, passé entre Me P. Janson, mandataire de la princesse, et le prince de Chimay.

La réponse se trouve tout entière dans le texte de l'article 1338 du Code civil, ainsi conçu :

L'acte de confirmation ou ratification d'une obligation contre laquelle la loi admet l'action en nullité ou en rescision, n'est valable que lorsqu'on y trouve la substance de cette obligation, la mention du motif de l'action en rescision, et l'intention de réparer le vice sur lequel cette action est fondée.

Or le télégramme est muet :

Sur les motifs de l'action en nullité ;

Sur l'intention de réparer le vice.

Il y a plus : l'acte du 10 février 1883 est muet également :

Sur la dotalité ;

Sur la violence morale.

Et sur l'article 301 l'erreur capitale, et que j'ai signalée plus haut, reparaît avec éclat.

Quant à la ratification tacite résultant de l'exécution volontaire, en quoi donc a consisté cette exécution ?

Les adversaires répondent :

« Dans le payement du prix de Beauchamp ;

« Dans le payement des dettes ;

« Dans la remise du mobilier. »

En premier lieu, nous expliquons qu'il ne faut pas voir là l'exécution partielle de l'acte du 18 avril 1882, mais l'exécution d'une convention verbale qui a précédé la séparation des époux.

Le prince n'a pas rempli ses promesses :

Mme Lejeune veut exécuter les siennes.

Mais il s'agit là de promesses bien différentes des obligations prises le 18 avril.

Celles-ci signées sous la menace.

Celles-là contractées volontairement.

De plus, quant à l'acquisition de Beauchamp, la princesse était acquéreur solidaire ; et quant à ce prix et au payement des dettes, les tiers allaient-ils se trouver en face d'un mari insolvable ?

Le prince devait-il supporter seul les conséquences d'un train de maison auquel la princesse avait participé ?

La délicatesse obligeait Mme Lejeune à agir comme elle l'a fait, dans la mesure où elle s'est tenue.

Ceci dit, en fait, voyons le droit. L'article 1338 porte : « ..... Il suffit que l'obligation soit exécutée volontairement après l'époque à laquelle l'obligation pouvait être valablement confirmée ou sacrifiée. »

Or, Mme Gabrielle Lejeune a signé sous l'empire de la crainte d'être poursuivie correctionnellement.

Cette crainte avait-elle cessé? Non. Car la prescription pour les délits est de trois ans et cette prescription n'était pas accomplie, on ne le lui laissait pas ignorer !

D'ailleurs, la ratification tacite doit remplir les conditions de la ratification expresse. Il faut que le débiteur connaisse les vices et qu'il ait l'intention de les réparer.

Or, on ne saurait plaider sérieusement que Mme Lejeune connaissait ces vices.

Elle voyageait, elle cherchait à se faire oublier et surtout à oublier elle-même, et rien ne prouve que la sollicitude du prince ait été jusqu'à l'avertir du point de droit qu'il s'agissait de résoudre.

J'ajoute qu'on avait si peu le souci de faire un acte régulier, que mon honorable confrère vous a dit lui-même qu'il avait été mêlé à cette convention.

A qui donc essayera-t-il de faire croire qu'un jurisconsulte consommé comme il l'est n'ait pas connu ou ait mis en oubli les prescriptions si sages de l'article 1338 du Code civil?

J'en ai fini, messieurs.

Vous connaissez maintenant l'économie de ces actes inspirés par la fraude, arrachés par la violence, en révolte ouverte contre le droit et condamnés par la morale.

Il faut qu'ils disparaissent.

Ce sera l'honneur de votre justice de les déchirer, ce sera le dernier effort de notre clémence d'en perdre jusqu'au souvenir !

UN MARIAGE NON CONSOMMÉ

ONSIEUR PAEILE, archiviste et bibliothécaire de la ville de Lille, a deux filles : Marie et Joséphine.

Vers le milieu de l'année 1880, il reçoit la visite du F. Triœn, ancien économe du collège des R. P. jésuites de la Providence à Amiens, qui l'entretient de projets de mariage. Le F. Triœn présente deux candidats, les frères Callau, négociants à Lille. Il insiste sur leurs mérites : il les a connus personnellement au collège des Jésuites d'Amiens, où il a professé.

M. Paeile se laisse facilement convaincre, et, lorsque, au mois de juillet 1880, le R. P. Pillon, de l'ordre des Jésuites, vient, à l'instigation du F. Triœn, demander la main de Mlles Marie et Joséphine, le père de famille l'accorde avec confiance.

Les deux mariages sont célébrés : celui de Remy Callau avec Marie Paeile, le 18 novembre 1880, celui de Paul Callau avec Joséphine Paeile, le 7 juillet 1881.

Deux ans ne s'étaient pas écoulés qu'une double demande en séparation de corps était formée par Mmes Callau, — par Mlle Paeile, ferais-je mieux de dire en parlant de la plus jeune des deux sœurs, *épouse* de Paul Callau. Celui-ci, en effet, avait gardé, vis-à-vis de la jeune fille, une réserve telle qu'il ne pouvait, à bon droit, l'appeler sa femme.

C'est pour ce motif que Mlle Paeile demandait sa séparation.

Un jugement du Tribunal civil de Lille (27 juillet 1883) repousse cette demande.

La pseudo-Mme Callau interjette appel.

PLAIDOIRIE

Messieurs,

 mesure que je pénétrais dans l'étude de ce dossier, il me revenait à l'esprit une phrase de M. Guizot qui s'imposait à moi comme la formule résumant cette affaire de la façon la plus exacte :

Plus j'avance dans la vie, écrivait-il, et plus je me confirme dans ma conviction qu'en toutes choses, dans la peinture des scènes extérieures du monde et de la vie intérieure de l'âme, l'imagination des hommes est toujours restée au-dessous de la réalité.

En effet, si quelque littérateur en quête d'imprévu mettait à la scène ou essayait d'enfermer dans le roman les faits qui vont se dérouler sous vos yeux, il n'y aurait qu'une voix pour crier à l'invraisemblance, cette ressource suprême des ignorants, des inexpérimentés et des sots.

Voici ces faits :

M. Paeile, archiviste et bibliothécaire de la ville de Lille, comptait au nombre de ses enfants deux filles charmantes, bien élevées et recherchées par les meilleurs partis de la ville.

Dès lors, il semble que rien ne soit plus naturel que de leur trouver de bons maris, dans une situation égale à la leur, et voilà une histoire qui s'achève tout justement comme les contes de fées qui berçaient notre enfance : « ils vécurent heureux et eurent beaucoup d'enfants ! »

Mais... M. Paeile était lié d'affection avec les R. P. jésuites. Il leur avait prouvé son dévouement par de nombreux services. Aussi leur appartenait-il corps et âme....

Ils le lui firent bien voir.

En 1880, il fut capté par le R. P. Pillon, dont la bonne foi paraît avoir été surprise par la mauvaise foi du F. Trioen.

Celui-ci, ancien économe du collège des PP. jésuites de la Providence, à Amiens, y avait connu les deux fils des époux Callau-Desmazières, négociants à Lille.

Quel lien s'était formé entre eux et lui? je n'entreprends pas de le savoir...

Mais si l'on doit juger l'arbre à ses fruits, jamais rameau pourri n'engendra de fruits plus amers et plus vénéneux !

Vous allez en juger.

Au commencement de cette année 1880, le F. Trioen se présenta chez M. Paeile. Il s'était fait prudemment assister du R. P. Pillon, dont le pavillon respecté était destiné à couvrir sa méprisable marchandise.

Là il entretint le père de famille des deux frères Remy et Paul Callau, avec une chaleur de conviction et une éloquence de cœur tout à fait à la hauteur du but à atteindre.

Il les connaissait, il garantissait leur intelligence, leur cœur, la solidité de leurs principes et toutes leurs vertus !

Quant aux parents, il se portait fort d'une situation commerciale brillante et d'une fortune assurée d'au moins 5 à 600,000 francs.

Leur crédit était de premier ordre, leur clientèle considérable..., *il avait vu les livres !*

Le P. Pillon, lui, avouait ne pas connaître les Callau-Desmazières, mais sa présence cautionnait le F. Trioen, qui cautionnait les autres !

Et puis, il s'offrait à prendre des renseignements. Mais M. Paeile était gagné d'avance.

« Des renseignements, mes révérends ! Quand vous me faites l'honneur de me demander mes filles ! Allons donc ! et plût à Dieu que j'en eusse plus de deux à vous livrer ! »

J'ajoute que les Callau-Desmazières ne s'étaient pas frottés en vain aux Jésuites, qui, depuis Pascal, ne sont pas en possession d'une grande réputation de candeur.

M. Callau, le père, se rendait à Maubeuge chez M. Vautier, oncle et parrain de Joséphine Paeile ma cliente. Il l'entretenait de placements importants qu'il avait à faire.

Il le consultait avec déférence..., et M. Vautier, très flatté de cette confiance, très heureux d'être à même d'apprécier une situation qui intéressait si vivement sa famille, le recevait avec une grande cordialité.

Il lui prodiguait des conseils, dont l'autre, qui n'en avait que faire, devait rire dans sa barbe, et il déclarait à la famille Paeile que la fortune réalisée des Callau-Desmazières pouvait bien, en effet, s'évaluer à 5 ou 600,000.

Puis, la ligne de circonvallation se resserra peu à peu, toutes les petites habiletés employées en pareil cas furent mises en œuvre. Mais, je le répète, il n'était pas besoin de tant d'artifices, M. Paeile ne demandait qu'à être convaincu.

Le 18 novembre 1880, avait lieu le mariage de l'aînée, Marie Paeile, avec l'aîné, Remy Callau. Je n'ai pas à m'en occuper.

Plus heureuse que sa sœur, car elle plaide aussi en séparation de corps, elle a confié ses intérêts à l'éminent doyen de votre faculté de droit, et Mᵉ Daniel de Folleville vient d'obtenir un premier succès en faisant, il y a quelques jours, ordonner par le Tribunal de Lille l'enquête sur les faits articulés par lui.

Ce mariage n'était que la première étape. Mais c'était un grand pas de fait. Dès lors le F. Triœn ne quitte plus la maison. Puis, au retour de son voyage de noces, Remy Callau unit ses instances à celles du pieux entremetteur.

Il parvient à intéresser sa femme en faveur de son frère. Il fait valoir des raisons commerciales. Si ce mariage ne se conclut pas, c'est la dissolution de la société entre les deux frères, l'impossibilité de continuer la construction d'un tissage important à Hellemmes, bref, la ruine et la faillite au lieu de la prospérité entrevue.

Tant d'honnêtes efforts devaient avoir leur récompense... Le

2 juillet 1881, était rédigé le contrat de mariage de Joséphine Paeile, copié sur celui de sa sœur.

. Le futur se constituait 25,000 francs de dot, indépendamment d'une situation commerciale en plein éclat.

La future apportait 70,000 francs.

Mais si les deux jeunes femmes avaient versé effectivement les 140,000 francs constituant leurs apports, *jamais* les maris ne reçurent un centime des dots annoncées par leurs parents !

Les 140,000 francs allèrent s'engloutir aux mains des époux Callau-Desmazières, qui avaient vendu à leurs fils, à un prix exagéré, les marchandises constituant le fonds de commerce qu'ils exploitaient à Lille.

Le tissage... était construit à crédit ; la clientèle était insignifiante...

La fortune des parents, mensongèrement grossie, montait à peine à une centaine de mille francs engagés dans des entreprises douteuses.

Donc, on était à la veille de la ruine.

La famille Paeile était tombée dans un piège abominable, artificieusement construit sous le manteau de l'honneur religieux !

Cependant, il restait à ces jeunes gens à relever une situation compromise, à force de travail, d'énergie et d'intelligence.

Il leur restait au moins à rendre leurs femmes heureuses.

Cette double tâche était au-dessus de leurs forces.

J'ai dit que Mme Remy Callau plaide en séparation de corps.

Voyons l'affaire de la plus jeune :

Elle se résume en deux mots.

Son union a duré dix-huit mois, pendant lesquels elle n'a pas connu un seul instant de bonheur, et, quand on assiste, par la pensée, à la succession des faits qui se sont accomplis pendant cette période de dix-huit mois, on demeure frappé d'une véritable stupéfaction !

C'est le 7 juillet 1881 qu'a eu lieu le mariage, et déjà au repas, qui réunissait la famille et quelques amis, on avait été surpris de l'étrange froideur du mari pour sa jeune femme.

Le soir, et entré dans la chambre nuptiale, M. P. Callau se

mit au lit... et s'endormit d'un sommeil réparateur que justifiaient bien les émotions d'une pareille journée.

Cependant, vers le milieu de la nuit, ce sommeil fut troublé. Le roulement des voitures avait causé la chute d'une bobèche des candélabres. M. Callau, pour éviter le retour d'un pareil accident, fit lever sa femme qui dut aller enlever les autres bobèches..., et ce fut tout !

Le lendemain, on partait pour le traditionnel voyage de noces.

En route, M. Callau ouvrit le petit sac que sa femme portait à la main, et, y découvrant une bourse contenant 300 francs, ses économies de jeune fille..., il la confisqua, déclarant que ses principes s'opposaient à ce qu'il y eût deux bourses dans le ménage !

Puis on arrive à Bruxelles. On se couche, mais il a laissé les fenêtres grandes ouvertes, et, sur l'observation de sa femme que c'est là une imprudence, il répond simplement qu'il a trop chaud et que, comme pour l'argent, il ne peut y avoir qu'une température dans le ménage..., celle qui lui convient !

Et puis?... Et puis le lendemain on part pour Aix-la-Chapelle. Mais si le mari a eu trop chaud, sa femme a pris froid. Une angine dangereuse se déclare. Un médecin, qu'il se décide à faire venir, déclare qu'il faut repartir pour Lille.

Comment se manifeste son émotion ? — Par une violente mauvaise humeur de voir interrompre un voyage qui lui paraissait plein de charmes.

On repart. Il n'a pas même le soin d'emporter le moindre médicament pour soulager sa jeune femme. Et, tant que dure la route, il ne s'occupe que de lui, prodiguant à chaque buffet à son estomac des consolations et des encouragements pleins de tendresse.

Enfin on arrive, et je ne vous peindrai pas la tristesse des parents à la vue de leur enfant si souffrante, si abattue et si changée déjà.

Cependant les 300 francs du petit sac avaient mis en goût ce mari soigneux.

Le 14 juillet, il bouleversait tous les tiroirs et tous les meubles avec l'espoir qu'une nouvelle surprise allait récompenser ses préoccupations vigilantes.

Mais le lendemain un événement grave venait plonger cette famille dans le deuil : M. Paeile mourait subitement le 15 juillet 1881.

Ici va se dévoiler le caractère de M. P. Callau, et vraiment l'épaisseur de sa brutalité et la candeur de son cynisme font rêver!

Il y a quinze jours à peine que cette tombe est fermée, qu'il déclare à sa femme qu'il a assez de ses *simagrées*. Il demande des comptes ; il menace de l'huissier ; il dit qu'il ne s'est marié que pour avoir de l'argent et qu'il lui en faut !

Alors M. Ch. Paeile, son jeune beau-frère, se charge de lui remontrer que la dot de sa sœur avait été payée, et qu'on ne lui devait rien.

Il avait bien raison de dire qu'il lui fallait de l'argent : il n'en avait guère, car les bouquets qu'il avait offerts à sa fiancée n'avaient été payés que par celle-ci, et, quant aux 300 francs qu'il avait si prestement enlevés, il en avait fait usage pour donner une montre et une chaîne d'or à une fille de brasserie..., souvenir de sa chaude jeunesse ! !

Cependant le ménage continuait à vivre chez la belle-mère et M. P. Callau déclarait qu'il trouvait la vie fort douce ainsi, surtout fort économique, et qu'il n'était pas pressé d'en changer!

Puis, vers la fin de septembre, il part avec sa jeune femme pour passer quelques jours à Paris.

On pourrait se figurer que ce fut une occasion pour le nouveau ménage de visiter ce que cette ville peut avoir d'intéressant.

Certes, ni les collections, ni les musées, ni les monuments n'y font défaut, non plus que les théâtres et les lieux de réunion.

Oui..., mais... M. P. Callau a de mauvaises dents et il passait toutes ses journées chez son dentiste.

Le soir, il offrait à sa femme l'économique distraction d'une promenade sous les galeries du Palais-Royal..., et l'on rentrait à l'hôtel où l'attendait un sommeil pris en la tranquille conscience d'une âme vierge !

Un jour pourtant elle lui fit observer que cette existence était peut-être dénuée de charme. Il trouva l'observation juste et répondit que pour se distraire elle pouvait lui tricoter des chaussettes.

Le lendemain, il lui apportait de la laine, lui ouvrant ainsi les perspectives azurées d'une union paradisiaque où la femme tricote des chaussettes pour un mari qui va se faire plomber les dents.

A leur retour de Lille, ils trouvèrent la situation assez tendue entre Mme Remy Callau et les beaux-parents Callau-Desmazières qui, au mépris de leurs engagements, s'obstinaient à ne pas quitter la maison de commerce qu'ils avaient vendue si cher à leurs fils.

Singulier monde où les commerçants semblent ne prendre des engagements que pour les violer!

Enfin le 4 novembre 1881 avait lieu l'installation des époux à Lille dans une maison de la rue de Bourgogne, contiguë à celle occupée par M. Remy Callau et communiquant par une porte intérieure.

Mais, du 7 juillet, jour du mariage, à cette date du 4 novembre, la situation de la jeune femme n'était pas modifiée!

Le mari sortait, rentrait, mangeait, buvait avec l'aimable indolence d'un animal à l'engrais, dont la reproduction ne serait point entrée dans les prévisions de son propriétaire!

Cependant, vers la fin de décembre, comme le tour était joué, comme les dots étaient touchées et encaissées par les époux Callau-Desmazières, ceux-ci se décidaient à quitter Lille et à partir pour Nice.

Vous vous rappelez que le double mariage a eu lieu sur les assurances du F. Tricœn, qui a entraîné le P. Pillon dans des affirmations sur la prospérité, la solidité de la fortune et des affaires.

Or, le 2 janvier 1882, ces honnêtes commerçants Remy et P. Callau déclaraient à leurs femmes qu'il leur fallait 100,000 fr. *tout de suite* pour éviter la faillite, payer les ouvriers et finir le tissage.

De plus, Paul Callau affirmait qu'avant leur départ ses parents avaient avancé 50,000 francs et que c'était au tour de Mme Paeile à s'exécuter.

Puis on se rend chez cette dernière et là, dans une scène injurieuse, il reproduit sa demande de la façon la plus impérieuse, la plus brutale, allant même jusqu'à parler d'avancement d'hoirie.

Mme Paeile refusa net.

Mais... le lendemain on voit apparaître le F. Tricœn qui prie, presse, supplie et promet tant et de si belles choses que la famille se laisse attendrir.

Seulement, retenez bien ceci :

Il jure avoir la preuve matérielle par le *vu des livres* que l'avance de 50,000 fr. a été réellement faite par les époux Callau-Desmazières.

Or, il mentait.

Singulier monde où les religieux ne donnent leur parole d'honneur que pour la souffleter.

Cependant l'avance des 100,000 francs est faite.

Voici la lettre qui le prouve :

Lille, 20 décembre 1881.

Mon cher Monsieur Ch. Paeile,

Nous acceptons avec la plus vive reconnaissance les conditions contenues dans le contrat que vous nous avez présenté hier.

Conformément à cet acte, nous acceptons le prêt de 30,000 francs offert par Mme Paeile-Vautier et celui des 70,000 francs que vous mettez à notre disposition.

Cependant, pour ce dernier prêt, nous nous réservons de ne le prendre qu'au fur et à mesure de nos besoins et jusqu'à concurrence de la somme qui nous sera nécessaire; les intérêts et les remboursements seront servis aux époques indiquées.

Veuillez agréer, cher Monsieur, avec l'expression de toute notre reconnaissance, celle de notre bien sincère dévouement.

CALLAU-DESMAZIÈRES.

Ainsi, avec les dots, c'était 240,000 francs dont cette famille indignement abusée s'était déjà dessaisie aux mains de ces gens qui n'avaient pas reçu un centime des dots qui leur avaient été promises à eux-mêmes !

Mais... la situation intérieure?

Eh bien, la situation intérieure n'était pas changée.

Au reste, il était difficile qu'il en fût autrement quand on assiste par la pensée à la toilette de nuit de M. P. Callau.

Cet intrépide avait peur de tout ! Des maux de gorge... et il se graissait le cou d'une pommade camphrée qu'il recouvrait d'une serviette.

Des engelures aux mains... et il s'enduisait les doigts d'une pommade quelconque; puis il les fourrait dans d'infects gants noirs toujours les mêmes et qui avaient fini par exhaler un parfum révoltant.

Des engelures aux pieds... et il les oignait d'une autre graisse : après quoi, les ayant enveloppés d'un linge, il gagnait à cloche-pied la couche conjugale.

Si bien que devant cet étrange appareil l'amour le plus indiscret et le plus implacable eût reculé d'horreur !

Cependant une circonstance toute fortuite allait révéler à d'autres le secret de cette chaste et nauséabonde alcôve.

Mme Remy Callau, préoccupée de ne voir apparaître chez sa sœur aucun signe de grossesse, l'interrogea discrètement.

Celle-ci, chastement élevée au couvent d'Esquermes ne comprenait pas.

Elle pensait que les maris n'étaient bons qu'à être graissés le soir. Elle soupçonnait peut-être que quelques-uns le faisaient d'une façon plus aimable, mais elle n'entrevoyait pas d'autres horizons !

Mais sa sœur, outrée, s'ouvrit le soir même à son mari de sa découverte.

Ce fut l'occasion d'une scène assez vive, cependant Callau chercha à excuser son frère en alléguant sa niaiserie, sa timidité, sa gaucherie..., que sais-je! et il finit par insinuer l'idée d'un voyage à Paris.

P. Callau s'y rendit en effet et y passa tout le mois d'avril sans donner signe de vie à personne !

Enfin, vers la fin d'avril, il reparaît à Lille...

Et?... Non. Seulement il dormait un peu plus!

Jusqu'à la fin de juin, il n'y a rien à signaler qu'une scène avec son beau-frère, dans laquelle il se montra, sans raison, sans sujet, sans provocation, d'une telle grossièreté que la jeune femme indignée n'y put tenir davantage et se réfugia chez sa mère.

A ce coup, l'émotion fut vive au camp jésuitique. Aussi le lendemain on voit arriver... qui?... Le F. Tricœn!

Il représente le scandale d'une pareille résolution, l'émotion qui va s'en suivre et le discrédit jeté sur toute la gent porte-robe! Puis la séparation de corps entraînant la faillite et la ruine!

Et il revient les 3, 4 et 5 juillet.

Mais le F. Tricœn commençait à être un peu usé.

Il fallut faire donner le P. Pillon, qui écrit le billet suivant :

Le P. Pillon prie la chère Joséphine de venir le voir aujourd'hui entre six heures et demie et sept heures.

Lille, 97, boulevard Vauban.

Sur l'enveloppe, il y avait : *Pour Joséphine.*

Elle y alla.

Le P. Pillon ne lui cacha pas que son mari était dans le jardin en conférence avec le F. Tricœn. Puis il la supplia d'accepter les excuses que celui-ci était prêt à lui faire, et, sans la prévenir davantage, sans lui donner le temps de se défendre contre ce petit guet-apens organisé sans grande loyauté et sans grande pudeur, on introduisit tout à coup le Monsieur, qui se jeta aux pieds de sa femme et la supplia de revenir rue de Bourgogne.

Elle eut la faiblesse d'accepter.

Le coup avait réussi... et la réconciliation juridique était obtenue!

Le lendemain 7 juillet, elle revenait au domicile conjugal. Son mari avait à fêter ce double événement : l'anniversaire de son mariage et la réconciliation. — Il n'y manqua pas.

Pendant tout le souper, il ne desserra pas les dents, ces dents récemment plombées à Paris! puis il partit aussitôt après et ne rentra qu'à 3 heures du matin.

Le lendemain, il rencontre dans la rue sa belle-mère et son beau-frère. Il affecte de ne pas les saluer, et il s'en vante auprès de sa femme en ajoutant : « Ce sera ainsi tant que je n'aurai pas besoin d'argent. »

Dès lors il imagine de joindre à la grossièreté de son attitude habituelle toutes sortes de petites persécutions odieuses autant que bêtes.

C'est ainsi qu'à table il se servait le premier et plaçait les plats hors de la portée de sa femme, qui était obligée de se lever pour aller les chercher.

Lorsqu'il rentrait vers 3 ou 4 heures du matin, il montait à bas bruit à l'étage supérieur, et là, remuant les meubles, il effrayait sa femme, qui croyait à la présence de malfaiteurs.

Couché, il tirait la couverture de façon à réveiller sa femme que le froid atteignait.

Bref, sous toutes les formes, il lui imposait la privation de sommeil.

De plus, il refusait l'argent nécessaire aux besoins du ménage, lui disant : « Ta famille peut bien te nourrir, et, quant à moi, j'ai toujours espéré vivre à ses crochets. » Mais, demandera-t-on ? et l'injure particulière de chaque jour, chaque jour s'aggravant par sa continuité ?

Eh bien, il avait pris le parti de s'en vanter et d'en tirer une sorte de gloire.

Il déclarait à Mlle Paeile qu'elle ne serait jamais sa femme, accentuant à toute occasion sa haine pour les enfants, comme s'il n'était pas suffisamment garanti contre les chances de toute postérité !

Le 20 juillet 1882, il partait en voyage sans prévenir, sans dire où il allait, et il restait trois semaines sans donner de ses nouvelles.

Enfin, le 14 août, il revenait et rappelait sa femme de chez sa mère, où elle s'était retirée. Mais, rassurez-vous, c'était pour lui faire une scène violente, lui demandant si elle rapportait de l'argent, ajoutant que les 100,000 francs commençaient à s'épuiser et qu'elle allait être obligée de travailler pour le nourrir.

Pendant ce temps, ces bons élèves de Basile ne perdaient pas l'occasion de mettre à profit les leçons du maître. Ils calomniaient à bas bruit et faisaient circuler dans la ville toute sorte d'étranges rumeurs :

« Mme P. Callau avait des habitudes de dépense excessive ;

« Sa dot n'avait pas été payée ;

« Elle avait une maladie des parties génitales des plus graves et qui rendait son approche difficile et même dangereuse !... »

Et puis ce mari se rendait coupable d'un fait abominable et qui seul suffirait, à mes yeux, à faire prononcer la séparation de corps. Il conduisait des camarades de café dans le cabinet de toilette de sa femme et leur montrait des fioles destinées à confirmer ses récits sur la prétendue maladie de celle-ci.

Pendant ce temps, le ménage du frère aîné Remy allait au plus mal. Après une série de mauvais traitements, la jeune femme s'était retirée chez sa mère.

Les affaires périclitaient : les avances faites par la famille étaient épuisées, les deux associés étaient à bout de ressources.

Aussi, le 5 septembre, Remy Callau se présentait-il chez sa belle-mère et décidait-il sa femme à réintégrer le domicile conjugal. Je n'ai pas besoin de dire que l'inévitable F. Tricœn avait joué son rôle accoutumé dans ce raccommodement.

Or, écoutez : Le rapprochement est du 5 septembre. Le 6, le F. Tricœn prie Charles Paeile de passer à l'école libre de Saint-Joseph. Il y trouve en conférence Remy Callau, le F. Tricœn et le P. Bastien, et Remy déclare qu'il leur faut 20,000 francs.

Malgré la vive insistance du religieux, Ch. Paeile refusa net, non sans avoir dit au F. Tricœn ce qu'il pensait de sa perpétuelle ingérence dans les affaires de sa famille.

Vous croyez celui-ci calmé ?

Eh bien, du 7 au 28 septembre, il se livre aux plus actives, aux plus ardentes démarches auprès de Mme Paeile mère, et, sur son conseil, les deux gendres adressent à celle-ci la lettre suivante :

Nous vous confirmons notre lettre du 20 décembre 1881, par laquelle nous avons eu l'honneur de vous remercier ainsi que M. Ch. Paeile, votre fils, du grand service que vous nous avez rendu.

Par suite d'une crise momentanée et passagère, nous en sommes convaincus, nous venons vous prier de vouloir bien avoir la bonté de nous obliger de nouveau en garantissant chez notre banquier les fonds qui sont actuellement nécessaires.

Notre sieur Paul Callau et l'écrivain auront l'honneur de venir vous remercier verbalement de ce nouveau service qui servira à affermir davantage nos relations de famille.

Veuillez agréer, Madame, avec l'expression de notre reconnaissance anticipée, l'hommage de nos sentiments respectueux.

P. CALLAU.   REMY CALLAU.

Autre lettre écrite à Lille, le 27 septembre 1882, à Mme veuve Ch. Paeile (E. V.).

Nous vous confirmons notre lettre du 25 courant.

Comme nous devons voir notre banquier demain matin pour lui rendre une réponse définitive, nous vous prions de vouloir bien nous dire ce que vous avez décidé.

Dans l'attente d'une réponse, nous vous prions, Madame, d'agréer l'expression de nos sentiments respectueux.

R. CALLAU.   P. CALLAU.

Réponse adressée de Lille, le 28 septembre 1882, par Mme veuve Paëile-Vautier à M. Remy Callau :

Monsieur,

J'ai reçu en date des 25 et 27 septembre deux lettres auxquelles je réponds parce qu'elles portent toutes deux votre signature. Je suis forcée de vous répéter ce que mon fils et moi vous avons dit déjà verbalement : vos intérêts et ceux de M. votre associé sont inséparables ; rendre service à l'un, c'est rendre service à l'autre, et nous ne pouvons supposer un seul instant, d'après l'attitude de ce monsieur vis-à-vis de nous depuis plus de trois mois, qu'il consente à accepter le secours que nous pourrions vous prêter.

Me demander ce que j'ai décidé dans cette situation, me paraîtrait une mauvaise plaisanterie pour ne pas dire plus, si les circonstances n'étaient pas aussi graves.

Je réserve donc ma réponse jusqu'au moment où M. votre associé aura compris ce qu'il a à faire.

Agréez, mon cher Monsieur, l'expression de mes meilleurs sentiments.

J. PAELLE.

Alors le cher Frère se retourna vers les jeunes femmes, et, le 5 octobre, il se rendit chez Mme Paul Callau où l'attendait une scène assez curieuse et sur laquelle il ne comptait pas.

Il commença son prône sur les devoirs qu'impose la religion, la sacrifice et la résignation de la femme...

Mais la sœur aînée était présente.

La coupe était pleine et cette dernière goutte d'hypocrite breuvage la fit déborder ! Mme Marie Callau prit vivement la parole et, coupant net à l'éloquence du jésuite, elle lui rappela les circonstances du mariage, les promesses faites, la trahison sexuelle envers la jeune femme, et les mensonges des Frères, et la ruine, et le rôle des Jésuites, et le sien propre en tout ceci, et à propos de l'abnégation qu'il recommandait et du sacrifice qu'il prêchait, elle lui demanda en faveur de qui, puisqu'il n'y avait là ni mari ni femme, mais deux associés, dont l'un était un tricheur qui n'avait cessé de voler l'autre.

Sur quoi le Frère se voila la face en déclarant que son caractère religieux s'opposait à ce qu'il en entendît davantage.

En vérité, je vous le dis, auprès de ce jésuite-là, Tartuffe n'était qu'un enfant à la mamelle !

Il se retira vers midi, ayant échoué. A une heure, P. Callau revint pour dîner. Il était très inquiet, très embarrassé. Averti à l'école libre de l'insuccès de la tentative, il essaya de lier conversation avec sa femme. Pour cette fois, il lui passa les plats après s'être servi.

Vers quatre heures, réapparition du F. Triœn. Il raconta la visite du mari à l'école libre : il peignit sa douleur, ses larmes, puis le poussa dans la chambre de sa femme et s'esquiva.

Celui-ci balbutia quelques mots d'excuses et quelques vaines promesses...

Mais on eut bientôt le secret de la comédie : car il supplia Mme Callau de l'accompagner chez sa mère.

Là se trouvait Remy, l'orateur de l'association, qui exposa la situation.

Ce n'est plus 20,000 francs dont on a besoin, mais 100,000 francs. A défaut d'espèces, on se contentera d'une couverture chez MM. Virley et Durois, banquiers, et de la signature de la mère et du frère en garantie des avances futures.

La proposition était trop absurde. Elle fut repoussée.

Cependant Ch. Paeile eut encore la faiblesse de leur donner quelques billets de mille francs pour payer leurs ouvriers et l'autorisation d'hypothéquer le tissage.

Voici la lettre qui en fait foi :

Lille, le 26 octobre 1882.

A Messieurs R. et P. Callau, négociants.

Messieurs,

Suivant votre désir et conformément à ce qui a été convenu entre nous, j'ai l'honneur de vous annoncer en mon nom et au nom de Mme Paeile, que nous avons rédigé et signé l'acte vous donnant toute liberté d'hypothéquer votre immeuble industriel situé à Hellemmes, et que cet acte est à votre disposition.

Veuillez agréer, Messieurs, mes plus cordiales salutations.

PAEILE.

Je me hâte, car en vérité l'écœurement me prend.

Un arrangement intervint entre les deux commerçants aux abois et la banque Virley-Durois, à découvert vis-à-vis d'eux déjà pour 99,000 francs.

Comment? Grâce à qui? C'est le secret des Dieux. Mais je retiens de tout cela des tentatives énergiques auprès des deux jeunes femmes pour les amener à renoncer à leur hypothèque légale et à endosser par leur accession solidaire les dettes de la société Callau-Desmazières.

Voici la lettre écrite à cette occasion :

Ma chère Joséphine,

En l'absence de Paul, je t'envoie sous ce pli la copie de l'acte qui doit être signé par toi et ma femme. Je te prie de me dire, de suite, si tu es décidée à le signer, afin que je rende réponse dans le plus bref délai *au banquier.* — Ton dévoué.

REMY CALLAU.

Guidées par leurs conseils, elles ont refusé.

A partir de ce moment P. Callau ne garde plus de mesure.

Ce sont des scènes continuelles, des injures grossières et de plus en plus le silence absolu gardé aux repas.

Le 14 décembre, il refuse encore l'argent nécessaire aux besoins du ménage, et cette demande est l'occasion d'une scène où elle est traitée ainsi que sa famille de la façon la plus outrageante.

Le 1er janvier 1883, il affecte de ne pas souhaiter la bonne année à sa femme, mais il fait monter la servante, et devant sa maîtresse il lui adresse tous ses vœux et boit avec elle un verre de vin.

Ce n'est pas tout. Le 3 janvier, ma cliente, descendant de sa chambre sans bruit, surprend son mari dans la cuisine assis sur la table, plaisantant et buvant avec cette fille dont il enlaçait tendrement la taille.

La jeune femme avait eu le loisir d'entendre les propos injurieux tenus par son mari sur sa famille et sur elle-même accomgnés des rires étouffés de la domestique.

Interpellé par sa femme, il se bornait à lui répondre qu'elle n'avait pas de témoins et qu'il se f... d'elle.

Le surlendemain, vers le soir, passant à Lille avec sa sœur sur le boulevard de la Liberté, elles furent suivies par les deux frères qui les insultèrent gravement.

Réfugiée dans une maison voisine où elle était arrivée tout éplorée, elle recevait les soins que son état rendait nécessaires.

C'en était trop.

Elle se retira chez sa mère et, le 9 février 1883, l'instance actuelle était engagée.

Arrivés à ce point de la discussion, il n'est pas inutile de résumer en quelques mots les faits qui se sont déroulés jusqu'ici.

Tout d'abord, voici une famille honorable séduite par des religieux qui, dans un intérêt encore mal défini, détournent deux jeunes filles au profit de gens tarés, sans fortune et sans crédit.

Sur la situation financière — on ment. Sur la situation intellectuelle et morale — on ment, et sans me soucier de faire la part des responsabilités entre ces Révérends, je constate qu'ils ont été les artisans de ce double malheur, de cette double ruine, de cette double escroquerie.

Quant à Paul Callau, le seul qui m'intéresse ici, je le suis pendant dix-huit mois de vie conjugale et je ne lui vois ni un bon instinct ni même un bon mouvement. Partagé entre le plus épais égoïsme et la plus sourde insensibilité, il ne sort de son apathie rigoureusement animale que pour devenir méchant.

Encore sa méchanceté est-elle d'une espèce particulière ; elle sent la vieille fille et l'eunuque. Elle a des taquineries d'enfant gâté dont il semble que le cerveau se soit arrêté dans les basses classes entre les mains des éducateurs vierges qui l'ont moulé au collège d'Amiens.

Incapable de comprendre les délicatesses dont il faut entourer une femme, il ne s'intéresse à elle que pour les sommes qu'il en peut tirer, et le cœur se soulève de dégoût à voir ces innombrables scènes qui n'ont pas d'autre but que l'argent à obtenir et dans lesquelles l'infatigable personnage que vous savez use sa robe de jésuite à couvrir les malpropretés de ses protégés !

Ce n'est pas tout. Lorsque son impuissance le désigne au mépris de tous, il se retourne contre celle qu'il a offensée. Il la calomnie, parle des relations conjugales rendues impossibles par une maladie de sa femme.

Enfin il introduit des jeunes gens jusque dans son cabinet de toilette pour préparer les mensonges de son enquête !

Et ce qui passe toute imagination, c'est que ce personnage a trouvé grâce... Allons donc ! Il a trouvé faveur devant le Tribunal de Lille et c'est comme appelants que nous sommes à votre barre !

Examinons.

Sur la demande de la femme, le système du mari se révèle.
Voici les articulations qu'il ne craint pas de produire :

Il demande à être admis à prouver par témoins :

Que le jour de son mariage a coïncidé avec l'époque de la menstruation pour sa femme ;

Que le lendemain de ce jour, celle-ci a été atteinte d'abcès à la gorge, qui ont forcé les époux à interrompre leur voyage de noces ;

Que dès la mort de son père, qui est survenue quelques jours après, 16 juillet, Mme Paul Callau a été atteinte d'une chlorose d'une gravité exceptionnelle, rendant impossible tous rapports entre les époux, et qui s'est prolongée pendant plusieurs mois ;

Que tandis que Paul Callau n'a jamais cessé de traiter sa femme avec la plus grande déférence et les égards qui lui étaient dus, ne laissant jamais échapper à son endroit ni une injure, ni une inconvenance, celle-ci ne lui a jamais marqué que la froideur la plus grande, voire même l'aversion la plus caractérisée ;

Qu'elle était constamment absente de la maison, ne rentrait qu'à l'heure du principal repas, ou le soir très avant dans la soirée ;

Que, sans aucun motif, elle a même quitté le domicile conjugal pendant six ou huit jours au commencement de juillet 1882 ;

Qu'enfin et malgré cela, pendant tout le temps qu'a duré la vie en commun, Paul Callau n'a jamais cessé de faire partager son lit à sa femme, ni témoigné aucune répulsion ni antipathie à son endroit.

Puis, à la date du 5 avril 1883, le Tribunal rend le jugement suivant :

Avant faire droit, le Tribunal admet ladite demanderesse à prouver tant par titres que par témoins que depuis son mariage elle n'a jamais eu de maladies de nature à empêcher le rapprochement des époux.

Rien de plus étrange, car le Tribunal met à la charge de la demanderesse une preuve négative.

Ce n'est pas le mari, qui allègue la maladie de sa femme, qui devra l'établir. Non, c'est la femme qui devra prouver qu'elle n'a pas été malade.

Sur quoi les enquêtes se suivent.

De ces enquêtes, il résulte deux faits les plus graves : D'abord que Callau n'a pas pu établir la maladie de sa femme, ensuite qu'il a cherché à en accréditer le bruit par les manœuvres les plus condamnables.

Mais je ne veux lui laisser aucun refuge. J'établirai :

1° Que la maladie n'a jamais existé ;

2° Qu'eût-elle existé, elle n'eût pas été un obstacle à l'accomplissement du devoir conjugal ;

3° Qu'il n'y a jamais cru, car il n'a jamais consulté de médecin pour en déterminer la gravité et y chercher un remède.

Voici les certificats que je verse au débat :

Mme Paul Callau, que je connais depuis son enfance, en ma qualité de médecin ordinaire de la famille Paeile, et dont j'ai continué à être le médecin traitant depuis son mariage, n'a jamais été *sérieusement malade* depuis cette dernière date...

VAN PETEGHEM.

Nous concluons :

1° La dame Joséphine Paeile, épouse Callau, porte actuellement tous les attributs extérieurs de la virginité ;

2° Vu l'intégrité absolue des organes extérieurs de la génération, il n'y a eu à aucune époque, même éloignée, de rapprochement sexuel, ni de tentative de rapprochement de cette nature ;

3° La dame Callau ne présente aucun signe sensible de malformation ou de maladie, soit des organes génitaux, soit de toute autre partie du corps, et, par conséquent, rien dans sa constitution physique n'est de nature à mettre obstacle aux relations conjugales.

Fait à Lille, le 6 février 1883.

D^r VAN PETEGHEM,	Dr H. FOLET,	Dr G. EUSTACHE,
Médecin ordinaire de la famille.	*Professeur à la Faculté de Médecine, Chirurgien des hôpitaux.*	*Professeur à la Faculté libre de Médecine, Chirurgien de l'hôpital Sainte-Eugénie.*

Lille, le 7 juillet 1883.

Monsieur Thiéry, avocat,

Nous avons reçu votre lettre en date du 3 juillet nous apprenant que — M. Paul Callau prétend que s'il n'a pas eu de relations avec sa femme, c'est parce que celle-ci a été atteinte, pendant la première année de son mariage, d'une chlorose tellement grave qu'il était de son devoir de s'abstenir, — et nous demandant :

1° Si une chlorose de cette gravité a pu laisser des traces encore visibles au moment de notre examen de la dame Callau, c'est-à-dire sept ou huit mois après sa cessation :

2° Si une chlorose, ne laissant pas de traces après sept ou huit mois, a été de nature à empêcher les relations conjugales.

1° La première question que vous nous posez est assez difficile à résoudre au point de vue médical. La chlorose n'est pas une maladie des parties solides du corps, mais bien une maladie des liquides. — Elle est caractérisée par une pauvreté du sang, une altération de ce liquide qui est plus aqueux, moins riche en globules rouges et partant moins coloré. Elle peut bien, quand elle a été très prononcée et de très longue durée, entraîner après elle certains changements dans le système circulatoire, tels qu'une légère hypertrophie du cœur et un resserrement des artères, mais ces changements sont difficiles sinon impossibles à préciser sur le vivant. Quand, sous l'influence du temps et d'un traitement approprié dans lequel beaucoup de médecins n'hésitent pas à faire rentrer le mariage, mais le mariage effectif (la chlorose était désignée par les anciens sous le nom de *morbus virgineus* et beaucoup de modernes l'appellent encore *mal virginal*), cette pauvreté du sang est corrigée, il ne reste aucune trace sensible de la maladie antérieure.

Nous vous ferons observer toutefois, pour essayer de répondre à votre première question, que lorsque la chlorose a été d'une gravité exceptionnelle (tellement exceptionnelle qu'elle aurait légitimé l'abstention maritale, ce qui n'est signalé dans aucun livre et ce que, pour notre part, nous n'avons jamais observé), elle laisse après elle, quelquefois pendant des années, un changement profond de coloration de la peau, qui reste de couleur jaune cire vieille, et un bruit de souffle persistant à la région du cœur et de la partie inférieure du cou... Aucun de ces deux phénomènes n'existait au moment de notre examen corporel de la dame Callau au 6 février, c'est-à-dire, d'après votre lettre, sept mois après la guérison. La non-existence de ces deux phénomènes à une époque encore rapprochée du moment présumé de la guérison ne nous autorise nullement à nier l'existence d'une chlorose antérieure, mais elle nous permet de croire, et d'affirmer même que, s'il y a eu chlorose, celle-ci n'a été ni très grave ni exceptionnelle.

2° Dès lors il nous est possible de répondre à votre seconde question. Une chlorose ne laissant aucune trace après sept à huit mois et n'ayant pas revêtu par conséquent un caractère exceptionnel de gravité, ne saurait, à notre avis, avoir été de nature à empêcher les relations conjugales. Nous nous contenterons de vous rappeler ce que nous vous disions plus haut, à savoir, que le mariage (effectif, bien entendu) est conseillé par beaucoup de médecins, et les plus autorisés, comme un excellent moyen de combattre et de guérir la chlorose.

S'il nous est permis, en terminant, de tirer de ce qui précède une conclusion en sens inverse, nous vous dirons qu'il ne saurait être, à notre avis, de meilleur moyen soit pour faire naître, soit pour entretenir une chlorose chez une jeune mariée, que la privation absolue de tous rapports conjugaux.

Recevez, etc.

D' H. Folet.   D' Van Peteghem.   D' G. Eustache.

Après avoir pris connaissance des certificats précédents, Nous déclarons que les constatations faites par nos confrères rendent les conclusions qu'ils en déduisent absolument légitimes. Il est établi par conséquent :

1° Que, à la date du 6 février 1883, Mme Paul Callau était absolument vierge ;

2° Qu'aucun vice de conformation ni aucune maladie des organes de la génération ne s'est opposé à l'établissement de relations conjugales complètes et normales ;

3° Que si l'on admet, quelque improbable que soit cette hypothèse, qu'une chlorose passagère a pu échapper à l'attention du médecin ordinaire, il faut admettre, en même temps, que cette maladie était bien légère ; que, eût-elle été grave, elle n'aurait pu apporter aucun obstacle à l'accomplissement des fonctions conjugales ; que la santé de la prétendue malade n'aurait pu subir aucun inconvénient de l'établissement de ces relations ; que, par conséquent, cette cause, alléguée pour expliquer l'abstention dans les fonctions maritales, doit être écartée.

9 mars 1884.

Signé :

D' S. Tarnier.   D' P. Brouardel.

Je ne veux pas pousser plus loin la lecture de ces certificats, qui vous montrent l'adversaire battu sur le terrain même qu'il a choisi pour y édifier ses mensonges. Ainsi, il a manqué à toutes les probités ! à la probité commerciale, en dissipant le produit de ses lâches emprunts à une famille qu'il a appauvrie, à la probité sociale, par ses mensonges, à la probité conjugale..., par une dégoûtante faillite, et cependant le Tribunal de Lille a trouvé une excuse.

Voici son jugement :

« *Attendu qu'en tenant pour constante l'abstention reprochée par la deman-* « *deresse à son mari, il n'est pas établi que cette abstention ait eu un caractère* « *injurieux,*

« *Le Tribunal déboute la demanderesse* de ses fins et conclusions et la « condamne aux dépens. »

Eh bien, le Tribunal ne *pouvait* pas juger ainsi, car il était lié par son propre jugement d'avant faire droit.

Il y avait là un contrat judiciaire formé par lui-même avec les parties.

Qu'alléguait la femme ? l'abandon.

Que répondait le mari ? que l'abandon était dans son droit ? qu'il n'avait pas un caractère injurieux ?

Non. Mais qu'une maladie grave de sa femme s'était opposée à l'accomplissement du devoir conjugal.

A quoi, le Tribunal disait :

« Prouvez que cette maladie n'a pas existé. Prouvez qu'elle est une indécente invention de votre mari, et je prononcerai la séparation ! »

Eh bien, cette preuve, nous l'avons faite.

Mais il y a plus ; et, en lisant ce jugement, on se demande quelle singulière idée le Tribunal de Lille se fait de la vie conjugale ?

Comment ! je vous livre une jeune fille intelligente et bonne. Je la prends dans une famille des plus honorables, enviée des meilleurs partis et charmante à ce point que si, plaidant devant l'Aréopage, je voulais imiter Hypérides, je n'aurais qu'à arracher les voiles qui la couvrent pour la faire apparaître aux yeux de tous dans l'éclat de sa jeune et virginale beauté...

Et vous la dédaignez ! !

Comment !... j'ai conçu pour elle le caressant espoir d'une légitime maternité...

Et vous la condamnez à la plus outrageante stérilité !...

Comment !... moi, la mère de famille, j'ai formé le rêve de voir ma vieillesse s'achever au milieu de mes petits-enfants...

Et vous aurez le droit de me priver de cette postérité !

Et vous n'aurez commis aucun outrage ! Et votre abandon ne sera pas injurieux ! Et il pourra y avoir chez vous une intention quelconque dont il faudra qu'on se soucie !

Ah çà ! est-ce que vous croyez que je vais abaisser la justice à discuter les malpropres hypothèses qui pourraient expliquer votre cas ?

Gardez vos intentions ! les faits me suffisent, car les faits vous jugent et vous condamnent !

Ah ! je sais bien que dans votre camp vous êtes des religieux.

Vous le prouviez hier encore en faisant offrir à ma cliente, si elle renonçait à son appel, de lui donner en Cour de Rome la nullité de son mariage !

Oui, vous êtes des religieux, et, vous servant tour à tour, selon vos intérêts et vos caprices, du Droit canonique et du Droit civil, vous admettez, selon l'un, la non-consommation du mariage comme un cas de nullité du mariage, et vous vous servez de l'autre pour essayer de faire échec à notre juste demande.

Mais l'heure de ces subtilités est passée. Gardez ces habiletés pour la Cour de Rome, où nous n'avons que faire.

Nous sommes ici devant une Cour française, et les magistrats qui nous jugent voient droit et clair !

Chez nous, le législateur a institué le mariage pour les saintes joies de la famille et pour la conservation d'une race qui n'a pas assez, entendez-le bien, de tous ses enfants nés et à naître, et si vous n'êtes bon qu'à consoler la vieillesse du F. Triœn, la Cour au moins nous délivrera d'une vie conjugale dont vous n'avez su faire que la dégoûtante hypocrisie du mariage !

ARRÊT DE LA COUR

Attendu qu'il est établi par tous les documents de la cause, et qu'il n'est pas contesté par l'intimé, Paul Callau, que depuis le 7 juillet 1881, date de son union avec la demoiselle Joséphine Paeile, sa femme, il n'a pas consommé le mariage: que pendant dix-huit mois de vie commune il n'a pas rempli ses devoirs d'époux;

Attendu qu'une telle abstention, contraire au but du mariage, doit être considérée comme injurieuse pour la femme qui la subit, à moins que le mari ne fasse la preuve d'empêchements qui justifient sa conduite et écartent toute idée de mépris et d'outrage:

Attendu que Callau a cherché à expliquer son abstention constante et offert d'établir que sa femme a été affectée, quelques jours après le mariage, d'une chlorose exceptionnellement grave qui rendait impossible tout rapport entre les époux;

Mais attendu que cette preuve n'a pas été atteinte; que Callau a seulement démontré qu'il avait mis dans la confidence de ces questions intimes deux jeunes gens dont l'un avait même été conduit par lui jusque dans le cabinet de toilette de sa femme;

Attendu, en outre, que la dame Callau a rapporté la preuve de l'inexactitude des affirmations de son mari; qu'il résulte, en effet, des certificats délivrés par les médecins qui l'ont visitée, à la date du 6 février 1883, qu'elle était vierge, qu'elle ne portait les traces d'aucune affection et qu'en supposant qu'elle eût été antérieurement atteinte de chlorose, cette maladie n'aurait été ni très grave, ni exceptionnelle;

Attendu que Callau soutient vainement que sa femme s'est toujours refusée à accomplir ses devoirs d'épouse et qu'il a été lui-même empêché de consommer le mariage par la résistance de sa femme qui poussait des cris chaque fois qu'il tentait de se rapprocher d'elle;

Que cette allégation, qui s'est produite seulement après les enquêtes et contre-enquêtes, est en contradiction manifeste avec l'excuse tirée de la prétendue maladie de la dame Callau;

Attendu que l'abstention du mari n'est donc pas justifiée;

Qu'elle a été le résultat d'un dessein fermement arrêté dès les premiers jours de ne pas accomplir les devoirs conjugaux;

Qu'elle constitue, dès lors, une injure pour la femme;

Que cette injure est encore aggravée par les allégations de Callau sur la santé de sa femme et les confidences qu'il en faisait à ses amis ;

Que pour en apprécier toute la gravité, il convient de tenir compte de la jeunesse des époux, de l'éducation de la dame Callau et du milieu social dans lequel elle avait jusqu'alors vécu ;

Par ces motifs,

Faisant ce que les premiers juges auraient dû faire, prononce la séparation de corps au profit de la dame Callau ;

Dit qu'elle sera et demeurera séparée de corps d'avec son mari.

Depuis lors Mme Callau s'est retirée dans sa famille où elle a trouvé tout au moins le calme et la dignité, et il n'est pas téméraire de penser qu'à l'expiration des délais légaux elle demandera la conversion en divorce de la séparation prononcée par la Cour de Douai.

TABLE

Imprimé

PAR

ALPHONSE LEMERRE

25, RUE DES GRANDS-AUGUSTINS, 25

A PARIS